KB202545

본문에서 설교까지

목사님 성경을 설교해 주세요!

본문에서 설교까지

목사님 성경을 설교해 주세요!

초 판 1쇄 인쇄 2024년 4월 9일
초 판 1쇄 발행 2024년 4월 15일

지은이 문상기
펴낸이 송정금 · 이요섭
펴낸곳 엎드림출판사
편 집 편집위원회

주 소 17557 경기도 안성시 공도읍 심교길 24-5
H . P 010-6220-4331
E-mail lyosup9@naver.com

출판등록번호 제 2021-000013호
출판등록일 2021.12. 16.

값 19,000원
ISBN 979-11-982828-9-7 03230

본문에서 설교까지

목사님, 성경을 설교해 주세요!

문 상 기 지음

엎드림
UP DREAM

추천의 글

설교학 교재는 넘쳐납니다. 그러나 정말 설교의 도움이 될 실제적 요구도 넘쳐납니다. 본문에서 설교에 이르는 과정을 쉽게 보여주지 못하는 까닭입니다. 거기에다가 성경 본문이 지닌 문학적 다양성 앞에 우리는 늘 당황하기 때문입니다. 그런데 이런 실제적 요구에 응답하는 설교학 교재가 출간되었습니다. 신학교 현장에서 설교자 후보들을 여러 세월 가르쳐 온 문상기 교수님이 그 일을 해내셨습니다.

이제 우리는 성경 본문을 가지고 설교로 요리해 가는 과정을 한눈에 보게 되었습니다. 그리고 다양한 본문의 문학적 특성에 따라 요리하는 기술도 체득하게 되었습니다.

설교의 실제적 효율성을 높여 한 편의 설교를 탄생시키는 거룩한 부담을 느끼는 모든 설교자들과 신학생들, 심지어 평신도 설교자들에게도 추천하고 싶은 책입니다. 우리는 오늘 설교의 홍수시대를 살고 있지만 맑고 격조 있는 설교의 생수가 필요한 때입니다.

이 설교학 교과서가 이런 시대의 요구에 응답하는 하나의 해답이 되었으면 합니다.

시대의 어둠은 설교다운 설교의 빈곤에도 원인이 있습니다. 이 책이 한국교회 강단의 품위 회복에 일조하기를 기도합니다.

작은 목동 이동원 목사
(지구촌 목회리더십센터 대표)

추천사

　설교자의 어려움은 항상 주님께서 나를 통하여 선포하시기 원하는 주님의 뜻을 분별하고 청중에게 알맞은 말씀을 선포하는 것입니다.

　주님이 원하시는 그 말씀을 바르게 알고 선포함이 설교자의 기도이고 소원입니다.

　문상기 교수님은 그동안 설교학을 강의하면서 제자들에게 본문에 충실한 설교를 하도록 한결같이 지도하여 왔습니다.

　그리고 그 경험을 토대로 모든 설교자에게 도움을 주기 위해 이 책을 저술하였습니다.

　특히 이 책은 본문에서 설교까지 이르는 전 과정을 소상히 밝혀줌으로써 설교를 통해서 주님의 나라와 그 뜻을 이루기를 원하는 모든 이들에게 실질적인 도움을 준다고 생각하여 기꺼이 추천합니다.

　주님께서 기뻐하시는 종은 항상 착하고 충성스러운 종입니다. 설교를 고민하는 이들에게 도움이 되기를 바라면서 그리고 문상기 교수님의 저술과 출판을 기뻐하며 즐거운 마음으로 추천합니다.

　주 안에서

이정희 교수

(전 한국침례신학대학교 총장)

추천사

이 책의 저자이신 문상기 박사님은 저의 스승이시며 한국교회의 미래 설교자를 세우는 일에 함께 동역하신 교수님이십니다. 오랫동안 가까이서 함께 한 문 박사님은 예수를 닮으려 힘쓰시는 겸손한 그리스도인이십니다. 또한, 예수 그리스도의 죽음과 부활을 생생하게 증명하시려는 그리스도 중심의 설교자이십니다. 오랫동안 신학교와 현장에서 설교자들을 사랑으로 가르치시며 터득하신 '본문연구에서 설교 작성'에 관한 정련된 노하우가 이 책에 응축되어 있습니다. 본 도서는 설교의 본질과 설교 신학의 중요성, 균형 잡힌 본문 해석의 방법, 실제적인 설교 작성 안내와 성경 장르에 따른 설교의 기술에 관하여 실제 예와 함께 쉽게 정리되어 현장 설교자의 말씀 선포 사역을 돕습니다. 문 박사님의 말씀에 대한 확신과 예수 그리스도의 복음에 대한 열정이 따스함으로 담겨 있어 감사합니다. 하나님의 말씀이 역동적으로 움직이는 설교를 꿈꾸는 이들이 본 도서를 통하여 설교적 안목이 열리는 복된 결실이 있길 소원하며 본 도서를 강력히 추천드립니다.

임도균
(한국침례신학대학교 설교학 교수)

추천사

본서는 성경적 설교의 이론과 실제를 다룬 성경적 설교학 총론이다. 본서는 21세기 한국교회의 설교가 보다 성경에 충실한 말씀으로 선포되기를 바라는 설교학자의 진지한 충언이기도 하다. 본서, "본문에서 설교까지"의 저자 문상기 교수는 지난 30여 년 동안 한국침례신학대학교에서 가르친 성경적 설교의 이론과 실제를 다양한 현장 설교자들에게 실천적 적용이 가능하도록 정리하였다. 본서는 저자가 설교학자로서 추구하던 설교신학적 지식 함양("본문에서")과 설교목회적 훈련("설교까지")이란 두 가지 관점이 구체적으로 연결된 완성 작품이다.

본서에서 시종일관 흐르는 대전제는 설교가 하나님의 말씀으로서 성경적 설교가 되려면 먼저 설교자가 선택한 성경 본문을 철저히 강해해야 한다는 것이다. 저자는 이런 주장의 근거로 최근 한국교회 설교에 나타난 2가지 비성경적 현상들을 제시한다. 하나는 설교자가 성도들의 감성적 또는 지성적 욕구에 민감하게 반응하는 인본주의적 경향이며, 다른 하나는 설교가 단순히 영적 교훈이나 삶의 지혜를 추구하는 수준에 머무는 생명력을 잃은 경우이다. 저자는 이런 설교의 문제들은 먼저, 설교와 신학의 분리 구도에 기인한 것뿐만 아니라, 설교자가 하나님 말씀의 종으로서 성실하게 자신의 역할을 수행하지 못한 것이라고 주장한다.

본서가 다루는 주요 주제들인 성경적 설교자와 성경적 설교에 관한 설교학적 이론은 철저하게 저자의 설교신학에 기초한다. 여기에서 성경을 해석하는 것이 신학의 궁극적 목적이기에 신학은 말씀 선포를 통해서 드러난다는 저자의 주장이 구체적으로 적용된다.

저자는 제기된 설교의 문제들을 해결하기 위해 본서의 제1부에서 하나님 말씀의 전령자로서 성경적 설교자의 역할에 충실하려면 어떤 헌신과 지식이 필요한지를 다룸과 함께 성경적 설교의 작성 원리를 제시한다. 여기에서 설교자들은 성경적 설교의 개념을 정립하고 그에 기초한 설교 작성이 어떻게 이루어지는지의 실제적인 과정을 배울 수 있을 것이다.

본서의 제2부는 신약성경과 구약성경의 다양한 문학적 장르에 따른 성경적 설교의 실제를 다룬다. 여기에서 설교자들은 각 성경이 지닌 문학적 장르의 특성을 고려한 설교 작성의 실제를 통해 신구약 성경 전체의 본문으로부터 성경적 설교를 시도할 수 있는 유용한 예들을 발견한다.

본 추천자는 본서가 문상기 교수가 항상 추구해 온 설교의 목표로서 하나님의 사람들의 설교 사역이 하나님의 선하신 뜻을 수행하는 아름다운 여정이 되도록 돕는 역할을 충분히 감당할 것으로 기대하며, 동시에 설교가 성경 본문으로부터 이탈되는 현상을 목도하는 성도들이 강단에 서 있는 설교자를 향하여 "성경을 설교해 주세요!"라고 외치는 요청이 해소되기를 기대한다.

허도화
(계명대학교 설교학 명예교수)

머리말

　설교는 기독교회의 핵심이요 심장이다. 교회는 설교의 결과로 시작되었고, 교회는 언제나 말씀 선포를 가장 중요한 사명으로 여겨왔다. 예수님의 사역으로부터 오늘에 이르기까지 기독교회를 중심으로 하나님의 말씀이 설교자들에 의해 선포되었다. 중세 종교개혁자들은 가톨릭교회의 교권과 제도에 갇혀있던 설교를 해방했고, 하나님 말씀의 회복을 외쳤던 개혁자들의 사상은 개신교회의 설교관 형성에 지대한 영향을 미쳤다. 그러나 오늘날 말씀 회복을 가장 중요하게 여겨야 할 기독교회들이 가장 소중한 점을 가장 소홀히 여기고 있는 현상을 부인할 수 없다. 설교가 부분적으로 혹은 심각하게 비성경적으로 왜곡되고 있는 현상이 바로 그것이다. 이것은 비단 필자의 생각만은 아닐 것이다. 한국교회 목회자들뿐만이 아니라 평신도들조차도 한국교회가 안고 있는 인본주의 성향의 비성경적 설교의 문제를 지적하고 있는 실정이다.

　한국교회 설교의 비성경적 현상은 설교와 신학의 분리 구도에서 기인한다. 신학은 다양하게 발전을 거듭하고 있지만 교회와의 접촉점을 가지지 못함으로 인하여 설교는 성경과 무관한 것으로 비치고, 다만 매력적이며 심미적인 내용을 추구하거나 때로는 설교자 자신의 카리스마를 분출하는 통로로 이용되고 있다. 이와 같은 설교와 신학의 이질성을 회복하기 위해서는 설교가 성서신학의 터전 위에서 견고한 성경 해석 원리에 기초하여 작성되어야 한다. 존 맥아더(John F. MacArthur)는 현대 강단의 생명력 없음을 목도하며 현대 복음주의는 성경적 설교로부터 멀어졌고 강단은 경험 중심적이고 실용주의적이며, 나아가 주제적으로 표류하는 경향이 뚜렷하다고 경고했다.[1] 그런가 하면 설교학자 김운용은 한국교회의 설교가 현대 문화의 가치를 수용하면서 본질에서 벗어났다고 진단하였다.[2] 본질을 벗어난 설교는 교회 성장을 위한 하나의 수단이 되거나 목회적 성공을 위한 도구로 변질되는 현상을 드러낸다.

그동안 교회 성장을 추구하던 한국교회는 20세기를 보내고 새로운 천년의 시작, 21세기를 맞이하면서 성장의 축을 잃고 총체적 문제의 덫에 걸려있다. 한국교회의 설교 상황을 우려하는 목회자 및 신학자들은 그 총체적 문제의 핵심은 설교라는 견해에 동의한다. 한국교회에 만연해 있는 인본주의 현상은 강단에서 선포되는 비성경적 설교에서 기인한다. 한국교회를 사랑하는 주님 앞에서 우리는 무엇인가 작은 노력을 시작해야 할 때가 되었다. 물론, 필자는 한국교회의 상황은 목회자와 평신도 모두가 함께 풀어가야 할 문제라고 생각한다. 그러나 설교를 사랑하고 설교를 위해 부름을 받은 설교자라면 무엇보다 가장 먼저 우리의 설교를 새롭게 하려고 하는 의지를 굳건하게 다지는 결단이 필요하다. 필자는 어느 때보다도 교회는 하나님 말씀의 회복과 성경적 설교가 필요하다고 믿는다.

---

1) John F. MacArthur, Jr., "The Mandate of Biblical Inerrancy: Expository Preaching," *The Master's Seminary Journal 1* (Spring, 1990), 4.
2) 김운용, "새롭게 됨의 추구로서의 설교: 회개를 통한 치유와 회복의 설교," 「헤르메니아 투데이」, 39 (2007년 여름), 55.

설교자는 하나님의 말씀을 전하는 전령으로 부름을 받은 사람이다. 그는 무엇보다도 성경에서 하나님의 말씀을 듣고 받아야 하는 막중한 책무를 가진다. 존 스토트(John R. W. Stott)는 성경적 설교의 필연성을 강조하면서 성경이 중심이 되는 강해 설교야말로 교회갱신을 위한 열쇠라 믿는다고 말했다.[3] 본 저서는 어떻게 하면 21세기 설교가 보다 성경에 충실한 말씀 선포가 될 수 있을까에 대한 필자의 생각과 고민으로부터 고안되었다. 필자가 말하는 성경적 설교는 스토트가 말한 바와 같이 성경이 철저히 강해된 결과 위에 구성되는 설교를 말한다. 강해 설교라는 말이 다소 추상적으로 다가오거나 거부감을 느끼는 독자들에게는 본문 중심의 성경적 설교라는 말이 더 수용적일지 모르겠다. 중요한 것은 설교란 하나님의 말씀으로서 설교자가 선택한 본문으로부터 나온 성경적 개념이 되어야 한다는 점이다.

본 저서는 2부로 구성되었다. 제1부는, "본문에서 설교까지"란 주제로 성경적 설교의 개념을 다각적인 관점에서 살펴볼 것이다. 물론 목적은 성경적 설교의 작성 원리를 제시하는 것이다. 제2부는 설교 작성의 실제를 다룬다. 특히 성경 문학 장르의 특성을 고려하여 각 문학 장르별 설교 작성의 실제를 제시하는 것에 집중할 것이다. 결과적으로, 이 책이 목적하는 것은 성경적 설교의 개념을 정립하고 그에 기초한 설교 작성이 어떻게 이루어지는지의 과정을 실체화하는 것이다.

필자는 이 책에 "목사님, 성경을 설교해 주세요!"라는 별칭을 붙이고 싶다. 설교가 성경 본문으로부터 이탈되는 현상이 전혀 어색하지 않은 현 상황을 목도 하면서 필자는 이 시대의 모든 설교자에게 성경을 설교해 달라는 요청을 하고 싶은 심정이다. 그뿐만 아니라 하나님께 부름을

---

3) John R. W. Stott, *Between Two Worlds: The Art of Preaching in the Twentieth Century* (Grand Rapids: Eerdmans, 1982), 125, 135.

받아 설교자로 훈련에 임하고 있는 모든 신학도에게 역시 같은 부탁을 드린다. 신학도들은 신학과 설교가 한 방향을 바라보고 하나의 목적을 추구하는 것임을 꼭 기억하기를 바란다. 성경을 해석하는 것이 신학의 궁극적인 목적이라면, 신학은 말씀 선포를 통해서 드러나는 것임을 기억하자. 이 책이 읽히는 자리에서 성경을 설교하고 싶은 새로운 마음의 욕구가 독자들의 마음에 조용히 피어오른다면 필자에게는 한없는 기쁨이 될 것이다. 설교자는 거룩한 하늘의 뜻을 이 땅에 증거하는 전령이다. 하나님의 말씀이 선포되는 곳마다 세상 사람들이 구원받아 하나님의 자녀가 되며 우리 주 예수님의 교회들이 이 땅 가운데 아름답게 세워져 가는 것을 감격적으로 기대하며 이 책을 독자들 앞에 내어놓는다.

끝으로 지난 38년 동안 나와 삶을 같이 해준 사랑하는 나의 아내 홍춘희에게 이 책을 드리고 싶다. 미국 멤피스에서의 유학 시절부터 오늘까지 내 곁에서 나를 위해 희생과 헌신을 아끼지 않았던 아내가 있었기에 오늘 내가 여기 있음을 생각하며 아내에게 늘 감사한다. 그러나 무엇보다도, 나와 같이 연약한 종과 종의 가정을 한결같은 사랑으로 돌봐주신 하나님의 은혜가 있었기에 이 책의 출판은 물론 지금까지 내 삶의 모든 것이 가능하였음을 고백한다. 그리고 나의 자랑스러운 제자들, 신대균, 이영찬, 옥경곤 세 분의 박사님들에게 고마움을 전한다. 이분들은 나의 교수 사역의 소중한 결실이자 내 삶의 기쁨이다. 이 책이 나오기 전에 원고를 꼼꼼히 읽어주고 조언해 준 세 분에게 감사의 마음을 전한다. 이 책의 출판을 제안해 주시고 기회를 주신 국제SET선교회 송홀다 총장님과 엎드림출판사 이요섭 대표님께 감사드린다.

2024년 새봄을 맞으며

저자 문상기

목차

제1부 본문에서 설교까지

제2부 성경 문학 장르 특성과 설교 실제

제1부

본문에서 설교까지

제1부 ──────────── **본문에서 설교까지**

들어가는 말

그동안 한국 기독교와 교회의 설교학에 대한 이해는, 설교는 우선적으로 하나님의 말씀으로 성도들에게 감동과 은혜를 주는 것이라는 인식에 집중되어 있었다. 설교자는 성도들이 자신의 설교를 듣고 은혜를 받았다고 하는 반응을 끌어내는 것에 목적을 두고, 성도들은 언제나 은혜를 사모하는 목마름으로 은혜를 받게 해달라고 요구한다. 하나님의 말씀이 증거되는 설교 현장에서 설교자와 청중이 하나님의 은혜를 추구하는 것에 그 어떤 잘못이 있을 수 없다. 다만, 한국교회가 추구하는 은혜가 하나님의 진정한 말씀 안에서 주어지고 있느냐 하는 문제에 있어서는 신중히 우리 자신을 돌아보아야 할 필요가 있다.

하나님의 말씀에서 벗어난 은혜란 말은 매우 모순적인 발상이지 않을 수 없다. 하나님의 말씀 밖에서 하나님의 은혜를 논할 수는 없지 않은가? 그동안 한국교회의 설교는 지나치게 인본적이며 비성경적이라는 지적을 받아왔다. 여러 가지 분석이 가능하겠으나 우선적으로 이 문제는 설교자의 정체성과 설교자 자신의 설교철학과 깊이 연관된다. 설교자가 본문에서 말씀의 뜻을 찾아 진실하게 전하려 하기보다 성도들의 감성이나 지성적 욕구에 반응할 때 자칫하면 인본적이며 비성경적 설교에 경도될 가능성은 언제든지 열려 있다. 그런가 하면 설교가 단순히 영적 교훈이나 삶의 지혜를 추구하는 수준에 머물게 된다면, 설교자와 성도들 모두 생명력을 잃고 신앙의 늪에 빠져드는 결과에 봉착하게 될 것이다.

그리스도인들은 하나님의 은혜 아래 거하는 하나님의 사람들이다. 우리는 하나님의 은혜를 떠나 살아갈 수 없는 그분의 자녀들이다. 다만 너무 지나치게 감성적인 은혜에(felt-needs) 집착하게 되면 설교자나 성도들 모두 신앙의 본질을 벗어난 종교적 허상 안에서 우리 자신을 잃어버릴 수도 있다. 설교자는 계시 된 말씀 안에서 하나님의 말씀을 듣고 그 말씀 안에서 자신을 계시하시는 하나님의 뜻을 찾는 사람이다. 문자 그대로 설교자는 하나님의 말씀을 대언하는 전령자(kerux, 딤후1:11)이다. 이것이 그의 정체성이다. 전령자는 자신의 말을 하는 사람이 아니라 권위자의 말씀을 정확히 전하는 것이 본분이다. 만일 설교자가 청중의 감성적 욕구에 인본적으로 반응하여 청중에게 깊은 감동을 주었다고 하더라도 그것이 비성경적 발상에 근거한 것이었다면, 그는 하나님 말씀의 종으로서 자신의 역할에 실패한 것이다. 필자는, 하나님 말씀의 전령자라는 정체성을 따라 성실하게 그 역할을 수행하고자 하는 자기 헌신, 이것이 바람직한 설교자의 철학이 되어야 한다고 믿는다.

현대교회가 안고 있는 이와 같은 현상을 다루는 것은 다소 무거운 주제가 될 것이다. 나는 설교를 사랑한다. 그리고 한국교회를 사랑한다. 개인적으로 나는 설교자의 역할은 이 땅에서 가장 고귀한 사역이라는 자부심을 가지고 있다. 본서는 현대 설교가 안고 있는 약점을 지적하고

본문에서 **설교까지** 목사님 성경을 설교해 주세요!

비판하고자 하는 지향점을 가지지 않는다. 본서와 필자의 염원은 강단으로부터 하나님의 말씀이 강같이 하수같이 흘러넘치는 생명의 역사가 한국교회는 물론 이 땅의 모든 교회 안에서 일어나기를 꿈꾸고 소망하는 것이다.

필자는 지난 30여 년 동안 한국침례신학대학교에서 하나님의 부름을 받은 하나님의 사람들에게 설교학을 강의하여 왔다. 필자가 한시도 잊지 않고 추구해 온 교육 목표는 부름을 받은 하나님의 사람들의 설교 사역이 무엇보다 하나님의 선하신 뜻을 수행하는 아름다운 여정이 되도록 돕는 것이다. 이를 위하여 필자는 언제나 두 가지 관점을 강조하여 왔다. 하나는 그들의 모든 신학적 지식 함양과 목회적 훈련은 결국 하나님 말씀의 선포와 연관성을 가지며 그 안에서 완성된다는 점이다. 모든 신학적 기능과 활동은 성경에 계시된 하나님의 말씀을 해석하고 밝히 드러냄으로써 하나님의 선하신 뜻을 따른다고 나는 믿는다. 말씀을 통해서 사람들을 죄 가운데서 구원해 내는 것이 하나님의 지고한 뜻과 인간을 향한 하나님 사랑의 결정체라면, 그리고 그것을 구체적으로 드러내고 실현하는 것이 신학의 기능이요 목회적 목표라고 한다면 그것은 설교와 긴밀한 관계성과 동일한 목적을 가진다.[1] 신학이 교회를 세우는 원천과 방향성을 제공하고 목회는 그것을 현장에서 수행하는 역할을 한다면 설교는 신학이 밝혀놓은 진리를 최종적 단계에서 세상에 증거하고 선포하는 역할을 수행하기 때문이다.

필자가 설교학 교육에서 지향하는 다른 하나의 관점은 설교자론이다. 하나님으로부터 당신의 말씀을 선포하도록 부름을 받은 사람들은 지금도 여전히 역사 가운데 펼쳐나가시는 하나님의 구속 사역에서 매

---

1) 문상기, 「케리그마와 현대설교」 (대전: 침례신학대학교 출판부, 2006), 144-5.

우 중요한 위치에 있다. 왜냐하면 하나님은 모든 시대마다 설교자들을 부르시고 그들을 통해서 당신의 말씀을 선포하며 인간 구속의 선하신 뜻을 이루어 나가시기 때문이다.

그렇다면 설교자는 누구이며 어떤 정체성을 가져야 하는가의 명제는 매우 중요하다. 설교자가 하나님의 말씀을 전하는 전령이라면, 그는 끊임없이 하나님의 말씀을 듣는 일에 충실하여야 한다. 설교자는 무엇을 전하는가? 이 질문은 설교자의 메시지는 신학적으로 무엇이냐를 묻는 질문이면서, 동시에 설교의 본질을 묻는 것이다. 설교자의 메시지는 하나님의 인간 구속을 향한 뜻과 무관할 수 없다. 즉 하나님께서는 지금까지 역사 가운데 행하여 온 바와 같이 지금도 여전히 이 시대의 설교자들을 통해서 구속의 메시지를 선포하고 인간을 죄 가운데서 불러내시기 때문이다. 그렇다면 설교자의 메시지는 무엇인가? 바로 구원의 복음, 곧 예수 그리스도의 죽음과 부활을 중심으로 하는 케리그마이다. 하나님이 지금도 인간 구속의 역사를 진행하고 계신다면 하나님의 말씀을 대언하기 위해 부름을 받은 설교자의 메시지는 인간 구속을 목적으로 하는 케리그마여야 하는 것이 마땅하다.[2]

하나님은 지금도 역사 속에서 인간 구원을 위한 당신의 뜻을 쉬지 않고 이루어 가신다. 그리고 그 역사의 중심에서 설교자는 자신의 역할을 수행한다. 사람들은 누구나 일종의 부르심을 따라 살고 있지만 그 가운데 설교자로 부름을 받는 것은 가장 고귀하고(the highest), 가장 위대하며(the greatest), 나아가 가장 영광스러운(the most glorious) 부름이라고 선언했던 마틴 로이드존스(Martyn Lloyd-Jones)의 말에 필자는 전

---

2) Ronald E. Sleeth, "Role of Preaching: The Centrality of the Word of God," *Encounter* (Spring 1958): 124; 문상기, 「케리그마와 현대설교」, 62.

적인 지지를 보낸다.[3] 그의 말은 지금도 하나님의 부름을 따라 말씀을 들고 강단으로 나아가는 설교자의 가슴에 벅차오르는 소명감을 되새기게 한다.

그렇다면 설교자 우리에게 어떤 헌신과 어떤 지식이 필요한가? 이것이 이 책 1부에서 다루려고 하는 내용이다. 말씀의 사람, 곧 본문의 사람으로서 설교자는 설교를 준비하기 위해 어떤 마음가짐과 지적인 훈련이 필요한가? 하나의 설교문이 완성될 때까지 설교자에게 필요한 제반 사항을 논하려고 하는 것이 제1부의 주제적 개념이다.

---

3) Martyn Lloyd-Jones, 「설교와 설교자」, 정근두 역 (서울: 도서출판 복있는 사람, 2005), 15.

I. ———————————— 왜 설교학을
배우는가

설교학을 왜 배워야 하는가? 아이러니하게도 앞서 언급했던 로이드존스는 설교란 설교자가 성령의 능력을 전적으로 의지하여 하나님의 말씀을 전하는 것이라 전제하면서 설교학을 기능적으로 배우는 것은 매춘 행위와 같은 것이라고 질책하였다.[1] 물론 설교는 단순히 수사학을 비롯한 인간의 기교를 앞세워 청중을 감동의 장으로 이끌어 가는 것이 되어서는 안 된다. 그러나 체계적인 설교학 교육은 반드시 필요하다. 설교학 훈련이 결여된 설교자는 자칫하면 설교가 무엇인지를 모른 채 무분별한 설교사역에 임할 수 있기 때문이다. 스피치 훈련이나 수사적 기법을 배우는 것 또한 그 자체가 나쁘다고 할 수는 없다. 다만 말씀의 실체가 인간적인 기교에 가려지는 것은 언제나 경계해야 한다. 그렇다면, 구체적으로 왜 설교학을 배워야 하는가?

첫째는, 설교에 대한 신학적 이해가 있어야 하기 때문이다. 많은 설교자가 경험을 통해 설교를 배운다. 시행착오를 거치면서 어떻게 해야

———————————————

1) Lloyd-Jones, 「설교와 설교자」, 184-5.

본문에서 **설교까지** 목사님 성경을 설교해 주세요!

설교를 짜임새 있게 작성하며 어떻게 해야 청중과 소통하는 설교를 할 수 있는지 스스로를 가르치면서 경험을 통해 배우고 익힐 수 있다. 그런가 하면, 선배 설교자나 다른 사람의 설교를 들으면서 나름대로 답습하는 과정을 통해 배우는 경우도 있다. 물론 이러한 배움의 기회나 노력을 나쁘다고 할 수는 없다. 왜냐하면, 그런 방법으로 배우는 것도 사실이기 때문이다.

그러나 경험이나 답습에 의해 형성된 설교관은 설교에 대한 중대한 오류를 범할 위험성을 가진다. 그것은 설교자가 전달적 기능에만 치우쳐 좋은 반응을 이끌어내는 것을 설교의 목적으로 오해할 수 있기 때문이다. 이는 설교의 역할과 그 과제를 잘못 이해함으로써 발생하는 현상이다. 이는 설교자로 하여금 자칫하면 잘못된 설교 철학이나 설교관에 얽매여 평생 설교 사역을 그르치는 결과를 초래할 수 있다. 따라서 말씀의 전령자로 부름받은 설교자는 설교학적 훈련을 통하여 먼저 올바른 설교 신학과 설교관을 구비하여 이러한 오류를 제거하고 앞으로 일어날 수 있는 바람직하지 못한 일을 미연에 방지할 수 있다.

둘째, 설교에 대한 의욕과 기대감을 고양 시키기 때문이다. 설교의 기회 앞에 서 있는 설교자가 기쁨이나 의욕보다는 두려움으로 움츠러드는 경우가 있다. 여기에는 본인의 성품이나 환경적인 이유 등 다양한 사유가 있을 수 있다. 그러나 실상은, 설교와 설교사역은 무엇이며 설교자의 위치와 역할은 무엇인지, 그리고 설교를 어떻게 준비하고 어떻게 증거해야 하는지 등에 대한 훈련이 부족하기 때문인 경우가 대부분이다. 특히 설교 사역을 시작하는 경험이 부족한 설교자들의 경우에 더욱 그런 현상이 두드러진다. 이러한 두려움은 설교학을 배움으로써 점차 해소시켜 나갈 수 있다. 설교학적 훈련을 통해 막연한 두려움은 제거하고 동시에 설교에 대한 기대감과 의욕을 고취 시키는 것이다.

혹자는 이렇게 의문을 제기할 수 있다. "그렇다면 설교란 어렵거나 두려운 대상이 아니라 언제나 기쁘고 수월한 일인가요?" 물론 그렇게 단적으로 말 할 수는 없다. 아무리 경험이 많은 설교자라도 하나님의 거룩한 말씀을 들고 강단으로 나아갈 때 어느 정도의 긴장감은 가지기 마련이다. 그것은 살아계시는 하나님의 말씀을 전함에 있어 거룩한 부담감을 가지기 때문일 것이다. 그리고 그 일을 행함에 있어 인간적인 연약함을 설교자 스스로 알고 있기 때문이다. 그러나 이것은 설교에 대한 막연한 두려움이나 불안감과는 다른 것이다. 설교가 무엇인지, 설교자의 역할은 무엇인지, 설교자 자신에게 어떤 훈련이 필요한지 등을 충분히 알고 있는 설교자는 막연히 두려운 마음을 극복하고 대신 기쁨과 거룩한 의욕으로 채워나갈 수 있다.

셋째, 세상 문화와 그 안에 살고 있는 그리스도인들의 정서가 변하고 있기 때문이다. 신앙 유무와 관계없이 세상 문화 한복판에서 우리는 살아간다. 사회의 보편적 가치라든가 사람들이 공유하는 문화와 관계성 안에서 우리는 살고 있다. 우리가 몸 담고 있는 삶의 공간 안에서 우리가 친숙하게 마주치는 상식이나 가치체계 그리고 다양한 사상(대부분 세속적인) 등을 우리는 외면할 수 없다. 때때로 우리 그리스도인들은 수용하기 어려운 다양한 문화 현상과 세속적 가치체계 앞에서 당황하기도 한다. 솔직히 우리를 불편하게 하고 불안감을 느끼게 하는 요소들을 우리는 매일 매 순간 맞닥뜨리며 살고 있다. 그러나 불행히도 그리스도인들만을 위한 삶의 영역이란 있을 수 없고 우리의 신앙 가치를 존중하거나 보장해 주는 공간은 존재하지 않는다.

이것이 설교학을 배우는 것과 어떤 연관성을 가지는가? 그것은 이러한 삶의 현장에서 우리의 성도들이 살아가고 있으며 설교자들은 그들에게 하나님의 말씀을 전해야 하기 때문이다. 우리는 이 사회의 일원으로 모든 사회 제도와 세상 문화 안에서 일하고, 교육을 받고, 나아가 삶의 성취를 위하여 땀 흘리며 살아간다. 우리는 알게 모르게 세상 정서에 순응하며 세상의 보편적 가치를 추구하며 살고 있다.

21세기의 문화 현상과 가치체계, 그리고 다양한 생각이나 사상들 모두를 포함하는 하나의 큰 개념을 포스트모더니티라고 해두자. 그리고 그리스도인들, 즉 설교자들이 매주 만나는 청중석에 앉아있는 성도들은 바로 포스트모더니티의 다양한 문화를 매일 체감하며 살고 있다는 점을 생각해 보자. 우리의 성도들이 시각적이고 이미지적이며 다양성을 추구하는 삶의 방식에 친숙하다면, 이를 고려한 우리의 설교는 어떤 대책이 필요한가? 세상은 급격하게 변화하고 있는데 설교를 위한 접근 방식은 여전히 부동적이라면 우리의 설교사역은 한계에 부딪히게 될 것이다. 따라서 설교는 이 시대의 청중과 효율적으로 소통하기 위한 전달 방식이 요청된다. 여기에서 우리는 설교학적 연구의 필요성을 강하게 느낀다.

넷째, 설교학이 발전하고 있기 때문이다. 설교학의 발전은 청중의 의식과 정서의 변화에 비례하는 측면이 있다. 진리는 변함이 없지만 어떻게 전할 것이냐의 문제는 시대적 변화 속에서 설교학의 과제로 주어진다. 설교자들의 메시지는 시대와 문화를 초월하여 언제나 변함없이 인간에게 구원의 은혜로 다가오는 하나님의 말씀이다. 다만 어떻게 효율적으로 전할 것이냐의 문제는 설교자의 헌신과 노력을 요청한다. 이를 위하여 현대 설교학은 무엇을 전할 것이냐의 문제(what)와 더불어 어떻게 전할 것이냐(how)에 대한 대안을 내놓아야 한다. 지난 세기 설교는 대체로 청중의 이성적 영역에 호소하는 방식으로 설교했다. 당시에는 합리적이며 논리적인 설교 구성이 필요하였기 때문에 수사법을 활용한 이성적 설교 전개는 매우 유효했다.

하나님 말씀의 선포로서 설교는 언제나 그 내용이 중요하다. 그러나 21세기 포스트모더니티의 문화와 더불어 살고 있는 이 시대의 청중에게는 내용보다는 설교 방식이 더 중요한 것처럼 인식이 되고 있다. 왜냐하면 멀티미디어 시대의 청중은 이성적인 반응보다는 감성적으로, 논리적으로 제시하는 메시지보다는 이미지적으로 다가오는 메시지에 보다 더 적극적인 반응을 보이기 때문이다. 이러한 현상하에서 20세기 후반에 도래한 신설교학은 더 이상 이성과 권위를 앞세워 설교하지 말고 철저하게 청중의 감성을 터치하는 설교를 해야 한다고 강력히 주장한다. 그러나 굳이 신설교학의 요청을 언급하지 않더라도 21세기의 설교는 다양한 전달 방식을 필요로 하는 것이 사실이다.

지난 세기, 설교는 그 구성과 연관하여 이성에 호소하는 수사적 기법에 근거하여 이론 체계를 가꾸어왔다면, 21세기 초반을 넘어서고 있는 현대는 그 어느 때보다도 다양한 커뮤니케이션 원리와 이미지를 활용하는 설교 방식에 심혈을 기울이고 있다. 현대 설교학적 발전은 청중과 더불어 보다 더 효율적인 소통이 그 어느 때보다도 절실하게 필요하다고 하는 시대적 요청에 대한 반응에서 이루어지고 있다. 설교자들은 이와 같은 사회의 변화와 청중의 요청에 따른 실질적인 대비를 위하여 진지한 설교학적 노력과 연구가 필요하다. 그러나 여기에서 중대한 사실 하나를 잊어서는 안 된다. 그것은, 전달 방식(how)은 무엇을 전하여야 하는가(what)의 문제보다 우선시 되어서는 안 된다는 점이다. 방법론을 추구하면서 메시지의 진실성을 훼손시키는 것은 결과적으로는 설교의 퇴보를 가져올 것이다. 방법론이 신학을 넘어설 수는 없다. 이 또한 설교학이 앞으로 발전해 나가야 할 영역의 한 부분이다. 따라서 모든 설교자는 하나님의 말씀으로서 성경에 계시된 명백한 진리의 말씀을 확보하고 나아가 청중과 효율적으로 소통하기 위해 끊임없이 노력해야 한다.

다섯째, 신학 연구(교육)를 촉진한다. 실천신학의 한 영역인 설교는 신학의 연구 결과를 토대로 이루어지기 때문에, 설교학을 공부하는 신학도들은 신학 연마에 대한 진지한 도전을 받는다. 그뿐만 아니라, 충실한 설교자로 준비되기 위하여 실질적으로 어떻게 신학 공부를 하여야 할지에 대한 안목을 키워 나가게 된다. 성경을 모르면 설교할 수 없다. 하나의 설교 본문을 보다 잘 이해하고 해석하기 위해서는 일차적으로 성서신학적 접근이 필요하다. 그리고 거기에서 파악된 내용이 성서 전체의 틀 속에서 어떤 연관성을 가지는지를 도와주는 조직신학적인 해석이 요청된다. 결국 설교는 신학 연구의 토대 위에서 하나님의 거룩한 말씀을 준비하여 청중을 향한 선포의 자리로 나아간다.

설교 현장에서 발견되는 가장 큰 부조리는 설교의 내용이 신학을 역행하거나 신학과 무관한 그 어떤 것으로 전락하는 것이다. 설교자들은 자신의 설교 본문에서 하나님의 뜻을 찾고 밝혀내기 위한 날카로운 지성적 접근을 회피하고 피상적 아이디어에 집착하거나 청중의 감성적 욕구에 예민하게 반응하려고 하는 경향이 있다. 여기에서 신학과 설교의 분리 현상이 일어난다. 왜 한국교회 설교는 비성경적 인본주의에 경도되어 있다는 지적을 받고 있는가? 자신이 하나님께 부름을 받은 말씀의 종이라는 정체성을 가지는 설교자라면 이런 불명예스러운 말에 예민하게 반응하여야 한다.

설교와 신학은 같은 방향성을 가진다. 신학은 계시된 하나님의 말씀을 온전히 밝혀내는 것이 근본적인 역할이며 그 과제이다. 신학이 계시된 말씀, 곧 하늘에 속한 말씀을 땅 아래, 세상 가운데 세워진 교회에 드러내고 밝혀내는 역할을 한다면 설교는 세상을 향해 그 말씀을 전하고 선포하는 역할을 수행한다. 설교와 신학은 같은 방향성을 가지며 동일한 목적을 가진다. 곧 하나님의 말씀을 교회를 통해 세상에 전하는 것이다. 그 궁극적인 목적은 하나님의 말씀으로 세상을 구원해 내는 것이다. 설교학을 진지하게 공부하는 신학도라면 좋은 설교자가 되기 위해 자신이 얼마나 충실한 말씀의 학생이 되어야 하는지에 대한 자각을 하게 될 것이다.

II. ──────────────── 설교와 설교자

설교는 무엇이며 설교자는 어떤 정체성을 가지는가? 기독교 회는 역사 속에서 끊임없이 하나님의 말씀을 전하면서 이어온 설교와 설교자의 역사이다. 교회사에 큰 족적을 남기며 영향을 미쳤던 인물들은 세상과 이단, 또는 비 진리의 악영향으로부터 하나님의 교회를 지키고 보존시킨 시대적 메신저들이었다. 특히 종교개혁 전 개혁자(pre-reformer)라 알려지는 얀 후스(Jan Hus)와 같은 인물은 하나님의 말씀 앞에 타협하지 아니하고 목숨을 던져 진리를 수호했던 설교사에 길이 빛나는 인물임이 틀림없다. 그의 숭고한 희생정신을 이어받은 종교개혁가 마틴 루터(Martin Luther)는 복음의 의미를 재발견하고 당시 진정한 하나님의 말씀을 전하는 설교자로서 생명을 걸고 종교개혁의 길로 나섰다. 필자는 루터야말로 복음을 사랑했고 하나님의 말씀을 당시 로마교회의 제도권으로부터 해방 시킨 인물이라고 믿는다.[1] 개혁가 존 칼빈(John Calvin)은 설교자로서, 설교는 성경을 온전히 해석하고 증거하는 것임을 보여주었던 말씀의 사람이었다. 특히 하나님의 말씀을 들

---

1) 문상기, 「케리그마와 현대설교」, 200.

는 청중은 설교자와 더불어 하나님의 말씀을 듣는 일에 있어 적극적으로 참여하는 정신을 가져야 한다고 가르쳐주었다.[2] 같은 맥락에서 클레벌리 포드(Cleverly Ford)는 믿음이란 필연적으로 전 인격, 마음, 감정, 그리고 의지가 개입된 결단이며 반응이라고 말한다.[3]

이처럼 기독교회의 역사를 말할 때 우리는 설교를 말하지 않을 수 없다. 폴 스케러(Paul Scherer)는 힌두교는 제의와 사회적 신분 체제로, 불교는 명상으로, 그리고 유교는 예절 규범으로 산다면 기독교는 설교라는 어리석음으로 산다는 말로 설교의 중요성을 밝혔다.[4] 하나님께서는 전도의 미련한 것으로 믿는 자들을 구원하신다는 바울의 말(고전 1:21)을 두고 하는 말이다. 제임스 몽고메리 보이스(James Montgomery Boice)는 더 강한 반어적 표현으로 이를 가리켜 '설교의 어리석음'이라 말하면서, 세상이 보기에는 복음이 어리석은 것 같지만 실상, 설교는 구원에 이르는 하나님의 지혜라고 역설한다.[5] 하나님의 말씀을 듣고 사람들을 향해 나아가는 설교자들이 반드시 확신하고 유념해야 할 것이 있다. 그것은 하나님의 말씀을 설교한다는 것의 본질은 무엇이며 설교자의 정체성은 무엇이냐에 관한 것이다.

설교의 본질

성경은 설교가 무엇인지 자세히 설명하지 않는다. 그러나 우리는 성

---

2) Ibid., 201.
3) Cleverly Ford, D. W. *The Ministry of the Word* (Grand Rapids: Eerdman, 1979), 21.
4) Paul Scherer, *For We Have This Treasure* (New York and London: Harper & Brothers, Publishers, 1944), 18.
5) James Montgomery Boice, "설교의 어리석음," 「내 양을 먹이라」, 장호준 역 (서울: 도서출판 복 있는 사람, 2010), 49-50.

경 안에서 설교가 무엇인지 그리고 무엇을 전하여야 하는지에 대한 충분한 정보와 가르침을 받을 수 있다. 설교의 성서적 본질이 무엇인지 우리는 성서신학적 관점에서 면밀히 살펴볼 것이다. 그에 앞서 우리는 설교란 하나님의 말씀을 전하는 것이라는 일반적인 정의를 먼저 생각해 볼 필요가 있다. 존 웨슬리(John Wesley)는 자신은 설교 때문에 산다고 말한 적이 있다. 웨슬리는 성경은 모든 사람을 사랑하는 하나님의 말씀임과 성경의 가장 중심적인 메시지는 예수 그리스도를 통해 모든 사람이 구원받기를 원하는 것이라 믿었다. 18세기 웨슬리와 같은 시대의 설교자 조오지 윗필드(George Whitefield)는 영국 전역에서 옥외 설교를 통하여 수많은 사람에게 설교하였다. 그는 미국을 일곱 차례 방문하며 그의 설교 사역을 확장하였고, 그의 평생 34년 동안 일주일에 평균 20번가량 설교하였다고 전해진다. 그는 열정과 우렁찬 음성을 소유한 설교자였다. 그는 자신이 전하는 메시지의 권위를 철저히 확신했고 그의 메시지가 마땅히 하나님의 말씀으로서 존중받아야 한다고 믿었다. 이는 설교란 하나님의 말씀을 전하는 것이며 설교자의 정체성은 하나님의 말씀을 전하는 메신저라는 사실을 암시한다. 몇 가지 측면에서 우리는 설교가 일반적으로 의미하는 바를 정리해 볼 수 있다.

성경 자체의 설교에 대한 암시

신약성경은 설교의 본질을 이해하기 위한 일차적인 자료를 제공한다. 승천하시기 전 주 예수님은 제자들에게 땅끝까지 나아가 복음을 전할 것을 당부하셨다. 그리고 주님의 분부는 오순절 베드로의 설교를 통해 교회가 탄생하는 사건에서 가시화되고 있음을 알 수 있다. 복음 증거는 주님께서 교회에 당부하신 주님의 뜻이다. 교회는 이를 위해 특정한 사람들을 특별한 사역을 위해 분류하는데 이 사역은 설교이다. 설교는 사도적 전통을 따라 하나님의 부름을 받은 설교자에게 주님의 거룩한 명령으로 주어진다.

성경은 다양한 사례들과 용어들을 통해서 설교란, 사람들을 설득하여 하나님의 말씀을 받게 하고, 그 말씀에 따라 순종하는 삶을 살게 할 목적으로 하나님의 말씀을 선포하는 것임을 보여준다. 구체적으로 첫째, 설교는 선포의 행위로서 하나님의 말씀을 구두적으로 전하는 것이다. 주님의 부름을 따라 제자들은 오순절 이후 생명을 걸고 세상을 향해 예수 그리스도의 복음을 전했다. 특히 사도행전은 베드로와 바울이 가는 곳마다 사람들 앞에서 공개적으로 말씀을 선포하였던 것을 생생하게 보여준다.

둘째, 설교는 성경에 근거하여 말씀을 전하는 것임을 보여준다. 신약성경이 보여주는 최초의 사도적 설교로서 베드로의 오순절 설교는, 성경 말씀에(당시는 구약) 근거하여 예수 그리스도의 죽음과 부활을 증거하였다.

셋째, 신약성경은 하나님께 부름을 받고 하나님의 말씀을 선포하는 메신저들이 있음을 보여준다. 하나님께 부름을 받고 말씀을 전하기 위해 세상을 향해 나갔던 사람들, 그들은 설교자이다.

넷째, 신약성경은 설교란 곧 설득의 행위임을 보여준다. 설교는 사람들로 하여금 하나님의 말씀을 듣고 그 말씀에 반응하도록 권면하는 것이다. 오순절 베드로의 설교는 모인 무리에게 회개하고, 예수 그리스도의 이름으로 침례(세례)를 받고, 죄 사함을 받으며, 패역한 세상으로부터 구원을 받으라고 강력히 권하고 있음을 보여준다(행2:38,40).

역사적 관점으로 본 설교 이해

히브리적 영향

역사적 관점에서 볼 때, 설교학이라 불리는 설교의 예술은 여러 경로를 통해 영향을 받으며 형성되어 왔다. 첫째는, 히브리적으로 하나님께서는 당신이 불러 세운 사람을 통하여 자신이 명한 말씀을 증거 하게 한다는 하나의 개념을 제공한다. 이렇게 부름을 받은 사람을 우리는 선지자 혹은 예언자라 부른다. 구약성경은 하나님의 말씀을 전하는 일로 하나님께 부름을 받았던 수많은 인물들을 보여준다. 그들은 여러 경로를 통해 하나님의 말씀을 받았고 사람들에게 나아가 하나님의 선하신 뜻을 증거하고 그들로 하여금 하나님의 말씀에 순종할 것을 선포하였다.

구약성경이 보여주는 예언자의 역할에서 우리는 설교와 설교자의 본질, 그리고 설교자의 정체성 양면으로 설교의 뿌리를 제공받는다. 하나는, 설교는 하나님께서 당부하신 말씀을 전함에 있어 하나님의 명백한 뜻을 세상과 타협하지 아니하고 전하는 것이다. 하나님의 말씀을 전하는 과정에서 사람들은 여러 가지 유혹과 타협의 상황에 둘러싸일 수 있다. 우리는 예레미야가 부름받았던 시대에 그와 유다 백성들이 직면했던 정황을 생각해 볼 수 있다. 당시 음란과 행악으로 하나님을 거역하는 유다 백성들을 북방 세력을 들어 심판하시겠다는 하나님의 뜻은 명백하였다. 물론 하나님은 유다 백성들이 모든 죄악으로부터 회개하고 돌아오기를 원하셨다(렘5). 예레미야는 자신이 전하는 심판의 메시지를 듣고 백성들이 회개하고 하나님께 돌아오기를 간절히 원했을 것이다.

우리가 여기서 주목해야 할 것은 당시 하나님의 뜻을 역행하여 거짓 메시지를 전했던 선지자들에 관한 충격적인 내용이다. 거짓 선지자들은 심판이 도래하지 않을 뿐만 아니라 하나님께서 평안과 안식을 줄 것이라고 말했다. 그들은 지식을 앞세워 그들의 생각과 견해를 하나님의 뜻이라고 거짓 증거하였다. 거짓 예언을 한 선지자들을 향한 하나님의 말씀은 매우 엄중하였다. 하나님은 그들의 메시지가 거짓 계시와 점술, 그리고 그들의 마음에서 비롯된 사사로운 것이라고 신랄히 책망하셨다(렘14:14-16). 거짓 계시는 그들의 영적 경험에 근거한 것이었고, 점술은 그들의 세상 지식이나 학문에서 나온 것이었을 것이다. 그들이 전한 메시지는 결국 하나님의 말씀이 아닌 그들 자신의 생각이었고 허황된 자만심에 근거한 것임을 지적하면서 하나님은 아무런 유익이 없는 그들을 엄중히 심판하겠다고 말씀하셨다(렘23:30-32).

구약성경은 이처럼 설교란 하나님의 말씀을 전하는 것이라는 개념을 제공한다. 현대설교는 성경에 이미 계시된 하나님의 말씀을 밝히 드러나게 함으로 이 시대의 백성들로 하나님의 말씀을 듣게 하는 것임을 확증하여야 한다. 설교자들은 정도에서 벗어나 다른 어떤 것을 전하고 싶은 유혹을 받는다. 자신의 생각이나 경험, 그리고 지식이나 학문을 드러내고 싶은 상황에 언제나 노출되어 있다. 그 목적은 자신을 드러내고 사람들로부터 인정을 받고 싶은 지극히 인간적인 심리로 인한 것이다. 당시 유다 백성은 예레미야의 메시지를 배척하고 거짓 선지자들의 말을 따라 하나님의 말씀을 거역하여 심판을 자초하였다. 거짓 선지자들은 당시 유다 백성들에게 환대를 받고 열렬한 지지를 받았을지 모르지만, 그들의 말로는 심판이었다. 그들도 하나님께 부름받은 선지자였으나 결과적으로 비참한 최후를 맞이했다.

현대설교 상황에서도 이런 현상은 뚜렷하다. 청중은 그들의 체감적 필요를 충분히 채워주는 메시지를 원하고 설교자는 여기에 부응하기 위해 성경의 의미를 벗어난 해석을 가한다. 우리가 배워야 할 교훈은 명백하다. 설교자는 자신의 메시지가 본문이 밝히고 있는 진정한 하나님의 말씀인지를 항상 자신을 향해 물어야 한다. 예언자 발람은 하나님의 말씀을 전하는 사람들은 어떠한 환경에서도 하나님의 말씀을 왜곡시키지 않아야 할 것에 대한 좋은 예를 보여준다. 모압 왕 발락이 은금으로 발람을 매수하여 이스라엘 민족을 저주할 것을 요청하였으나 발람은 하나님께서 그에게 말씀하신 것을 어기지 않았다. 비록 재물과 세상 지위를 얻을 수 있는 기회가 그에게 주어졌으나 발람은 끝까지 하나님의 말씀을 따랐고 하나님을 거역하는 죄를 거부하였다. 설교자들은 발람의 말에 귀를 기울일 필요가 있다:

> 발람이 발락(모압왕)의 신하들에게 대답하여 이르되 발락이 그 집에 가득한 은금을 내게 줄지라도 내가 능히 여호와 내 하나님의 말씀을 어겨 덜하거나 더하지 못하겠노라(민22:18)

> 가령 발락이 그 집에 가득한 은금을 내게 줄지라도 나는 여호와의 말씀을 어기고 선악간에 내 마음대로 행하지 못하고 여호와께서 말씀하신 대로 말하리라 하지 아니하였나이까(민24:13)

구약 예언자의 역할에서 우리가 설교와 설교자의 본질과 역할에 대하여 배우는 다른 하나는, 설교자는 메신저의 역할을 수행하는 자로서 거룩한 부담감과 고난을 감수해야 한다는 것이다. 예레미야 당시 백성들은 자신들의 평안을 빌어주는 거짓 선지자들은 환영했지만, 엘리야는 배척하였다. 왜냐하면, 엘리야는 하나님께서 명하신 심판의 메시지를 전했기 때문이다. 자신의 나라와 민족에게 임할 심판이 자기 앞에 그림처럼 보이는데(렘1:11-15), 여전히 하나님을 거역하는 백성들을 향해 말씀을 들고 서 있는 예언자의 안타까운 심정이 얼마나 처절하였는지 우리는 예레미야 곳곳에서 마주한다(렘4:19-31, 9:1). 심지어 자신을 죽이려는 세력들 앞에 내몰리는 위기 상황을 만나지만, 여전히 하나님의 말씀을 전할 수밖에 없는 이 가련한 예언자 예레미야의 모습을 통해서 우리는 이 시대 설교자의 정체성을 볼 수 있어야 한다.

하나님께서 계시하신 말씀, 하나님의 말씀을 전하기 원하는 설교자라면, 자신의 설교 본문 안에서 말씀의 의미를 찾고 그 말씀 안에 담긴 하나님의 뜻을 구해야 한다. 이것이 그의 본분이다. 본문이 말하는 뜻을 무시하고 자신이 설교하고 싶은 점을 찾아 피상적인 본문 해석을 가하는 것은 자신의 강단을 비성경적 인본주의로 얼룩지게 하는 결과를 가져올 것이다. 비록 청중이 원하는, 소위 체감적 필요에서 나오는 '은혜'가 아닐지라도 설교자는 하나님의 말씀이 말하는 바를 설교할 수 있는 용기가 필요하다. 청중의 반발에 지친 엘리야는 어떠하였을까: "내가 말할 때마다 외치며 파멸과 멸망을 선포하므로 여호와의 말씀으로 말미암아 내가 종일토록 치욕과 모욕거리가 됨이니이다"(렘20:8). 청중에게 환영받지 못하는 설교자의 모습은 상상하기만 해도 처절하기 그지없다. 그가 전하는 메시지를 거역하며 자신을 조롱하는 청중 앞에 여전히 나아가야 하는 설교자는 과연 어떤 존재란 말인가? 인간적으로 감당하기 어려운 일이다. 당시 예레미야는 어떠하였나? 그의 애절한 고백을 들어보자: "내가 다시는 여호와를 선포하지 아니하며 그의 이름으로 말하지 아니하리라 하면 나의 마음이 불붙는 것 같아서 골수에 사무치니 답답하여 견딜 수 없나이다"(렘20:9).

21세기를 살고 있는 우리의 상황은 어떠한가? 하나님을 향한 불신은 그 어느 시대 보다 심각하고 무겁게 다가온다. 그럼에도 불구하고 불신의 세상을 향해 타협하지 않고 말씀을 들고 나가는 설교자, 그가 곧 이 시대에 필요한 하나님의 사람이다.

헬라적 영향

히브리적으로 설교는 하나님의 말씀을 선포한다는 개념과 설교자의 정체성을 제공 받는다면, 둘째, 헬라적 관점으로 설교는 대중 연설의 법칙으로서 수사학의 영향을 받으면서 형성되어 왔다. 신약시대 당시 헬라의 영향은 B.C. 4세기 알렉산더 시대부터 온 세계에 걸쳐 있었고 당시 세계의 주요 언어가 헬라어였기 때문에 당시 교육받은 대부분의 사람들은 자기의 모국어와 함께 헬라어를 알고 있었다. 특히 당시 헬라의 영향권 아래 있었던 지역에서 어떤 공적인 일을 할 때는 반드시 헬라어를 사용하여야 했다. 당시 대중 연설에(speech and public speaking) 많은 관심을 가지고 있던 헬라의 웅변가들은 특정한 연설의 법칙을 개발시켰는데, 이를테면 정렬 혹은 구성(arrangement), 스타일, 전달법 등이었다. 이것은 설교 형식의 발전에 지대한 영향을 미쳤다.

우리가 짐작하건대, 초기 신약교회의 설교자들은 하나님의 말씀을 전할 때 대중연설의 어떤 기술(techniques)을 활용하였을 것이다. 특히 사도행전 후반에 여러 차례 등장하는 바울의 설교는 그 구성에 있어 연역적인 방식과 귀납적인 방식을 보여주고 있다. 베드로의 오순절 설교에서도, 베드로는 예수 그리스도를 통한 구원의 메시지를 전하면서, 각 나라에서부터 온 디아스포라 유대인 청중에게 그들의 조상 다윗의 말을 들어 그 증거로 삼으며 귀납적으로 접근하는 것을 볼 수 있다. 또한 베드로의 설교는 다윗이 시편에 기록한 말씀과 선지자 요엘이 예언한 구약성경의 말씀을 들어 그의 메시지가 하나님의 말씀에 근거한 것임을 동시에 보여준다.

오늘날 설교는 어떻게 하면 청중에게 소통하는 설교를 할 것인가에 대하여 다각적인 노력을 기울이고 있다. 이미 우리와 친숙한 멀티미디어 시대에 적합한 설교 방식의 필요성을 우리는 절감하고 있다. 현대설교는 변화하는 시대적 현상을 잘 파악하여 이 시대 청중에게 익숙한 설교 접근방식이 필요한 반면, 지금까지 유지해 온 수사적 접근방식 또한 여전히 활용하고 발전시켜 나갈 필요가 있다.

예수 그리스도

셋째, 예수 그리스도 자신이 설교의 근원을 제공한다. 예수 그리스도는 구약의 메시아에 관한 예언의 성취이다. 예수는 하나님의 궁극적 계시이다. 그의 죽음과 부활은 복음의 핵심이며 설교의 가장 핵심적인 내용을 제공한다. 예수께서는 지상 사역을 마치고 승천하시는 마지막 순간에 제자들에게 위대한 명령을 위임하셨다. 그것은 세상 모든 족속에게 나아가 구원의 복음을 전하라는 것이었다. 사도행전에 펼쳐지는 제자들의 설교가 언제나 예수 그리스도의 죽음과 부활을 핵심으로 하는 구속의 메시지, 곧 케리그마였음은 그들이 얼마나 주님의 분부를 충실히 수행하였는지를 보여준다.

한편 예수께서는 3년간의 공생애 기간 설교의 원형적인 모습을 몸소 보여주셨다. 요단강에서 침례(세례) 요한으로부터 침례를 받으신 주 예수님은 40일 동안 금식을 하신 후 지친 몸으로 마귀의 시험을 물리치셨다. 그리고 위대한 공생애를 시작하셨다. 주님의 사역은 비록 3년에 걸친 짧은 기간이었지만 이 땅에 성육신하신 자신의 목적을 이루기 위하여 빈틈없는 행보를 이어가셨다. 마태는 예수님의 지상 사역 첫 번째 설교가, "회개하라 천국이 가까이 왔느니라"(마4:17)라는 내용이었음을 전해준다. 우리 주님의 첫 번째 메시지는 천국 복음이었다. 천국은 주님이 다스리는 나라이다. 천국은 만왕의 왕이시고 만주의 주이신 우리 주 예수님이 중심이 되신다. 결국 예수 그리스도는 복음이신 자신을 선포하셨다. 누구든지 예수 그리스도 구속의 은혜를 떠나 구원을 받을 수 없고 하나님의 자녀가 될 수 없다. 예수님도 친히 당신의 복음을 전하셨다. 이 복음 증거의 사명은 제자들에게 부여되었고 이후 교회 역사 가운데 교회와 설교자들을 통하여 계승 되어왔다. 그리고 오늘 21세기 이 땅의 모든 교회와 부름을 받은 하나님의 사람들에 의해 지속적으로 이루어지고 있다. 이것은 하나님의 인간 구속의 역사적 흐름을 보여준다. 예수 그리스도는 구속사의 중심이 되시며 친히 그것을 자신의 사역을 통해서 보여주셨다. 그리고 이 시대에 부름을 받은 설교자들을 통하여 하나님의 구속사는 진행되고 있다.

헬라어 용법으로부터의 설교 이해

우리는 신약성경이 '설교'를 묘사할 때 사용한 헬라어 단어들을 통해서 설교의 본질과 특성을 파악할 수 있다. 게르하르드 키텔(Gerhard Kittel)에 의하면 신약성경에는 대략 30여 개의 단어가 설교와 연관하여 사용되었다.[6] 이 중 설교를 직접적으로 의미하는 용어는 세 개의 용어로 집약된다.

케루소(κηρυσσω)

가장 먼저 살펴볼 용어는 '케루소'(κηρυσσω)이다. 케루소는 일반적으로 '설교하다,' '선포하다,' 또는 '선언하다'로 번역된다. 그리고 명사형으로는 '케리그마'(κηρυγμα)이다. 케루소의 어원적 의미는 전령자가

---

6) Gerhard kittel, ed. *Theological Dictionary of the New Testament* (Grand Rapids: Eerdmans, 1965), v3, 703-14.

'공포하다' 또는 '선포하다'이다. 케루소의 의미는 같은 어원에서 나온 '케룩스'(κηρυξ)의 뜻을 살펴보면 보다 더 확실해진다. 케룩스는 '전령자'(herald)를 가리킨다. 당시 헬라 문화권 안에서 케룩스는 정치적, 사회적, 그리고 종교적인 일에 관한 공적인 대중 선포자였는데 그 역할은 왕, 혹은 권위자의 메시지를 부여받은 후 보냄받은 장소에 가서 대중적(public)으로 전달하는 것이었다.[7]

이와 같은 전령자의 역할은 역사 가운데 다양한 나라들과 문화권 안에서 존재하였음을 알 수 있다. 영국을 비롯한 유럽에서는 중세 시대부터 지역 주민들을 위한 도시의 중요 행사나 법적 준칙을 전달해 주는 전령자가 있었다. 영국에서는 왕실로부터 나온 왕의 메시지를 전하는 전속 전령자가 있었다. 그들은 마을 배달원(town crier)이라는 이름으로 불려지거나 벨을 울리면서 메시지를 전했기에 벨맨(bellman)이라 불려지기도 했다. 미국의 건국 초기 역사에서도 타운 크라이어(town crier, 배달원)의 역할을 하는 일종의 직책이 있었다. 이들은 국가 혹은 지방의 공적인 일을 하는 공무원들로서 법적인 보호를 받았다. 때때로 국가의 법을 어긴 사람들을 처형하는 현장에서 법적 판결문을 대독하기도 했다. 대체로 이와 같은 전령자들의 역할은 나라와 지역 간의 차이가 있고 법적인 지위에 있어서는 대수롭지 않았지만, 중요한 것은 그들이 전달하는 메시지는 법적인 보호와 권한을 가지고 있었다는 사실이다. 한국 역사의 이조시대에는 국가의 중대 사항을 신속히 전달하기 위해 파발이라고 하는 제도를 이용하였다. 왕의 명령을 전하기 위해 말을 타고 급히 달리는 병사를 상상할 수 있다. 그는 비록 낮은 지위를 가진 군사라 할지라도 그가 전달하는

---

7) 문상기, 「케리그마와 현대설교」, 48-9, 64-5.

본문에서 설교까지 목사님 성경을 설교해 주세요!

메시지는 지엄한 군주의 말씀이다. 신약성경에 쓰여진 동사형 '케루소' 는 이처럼 하나님의 말씀을 부여받은 전령자가 대중적으로 하나님의 말씀을 '선포'하는 상황을 보여준다. 이는 현대설교에서 설교자가 그의 메시지를 전함에 있어 하나님 말씀의 권위를 부여받아 공적으로 선포 하는 것임을 시사한다. 아래의 성경 구절은 '케루소'의 용법과 연관하여 전령자로 부름받은 사도들이 대중적으로 말씀을 선포해야 했던 상황을 설명하여 준다.

> ... 너희는 온 천하에 다니며 만민에게 복음을 전파하라(κηρυσσω) 믿고 침례(세례)를 받는 사람은 구원을 얻을 것이요 믿지 않는 사람은 정죄를 받으리라(막16:15-16)

> 또 이르시되 이같이 그리스도가 고난을 받고 제 삼일에 죽은 자 가운데서 살아날 것과 또 그의 이름으로 죄 사함을 받게 하는 회개가 예루살렘으로 부터 시작하여 모든 족속에게 전파될 것(κηρυσσω)이 기록되었으니 너희 는 이 모든 일의 증인이라(눅24:46-48)

마가와 누가는 예수께서 승천하시기 전, 제자들에게 복음을 '전파'할 것을 명하실 때, '케루소'를 사용하신 것을 보여준다면 같은 맥락에서 마태는 주님께서 제자들에게 세상 모든 백성을 제자 삼아 침례(세례)를 주고 주의 말씀을 가르칠 것을 당부하셨다고 기록했다(마28:19-20). 마 태는 '케루소'를 사용하지는 않았지만, 구원의 복음을 전하여 세상 사 람들로 예수를 구주로 믿게 하라는 주 예수님의 말씀을 전하고 있다.

한편 신약성경에 사용된 '케루소'의 명사형 '케리그마'(κηρυγμα)는 선포된 메시지로서 예수 그리스도의 죽음과 부활을 중심으로 하는 구 속의 메시지임을 보여준다. 케리그마는 전령자(κηρυξ)가 대중적으로 선포하는(κηρυσσω) 메시지로서 구원의 복음이다.[8] 고린도전서 1:21은 이를 잘 보여준다. 사도바울은 고린도 교회 성도들을 향하여 하나님은 케리그마를 통하여 믿는 자들을 구원하신다고 말했다: "이 세상이 자기 지혜로 하나님을 알지 못하므로 하나님께서 '전도(κηρυγμα)'의 미련한 것으로 믿는 자들을 구원하시기를 기뻐하셨도다." 디도서에서 바울은 복음의 선포로서 케리그마는 자신이 주 예수님으로부터 부여받은 명령이었음을 밝힌다: "자기 때에 자기의 말씀을 '전도(κηρυγμα)'로 나타내셨으니 이 전도(κηρυγμα)는 우리 구주 하나님의 명하신 대로 내게 맡기신 것이라"(딛1:3).

한국어 성경 번역은 케리그마를 '전도'로 번역하여 대중적 선포 형식의 설교라는 의미를 소극적으로 드러내고 있어 다소 아쉬움을 남긴다. 하지만 동사형 케루소의 번역에 있어서는 대부분의 영문 번역본이나 한글 개역개정본이, '설교하다,' 혹은 '선포하다' 등으로 충분히 번역하였다.

유앙겔리조(ευαγγελιξω)

신약성경이 설교를 묘사하는 두 번째 용어는 '유앙겔리조'(ευαγγελιξω)이다. 유앙겔리조는 '설교하다,' '전도하다,' 또는 '기쁜 소식을 전하다'의 뜻을 가진다. 이 말의 명사형으로서 신약성경에서 '복음'을 지칭하는 '유앙겔리온'(ευαγγελιον)은 'ευ'(good)와 'αγγελιον'(message)의 합성어로서 기쁜 소식을 의미한다.[9] 신약성경에서, 바울은 구원의 기쁜 소식으로서, 사람들을 죄로부터 구원하는 예수 그리스도의 복음의 의미로 유앙겔리온을 사용하였다. 바울 당시 고대 사회에서 유앙겔리온

---

8) Ibid., 61-9.
9) Ibid., 33, 69-71.

본문에서 설교까지 목사님 성경을 설교해 주세요!

은 전쟁터로부터 전달되는 승리의 소식, 곧 기쁜 소식을 가리키는 말로 빈번히 사용되었다. 전쟁터로부터 승리의 소식을 전하는 메신저, '앙겔라스'(αγγελος)가 전하는 말은 후방에 있는 백성들에게 생명의 메시지이며 구원의 소식이다. 예수께서는 말라기 3:1을 인용하면서 침례(세례)요한은 예수 그리스도 자신에 앞서 하나님으로부터 보냄을 받은 '사자'(앙겔라스)라고 말씀하셨다. 이와같이 유앙겔리조, 그리고 명사형 유앙겔리온과 앙겔라스는 구원의 기쁜 소식을 전하는 것과 연관하여 사용되면서 설교의 내용이 복음임을 나타낸다.

디다스코(διδασκω)

세 번째로, 신약성경이 설교를 지칭하며 사용한 용어는 '디다스코'(διδασκω)이다. 디다스코는 신약성경에서 '가르치다'의 뜻으로 빈번히 사용되지만 때로는 설교와 연관하여 사용되었다. 마태는 예수님의 초기 사역을 소개하면서 주님께서 백성들에게 하나님의 말씀을 가르치며 복음을 설교하였다고 밝힌다: "예수께서 온 갈릴리에 두루 다니사 그들의 회당에서 가르치시며(디다스코) 천국 복음을 전파하시며(케루소)......"(마4:23). 한편 누가는 바울의 로마에서의 사역을 소개하며 비록 죄수의 몸이었으나 많은 사람에게 주 예수의 복음을 설교하며 가르쳤다고 말했다: "바울이...... 자기에게 오는 사람을 다 영접하고 하나님의 나라를 전파하며(케루소), 주 예수 그리스도에 관한 모든 것을 담대하게 거침없이 가르치더라(디다스코)"(행28:30-31).

디다스코는 기본적으로 '가르치다'의 뜻을 가지지만 어떤 지식이나 비밀을 전수하거나 알려주는 의미를 내포한다. 하나님의 말씀을 가르치는 목적은 신자들에게 어떤 특정한 진리를 알려주고 교훈하는 것이지만 또한 믿지 않는 사람들을 복음의 진리로 인도하고 밝혀주는 것을 의미하므로 그 안에 설교적인 요소가 배제되지 않는다. 신약성경은 위의 경우와 같이 하나님의 말씀을 대중적으로 선포하면서(케루소) 동시에 말씀을 자세하게 가르치고 교훈하는(디다스코) 상황을 보여준다.

물론 위의 세 용어 외에도 신약성경은 하나님의 말씀을 전한다는 뜻을 가진 다른 용어들을 때때로 사용하고 있음을 알 수 있다. '예언하다'의 뜻을 가진 '프로페타인'(propheteuw)은 때로 구약적인 의미를 내포하면서 하나님 말씀의 충고나 권면의 내용을 '선언하다'의 뜻을 가진다(마15:7; 고전11:4, 13:9; 벧전1:10). '간청하다'라는 의미를 가진 '파라클레인'(parakalew)은 사람들로 하여금 하나님의 말씀을 받아들이도록 강권하고 권면하여 어떤 행동의 변화를 가져오도록 유도한다는 측면에서 설교적 의미를 가진다(딤후4:2; 살전4:1; 히13:22).[10) 이 단어의 뜻은 위로자의 뜻을 가진 성령의 사역과 연관되기도 한다(요14:26, 16:7-14).

대중적 선포와 설교

신약성경이 보여주는 설교의 내용과 형태는 현대설교의 신학적 틀을 제공한다는 측면에서 매우 중요한 사안이다. 설교는 사도행전에 나타난 사도들의 설교에서부터 지금에 이르기까지 위의 용어들이 드러내는 범위 안에서 이루어지는 것으로 부름 받은 설교자가 대중적으로 하나님의 말씀을 선포하는 형태를 취한다는 사실을 보여준다. 물론 설교 안에는 때로 가르침의 내용이 포함되기는 하지만 설교적 상황에서의 가르침은 실제적으로는 말씀의 선포이다. 그러므로 설교는 공적인 선포로서의(public speaking) 독특한 성격을 가진다.

무엇보다도 설교의 내용은 예수 그리스도가 그 핵심이다. 특히 예수

---

10) 문상기, 「케리그마와 현대설교」, 21, 각주 3의 내용을 보라.

본문에서 설교까지 목사님 성경을 설교해 주세요!

의 죽음과 부활을 핵심으로 하는 케리그마는 과거로부터 지금에 이르기까지 언제나 설교의 내용과 성격을 형성한다. 신약성경에 나타난 복음 선포는 주님의 다시 오심과 연관하여 종말적인 관점에서 이루어졌다. 따라서 설교는 긴박성을 가진다. 왜냐하면, 증거되는 메시지 앞에 어떻게 반응하느냐에 따라 영원한 결과를 가져오기 때문이다. 이와 같은 긴박성은 특히 말씀의 적용 과정에서 드러난다. 왜냐하면 설교는 사람들로 하여금 예수 그리스도를 받아들이도록 설득하는 것이기 때문이다.

설교의 정의: 설교란 무엇인가

성경은 설교가 무엇인지 직접적으로 밝혀주지 않는다는 사실을 이제 우리는 이해한다. 그러나 말씀 증거 상황과 연관하여 사용된 다양한 용어들을 통해서 우리는 설교의 본질적인 측면들을 앞에서 살펴보았다. 그렇다면 역사 가운데 교회는 어떻게 설교를 이해하고 정의하여 왔는가? 이에 대하여 설교자들과 신학자들은 어떻게 생각하고 사역에 임하였는지 살펴보는 것은 우리에게 유익함을 준다.

필립스 부룩스(Philips Brooks)

19세기 미국의 탁월한 설교자 필립스 부룩스는 1873년에 있었던 예일대학 '리먼 비처 기념 설교학강좌'(Lyman Beacher' Preaching Week at Yale)에서, 설교는 사람과 사람 사이의 진리의 교통(communication)이며, 설교는 한 인격체를 통한 진리의 전달이라고 정의하였다. 그는 만일 진리와 인격, 두 영역 중 어느 하나가 결여된다면 그것은 설교가 될 수 없다고 말했다.[11] 이 말은 그와 동시대의 설교자들에게 큰 영향을 주었다. 얼마 후 그의 강연 내용은 "On Preaching"이란 제목으로 출간되었다. 그의 가르침은 당시는 물론 오늘날에 이르기까지 여전히 영향력을 발휘하고 있다. 이 책은 1995년 한국에서 「설교론 특강」이란 제목으로 번역 출판되었다.[12] 부룩스의 설교 정의는 한 사람의 설교자가 다수의 사람들을 향하여 하나님의 말씀을 선포함으로써 그를 통하여 사람들에게 진리가 전달되는 신약성경적인 설교 개념을 잘 보여준다.

특히 설교자는 한 인격체로서 말씀을 전하는 위치에 있다는 그의 가르침은 당시는 물론 현대 설교자들에게 큰 울림으로 다가온다. 설교자의 인격은 그의 영성과 더불어 고결한 모습으로 다가감으로써 청중에게 신뢰감을 준다고 하는 그의 통찰은 우리로 하여금 설교자의 내면세계의 중요성을 깊이 생각하게 한다. 실제로 설교자의 인격이 청중에게 신뢰감을 줄 때 청중은 그를 통해서 증거되는 하나님의 말씀을 기꺼이 받아들인다. 만일 강단에 서 있는 설교자가 청중에게 어떤 연유에서든 신뢰와 존경의 대상이 되지 못한다면 청중은 그의 메시지에 대하여 소극적 내지는 부정적으로 반응할 것이다. 21세기 초, 설교학계에 큰 영향을 미쳤던 미국 장로교 목사 팀 켈러(Timothy Keller)는 설교자의 인격이 설교에 미치는 영향을 다음과 같이 피력하였다:

> 익히 말해 왔지만 청중은 우리 인격을 신뢰할 때 우리의 메시지도 신뢰할 것이다. 여기에는 빠져나갈 길이 없다. 사람들은 단지 우리 말과 논증, 삶과 유리된 우리의 호소만 수신하는 게 아니다. 그들은 항상 그 근원을 감지하고, 심지어 평가한다. 우리를 잘 모를 경우,

---

11) Phillips Brooks, *On Preaching* (New York: E. P. Dutton, 1877), 5.
12) Phillips Brooks, 「설교론 특강」, 서문강 역 (경기 고양: 크리스챤 다이제스트, 1995).

본문에서 **설교까지** 목사님 성경을 설교해 주세요!

사람들은 우리가 괜찮은 사람인지, 자신들과 연결고리가 있는지, 혹은 우리가 존경할 만한 사람인지를 판단할 이런저런 증거들을(보통 무의식적으로) 수집한다.[13]

부룩스는 4세기 크리소스톰의 설교를 듣기 위해 사람들이 모여들었던 당시의 예를 들면서, 설교자가 좋은 인격체로서 진리를 전할 때, 사람들은 그의 설교를 주목하여 들을 것이라고 말했다. 부룩스가 당시 동시대의 설교자들에게 인격의 중요성에 대하여 얼마나 강조하였는지는 다음의 말이 충분히 보여준다: "만일 한 사람의 설교가 진정 그 사람(인격)을 통해서 나온 하나님의 말씀이라면 삶의 다른 어떤 체험으로도 드러낼 수 없는 방식으로 그 자신을 보여주는 것이다."[14] 그의 말에서 우리는 설교자로서 우리의 삶이 좋은 인격체로 승화되고 발전되어 나가도록 노력해야 한다는 도전을 받는다.

앤드루 블랙우드(Andrew W. Blackwood)

앤드루 블랙우드는 부룩스의 설교 정의 토대 위에서 설교의 실질적인 목표로서 청중의 삶에 말씀을 적용하는 것의 중요성을 강조하면서 이렇게 말했다: 설교란 인격체를 통한 거룩한 진리의 말씀이 인간의 필요를 충족시키기 위하여 선택된 인격체를 통하여 전달되는 것이다.[15] 인간의 필요에 부응하는 것은 설교의 실질적인 목표이다. 사람에게 받아들여지지 않는 설교, 즉 청중의 삶과 무관한 설교는 가능한가? 성경

---

13) Timothy Keller, 「팀 켈러의 설교」, 채경락 역 (서울: 두란노서원, 2016), 256.

14) Brooks, *On Preaching*, 5-6.

15) Andrew Blackwood, 「설교학: 설교는 예술이다」, 박광철 역 (서울: 생명의말씀사, 1983), 13.

에 계시된 하나님의 말씀은 성경 각 책마다 목적을 가지고 기록되었다. 그뿐만 아니라, 성경은 인간 저자의 입장에서 수신자들의 상황과 필요에 부응하기 위한 목적으로 기록되었다.

그렇다면, 설교가 청중의 필요를 충족시킨다는 말은 무엇인가? 설교는 그리스도인들의 삶의 전(全) 영역을 위한 메시지가 되어야 함을 뜻하는 것이다. 설교가 인간의 필요에 부응할 수 없다고 생각하는 것은 잘못된 발상이다. 하나님의 말씀은 인간의 모든 실존적인 주제를 직간접적으로 다룬다.[16] 실제로 성경은 인간의 실존 상황에 깊이 관여하여 인간의 평안과 안식에 관하여 말하고, 그들이 누리는 복과 은혜에 대하여 논한다. 다만, 청중의 필요를 지극히 인간적인 관점으로 바라보는 것은 편협한 시각이다. 또한 청중의 감성적인 필요를 비롯하여 육체적 삶의 안녕만을 겨냥하는 시각 또한 지극히 인본주의적인 발상이다.

청중의 필요 가운데 가장 큰 필요는 영적인 필요라는 사실을 유념하자. 성경의 중심 주제는 예수 그리스도이며, 성경의 중심을 형성하는 신학이 예수 그리스도와 인간의 구속이라면, 그리고 설교는 주어진 성경 본문을 근거한 메시지가 되어야 한다면 모든 설교는 예수 그리스도의 구속의 은혜 안에서 삶의 실천을 논하여야 한다. 따라서 인간의 필요를 충족시키는 설교는 일방적으로 청중이 요구하는 주제에 부응하는 것이 아님을 이해할 필요가 있다. 중요한 것은, 핵심 주제와 생명력이 결여된 설교, 곧 본문을 떠나 허공을 치는듯한 설교는 결코 인간의 필요를 충족시킬 수 없음을 기억하자. 설교는 하나님의 말씀이 선택된 한 인격체를 통하여 인간의 전(全) 영역의 필요를 충족시키기 위하여 선포되는 것이다.

---

16) Keller, 「팀 켈러의 설교」, 132.

그 밖의 정의

제임스 패커(James I Packer)는, 설교는 하나님의 말씀을 전하는 것임을 강조하면서 설교자는 그의 설교 본문에 대한 대변자(mouthpiece, spokesman)가 되어야 한다고 말했다. 패커는 설교란 청중에게 하나님께서 주신 말씀을 전하고 그에 근거하여 삶에 적용하는 것으로서 청중으로 하여금 본문 안에 담긴 하나님의 말씀을 듣게하는 것임을 밝힌다.[17] 시드니 그레이다누스(Sidney Greidanus)는 설교란 방법이 아니라 설교자의 헌신이며 책임에 관한 것임을 강조하면서 설교자는 자신을 성경에 종속시켜 성경이 증거하고 있는 것을 선포하여야 한다고 말했다.[18] 미국의 한 성서 강해 위원회(Committee on Biblical Exposition)가 밝힌 설교의 개념은 다음과 같다: "성경 강해란 한 본문이나 문절(passage)의 정확한 뜻을 현대 문화 관점에서 사람들이 하나님의 진리의 말씀을 이해하고 순종하여 나가도록 구체적으로 돕기 위해 소통(communicating)하는 것이다."[19] 이상의 설교에 관한 정의와 설명은 설교란 본문에 입각하여 충분히 그 뜻과 의미를 드러나게 하고 그것을 청중의 다양한 필요에 접목하여 삶에 적용하게 하는 것이라고 정리할 수 있을 것이다.

---

17) James I Packer, 「복음전도란 무엇인가」, 조계광 역 (서울: 생명의 말씀사, 2012), 64-6.

18) Sidney Greidanus, *The Modern Preacher and the Ancient Text: Interpreting and Preaching Biblical Literature* (Grand Rapids: Eerdmans, 1988), 15; Haddon Robinson, Biblical Preaching (Grand Rapids: Baker Book House), 20.

19) Stephen Olford, *Anointed Expository Preaching* (Nashville: Broadman & Holman Publishers, 1998), 10-1.

설교자 그는 누구인가

설교자는 하나님께서 당신이 사랑하는 이 세상의 사람들에게 당신의 뜻을 전하고자 선택한 사람으로서 설교를 위한 결정적인 도구이다. 하나님은 당신의 종을 선택하여 부르고 그들로 하여금 말씀 선포의 과제를 수행하게 한다. 신약성경은 설교자로의 부르심과 설교자의 특징(성격)에 관하여 필요한 정보를 제공한다.

설교자로의 부르심: 특별한 사역에 대한 응답

복음을 전하기 위한 부르심은 하나님의 주관적인 뜻에 의한 것이다. 비록 사도바울은 한때 예수를 핍박하는 자였지만 사도로 부름을 받아 하나님의 복음을 전하기 위해 택정함을 입었다고 말했다(롬1:1). 그리고 제자 디모데에게 설교자로의 소명을 일깨워 주면서 바울은 자기 자신도 설교자로 부름을 받았다고 밝히고 있다(딤후1:1,11, 4:1-2). 하나님은 뜻하는 사람을 부르고 분별하여 세움으로써 당신의 말씀을 선포하는 일을 맡기신다. 이와 같은 사실은 예수 그리스도의 사역에서도 엿볼 수 있다. 주님은 그의 공생에 초기 천국 복음을 전하기 시작하면서 두 가정의 형제들, 베드로와 안드레 그리고 야고보와 요한 등을 부르시고, "내가 너희를 사람을 낚는 어부가 되게 하리라"고 말씀하셨다(마4:17-22). 얼마 후 온밤을 새워 기도하신 주님은 열둘을 불러 사도로 택하셨다(눅6:12-16). 주님께 선택받은 열두 명의 제자들은 그리스도의 복음이 예루살렘에서부터 온 세상을 향해 증거되는 일에 결정적인 역할을 하였다.

20세기 영국의 뛰어난 설교자 마틴 로이드존스(Martyn Lloyd-Jones)

는 한 사람이 일생을 살면서 설교자로 부름을 받는다는 것은 특별한 사건임을 강조하였다. 비록 우리는 특별한 존재도 아니고 충분히 자격을 갖춘 인물 또한 아닐지라도 하나님으로부터 그분의 위대한 사역을 위해 부름을 받은 하나님의 사람들이다. 실제로 사람은 누구나 일종의 부름을 따라 이 땅에 살고 있다. 특정한 직업으로의 부름도 있고, 삶의 가치나 이상을 추구하기 위한 부름도 있을 수 있다. 대부분의 사람들은 각자에게 부여된 책임과 의무, 그리고 자신에게 부여된 가치체계 안에서 나름대로의 목표를 따라 삶을 살아간다. 예수께서 갈릴리 어부였던 제자들을 부를 때, 그들은 이전까지의 삶의 목표를 내려놓고 주님의 부름에 순종하였다. 이 땅의 모든 설교자는 하나님의 부름에 응답한 사람들이다. 하나님의 부름을 받은 종들은 무엇보다도 말씀의 종이다. 우리는 구원의 메시지를 전하기 위해 세상 가운데 나아가는 설교자로 부름을 받은 것이다. 이 땅에 존재하는 그 어떤 부름보다도 하나님으로부터 받은 부름이야말로 가장 놀랍고 가장 영광스러운 부름이 아닐 수 없다.

한편 하나님으로부터 부름을 받고 설교자의 길을 가는 것은 가장 힘들고 어려운 일을 수행하는 것이다. 때로는 세상으로부터 거부를 당할 수 있는 외롭고 고독한 길이다. 예레미야와 같이 심판을 외쳐야 하는 고뇌를 감내해야 하는 길이기도 하다. 하지만 동시에 하나님의 인간 구속의 역사에 함께 동참하는 가장 거룩한 일이다. 종교개혁가 마틴 루터(Martin Luther)는 이런 맥락에서 설교는 목사의 직무이자 하나님의 일이라고 말했다.

나는 마틴 루터를 떠올릴 때마다, 그가 얼마나 하나님의 말씀을 사랑했고 진리의 말씀을 증거 하는 일을 소중히 여겼는지를 생각한다. 로마서를 읽으며 새롭게 발견한 복음의 가치를 들고 당시 철옹성 같았던 로마교회의 제도권에 감히 맞섰던 그는 참으로 말씀의 사람, 진리를 생명 바쳐 사랑했던 사람이었다고 할 것이다. 후대 사람들은 그를 가리켜 종교개혁가라 칭하지만, 과연 그는 자신이 가는 길이 종교개혁을 위한 길이라고 생각했을까? 루터는 무엇보다도 당시 교권에 갇혀있던 하나님의 말씀의 위상을 회복시킨 인물이라고 나는 말하고 싶다. 그는 당시 부패한 교회가 면죄부를 판매하는 문제에 대하여 맞섰던 것만이 아니라 무엇보다 하나님의 교회가 복음의 진리를 전하기 위해 변화되어야 한다고 믿었다. 그는 교회가 하나님의 말씀을 전하지 않는다면 세상은 멸망의 길로 갈 것이라고 말했다. 그리고 예배는 단순히 희생 제사가 아니라 '하나님의 말씀이 선포되는 것'이어야 한다고 역설했다. 그는 설교를 사랑했고 설교자로 자신을 온전히 드렸던 사람이었다. 63세의(1483-1546.2.18) 일기로 세상을 떠나기 3일 전 루터는 그가 태어난 곳 아이슬레벤에서 그의 마지막 설교를 하였다. 그가 얼마나 설교를 사랑했고 설교자로서의 자기 책무에 충실하였는지를 보여주는 대목이다.

설교자의 특징: 그는 어떤 사람이어야 하나

설교자는 말씀의 종으로서 하나님의 나라 비밀을 맡은 청지기이다. 그는 말씀의 선포와 하나님의 진리를 전하는 일에 위임된 사람이다. 청지기에 요청되는 것은 자신을 믿고 일을 맡겨준 주인을 성실함으로 그리고 충성하는 자세로 섬기는 것이다. 청지기는 자신을 위한 일이 아닌 주인의 일을 하는 사람이다. 정직한 자세로 자신을 지키고 주인을 높이는 일은 그에게 매우 중요하다. 하나님으로부터 말씀 증거의 청지기로 부름을 받은 설교자에게 요청되는 특징은 무엇인가.

첫째, 신실한 종의 자세이다. 청지기로서 설교자에게 가장 먼저 요청되는 자세는 신실함이다. 한 집안의 청지기로 직분을 받은 종이 주인에게 신뢰받는 사람이어야 하듯이 설교자는 자신의 역할을 수행함에 있어 신실한 자세가 요청된다. 그는 주님 앞에 전적으로 헌신하며 하나님이 기뻐하시는 산 제물로 자신을 드리는 자세가 필요하다(롬12:1).

둘째, 청중에게 본보기가 되어야 한다. 설교자는 말과 행실에 있어, 사랑함과 믿음에서, 그리고 경건과 청결함(purity)에 있어 청중에게 하나의 본보기가 되어야 한다. 이를 위해 설교자는 끊임없이 자기를 점검하고 돌아보며 설교자로서의 온전한 모습을 가꾸어 나가야 한다. 교회 역사 가운데 경건한 목회자로 알려진 19세기 스코틀랜드의 설교자 로버트 멕체인(Robert M. McCheyne)은 자신이 돌보는 성도들에게 가장 필요한 것은 '자신의 경건성'이라고 믿었다. 로이드존스는 멕체인에 관한 감동적인 말을 남겼다:

> 여러분은 19세기에 스코틀랜드에 살았던 경건한 사람 로버트 멕체인에 대한 이야기도 알고 있을 것입니다. 그가 강단에 서면, 첫마디를 꺼내기 전부터 사람들이 조용히 울기 시작했다고 합니다. 왜 그랬을까요? 바로 이 진지함의 요소 때문입니다. 사람들은 그가 모습만 나타내도 하나님의 존전에서 왔다는 인상을 받았으며, 하나님께서 자신들에게 주시는 메시지를 전해줄 것이라는 느낌을 받았습니다.[20]

설교자에게 있어 경건한 삶을 통해 청중에게 좋은 본보기를 보이는 것은 그 무엇보다도 중요하다. 자신이 증거하는 메시지는 자신의 삶에서 먼저 적용하고 실천하는 자세를 가져야 한다. 설교자에게 경건한 삶이란 그의 영성으로부터 드러나는 것이며 하나님과의 온전한 관계 속

---

20) Lloyd-Jones, 「설교와 설교자」, 134.

에서 흘러나오는 것이다.

셋째, 자기 훈련이다. 설교자는 경건성과 함께 그리스도인으로서 자기 관리에 충실하여야 한다. 언제나 자기를 훈련시켜 하나님의 말씀을 전하는 일에 자신을 부적절한 모습으로 떨어트리지 않아야 한다. 바울 사도는 말씀의 종으로서 절제하는 삶을 살아야 함에 대하여, "내가 내 몸을 쳐 복종하게 함은 내가 남에게 전파한 후에 자신이 도리어 버림을 당할까 두려워함이로다"(고전9:27)라고 말했다. 어떤 삶의 상황 가운데 놓이더라고 설교자는 자족하는 법(빌4:11-13)을 배우면서 하나님의 말씀을 들고 강단에 올라가는 자신의 모습이 스스로에게 부끄럽지 않은 삶이 되도록 자신을 잘 가꾸어 나가야 한다.

넷째, 근면성이다. 설교자는 말씀의 학생으로서 하나님의 말씀을 읽고 연구하는 일에 있어 부지런하여야 한다. 그의 가슴을 하나님의 말씀으로 채우는 설교자는 언제나 기쁨으로 사역에 임한다. 그는 자신이 증거하는 말씀에 확신을 가지며 성령께서 자신을 통해 친히 역사하실 것을 바라보고 강단을 향한다. 설교자는 말씀의 전령으로서 무엇보다 먼저 말씀을 받아야 한다. 말씀 앞에 부지런히 나가는 설교자는 설교 본문을 찾지 못해 애를 태우는 일은 없을 것이다. 설교자는 성경 외에도 자신의 신학을 날카롭고 풍성하게 만들기 위해 끊임없는 독서가 필요하다.

신학교를 졸업하면 대개 공부는 끝났다고 생각하는 설교자들이 있다. 그런 사람들은 얼마 지나지 않아 자기의 자원이 다 고갈되었음을 피부로 느끼게 될 것이다. 설교자는 정기적인 연구 습관이나 계획이 필요하다. 그리고 자신에게 주어진 자연 은사를 개발시키는 일에 있어서도 열심을 내야 한다. 특히 명료한 사고능력을 키우거나 자신의 언변력을 발전시키기 위해 노력하여야 한다. 그 외 자신에게 주어진 소질이나 능력을 사역에 활용할 수 있도록 지속적으로 개발시켜 나갈 필요가 있다.

다섯째, 전인적 차원의 건강함이 필요하다. 건강관리는 설교자의 중요한 과제 중 하나이다. 우선 육체적인 건강 상태를 잘 유지하기 위해 때로는 휴식과 운동이 필요하다. 기도와 연구는 건강이 유지될 때 가능하다. 때로 장시간의 설교와 여러 차례의 설교를 반복하는 경우 역시 건강이 뒷받침될 때 가능하다. 나아가 설교자에게는 육체적 건강만이 아니라 전인적 차원에서의 건강함이 요청된다. 전인(全人)이란 몸과 영혼을 포함하여 우리의 정신과 삶이 미치는 전 영역이다. 그러므로 설교자의 바람직한 모습은 건강한 영성과 건전한 정신, 그리고 온전한 삶과 건강한 몸을 잘 유지 관리하는 것이다.

여섯째, 성령에 전적으로 의존하는 것이다. 궁극적인 것으로서, 설교자는 성령과의 온전한 관계성 안에서 성령을 의지하는 삶이 요청된다. 성령께서 자신의 모든 삶의 영역을 주관하시도록 의탁하는 자세가 필요하다. 성령과의 관계성은 그의 기도 생활이나 말씀 연구와 직접적으로 연관된다. 설교자는 매일 매일의 삶 속에서 성령을 느끼고 체험하며, 성령의 가르침과 인도하심을 구하는 삶의 자세를 통해 언제나 성령의 도구로 쓰임 받는 사람이 되어야 한다. 성령에 의존하고 성령의 도움을 구하는 사람은 설령 일순간 하나님 앞에 허물이 있을지라도 성령의 손길을 의지하여 지체하지 않고 회개의 자리로 나아간다.

위에서 열거한 설교자의 모든 삶의 영역은 성령의 도움이 있을 때 가능하다. 성령의 사람으로서 설교자는 성령의 도우심을 힘입어 말씀을 연구하고 기도하며, 건강한 몸을 유지하면서 자신의 삶을 온전히 관리해 나갈 수 있다. 그의 삶의 전 영역은 자신의 의지적 노력만으로는 온전히 가꾸어 나갈 수 없다. 무엇보다 성령을 구하고 성령의 사람이 되기 위해 힘써야 한다.

균형 잡힌 설교자의 삶

아래의 그림은 설교자의 균형 잡힌 삶으로서, 정신적(mental), 사회적(social), 지적(intellectual), 그리고 신체적(physical) 등 네 분야와 그 중심부에 모든 분야의 방향과 가치의 틀을 제공하는 영적(spiritual) 영역이 있음을 보여준다. 그리스도인이라면 그 누구라도 균형 잡힌 신앙 생활을 위해 이런 분야들이 잘 구비되어야 할 필요가 있을 것이다. 특히 설교자는 하나님의 말씀으로 모든 사람에게 선한 영향을 미치는 사람으로서 삶의 전 분야에서 균형감을 갖춰야 한다. 왜냐하면 설교자는 하나님의 말씀을 그의 인격을 통해서 전달하는 사람이기 때문이다. 특히, 목회적 상황에서 설교자의 균형 잡힌 삶은 목회 전반에 영향을 미친다.

균형 잡힌 삶(Balanced Life)

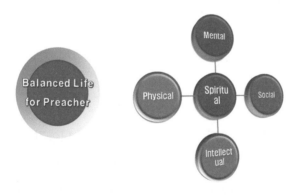

첫째, 정신적 분야는 멘탈리티(mentality)이다. 멘탈리티는 정신이나 의식이 놓인 상태이다. 한 사람의 정신세계로서 그가 생각하고 궁리하는 방법이나 태도 나아가 그의 사고방식이나 심리 상태를 멘탈리티라고 말한다. 좋은 정신에서 좋은 행동이 나온다. 설교자에게 필요한 창

본문에서 **설교**까지 목사님 성경을 설교해 주세요!

의력이나 상상력은 좋은 멘탈리티에서 나오는 결과여야 한다. 설교자는 하나님의 말씀을 전함에 있어 청중이 잘 듣고 이해할 수 있는 균형 감 있는 말과 그것을 전하는 방법에 있어 청중의 정서를 고려한 창의성이 요청된다. 이 모두는 그의 멘탈리티 안에서 생각되고 고안되는 것이다. 설교자가 하나님의 말씀에서 경건한 정신을 얻는다면, 폭넓은 독서를 통해서는 건전한 정신을 얻을 수 있다.

멘탈리티는 구체적인 삶 속에서 다양한 행동 양식으로 드러난다. 불행하게도, 때때로 나는 목회자들의 회합이나 모임에서 불필요한 아집을 부리고 다투기를 좋아하는 사람을 목격할 때가 있다. 우리는 하나님의 말씀으로 죄 가운데 있는 사람들을 하나님과 화목하도록 이끌어 주는 사람들이다. 강단 아래 삶의 자리에서 우리는 먼저 모든 사람과 화목하고 좋은 생각과 행동으로 좋은 영향을 미치는 위치에 있어야 한다. 그가 그 자리에 있음으로 모든 사람에게 유익함과 삶의 에너지를 나눠 줄 수 있는 사람 바로 그가 설교자이다. 나는 목회자들이 공공장소, 특히 대중식당에서 식사를 할 때, 종업원들에게 불친절하거나 거친 말로 질책하는 모습을 보면서 마음이 불편해지는 경우가 있다. 어느 자리 어느 사람 앞에서도 우리는 하나님의 종다운 품격을 잃어서는 안 된다.

둘째, 사회적 분야는 사회성을 가리키는 것으로서 한 사람이 타인과 원만하게 상호작용하는 것에서 나타난다. 사회성은 다양한 사람과 긍정적인 관계를 형성하는 일종의 능력이다. 설교자의 사회성은 다른 사람들과 더불어 우호적이며 친화적인 관계를 형성하는 것으로 그의 내면 세계가 반영된 결과이다. 특히 목회자는 다양한 사람들과 관계를 맺으며 그들을 그리스도의 말씀과 가르침으로 돌봐주고 이끌어 주는 사람이다. 목회자는 사람들이 관심과 돌봄이 필요할 때, 가장 먼저 찾고 싶은 사람이어야 한다. 그의 주변에서 그와 더불어 관계를 맺고 싶어 하는 사람들이 많으면 많을수록 그의 사역은 성공적이다. 불행히도 어떤 성도들은 목회자와 적당한 거리감을 두고 관계를 유지하려고 한다. 아마도 그 이유는 목회자를 전적으로 신뢰하지 않기 때문일 것이다. 때로, 목회자와의 관계에서 어떤 성도들은 위로와 돌봄이 아닌 상처를 받는다. 이런 경우 대부분은 목회자가 사람과의 관계 형성에서 사회성의 문제를 드러내기 때문이다. 이런 목회적 상황이라면 청중은 설교자가 강단에서 선포하는 메시지에 전적인 신뢰감을 보내지 않을 것이다. 결과적으로 설교자의 원만하지 못한 사회성은 거룩한 하나님의 말씀이 청중의 삶에 전달되고 경험되게 하는 일에 장애를 초래하게 된다.

설교자의 사회성은 또한 목회자 간의 관계를 비롯하여, 지방회, 노회, 또는 총회적 차원의 협력 사역에 있어서 원활하지 못한 결과를 가져온다. 서로를 믿고 신뢰하지 못하는 인간관계는 모든 불행의 원천이다. 때로 교회가 분리되는 현상 역시 목회자와 성도들의 관계 형성이 바람직하지 못한 결과이다. 목회자는 연약한 성도들을 이끌어 주고 돌봐주면서 그리스도 안에서 성숙해 나가도록 돕는 사람이다. 리더십 이론에 의하면, 팔로워가 공동체를 떠나는 것은 결국 리더를 떠나는 것이라는 말이 있듯이 교회 공동체에서 교회를 떠나는 성도들은 많은 경우 목회자를 떠나는 것이다. 오늘날 기독교 공동체의 우려를 자아내고 있는 가나안 교인 현상은 이와 무관하지 않다.

셋째, 지적 분야는 설교자의 실질적인 자원으로서 매우 중요하다. 하나님의 말씀을 깨닫고 올바르게 해석한 후 이를 설득력 있는 논증으로 청중에게 전달하는 것은 전적으로 설교자의 지적인 능력에 속한다. 설교자에게 있어 끊임없는 성경 연구는 그의 설교 자원을 풍성하게 한다. 특히 책별 연속 강해 설교나, 특정 주제를 집중적으로 조명하는 시리즈 설교에 있어서는 설교자에게 성경 연구 및 해당 주제와 연관된 자료 연구가 충분히 뒷받침될 때 가능하다. 다양한 통로로 물이 유입되는 저수지는 필요할 때마다 물을 공급해 주어도 고갈되지 않듯이 끊임없이 연구가 이루어지는 설교자는 설교 사역에 빈곤을 느끼지 않을 것이다.

20세기 말부터 마이너스 교회 성장세가 뚜렷한 한국교회는 실제로 여러 가지 문제를 안고 있지만 그 가운데 가장 먼저 지적되는 것은 설교이다. 한국교회의 설교는 인본적이며 비성경적이라는 것이 일반적인 평가이다. 이따금씩 한국교회에 물의를 일으키고 있는 설교 표절 문제는 결국 설교자의 비지성적인 문제가 빚어낸 결과이다. 설교자가 성경을 모르고 자기 설교 본문을 충분히 해석하지 못한다는 지적은 설교자에게는 참으로 치욕적인 말이 아닐 수 없다. 설교자는 끊임없이 날카로운 자신의 지성 세계를 가꾸어 나가야 한다. 그것은 매주 신선한 말씀을 준비하여 청중에게 나아가기 위함이다. 물가에 심긴 나무가 사시사철 푸르름을 유지하듯이 하나님 말씀에 깊이 뿌리를 내리고 마치 깊은 샘에서 생수를 길어 올리듯 진리의 말씀으로 사람들의 영적 갈증을 해소시켜 주는 설교자가 되어야 한다. 성경에서 말씀의 보화를 캐내어 그 진리를 들고 강단에 올라가는 설교자로부터 청중은 그들의 영혼에 생명력을 공급받게 될 것이다.

넷째, 신체적 분야이다. 신체적으로 건강한 삶이 있을 때, 모든 분야를 풍성히 발전시켜 나갈 수 있다. 신체적 건강이 뒤따를 때, 좋은 정신력이 형성되고 지적인 훈련 또한 가능하다. 신체적 뒷받침이 보장되지 않는 한 건강하고 활기찬 사역은 이루어질 수 없다. 사람의 신체는 삶의 전 영역에 집중력을 키워주고 에너지를 공급하는 원천이다. 건축물로 말하면 기초를 다지는 것이다. 신체적인 기능은 영적인 영역과도 연관성을 가진다. 신체적 기능이 부족해지면 장시간의 연구와 기도 생활에 장애를 초래하기 때문이다. 좋은 신체적 기능을 유지하기 위하여 설교자는 스스로 노력을 기울여야 한다. 적절하게 운동을 한다든지 취미 생활을 하는 것도 필요하다. 운동이나 취미활동을 통해 자신의 신체적 건강을 가꾸어 나가기 위해서는 이에 대한 어느 정도의 헌신과 노력이 필요하다.

다섯째, 마지막으로 영적인 영역이다. 네 분야가 모두 잘 발달되어 있어도 그 중심에서 설교자로 하여금 그의 사역을 순기능적으로 이루어지게 하는 것은 결국 영적인 동력이다. 설교자의 사역은 하나님의 말씀으로 사람들을 죄악으로부터 이끌어내어 거룩한 삶으로 인도하는 것이다. 이때 그의 삶의 모든 분야에서 발산되는 힘과 에너지가 영적인 목적과 방향으로 이어지게 하는 역동적인 원천이 필요하다. 따라서 설교자들은 날마다 주어지는 삶 속에서 더 영적으로 구비되기 위해 날마다 하나님께 나아가는 훈련과 노력이 필요하다.

다윗은 유명한 시편 23편에서 노래하기를, 여호와께서 다윗 자신의 '영혼을 회복시켜 주신다'라고 했다. 이 말은 영적으로 성령의 인도하심을 받는 하나님의 사람 모습을 보여준다. 우리에게 영적인 힘과 능력은 언제나 필요하지만, 근본적으로 우리는 또한 연약한 존재이기 때문에 언제라도 무기력한 모습에 처할 수 있다. 그런 순간에 영적인 회복을 위해 하나님을 찾고 그분의 능력을 구하는 설교자는 자신의 삶을 하나님께 헌신하는 자리로 다시 나아갈 수 있다. 오늘 우리가 살고 있는 21세기는 하나님을 대적하는 사상과 문화가 만연해 있다. 자칫하면 하나님을 향한 시선이 흩어지고 영성이 흐려질 수 있다. 지금 우리는 그 어느 때보다 성령의 능력이 필요하다.

III. ―――――――――――― 설교의
신학적 관점

설교는 필연적으로 신학적 활동이다. 설교는 하나님의 말씀을 해석하는 과정에서 성경의 내용을 신학적 체계 안에서 파악하고 주제를 중심으로 메시지를 구성하는 일종의 신학 작업이다. 우리는 때때로 신학이 결여된 설교를 마주할 때가 있다. 무엇보다 성서 신학적으로 본문 이해와 해석이 충실히 이루어지지 않은 설교는 하나님의 말씀으로서의 진실성을 이미 잃은 것이다. 우리는 이번 장에서 설교는 신학적인 도구를 활용하여 본문을 해석하고 그 결과를 세상에 선포하는 것으로서 신학의 연장선에 있다는 점을 유념하게 될 것이다. 가장 먼저 설교의 신학적 위치, 곧 신학적 전제에 대하여 살펴보는 것이 필요하다.

설교의 신학적 전제

하나님의 말씀을 전함에 있어 자칫하면 설교자들이 설교의 전달적 기능에 지나치게 경도되는 경우가 있다. 설교자들은 청중의 큰 반응을 끌어내기 위해 메시지의 전달력을 높여주는 수사적 기법이나 커뮤니케이션 방식을 고려하게 된다. 어떻게 전달할 것이냐의 문제는 현대설교에서 매우 중요한 화두가 되었다. 확실히 현대설교에서 전달의 문제는 그 어느 때보다 큰 관심의 대상이다. 이는 다양성을 추구하는 21세기 사회 현상과 이미지를 활용한 정보 전달 체계를 선호하는 현대인의 정서와 무관하지 않다. 문자 그대로 포스트모더니티의 가치체계를 잘 보여주는 대목이다. 따라서 전달력을 높이기 위한 설교 방법론의 개발이나 커뮤니케이션의 효용성을 향상시키기 위한 노력은 설교자에게 중요한 과제가 아닐 수 없다. 그러나 여기에는 설교자가 주의해야 할 함정도 있다. 왜냐하면 좋은 방법론을 갖추었다고 해서 좋은 설교가 되는 것은 아니기 때문이다. 즉, 말씀의 진실성은 방법론에 앞서 더 중요하다. 좋은 설교자가 좋은 설교를 한다. 좋은 설교자가 유념해야 할 세 가지 사항이 있다.

하나님의 명령으로서의 설교

본질적으로 설교는 하나님의 부르심에 따른 행위이며 부여받은 임무에 대한 순종이다. 사실상, 설교는 주 예수께서 당부하신 지상과제(The Great Commission)이다. 설교는 교회의 실험실에서 나온 어떤 것으로서, 하나님의 말씀을 전하기 위한 하나의 수단으로 존재하지 않는다. 설교는 하나님의 명령이다. 명령이라함은, 설교는 교회와 설교자에게 선택적 사항이 아니라는 말이다. 설교 신학의 출발점은 설교가 사람의 발명품이 아니라 교회를 향한 하나님의 뜻을 이루기 위한 거룩한 사명이요 명령이라는 사실에 근거한다. 교회를 향하신 하나님의 뜻은 하나님의 말씀 선포를 통하여 하나님의 구속의 역사를 이 시대 가운데 펼

처나가는 것이다. 이 명령을 수행하는 목회적 상황과 설교자의 자세는 무엇인가. 사도바울은 일찍이 우리에게 다음과 같이 교훈한 바가 있다:

> 하나님 앞과 산 자와 죽은 자를 심판하실 그리스도 예수 앞에서 그의 나타나실 것과 그의 나라를 두고 엄히 명하노니 너는 말씀을 전파하라 때를 얻든지 못 얻든지 항상 힘쓰라 범사에 오래 참음과 가르침으로 경책하며 경계하며 권하라 때가 이르리니 사람이 바른 교훈을 받지 아니하며 귀가 가려워서 자기의 사욕을 따를 스승을 많이 두고 또 그 귀를 진리에서 돌이켜 허탄한 이야기를 따르리라 그러나 너는 모든 일에 신중하여 고난을 받으며 전도자의 일을 하며 네 직무를 다 하라(딤후4:1-5).

3절 이하에서 바울은 세상은 하나님의 말씀을 배척하게 될 때가 도래할 것이며 사람들은 생명의 말씀을 거부하고 세상의 사조를 따라 자기의 욕심을 충족시켜 줄 가르침에 귀를 기울이게 될 것이라고 예견했다. 오늘 우리가 직면한 21세기는 그 어느 시대보다도 더 진리를 배척하는 양상을 보인다. 각 나라의 권세 잡은 자들은 세속적 가치의 발전을 약속하며 국민들에게 보다 살기 좋은 세상을 만들어 주겠다고 부추긴다. 사람들은 진리를 멀리하고 물질 만능을 추구하는 철학에 젖어 자신들의 욕구를 충족 시켜주는 것이라면 어떤 문화나 사상이든 개의치 않고 받아드린다. 바울은 이러한 세상을 향해 하나님의 말씀을 들고 나아가는 설교자들이 당하게 될 현실적인 고난을 이미 잘 알고 있었다. 5절에서, 그는 설교자들이 고난을 감수하는 한이 있더라도 진지함으로 설교자로서의 책무를 다할 것을 당부하였다.

무엇보다 바울이 젊은 목회자 디모데에게 강조한 것은 하나님의 말씀을 설교하라는 간곡한 당부였다. 바울은 여기에서 '설교하라'(kerussw)는 동사를 현재 명령형으로 쓰고 있다. 헬라어의 현재형 동사 용법이 반복적 동작을 가리킨다는 점을 고려한다면 디모데를 향한 바울의 말은 하나님의 말씀을 설교하되 지속적으로 설교하라는 명령이었다. 이것은 우리에게 무엇을 말해주고 있는가. 곧 부름을 받은 하나님의 종에게 말씀을 설교하는 일은 취사선택의 사항이 아니라 반드시 반복적으로 해야 하는 하나님의 준엄하신 명령이라는 것이다.

간혹 나는, 자신이 하나님께 부름을 받은 것은 확신하지만 설교자의 사명을 부여받았다고 하는 사실에 대하여는 소극적으로 반응하는 목회자들을 대할 때가 있다. 그리고 때때로 나는 소명 의식은 있지만 설교자로 부름을 받은 것에 대하여는 확신하지 못하는 신학생들을 본다. 그런 학생들은 설교학은 공부하지만 설교 사역은 자신과 큰 연관성이 없다고 생각하며 거리감을 두는 경우가 있다. 그들 중에는 하나님께서 자신을 부르실 때, 선교지에서 구제 사역에 대한 소명을 주셨다거나 아니면 찬양사역, 기관사역, 문서사역, 방송사역 등으로 부름을 받았기 때문에 설교는 자신의 사역이 아니라는 생각에 갇혀있는 사람들이 있다. 그러나 분명한 것은 우리가 어떤 사역으로 부름을 받고 그에 대한 비전을 가슴에 품고 있는지와 관계없이 하나님의 말씀을 전하는 것은 부름받은 우리 모두에게 명령으로 주어진 고결한 사역이라는 점이다.

이와 연관하여 우리의 시선을 사로잡고 있는 다른 하나의 강조점은 하나님의 말씀을 전하되 상황이나 조건에 얽매이지 말고 지속적으로 말씀을 전하라고 하는 당부의 말씀이다. 바울은 2절에서 이렇게 말했다: "너는 말씀을 전파하라 '때를 얻든지 못 얻든지' 항상 힘쓰라." 하나님의 종으로 부름을 받은 디모데를 향한 이 말씀은 가고 오는 모든 시대에 부름받은 하나님의 종들에게 동일한 말씀으로 주어진다. 하나님

본문에서 설교까지 목사님 성경을 설교해 주세요!

은 21세기 지금도 부름받은 당신의 모든 종들에게 때를 얻든지 못 얻든지 말씀을 전하라고 명하신다. 아마도 디모데가 이 말씀을 받았던 1세기 당시는 하나님의 말씀을 언제든지 자유롭게 전할 수 있는 상황이 아니었을 것이다. 설교자들 앞에는 말씀을 방해하는 종교적 세력들이나 정치적 상황의 장애물이 도처에 놓여있었을 것이다. 21세기는 1세기 상황에 비하여 법과 제도 안에서 복음 증거가 비교적 안전한 것은 사실이지만, 모든 면에서 말씀 선포가 자유로운 것은 아니다. 어쩌면 이런 상황은 전혀 변하지 않았거나 오히려 지역에 따라서는 더 어려워진 것이 사실이다. 복음을 전하는 선교사들이 특정 국가들로부터 입국 거부를 당하거나 추방당하는 사건들은 지금도 빈번히 일어난다. 그러나 이런 처지에 놓여있는 사람들을 포함해서 이 시대에 말씀의 종으로 부름받은 모든 하나님의 사람들에게 하나님은 여전히 말씀을 전파하라고 명하신다.

설교의 초자연성

설교는 인간의 사건이기 전에 초자연적 사건이다. 설교는 선포의 내용이 사람의 생각이나 사상에 관한 말이 아니다. 또한 유익한 지식이나 정보를 전하거나 알리는 세속적 메시지도 아니다. 설교는 그 전하는 내용이 하나님의 말씀이라는 측면에서 초자연성을 가진다. 나아가 설교는 성령의 임재 하심과 성령의 능력 안에서 이루어지므로 인간적인 한계를 넘어서는 영역이다. 성경 저자들은 하나님의 성령의 능력을 힘입어 하나님의 말씀을 기록하였다. 성령의 감동하심으로 과거에 기록된 말씀은 동일한 성령의 감동하심으로 현재 해석되고 다시금 증거된다. 진정한 설교는 사람의 소리가 아니다. 하늘의 뜻을 담은 하늘의 소리가 땅의 언어로 증거되는 것이다. 설교자의 메시지가 성령의 감동하심으로 증거되는 것, 그것이 우리가 추구하는 설교이다.

우리는 하나님의 진리가 인간의 영혼과 삶을 어떻게 변화시키는지 정확하게 설명할 수 없다. 하지만 우리의 설교에 임하는 역동적인 힘은 감지할 수 있다. 하나님의 말씀은 단순한 능력이 아니라 그 무엇과도 견줄 수 없는 능력이다. 하나님의 말씀에는 다음과 같은 능력이 담겨있다. 첫째는, 창조하는 능력이다. 하나님이 빛이 있으라 말씀하시니 빛이 있었다고 성경은 말한다(창1:3). 하나님의 말씀은 어두움을 빛으로 변화시키며 죽었던 생명도 다시 살린다. 영적으로 죽어있는 사람의 마음도 하나님의 말씀으로 새로운 생명을 부여받는다. 시편 기자는 다음과 같이 썼다: "그가 말씀하시매 이루어졌으며 명령하시매 견고히 섰도다"(시33:9). 둘째는 설득하는 능력이다. 하나님의 말씀은 사람의 마음을 돌이키시는 능력이 있다. 하나님의 말씀이 증거되는 곳에서 사람들은 그 말씀 앞에 굴복하는 역사가 일어난다. 그래서 설교자들은 하나님의 말씀을 왜곡시켜 전하지 말고 진실한 말씀을 전하여야 한다. 하나님은 선지자 예레미야의 입을 통해 이렇게 말씀하셨다: "...... 내 말을 받은 자는 성실함으로 내 말을 할 것이라...... 여호와의 말씀이니라 내 말이 불같지 아니하냐 바위를 쳐서 부스러뜨리는 방망이 같지 아니하냐"(렘23:28-29). 셋째는 하나님 자신의 목적을 성취하는 능력이다. 이사야 선지자는 하나님의 말씀을 이렇게 전한다: "이는 비와 눈이 하늘에서 내려서 그리로 되돌아가지 아니하고 땅을 적셔서 소출이 나게하며...... 내 입에서 나가는 말도 이와 같이 헛되이 내게로 되돌아오지 아니하고 나의 기뻐하는 뜻을 이루며 내가 보낸 일에 형통함이니라"(사55:10-11).

설교의 인본성

설교는 초자연성을 가짐과 동시에 인본주의적 요소를 가지게 마련이다. 그것은 하나님께서 당신의 말씀을 선포하기 위해 사람을 들어 사용하시기 때문이다. 설교자를 선택하실 때 하나님은 그의 연약함과 인간적인 결점을 함께 택하신다. 따라서 설교자는 하나님께서 부여해 주신 은사와 능력을 취함과 동시에 자신을 준비시키는 자세가 필요하다. 무엇보다 하나님의 말씀을 잘 듣고 깨달을 수 있는 노력이 요청된다. 곧 설교자는 마땅히 말씀의 학생이 되어야 한다. 바울은 이와 연관하여 디모데에게 중요한 가르침을 주었다: "너는 진리의 말씀을 옳게 분별하며 부끄러울 것이 없는 일꾼으로 인정된 자로 자신을 하나님 앞에 드리기를 힘쓰라"(딤후2:15).

디모데를 향한 바울의 말은 세 단계로 구분된다. 첫째는, 진리의 말씀을 옳게 분별하라는 것이고; 둘째는 하나님께 인정받는 자가 되라는 것이며; 셋째는 부끄러울 것이 없는 일꾼이 되라는 것이다. 결국 설교자가 지향하는 것은 자신을 불러주신 하나님 앞에서 부끄러울 것이 없는 일꾼으로 반듯하게 서는 것이다. 설교자가 부끄럽지 않은 모습이 되기 위해서는 하나님의 말씀을 옳게 분별하는 것인데, 이는 말씀을 올바르게 깨닫고 이해하는 것이다. 결과적으로 설교자가 하나님께 인정받기 위해서는 말씀을 공부하는 사람이 되는 것이다. 무엇보다 말씀의 학생으로서 하나님의 말씀을 먼저 배우고 깨달은 다음, 그것을 전하는 것이다. 그럼으로써 설교자는 부끄럽지 않은 하나님의 사람이 된다.

말씀을 옳게 '분별'하라고 말할 때 쓰여진 동사 '오르쏘토메오' (ορθοτομεω)는 '길을 똑바른 방향으로 자른다'는 뜻을 가진다. 즉, 진리의 말씀을 왜곡시키지 말고 잘 해석하라는 의미를 내포한다. 설교자의 본분은 사물을 잘 분별하듯이 말씀의 뜻과 의미를 명확하게 파악하는 것이다. 설교자로서 가장 부끄러운 모습은 자신의 설교 본문을 정확하게 이해하지 못한 채 임의대로 주제를 정하거나 그 말씀을 억지로 자기 상황에 연관시켜 설교하는 것이다. 영문 NIV 번역본은, '오르쏘토메오'를 '진리의 말씀을 올바르게 다루다'로 번역하였다(correctly handles the Word of truth).

진리의 말씀을 온전히 전하는 것과 연관하여 우리는 주전 6세기 유다 백성들의 역사에서 좋은 본보기를 제공받는다. 하나님의 말씀을 거역하고 우상을 섬기며 죄악에 빠졌던 유다 백성을 하나님이 북방 민족을 들어 심판하신 것은 그들에게 뼈아픈 역사였다. 느헤미야를 중심으로 바벨론 포로에서 돌아온 유다 백성들에게 에스라가 하나님의 말씀을 전하였던 당시 상황은 하나님의 말씀을 명확하게 전하고 가르치는 것과 그 말씀에 순종하는 것이 얼마나 소중한 것임을 일깨워 준다. 느헤미야 8장에서 우리는 이러한 상황을 마주한다: "그때에 학사 에스라가 특별히 지은 나무 강단에 서고…… 모든 백성 위에 서서 그들 목전에 책을 펴니 책을 펼 때에 모든 백성이 일어서니라…… 하나님의 율법책을 낭독하고 그 뜻을 해석하여 백성에게 그 낭독하는 것을 다 깨닫게 하니 백성이 율법의 말씀을 듣고 다 우는지라……"(4-9).

당시 바벨론에 멸망 당하기 전 상황으로 돌아가서, 우리가 하나 주목해 보아야 할 것은, 하나님의 말씀을 빙자하여 헛된 말로 백성들을 미혹시켰던 거짓 선지자들이다. 하나님의 말씀을 거역한 결과는 백성들의 몫이었지만 거짓 예언으로 백성들을 파멸로 이끌었던 예언자들은 몫은 무엇이었을까. 물론 그들은 하나님의 심판을 피할 수 없었겠으나 이 상황은 오늘 우리에게 바울의 디모데를 향한 애정 어린 권면의 말을 다시금 되새기게 한다. 설교자로서 하나님 앞에 부끄러울 것이 없는 종이 되기 위해서 우리는 마땅히 말씀을 분별하는 말씀의 종이 되어야 하겠다.

설교와 신학

설교가 성경에 계시된 하나님의 말씀이 설교자를 통하여 다시금 증거되는 것이라고 한다면 설교는 하나님의 말씀을 해석하고 연구하는 측면에서 신학적이지 않으면 안 된다. 설교가 성경에 계시된 말씀으로부터 비롯되는 것이라면 설교는 신학의 출발점이자 최종적 표현이다. 예수 그리스도의 승천 이후 등장하는 사도적 설교는 구약성경의 말씀을 해석하고 설명하면서 설교 명제를 드러내는 특징을 보여준다. 오순절날 성령 충만을 받은 베드로의 설교에서 우리는 이러한 모습을 관찰할 수 있다. 베드로는 예수 그리스도의 십자가 죽음과 부활을 증거하면서 예수를 믿음으로 죄 사함과 구원이 이루어진다는 사실을 강력하게 선포했다. 이날 베드로가 구약성경 요엘의 말씀을 근거하여 예수 그리스도를 통한 구원이 오늘날 믿는 자에게 임하였다고 증거한 것은 주목해야 할 점이다.[1] 오순절에 나타난 베드로의 설교를 기독교 설교의 시초라고 본다면 설교는 그 시작점부터 신학에 충실한 설교였음을 여실히 보여준다.

오늘날 기독교회는 종교개혁 이후 가장 충실해야 할 것에서 가장 약한 면을 보여주고 있는 현상이 지적된다. 그중에 하나는 설교의 문제이다. 개신교가 중세의 타락한 종교를 개혁함으로부터 시작되었을 때, 그

---

1) Charles H. Dodd, *The Apostolic Preaching and Its Development* (London: Hodder and Stoughton, 1936), 26-8.

개혁의 핵심 모토는 하나님의 말씀으로 돌아가자고 하는 것이었다. 개혁가들은 교회가 처음 교회의 모습으로 돌아가야 할 것을 염두하면서 '과거로 돌아가자!'(back to the past!) 라고 말했다. 루터나 칼빈과 같은 개혁자들이 과거로 돌아가서 설교하자고 주장한 것은 다시금 사도적 설교의 모습으로 돌아가자고 하는 외침이었을 것이다.

오순절날 행하여진 베드로의 설교는 이 땅에 기독교회가 세워지는 역사적 사건이 되었다. 당시 교회와 사도들(설교자들)은 예수 그리스도의 죽음과 부활을 그 핵심으로 하는 복음(케리그마)을 전하는 일에 생명을 걸었다. 그들의 메시지는 구원의 복음, 곧 메시야 예수 그리스도의 대속의 죽음과 부활이 그 내용이었고 그것은 이미 성경에 계시된 말씀에 근거한 것이었다. 사도적 설교는 설교자로 부름을 받은 후대의 모든 설교자에게 언제나 본보기를 제공한다. 사도적 설교의 내용은 예수 그리스도를 통한 구원의 복음이었고 그들의 설교 본문은 이미 계시된 하나님의 살아있는 말씀이었다. 현대설교는 당시 설교자들의 정신과 철학을 오늘의 설교 상황에서 다시금 회복하여야 함이 마땅하다.

신학적 표현

앞서 언급한 바와 같이 설교가 하나님께서 그의 설교자를 통하여 말씀을 계시하는 것이라고 한다면 하나님의 말씀이 온전히 드러나야 한다는 측면에서 신학적이지 않으면 안 된다. 설교가 본문의 내용에 대한 신학적 제시이며 그 표현이라면 설교는 본문을 이탈한 주제(제목)설교가 될 수 없고, 삶의 정황 설교(life-situation)나 문제해결식(problem-solution) 설교가 될 수 없으며 나아가 어떤 형태의 공중 연설이 되어서도 안된다. 엘버트 몰로(Albert Mohler)는 말하기를, "설교는 피할 수 없이 신학적 행위이다. 왜냐하면 설교자는 하나님께서 세우셨으며 설교자는 하나님의 말씀을 선포하는 것이기 때문이다"라고 말했다.[2] 물론 설교는 신학을 선포하지 않는다. 설교가 신학을 제시한다고 하는 말은 본문 안에 담겨있는 신학적(성서신학과 조직신학) 내용을 증거하는 것을 가리킨다. 설교자는 주어진 본문을 신학적 관점에서 바라보고, 이해하며, 나아가 해석을 내린 결과를 전하는 것이다.

하나님께서 이미 선포하신 말씀을 취하여, 그 말씀의 진정한 뜻과 이 시대의 청중에게 주는 의미를 밝히는 것은, 과거 구약의 선지자들, 모세와 엘리야가 하나님의 말씀을 전할 때 백성들이 그 말씀을 생생한 하나님의 말씀으로 들었던 것을 다시금 재현하는 것이다. 설교자가 신학적으로 명확하며 살아있는 하나님의 말씀을 전한다면 과거에 계시 되었던 말씀이 다시금 생명력과 함께 현재적 말씀으로 증거된다. 그러므로 하나님께서 주신 진실된 말씀을 전하고자 하는 설교자는 그의 마음에 자리한 설교자적 열망과, 그의 연약함과, 그리고 그가 놓여있는 인간적 상황 사이에서 오는 일종의 긴장감을 직면하게 된다. 이것이 젊은 시절 스위스의 작은 교회(Alpine village of Safenwil)에서 목회하던 칼 바르트(Karl Barth)의 당면 문제였다. 한 사람의 목회자로서 그는 이와 같은 신학적 갈등을 이렇게 표현했다:

> 우리가 직면한 어려움은 우리가 수행하는 과제에 놓여있다. 이것이 얼마나 쉽지 않은 일인지는 설교자로서 충분히 느끼는 일이다....... 이점에 대하여 우리가 공유하는 상황을 논한다면, 나는 이에 대하여 다음의 세 문장으로 표현한다: 목사로서 우리는 하나님의 말씀

---

2) Albert R. Mohler, Jr., "A Theology of Preaching," in *Handbook of Contemporary Preaching, ed. Michael Duduit* (Nashville: Broadman, 1992), 14.

을 전하여야 한다. 그러나 우리는 인간으로서 하나님의 말씀에 관하여 말할 수 없다. 그러므로 우리는 우리의 책무와 우리의 무력함을 인정하고 하나님의 영광을 드러내야 함을 기억하여야 한다.[3]

이것은 설교자로 부름받은 모든 이들이 직면하는 현실적 상황이다. 그러나 그에게 주어지는 질문은 명백하다. 그 질문은, 곧 '본문 안에 담긴 하나님의 뜻이 온전히 드러났는가?'이다. 디트리히트 릿첼(Dietrich Ritschl)은 이렇게 말한다: "거기에는 타협의 자리나 중간 지점은 없다. 설교는 하나님의 말씀이 되든지 아니면 아무것도 아닌 묵상이나 의견이 되고 말 것이다."[4] 바르트는 설교는 근본적으로 신학적 행위일 뿐 아니라 신학의 가장 중대한 위치를 차지한다고 강조한다.[5] 이 말은 설교는 하나의 신학으로서 가장 중요한 신학의 한 위치를 차지하고 있으며 신학의 원리가 설교라는 형식으로 표출되는 것을 의미한다. 신학의 가장 중요한 근거가 성경에 있다면, 그리고 설교는 성경 안에 있는 진리를 제시하는 것이라고 한다면 설교는 마땅히 신학적 제시이며 신학적 표현이다. 종교개혁가들이 교회와 세상 앞에서 신학자의 모습으로 성경을 해석하고 그 확신 위에 굳건히 서서 말씀을 외쳤듯이 이 시대의 부름 받은 설교자 역시 한 사람의 신학자요 설교자로서 하나님의 말씀을 오류 없이 전해야 하는 소중한 책임을 다해야 한다.

---

3) Karl Barth, *The Word of God & The Word of Man, trans. Douglas Horton* (New York: Harper & Brothers Publishers, 1957), 186.

4) Dietrich Ritschl, *A Theology of Proclamation* (Richmond: John Knox, 1960), 23.

5) Karl Barth, *Homiletics, trans. Geoffrey W. Bromiley and Donals E. Daniels* (Louisville, KY: Westerminster/John Knox, 1991), 8; 문상기, 「케리그마와 현대설교」, 147-50.

설교를 위한 신학의 목적과 역할

설교에서 신학의 목적은 말씀의 뜻과 의미를 밝힘으로써 그리스도인에게 있어 믿음의 의미가 무엇인지, 믿는다고 하는 것은 그리스도인의 삶과 어떤 연관성을 가지는지를 이해시키고 입증함으로써 성도들의 삶에 말씀이 녹아 들어가게 하는 것이다. 신학의 역할이 궁극적으로 여기에 이르지 못한다면 신학은 공허해질 수밖에 없다. 여기에서 우리는 신학은 각각의 분야에서 어떻게 실질적으로 설교와 연관성을 가지며 결과적으로 청중의 삶에 구체적으로 녹아들어 갈 수 있는지를 생각해 볼 필요가 있다. 아래의 도식은 이에 대한 이해를 도와준다.

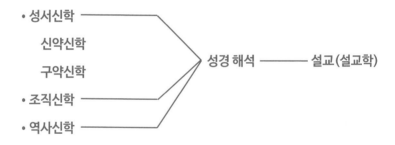

성서신학

성서신학은 신학의 출발점으로서 성경 저자가 전하고자 했던 의미를 밝혀내는 데 주력한다. 이를 위한 방식은 성경 각 책들의 저자와 수신자를 포함한 역사적 배경에 관점을 두면서 저자가 사용한 용어와 문법을 분석하고 의미를 찾아내는 것이다. 역사적 배경에 대한 충분한 이해는 성경에 담긴 뜻을 찾아냄에 있어 매우 중요한 시각을 제공한다. 성경의 책들은 일반적으로 특정한 독자들을 향하여 쓰여진 것이므로 당시 저자와 수신자가 공유하였던 상황을 파악하는 것은 본문 이해에 중요한 단서를 제공한다. 당시 저자와 수신자가 공유하였던 사회와 정치적 상황, 종교와 문화적 상황, 그리고 저자의 저술 동기와 목적에 대한 사전 이해는 본문 해석을 위해 반드시 고려해야 할 사항이다.

성서 신학적 접근에서 문법적인 분석은 저자의 원래적 의미를 파악함에 있어 매우 중요하다. 하나의 문장 안에서 주어와 동사를 찾고 목적어는 무엇인지 나아가 보조적으로 동사를 꾸며주는 것은 무엇인지 등을 세세히 파악하는 것은 설교자에게는 중요한 작업이다. 이처럼 성서 신학적 접근은 마치 현미경(microscopic)을 들여다보며 물체의 미세한 부분을 관찰하듯이 본문의 의미를 세밀하게 파악하는 역할을 수행한다. 이 작업은 매우 중요하다. 그것은 이때 파악된 뜻과 의미는 하나님이 계시하셨던 바로 그 말씀이기 때문이다. 이때 파악된 말씀은 고정된 뜻으로서 우주적 의미를 가진다. 왜냐하면 그 말씀은 과거로부터 오늘에 이르기까지, 그리고 미래를 포함한 모든 시대의 언어와 문화권을 초월하여 동일하게 계시하시는 하나님의 말씀이기 때문이다.

성서신학은 신학의 출발점이다. 왜냐하면 성서신학적 접근으로 밝혀진 모든 내용은 조직신학을 비롯한 모든 신학적 체계를 위한 가장 중요한 자료가 되기 때문이다. 성서신학이 밝혀놓은 내용을 기초로 조직신학은 주제별로 신학을 체계화시켜 나간다. 결과적으로 모든 신학적 개념은 성서신학의 주요 내용을 통해서 밝혀지고 체계화되기 때문에 성서신학을 신학의 여왕이라 칭하는 것은 타당하다.

조직신학

조직신학은 기독교의 진리와 가르침에 대한 모든 자료를 조직하며

본문에서 설교까지 목사님 성경을 설교해 주세요!

논리적으로 개관(survey)한 것이다. 정돈된 주제 아래서 성서신학이 밝혀낸 내용들을 체계화시킨다는 측면에서 조직신학은 성서신학의 자매라고 칭해지기도 한다. 조직신학은 성경의 전체 내용을 상호 연관성과 조직적인 틀 안에서 해석한다. 이를 위해 하나의 본문이 성경 전체의 틀 안에서 같은 주제를 말하는 다른 부분과 어떤 연관성을 가지는지에 집중하기도 한다. 다양한 신학적 주제를 논함에 있어 조직신학은 현대 언어 그리고 사상 체계(시대적 사조와 철학)와의 접촉을 통해서 성경을 종합적으로 해석한다.

성서신학이 벌레의 눈(worm's eyes)으로 성경의 부분 부분을 세밀하게 관찰한다면 조직신학은 새의 눈(bird's eyes)으로 성경 전체를 조망하면서 균형감과 일체감을 확보한다. 성서신학이 미시적(微視的, microscopic) 접근방식을 이용하여 성경 각 저자들의 저술 목적과 그들의 독특한 신학적 관점에 주의를 기울인다면 조직신학은 보다 거시적(巨視的, macroscopic) 접근방식을 통해 각 저자들이 밝혀놓은 다양한 신학적 주제를 통합적으로 체계화시킨다. 설교자는 성서신학의 기초 위에 탄탄한 조직신학적 틀을 갖춰야 할 것을 강조하면서 로이드존스는 다음과 같이 말했다:

> 설교는 신학적이어야 하되 신학에 대한 강의가 되어서는 안 된다면, 설교와 신학은 대체 어떤 관계에 있는 것일까요? 이렇게 말해 봅시다. 설교자는 하나의 통일체를 이루고 있는 성경 전체의 메시지를 잘 파악하고 있어야 합니다. 다시 말해서 조직신학의 기초를 이루는 성서신학에 매우 정통해야 한다는 것입니다. 제가 볼 때 조직신학을 잘 이해하는 것보다 더 중요한 일은 없습니다. 설교자는 그것을 알아야 하며 그 토대를 잘 다져 두어야 합니다. 성경에서 끌어낸 진리의 총체인 조직신학이 언제나 설교의 배경을 이루면서 중

심적인 영향력을 행사해야 합니다.[6]

여기에서 우리는 신학의 명백성(obviousness)과 함축성(implication)에 대하여 생각할 필요가 있다. 성경 저자들이 전하는 메시지는 명백하고 구체적인 의미를 전하기도 하지만, 때로는 보다 함축적으로 진리를 논하기도 한다. 예를 들어, 성경 저자들은 자신이 이해하고 경험한 하나님을 명확하게 전할 때도 있지만 때로는 보다 포괄적 개념으로 말하기도 한다. 조직신학은 성서 저자가 전해주는 모든 함축적인 개념을 하나의 체계 안에서 유기적 의미를 파악하여 주제별로 체계화시킴으로써 성경 해석을 완성시킨다. 주어진 하나의 본문에서 성경 저자가 전하고자 하는 뜻과 의미를 구체적으로 파악하고자 할 때 설교자는 먼저 본문의 앞과 뒤의 정황 속에서 저자가 말하려고 하는 바를 찾을 것이다. 이때 그는 본문이 가지는 신학적 의미를 보다 견고히 하기 위해 조직신학적 틀 안에서 해당 본문이 가지는 유기적 의미, 곧 성경의 전체적 틀 속에서 그 의미가 유기적으로 일치하는 지를 확인할 필요가 있다. 이에 대하여 로이드존스는 다음과 같이 설명한다:

> 각 메시지는 결코 그 총체와 고립되거나 동떨어지거나 분리되어서는 안됩니다. 특정 본문의 교리는 좀 더 큰 전체, 즉 진리 내지 신앙의 한 부분임을 잊지 마십시오. 이것이 '성경을 성경으로 푼다'라는 말의 의미입니다. 우리는 어떤 본문도 따로 떼어 내서 다루어서는 안 됩니다. 설교 준비는 언제나 조직신학이라는 배경의 통제를 받 아야 합니다.[7]

---

6) Lloyd-Jones, 「설교와 설교자」, 103.
7) Ibid., 103-4.

사도바울은 갈라디아 교회에 보낸 편지에서 율법의 폐해에 대하여 강한 어조로 말하면서 그리스도 안에서 모든 사람이 율법에 대하여 자유 하였음을 강조하였다. 갈라디아서 초반에 바울은 갈라디아 교회 내부에 복음을 변질시키는 무리를 향하여 그리스도의 복음 외에는 다른 복음이 없다고 일축하면서 하늘에서 온 천사 일지라도 다른 복음을 전하는 자는 저주를 받을 것이라고 말했다(갈1:7-8). 여기서 그가 말하고 있는 다른 복음은 갈라디아 후반부에서 '할례'를 말하는 것임을 유기적으로 보여주며, 그리스도의 복음은 십자가 구속의 복음임을 드러낸다(5:11). 이런 현상은 동일한 책 안에서만 나타나는 것이 아니다. 같은 저자의 다른 책 안에서도 나타나는 것은 물론, 각기 다른 저자와 다른 책들 안에서 상호 간에 빈번히 나타난다.

성령의 역사와 역할은 성경 전반에 걸쳐 다양한 현상으로 나타난다. 성령은 죄 가운데 있던 사람이 회심하고 처음 믿는 과정에서 결정적인 역할을 할 뿐 아니라 그리스도인의 지속적인 삶 속에서 변함없이 함께 하신다. 성도들을 위한 성령의 역할과 그 역사는 다양한 상황에서 다양한 모습으로 이루어진다. 오순절에 베드로를 중심으로 한 사도들의 설교 당시 사람들을 회심케 하고 구원의 역사가 일어나게 하였던 성령은 (행 2) 믿는 자 안에서 충만한 형태로 함께 하면서 성도들의 삶이 죄악을 이기도록 돕는다(엡 5). 이처럼 하나의 설교 본문에 나타나 있는 단편적 의미는 성경 전체가 보여주는 체계적인 틀 안에서 그 해석이 완성된다.

설교와 신학의 관계

설교가 신학의 결정체요 신학의 중대한 자리를 차지하고 있음에도 오늘날 현대 신학 부문에서 설교의 신학적 관점은 주목의 대상이 되지 못하였던 것이 사실이다. 신학자들은 하나의 전달 기능으로 설교를 인식하는 경향이 있다. 그런가 하면 현장에서 하나님의 말씀을 전하는 목회자들은 청중으로부터 좋은 반응을 끌어내는 것에 역점을 두면서 설교 방법론 중심으로 설교학을 논하려는 경향이 있다. 따라서 설교의 신학적 관점이나 설교와 신학의 관계성 등은 소외된 개념에 머물러 있었다. 이 말은, 설교란 단지 메시지가 잘 전달되게 하는 하나의 소통 기능이며 신학적 논쟁의 대상이 아니라고 하는 말과 다름이 없다. 이러한 사고의 틀 안에서 신학은 자연히 설교 준비와 전달 과정에서 배제되면서 심각한 결과를 불러왔다. 곧 설교의 비신학화 현상이다. 신학은 연구 단계에서 중대한 관심의 대상이 되지만 하나님의 말씀이 전달되는 과정에서는 제외됨으로써 신학의 심각한 역기능을 불러일으켰다.

설교와 신학의 상호의존성

신학의 출발점은 성경이다. 성경은 계시된 하나님의 말씀이고, 구두적으로 선포된 말씀이며, 또한 기록된 하나님의 말씀이다. 성경은 수많은 신학 서적의 교과서나 참고도서로 사용되기 위한 목적으로 존재하지 않는다. 성경은 하나님께서 자기 뜻을 계시하시고 나타내신 말씀의 기록이다. 신학의 역할은 하나님의 말씀을 정확하게 이해하고 해석하는 일에 결정적인 역할을 한다. 그리고 설교는 해석된 말씀을 선포의 과정을 통해서 충실히 전달하는 역할을 수행한다.

중요한 것은 설교학이 설교 준비를 위한 것으로 마땅히 신학적 관점에서 다루어져야 하며, 나아가 당연히 신학의 한 부문이 되어야 하는 점이다. 설교가 신학을 통해 방향을 찾고 자신이 선포하는 말씀의 의미를 명확하게 한다면, 신학은 설교를 통해 자신이 존재하는 이유를 찾고 생명력을 확보한다. 신학이 없는 설교는 맹목적인 선포에 불과하게 되고 설교가 없는 신학은 공허한 탁상공론에 지나지 않는다. 따라서 가장 바람직한 설교와 신학의 관계는 상호 의존적이다.

한편 신학과 설교의 과제는 동일하다. 이 말은 설교와 신학은 지향하는 바가 같다는 말이다. 다만 그 목적을 추구하는 역할과 방식에서 차이를 가진다. 1930년대, 신약 성경적 설교의 특징과 원리를 사도적 케리그마에서 발견한 다드(C. H. Dodd)[8]의 연구 이래로, 사도행전의 케리그마에 관한 연구는 학자들의 관심 분야가 되었다. 물론 사도적 설교에 나타난 케리그마를 엄격하게 현대설교에 적용하는 것은 과거 1세기 상황과 현대 상황의 차이를 고려하지 않는 지나친 논리라는 지적이 있음에도 불구하고 케리그마는 여전히 현대설교 상황에서 재조명되고 있다. 이와 연관된 논쟁에 우리가 깊이 개입하지 않더라도 우리는 사도행전에 나타난 설교가 예수에 관한 신학, 즉 예수 그리스도의 죽음과 부활을 중심으로 선포되었다는 사실에 주목할 필요가 있다.

신학이 성경의 중심부를 흐르고 있는 기독론적 사상을 바탕으로 하나님의 위대하신 구속의 역사를 드러내는 것을 지향한다면 설교는 예수 그리스도의 복음을 선포 함으로써 일체감을 형성한다. 따라서 '신학이 설교를 불러일으키는가?,' 아니면 '설교가 신학을 주장하는가?'라는 질문은 부적절하다. 왜냐하면 그 둘은 근본에 있어서 하나이기 때문이다. 따라서 설교는 신학적이며 신학은 선포적이다.

---

8) Charles H. Dodd, *The Apostolic Preaching and Its Development* (London: Hodder and Stoughton, 1936).

설교와 신학의 상호 작용

설교와 신학이 하나님의 거룩한 말씀을 드러내고 증거하는 공통의 목적을 이루기 위해서는 서로 간에 점검과 피드백의 과정을 통한 상호 작용을 필요로 한다. 신학은 성경에 계시된 진리의 명확한 의미를 밝혀낼 뿐만 아니라 선포 과정에서 이것이 충분히 드러나고 반영되는지를 점검한다.[9] 반면에 설교는 현장에서 선포의 중심으로서 그리스도가 충분히 드러나고 있는지를 확인하며 신학이 본연의 모습으로서 복음을 온전히 들어낼 것을 요청함으로써 상호 작용한다.

설교는 때때로 신학의 오류를 교정하는 역할을 한다. 신학이 대화의 상대역인 다른 학문과 통합되는 방향으로 움직임을 보일 때, 설교는 신학이 하나님에 관한 학문(theo-logy)의 자리에서 여타 학문과 사상들을 비평적으로 수용해야 할 것을 확인시킨다. 신학이 학문의 장에서 쌓아올린 고도화된 담론이 교회 현장과 괴리감을 가져올 때 설교는 그것이 청중의 삶에 접촉점을 형성할 수 있는 실제적인 학문이 될 것을 요청한다. 만일 신학이 하나님에 대해서 설교할 수 없는, 즉 비 복음적인 말을 하면, 설교는 그것들을 '거부'라고 표시하여 그 진로를 옳은 방향으로 수정한다.[10] 신학이 설교 준비 과정에서 수용할 수 없는 불건전한 것을 제시하면 설교는 변증적인 방식으로 그것의 부당함을 지적한다. 이것은 왜 설교학이 단순히 신학의 적용으로서 신학을 따라가는 차원을 넘어 자신의 신학을 세워야 하는지에 대한 합리적인 이유이다.

---

9) Richard Lischer, *A Theology of Preaching: The Dynamics of the Gospel* (Durham, NC: Labyrinth Press, 1992), 5-6.
10) Ibid., 9-10.

신학과 설교의 정체성 회복

신학은 설교가 그러했듯이 언젠가부터 그 선포적(kerygmatic) 성격을 잃게 되었다. 만일 신학이 무미건조한 학문적 틀에 갇혀 추상적 이론을 드러낸다면 교회와 그리스도인의 삶에 접촉점을 잃어버리게 된다. 말씀의 선포와 무관한 신학적 이론은 때때로 메마른 학문적 논쟁에 경도되면서 선포적 기능과 멀어지기도 한다. 마치 하늘의 신령한 은혜를 바라보는 지상의 인간들에게 예수 그리스도가 말씀으로 성육신하심으로 진정한 하늘의 은혜가 사람들에게 체감되었듯이 신학 또한 교회와 그리스도인의 삶에 진리를 깨우치고 선도하는 역할을 수행하기 위해 현장과의 접촉점을 확보하여야 한다.

하나님의 말씀이 실천의 자리에서 생명력으로 드러날 때 교회의 개혁이 이루어지듯이 오늘날 교회의 강단에 새 생명력을 불러일으키기 위해서 신학과 설교는 다시금 선포적 기능을 회복할 뿐만 아니라 그 선포의 중심에 예수 그리스도의 복음의 능력이 살아나야 한다. 교회 역사 가운데 말씀의 선포가 왕성할 때 교회는 흥했고 말씀 선포가 쇠퇴할 때 교회는 언제나 쇠퇴하였다고 간파한 19세기 포사이트(P. T. Forsyth)의 말을 우리는 기억해야 한다.[11]

칼 바르트(Karl Barth)는 신학과 설교가 접목되어야 할 필요를 강조하면서 신학은 그 중심에 있어서 설교 준비의 행위라고 말한 바가 있다.[12] 이 말은 신학은 설교로 하여금 그 내용과 방향성을 잘 유지하도록 기여할 필요가 있음을 보여준다. 이런 측면에서 바르트는 설교는 신

---

11) Peter T. Forsyth, *Positive Preaching and the Modern Mind* (Grand Rapids,: Eerdmans Publishing Company, 1964), 1.
12) Karl Barth, *Homiletics,* 8.

학의 가장 첫째요 또한 마지막 표현이라고 말한다. 왜냐하면 신학은 설교를 통해서 드러나고 표현되기 때문이다. 카비넌트 신학교(Covena nt Theological Seminary)의 초대 총장이었으며 설교학 교수로 재직하였던 로버트 레이번(Robert G. Rayburn)은 아마도 이런 이유에서, 우리가 연구하는 학문의 왕은 오직 한 분, 그리스도뿐이며, 설교학은 그 여왕이라고 강조했을 것이다.

신학은 단순히 이론에 머물러서는 안 된다. 이론과 실천의 조화에 대하여 '실천신학은 모든 신학의 왕관'이라고 표현한 슐라이어마허의 말은 매우 적절하다.[13] 왜냐하면 실천신학은 교회의 지도자들이 반드시 갖추어야 할 지식으로서 모든 신학이 사역의 현장에서 적용되고 실천되기 때문이다. 따라서 설교, 성례, 교회 행정, 예배 등 하나님을 향한 모든 의식을 충실히 수행하는 목회자는 실천신학의 제반 지식을 갖추어야 한다. 이에 대하여 골비처는 '신학의 왕관'이란 말에 빗대어 왕관은 껍데기만 있는 것이므로 '심장'이라고 해야 한다고 주장하였다.

설교는 신학의 최종적 표현

신학은 궁극적으로 설교를 추구한다. 주석가가 본문의 원래적 의미를 파악하면 조직신학자는 그 본문이 가진 역사적, 교리적, 철학적 상황의 의미를 말해주고, 설교자는 특정한 시간과 상황 속에 있는 동시대의 사람들에게 그 의미와 적용점을 전달하는 역할을 수행한다. 그리스도인들을 포함한 모든 사람들은 그 마지막 형태인 설교 안에서 신학을

---

13) 오현철, "실천신학의 역사," 「21세기 실천신학 개론」, 한국복음주의 실천신학회 편 (서울: 기독교문서선교회, 2006), 35-6.

만난다.[14] 이것을 평면화시키면 다음과 같다.[15]

성서신학자(주석가)	조직신학자	설 교 자
본문의 원래적 의미 제공	해당 본문의 역사적 교리적, 철학적 상황의 의미를 말함	특정한 청중에게 본문의 원래적 의미와 그 적용점을 선포함 여기에서 청중은 신학을 접함

위 도형에서 우리는 두 가지 사실을 생각해 볼 수 있다. 첫째, 신학과 설교는 같은 선상에서 같은 목적 지점을 향하여 일정한 방향으로 나아간다는 점이다. 이 도형은 앞서 언급한 바와 같이 신학과 설교는 계시된 진리의 말씀이 과거와 현재의 차이를 넘어 여전히 계시하시는 하나님의 말씀으로 증거됨에 있어 일체성을 가진다는 것을 보여준다. 만일 신학과 설교가 연결성을 잃어버린다면 신학은 공허한 이론에 빠지게 될 것이며 설교는 방향을 잃은 맹목적 외침이 될 뿐이다. 따라서 신학과 설교는 상호관계성 안에서 존재한다.

위의 도형이 보여주는 두 번째 사실은, 설교자는 동시에 신학자가 되어야 한다는 것이다. 설교자는 선포에 앞서 하나님의 말씀을 먼저 만나고, 거기에서 하나님의 뜻을 확신한 결과를 가지고 강단으로 나아간다. 그의 메시지는 그의 신학적 연구의 결과로 주어진 하나님의 말씀이다. 현대 강단이 직면한 가장 위험한 현상은 신학이 없는 메시지가 증거되고 있다는 점이다. 설교자들이 목적하는 바는 언제나 하나님의 말씀을 대언하는 것이지만 그들의 메시지에는 빈번히 신학적인 괴리감을 드러낸다.

---

14) Lischer, *A Theology of Preaching*, 14-5.
15) 문상기, 「케리그마와 현대설교」, 147-50.

참으로 아이러니한 현상 하나는, 하나님의 말씀을 전한다고 말하는 설교자들의 메시지가 때로는 신학과 무관한 그 어떤 것이 될 수 있다는 점이다. 설교는 신학에서 출발하여 신학이 녹아있는 하나님의 말씀을 전하는 것이다. 강단에서 메시지가 선포되기 전에 냉철한 본문 연구 과정이 반드시 요청된다. 로이드존스에 의하면, 설교는 반드시 신학에 근거하여야 하며 특히 조직신학의 통제를 받아야 한다.[16] 그는 설교는 불붙는 논리요 불붙는 신학이라고 말하면서 설교자는 차가운 이성으로 말씀에 담긴 진리를 찾고 그의 가슴에서 나오는 열정으로 전달해야 한다고 말했다.[17]

나는 로이드존스의 말을 적극 지지한다. 신학이 없는 설교는 진리가 드러나지 않는 설교이다. 그리고 열정 없는 선포는 사람들의 마음을 열 수 없다. 설교자는 진리의 빛 된 말씀을 열정과 함께 전하는 사람이다. 지성을 통하여 파악한 거룩한 하나님의 말씀을 뜨거운 열정으로 선포하라는 로이드존스의 말은 이 시대의 모든 설교자에게 큰 가르침으로 다가온다. 때때로 한국교회의 문제로 대두되는 설교 표절의 문제는 연구가 뒤따르지 않는 설교자들의 민낯을 드러낸다. 설교자는 본문을 관찰하고, 해석하고, 연구하는 신학자의 냉철한 논리와 청중을 향한 선포자의 뜨거운 열정을 소유하여야 한다.

구속사와 설교

하나님의 자기 계시는 인간을 죄악으로부터 구원하기 위한 목적을

---

16) Lloyd-Jones, 「설교와 설교자」, 101-3.
17) Ibid., 151.

본문에서 **설교까지** 목사님 성경을 설교해 주세요!

두고 이루어졌다. 그래서 이 땅 위에 펼쳐나가는 하나님의 역사는 구속 사적이다. 하나님의 말씀 계시는 역사의 구체적인 상황 가운데 이루어 짐으로써 본질적으로 역사성을 가진다. 역사의 흐름 속에서 계시된 하 나님의 뜻을 이해하기 위해서는 기록 당시의 역사적 정황을 살펴보는 것이 반드시 필요하다. 우리는 이런 관점에서 하나님의 계시는 점진적 으로 이루어져 왔음을 알 수 있다. 하나님의 계시는 일순간에 완성된 개념으로 주어진 것이 아니라 점진적으로 구체화 되면서 인간 구원의 역사를 진행시켜 나간다.[18] 성경의 통일성은 하나님께서 말씀을 통하 여 당신의 계획을 점진적으로 계시한다는 점에서 확인된다. 궁극적인 것으로서 하나님의 계시는 구속의 완성이라는 최종적 목표를 향하여 나아간다.

구속사는 점진적 역사

하나님의 계시는 어느 한 시대에 이루어진 단발적인 사건이 아니라 점진적으로 펼쳐져 왔으며 그리스도의 현현에 대한 약속과 실천의 구 도 속에서 진행되어 왔다. 따라서 예수 그리스도를 통한 하나님의 구 원이라는 큰 틀 안에서 성경을 해석해야 하는 것은 마땅하다.[19] 신약을 해석할 때, 구약에 계시된 말씀을 고려하는 것은 중요하며 구약의 해석 또한 신약에 나타난 말씀의 불빛 안에서 이루어져야 한다. 성서신학은 하나님의 구원 역사가 획일적으로 전개되지 않고 시대별로 진행되어 왔음을 파악하게 해준다. 성경 역사의 단계들은 세대 주의자들이 주장

---

18) 류응렬, "구속사적 설교," 「신학지남」, 75집 (2008년 가을): 69.
19) V. C. Pfitzer, "The Hermeneutical Problem and Preaching," *Concordia Theological Monthly* 38 (1967): 357.

하는 것처럼 분리적이거나 개별적으로 존재하는 것이 아니라 성경 안에 나타난 다양한 시대들이 하나님의 구원계획의 틀 안에서 하나의 통일성을 가지고 발전되어왔음을 밝혀준다. 하나님의 구원 역사는 시기별로 구분은 되지만 분리되지는 않으며 어떤 특정한 신학적 틀을 제공하는 것이 아니라 예수 그리스도를 통한 인간 구속의 목적 안에서 완성됨을 보여준다.[20]

설교는 하나님께서 구속의 역사를 실현해 나가는 구체적이고 명백한 역할을 구현한다. 최초 인간의 타락 이후 하나님의 인간 구속의 역사가 시작되었다면 예수 그리스도의 성육신은 구속사의 절정을 이룬다. 구약에 나타난 구속의 역사는 예수 그리스도의 오심에 대한 예언으로 집약되고 신약은 예수 그리스도의 현현과 함께 그 예언이 실현됨으로써 통일성과 연속성을 드러낸다. 예수 그리스도를 통한 인간 구속에 관한 하나님의 뜻은 언제나 예언자들의 말씀 선포를 통해 계시되었다. 구약에 나타난 하나님의 계시는 다양한 인물과 사건들이 등장하는 수많은 역사 속에서 이루어졌지만 언제나 예수 그리스도의 나타나심과 무관하지 않았음은 예수께서 직접 말씀하신 바이다(요5:39; 눅24:26-27).

구속사는 유기적 역사

성경에 계시된 모든 말씀들은 인체와 같이 서로서로 유기적으로 연결되어 있어 하나의 말씀이 독립체로 성경 전체의 틀 밖에서 어떤 의미를 가질 수 없다. 이것은 인체가 의도된 행동을 하기 위해 모든 기관이 통일되고 상호 협력적인 움직임을 보이는 것과 같다. 성경의 계시는 마

---

20) Bryan Chapell, *Christ Centered Preaching: Redeeming the Expository Sermon* (Grand Rapids: Baker Book House, 1994), 269-70.

본문에서 설교까지 목사님 성경을 설교해 주세요!

치 한 알의 씨앗이 열매를 맺어가는 꽃나무와 같아서 일정한 시간과 역사적 과정 안에서 점진적으로 드러난다. 구약성경에 나타난 모든 역사적 사건들은 하나의 연결고리를 통하여 이어져 있다. 그 안에는 수많은 인물들이 등장하고 수많은 사건들로 얽혀있지만 모든 것은 유기적 연관성 안에서 하나의 궁극적 목표점을 향하여 나간다.

이미 드러난 열매를 제외시키고 씨앗의 정체성과 성장 과정을 논하는 것은 적절하지 않다. 비록 씨앗의 형태라 할지라도 장차 맺어질 열매의 모습을 바라보고 연상하는 것이 자연스럽듯이 성경에 나타나는 작은 사건들은 하나의 움직임을 가지고 나아간다.[21] 성경의 모든 말씀은 파편적이지 아니하고 서로 서로의 관계성 안에서 보다 구체적인 의미를 형성한다. 성경은 구체적 의미를 드러내기도 하지만 때로는 함축적으로 기록되어 있다. 그리고 궁극적으로는 유기적 체계 안에서 하나의 완성된 뜻을 드러낸다. 그러므로 이러한 계시의 유기적 성격은 인간 구속을 말하는 성경의 모든 부분을 하나님의 계시라는 전체의 틀, 특히 그리스도 안에서 온전하게 이루어진 전체 계시 안에서 고찰할 것을 요구한다. 따라서 설교자는 각 본문의 성서신학적 이해의 지평과 조직신학적 주해의 지평을 통하여 본문의 의미를 확정해 나가야 한다.

계시의 점진성과 유기성은 필연적으로 그리스도를 향하여 나아가고 그리스도의 삶과 죽음, 그리고 부활에서 완성되는 계시의 구속사적 목적과 연결되어 있다. 예수 그리스도의 구속적 사역과 결부되는 계시는 결국 하나님의 인간 구속을 총체적으로 해석하는 것이다. 그러므로 구속을 이루시는 삼위의 하나님, 특히 예수 그리스도는 모든 성경 해석과 설교의 중심 부분을 차지한다. 이것이 기독교 복음을 복음 되게 하는

---

21) Ibid., 270.

가장 중요한 표지이다. 그리스도가 없는 복음은 기독교를 윤리적 교훈이나 도덕적 훈계의 종교로 전락시킬 가능성이 있다. 비록 삶의 도덕적 원리나 윤리를 촉구하는 메시지라도 하나님께서 그리스도 안에서 행하신 구원 사역과 연관된 복음의 실천적 차원에서 강조되어야 한다.

설교는 하나님의 계시가 유기적으로 서로 연결되어 있다는 사실에 근거함을 전제한다. 성경이 구속을 향해 나아가는 계시로서 통일적인 메시지를 지닌다는 사실은 성경의 어느 부분이라도 예수 그리스도라고 하는 큰 주제 아래에서 해석해야 한다는 사실을 가리킨다. 브라이언 채플(Bryan Chapell)은 성경 해석을 하나님의 말씀에 대한 총체적 접근으로 보면서 성경의 모든 가르침은 그리스도를 중심으로 유기적으로 연결되고 결국 예수 그리스도에게서 완성을 이룬다고 말한다. 그러므로 설교자는 어느 특정 본문을 선택하더라고 예수 그리스도와의 연관성을 찾아야 한다고 강조한다.[22]

결국 채플이 말하고자 하는 것은, 설교는 반드시 인간 구원, 곧 구속적 상황을 언급하여야 한다는 것이다. 이는 설교자가 자신이 선택한 설교 본문이 성경 전체의 궁극적인 메시지, 즉 그리스도의 사역을 설명하고, 준비하고, 혹은 재연함에 있어서 어떤 기능을 하고 있는지 살펴보아야 한다는 것을 강조하고자 함이다.[23] 그렇다고 해서 채플은 비구속적인 내용의 설교가 불가능한 것이라고 단정하지는 않는다. 소위 모범적이나 예증적 설교, 혹은 윤리적이나 도덕적 설교도 가능하다고 말한다. 다만 그가 강조하는 것은 성경을 예수 그리스도 구속의 틀에서 보는 시각이 필요하다는 것이다.

---

22) Ibid.
23) Ibid., 73.

이것은 마치 바울이 이렇게 말한 것과 같은 이치이다: "우리는 십자가에 못 박힌 그리스도를 전하니 유대인에게는 거리끼는 것이요 이방인에게는 미련한 것이로되 ...... 내가 너희 중에서 예수 그리스도와 그의 십자가에 못 박히신 것 외에는 아무 것도 알지 아니하기로 작정하였음이라"(고전1:23; 2:2). 왜냐하면, 바울은 그의 수신자들에게 그리스도의 구속과는 직접적으로 관계없는 수많은 삶의 교훈들에 관하여 이야기하였지만, 자신은 항상 예수 그리스도의 십자가 복음을 전하였다고 말하고 있기 때문이다.

요셉의 예를 든다면 요셉의 이야기는 이전의 창세기에 나타난 하나님의 약속-특별히 아브라함과의 언약-과 그 이후에 구약성경과 신약 안에서 전개되는 하나님의 언약 성취의 과정과 유기적인 연결점을 갖는다. 요셉 기사를 이처럼 구속 역사의 컨텍스트 안에서 읽을 때, 잘못된 해석으로부터 자유로울 수 있다. 계시의 유기적 관계를 이해하지 못하면, 요셉에 관한 기사들이 전체적인 하나님의 구원 역사의 포괄적인 목적 안에서 어떤 역할을 하고 있는지에 대한 의미를 드러내지 못하고 개인주의적 시각에서 다루게 되는 오류를 범하게 된다. 이러한 면에서 계시가 유기적인 관계 안에서 존재한다는 사실은 선택된 본문은 인접된 문맥과 관계되고, 더 나아가 전체 성경의 문맥 특별히 그리스도 안에서 완전한 모습으로 성취될 문맥의 연관성 안에서 해석되는 것을 의미한다.

사도적 설교와 현대설교

예수 그리스도는 자신을 통한 인간 구속의 메시지를 스스로 증거하셨다: "이때부터 예수께서 비로소 전파하여 이르시되 회개하라 천국이 가까이 왔느니라 하시더라"(마4:17). 그리스도를 통한 구속의 메시지를 증거하는 사명은 제자들에게 그 바톤이 전달되었고 제자들의 말씀 선포는 초대교회를 탄생시키는 역사를 일으켰다. 그리고 하나님의 구원 역사의 사명은 교회와 부름받은 설교자들을 통해서 세대와 세대를 이어 이루어져 왔다. 교회는 하나님의 구속사를 위한 구심점이다. 교회는 궁극적으로 하나님의 뜻을 이 땅에 이루어 나가는 핵심 기관이다. 또한 역사 가운데 하나님은 당신의 사람들을 불러 이 위대한 구속의 역사를 짊어지고 펼쳐나가는 도구로 삼으셨다. 사도바울은 교회가 파송한 최초의 선교사로서 기독교를 이 땅에 전파하며 구속의 역사를 실현한 설교자의 실체를 보여준다.

신약성경에서 핵심적으로 보여주는 사도적 설교는 언제나 예수 그리스도의 죽음과 부활을 중심으로 한 구속의 메시지였다. 사도행전 전반에 나타난 베드로의 설교와 후반에 나타나는 바울의 설교는 케리그마로서 예수의 복음이 그 핵심임을 보여준다. 사도적 설교의 핵심 메시지는 교회 역사 속에서 재현 되어왔고 현대설교의 모체를 이룬다.[24] 물론 지나간 교회 역사는 흑암과 혼돈 속에서 고통을 겪기도 했지만 하나님의 인간 구원의 역사는 한 치의 오차도 없이 진행되어 왔다. 그리고 그 중심에는 언제나 설교, 곧 구속의 메시지 선포가 있었다. 지금도 사도적 설교, 곧 죄 가운데 있는 인간을 구원하기 위한 하나님의 말씀으로서 케리그마의 선포는 변함없이 역사 속에서 이루어지고 있다.[25]

하나님의 구속 역사는 여전히 현대설교를 통해서 진행되고 있으므로 설교자는 구속과 계시에 대한 하나님의 전체 사역의 관계를 잘 이해할 필요가 있다. 나아가 하나님께 부름을 받은 말씀의 종으로서 하나님

---

24) 문상기, 「케리그마와 현대설교」, 74-81.
25) Ibid., 164-5.

본문에서 설교까지 목사님 성경을 설교해 주세요!

에 의해 진행 중인 구속의 역사에 참여하고 있다는 확신을 가져야 한다. 따라서 설교는 구속사(Heilsgeschichte)적 사명을 가지며 설교자는 이 사명을 위해 부름을 받은 하나님의 핵심 도구이다. 칼빈은 이런 맥락에서 "설교 없이는 구원 없다"라고 했으며 금세기 화란의 설교학자 반 델 베흐트(Van Der Vegt) 역시 "설교 없이는 구원도 없다"라고 하는 명제를 남겼다. 아래의 그림은 하나님의 손에서 펼쳐지는 구속사적 흐름을 보여준다.

구 약	신 약	초 대 교 회
선지자(예언자)의 메시지	침례(세례) 요한의 메시지	사도적 케리그마 선포
예언적 선포: 예수 그리스도의 탄생	구약 예언의 실현: 예수 그리스도의 오심	예수 그리스도의 죽음과 부활을 통한 구속의 메시지
하나님 말씀의 권면	천국 복음 선포 (구약과 신약의 과도기)	현대설교의 모델

정 리

하나님의 인간 구원의 역사는 마치 400미터 육상 계주를 연상시킨다. 출발선에서부터 마지막 결승 지점까지 선수들은 각자의 구간을 달려간다. 자신에게 부여된 구간을 달려가는 선수는 자신의 역할을 다하기 위해 온 힘을 다해 달려간다. 하나님의 인간 구원의 역사 속에서 부름을 받은 하나님의 사람들 역시 자신에게 주어진 시대적 사명자로서 복음을 선포한다. 이때 복음을 듣고 마음을 열어 그리스도를 믿고 영접하는 사람들은 죄 가운데서 구원을 받는다. 자신의 소임을 다한 말씀의 선포자는 다음 세대 주자에게 바톤을 넘긴다. 그리고 하나님의 구원의 역사는 새 시대에 부름받은 또 다른 말씀 선포자에 의해 이어져 나간다. 여기에서 바톤은 구원의 메시지로서 케리그마이다. 바톤을 넘겨받은 설교자는 여전히 전 세대 설교자가 증거했던 동일한 메시지를 선포한다. 곧 예수 그리스도의 복음을 통한 구속의 메시지로서 케리그마이다. 마지막 주자는 누구이며 그때는 언제일지 우리는 알 수 없다. 중요한 것은 우리는 21세기 이 시대에 부름을 받아 트랙을 달리는 하나님의 구속 역사의 현재적 주자이다. 이 시대에 말씀의 종으로 부름을 받은 우리는 하나님의 구속 역사에 참여하는 역사적 존재이다. 설교자는 역사의 수레바퀴를 주관하시는 하나님 앞에서 매우 소중한 역할을 수행하는 하나님의 종이다. 인간 구원의 메시지를 증거하는 것은 하나님의 일임과 동시에 인간 설교자의 사역이라는 루터의 말은 그래서 타당하다.

하나님의 구속사에서 설교자의 역할은 이처럼 중요하지만, 그가 증거하는 메시지가 무엇인지를 항상 유념하는 것은 설교자에게 매우 중요하다. 트랙을 따라 달려가는 주자가 손에 들고 있는 바톤은 설교자에게는 증거해야 할 메시지, 곧 케리그마이다. 자신의 사명을 다한 주자는 다음 주자에게 반드시 바톤을 넘겨주듯이 설교자 역시 자신의 사명을 마치면 다음 세대 설교자에게 복음 증거의 핵심 내용과 그 역사적 책임을 인계한다. 그의 역할은 다했지만 아직 하나님의 구속사는 진행 중이기 때문이다. 전 주자로부터 바톤을 넘겨받지 못하고 달리는 주자는 결국 탈락을 당하듯이 구원의 복음을 전하지 않거나 다른 것을 전하는 설교자는 하나님의 위대한 구속사의 사명자로 인정받지 못할 것이다. 게르하르드 프리디리히(Gerhard Friedrich)는 현대설교의 구속사적 사명에 대하여 이렇게 말했다: "하나님의 구원 사역은 역사 가운데 설교를 통하여 계속되어 왔다. 이런 맥락에서 지속적으로 선포되어 온 복음은 구속의 역사(heilsgeschehen)를 단순히 증명하는 것이 아니다. 역사 가운데 선포되어 온 복음은 그 자체가 하나의 구속사건이다."[26]

이 시대에 부름을 받은 설교자로서 우리는 우리가 마지막 주자인지 아니면 다음 주자에게 바톤을 넘겨주어야 하는지에 대하여 알지 못한다. 중요한 것은 자신의 역할 수행은 언젠가 마칠 때가 있다는 사실이다. 우리의 사명을 다하는 그때까지 우리는 주께서 당부하신 하나님의 말씀, 곧 구원의 복음을 전하는 시대적 사명자들이다. 바울이 디모데에게 당부했던 말을 다시 기억하자: "너는 말씀을 전파하라 때를 얻든지 못 얻든지 항상 힘쓰라"(딤후4:2).

---

26) Gerhard Kittel, ed., *Theological Dictionary of the New Testament* (Grand Rapids: Eerdmans, 1965), s.v. "Kerygma," by Gerhard Friedrich.

IV. ——————— 본문 해석과 설교의 과제

🖋 설교는 과거에 계시된 하나님의 말씀을 현대를 살아가는 사람들에게 지금 여기서 계시하시는 말씀으로 전하는 것이다. 이때 성경 본래의 의미(original meaning), 즉 그 본문이 의도했던 원래적 의미에 대한 고찰이 없이는 이 시대의 사람들을 향한 현재적 의미(contemporary meaning)를 논할 수 없다. 나아가 성경의 역사적 정황(historical context)에 대한 고찰이 없이는, 우리가 살고 있는 오늘의 정황(today's context)에 대한 설교가 가능할 수 없다. 성경 해석은 과거의 말씀을 통해서 지금 이 시대를 살고있는 사람들을 향한 하나님의 말씀을 찾아가는 것이며, 현재적 삶의 컨텍스트 안에서 우리에게 여전히 말씀하시는 하나님의 뜻을 찾아가는 것이다. 성경 해석은 그래서 과거와 현재, 그때와 지금의 끊임없는 대화이다. 목적은 우리를 향하신 하나님 말씀의 뜻과 의미를 확인하는 것이다. 이를 위해서 우리는 성경의 원저자인 성령의 도우심을 받아 말씀을 묵상하고 해석한다.

과거와 현재의 대화 목적은 하나님께서 현대인들의 삶의 실존에 변함없이 말씀하시는 바를 드러내는 것이다. 이를 위해 부름을 받은 설교자는 끊임없이 과거와 현재, 그때의 말씀이 오늘의 말씀이 되도록 말씀을 연구하고 그 결과를 가지고 현대 청중의 삶의 자리로 나아간다. 이를 위해 설교자에게 성령의 조명, 곧 성령의 가르침과 인도하심이 반드시 요청된다. 하나님의 말씀이 현대인들의 삶에 재현되는 방식은 두 가지이다. 첫째는, 연역적이다. 하나님의 말씀이 그렇게 말씀 하시므로 오늘 우리는 이렇게 살아야 한다는 방식으로 말씀을 적용하는 것이다. 둘째는, 귀납적으로서 오늘의 삶 속에서 일어나는 특정한 상황에 대하여 우리는 어떻게 하나님이 뜻을 따를 것인가를 위해 하나님의 말씀을 찾아가는 방식이다. 출발점이 하나님의 말씀이냐 아니면 삶의 실존 상황이냐의 차이일 뿐, 우리에게 임하시는 하나님의 말씀은 그때 계시된 바로 그 말씀이다.

　과거에 계시된 말씀은 당시 말씀의 원 독자(최초의 수신자들), 즉 그 말씀을 받았던 당시 백성들의 삶의 실존 상황 가운데 주어진 것이다. 물론 그때와 지금은 문화-역사적으로 비교가 어려운 정도의 차이를 보이고 있지만 죄의 문제와 더불어 인간의 실존 상황에 존재하는 삶의 양상은 크게 다르다고 할 수 없다. 따라서 그때의 말씀이 오늘 우리의 말씀으로 다가옴에 있어 우리는 어떤 괴리감을 느끼지 않는다. 다만 과거의 말씀이 오늘 우리에게 다가오는 현재적 말씀으로서 교훈과 적용점이 필요하다. 아래의 그림은 이를 잘 보여준다.

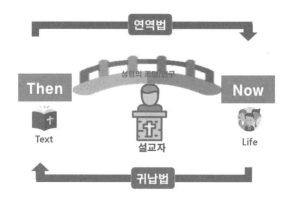

해석학의 정의와 필요성

해석학이란 성경을 해석하기 위한 하나의 과학적 과정이다. 해석학을 지칭하는 영어, 'Hermeneutics'는 헬라어의 '헤르메누스' (ἑρμενεύς)에서 유래한 것으로 그 뜻은 '설명하다,' '해석하다,' '번역하다'이며 명사형 'hermeneia'는 해설 또는 번역(통역)이다.[1] 이 말은 본래 '헤르메스'(Hermes, 한글 개역성경의 '허메')라는 그리스 신화에 등장하는 신의 사자가 금으로 만든 자를 손에 들고 메시지를 전달하는 데서 기원한다. 그가 금으로 만든 자를 들고 있는 것은 그에게 메시지를 부탁한 신의 뜻을 바르고 정확하게 전달했는지를 스스로 측정하기 위해서이다.[2] 이는 해석학의 목적이 성경 말씀의 뜻과 의미를 명확하게 밝혀내는 것임을 잘 보여준다.

해석학이란 전혀 없었던 것에서 무엇을 발견하자는 개념으로 존재하지 않는다. 다만 원문에 담겨있는 진리를 드러내는(disclosure) 것이다. 여러 가지 상황에 의해 묻혀있는 것을 다시금 열어젖히는 것이다. 다시 말해서 성경의 뜻과 의미를 규명하고 설명하는 것이다. 학문으로서 설교학을 지칭하는 용어, 'Homiletics'는 헬라어 'homo'(같은), 와 'lego'(말하다)의 합성어이다. 즉 '같은 것을 말한다'는 의미를 가진다. 설교학이 학문으로 출발하게 된 동기는 어떻게 성경의 말씀과 같은 것을 전할 수 있느냐 라고 하는데서 기인한다. 같은 것을 말하되 오늘날 청중의 필요에 응하는 메시지를 어떻게 전달할 수 있느냐 하는 고민으로부터 발달해 온 학문이 설교학이다. 설교학의 성패는 얼마나 충실하

---

1) 문상기, 「케리그마와 현대설교」, 105.
2) Richard E. White, "Preaching the New Hermeneutic," *Lexington Theological Quarterly* 9 (July 1974): 67.

본문에서 **설교까지** 목사님 성경을 설교해 주세요!

게 우리가 주경신학(본문 주해)의 결과와 성경 해석학적인 원칙들을 활용하여 성경 본래의 뜻을 오늘 청중의 언어로 전달하느냐에 달려있다.

현대설교의 과제

사도행전에 나타난 최초의 설교자 사도들은 그리스도로부터 직접 말씀과 가르침을 받았으며 그리스도와 함께 동고동락하였다. 그들은 그리스도의 죽음과 부활의 목격자이다. 그들은 그리스도께서 그들과 함께했던 생생한 인식(awareness)을 가지고 있었다. 이것은 그들이 예수 그리스도의 복음을 전하는 현장에서도 예외는 아니었을 것이다. 그러나 사도들의 설교가 전적으로 역사적 사건만을 의존해서 말씀을 선포한 것은 아니었다. 그들이 성경에 기록된 말씀을 토대로 그리스도의 구원 사건을 이해하고 해석하였다는 것은 매우 중요한 사실이다. 예수 그리스도의 십자가 사건에 이어 부활과 승천이 일어난 후, 제자들은 그동안 주님으로부터 배운 모든 말씀과 마지막에 당부하신 말씀에 따라 마치 흩어진 퍼즐이 제자리를 찾듯 메시아 신앙으로 확고하게 무장되었다. 그리스도의 부활 후, 첫 사도적 설교에서 보여준 베드로의 설교는 구약의 강해였다. 요엘 2장을 본문으로 들어 그리스도에 관해 예언된 말씀이 성취되었음을 강조하고, 시편 100편을 인용하여 예수가 그리스도이심을 설명하였다. 그리고 그리스도의 죽음과 부활의 사건을 통하여 오늘날 만백성에게 구원의 소식이 임하였다고 선포했다.

그러나 현대 설교자들은 기록된 성경 말씀에 전적으로 의존하며 성령의 인도하심을 받는다. 따라서 현대설교는 이미 과거에 계시 되었던 말씀과 예수 그리스도와 사도들에 의해 선포된 말씀에 근거하여 말씀을 증거하는 위치에 있다. 이점을 강조하며 메킨토쉬(H. R. Mackintosh)

는 말하기를, "현대설교는 이미 예수 그리스도 안에서 하나님께서 선포하신 말씀에 대한 하나의 회고(recollection)라 할 수 있다. 그리고 하나님께서 그 말씀을 듣는 사람들에게 당신 자신을 다시 한번 계시하실 것을 기대하는 것이다"라는 말을 남겼다.[3]

설교의 말씀에 대한 의존성

하나님은 기록된 말씀 안에서 자신을 계시하셨다. 하나님은 또한 독생하신 아들 예수 그리스도를 통해서 친히 말씀을 계시하셨다. 그렇다면 그 이후에 하나님은 어떻게 말씀하시는가? 설교를 통하여 말씀하신다. 물론 하나님의 말씀은 다양한 경로를 통해 증거되지만 가장 즉시적이며(immediate) 직접적인 방식은 설교이다. 오늘, 이 시대에 선포되는 설교는 전적으로 기록된 말씀에 의존한다. 그러므로 현대설교의 과제는 현대와 비교하여 문화적 갭을 넘어 오래전에 기록된 메시지를 취하여 그 말씀의 본질(original meaning)을 잃지 않고 현대 상황에서 하나님의 말씀으로 적용시켜 나가는 것이다. 따라서 본문의 의미를 해석하는 것은 현대설교의 당면 과제가 된다. 아래의 도표는 과거에 계시된 하나님의 말씀이 현대설교를 통해 다시금 말씀하시는 것을 보여준다. 여기에는 반드시 해석이 과정에 요청되는데, 해석은 원래적 의미를 파악하는 주해(exegesis)와 그에 근거한 현재적 교훈과 적용점을 찾는 강해(exposition, 해설)로 구분된다. 가장 중요한 것은 과거에 계시된 하나님의 말씀이 다시금 모든 시대에 변함없는 하나님의 말씀으로 증거되는 것이다. 따라서 설교를 위한 주해(석의)의 역할과 그 과정은 매우 중요하다.

---

3) H. R. Mackintosh, *Types of Modern Theology* (London: Nisbet and Co., 1937), 289.

본문에서 **설교까지** 목사님 성경을 설교해 주세요!

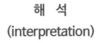

해 석
(interpretation)

하나님이 ── 하나님의 사람들이 ⟨ 석 의(exegesis) ⟩ ── 현대설교
말씀하심   말씀을 받아 증거함   ⟨ 강해 (exposition) ⟩

"예언은... 오직 성령의
감동하심을 받은 사람들이
하나님께 받아 말한
것임이라"(벧후1:21)

사도들은 자기들이 증거하고 기록한 것이 하나님의 말씀이라고 고백한다. '하나님의 말씀'(λογος του θεου)이란 말은 신약성경에 40회 등장한다. 물론, 그 외에 '주님의 말씀,' 또는 단순히 '말씀'으로 빈번히 나타난다.[4] 사도 베드로는 하나님의 말씀은 다른 목적을 위해서 부주의하게 해석하면 안 된다고 엄히 말한다: "먼저 알 것은 성경의 모든 예언은 사사로이 풀 것이 아니니 예언은 언제든지 사람의 뜻으로 낸 것이 아니요 오직 성령의 감동하심을 받은 사람들이 하나님께 받아 말한 것임이라"(벧후1:20-21).

해석의 단계

설교가 여전히, 변함없는 하나님의 말씀으로 증거되기 위해서는 확

───────────────

4) 신약성경은 복음을 지칭할 때, "하나님의 말씀" 혹은 "주님의 말씀"이라고 지칭한다. 바울은 복음을 다르게 표현하고 있는데, "그리스도의 복음"(롬15:19; 고전9:12; 고후2:12; 9:13; 10:14); "하나님의 아들의 복음"(롬1:9); "그리스도의 영광의 복음"(고후4:4) 등으로 칭했다.

실한 본문이 사용되어야 한다. 우리가 사용하는 정경은 사본을 번역한 것이다. 당시에 읽혀지던 사본들은 거의 손으로 옮긴 것이기 때문에 정확한 원본에 가까운 사본을 찾는다는 것은 매우 중요하다. 이와 같은 작업을 수행하는 신학적 분야는 본문비평(textual criticism) 또는 사본학(paleography)이다. 물론 완벽하게 원본을 번역한 책은 없겠으나, 설교자는 일반적으로 교회가 인정하는 성경 번역본을 근거로 설교를 준비한다. 한글 성경의 경우는 개역 개정판이 될 것이다. 실제로 존재하는 수많은 성경 번역본은 각각 좋은 특징과 장점을 가지고 있지만 부분적인 약점도 있다. 따라서 설교자는 본문 해석을 위해 권위 있는 다수의 번역본을 참고하는 것이 현명하다. 본문 해석은 두 단계로 이루어진다.

주해

설교 본문을 확보한 설교자에게 가장 먼저 요청되는 작업은 주해(註解, exegesis)이다. 주해의 다른 말은 석의(釋義)이다. 주해(exegesis)는 본문의 원래적 의미(과거적 의미)를 찾는 것이다. 설교자가 주해 과정을 통해서 먼저 본문의 원 뜻을 파악하는 것은 매우 중요하다. 말씀의 전달자로서 설교자는 당시 저자가 그 본문 안에서 말하고 있는 본래의 목적과 의도를 찾아야 한다. '주해'에 해당되는 영문 'exegesis'는 헬라어 'ἐξήδις'에서 온 것으로서 '~로부터 끌어냄'을 의미한다. 'ἐξήγηδις'의 어두 'ἐκ'는 헬라어 전치사로서 '~로부터(out of)'의 뜻을 가진다. 동사형, 'ἐξηγέομαι'는 '~로부터 끌어내다'를 뜻한다. 이는 '주해'란 성경 본문의 뜻이 무엇인지 끌어내는 작업임을 보여준다.[5] 본문 주해에 있어 설교자

---

5) 문상기, 「케리그마와 현대설교」, 111-2.

가 반드시 유의해야 할 것은 '자의적 해석'(eisegesis)을 경계하는 것이다. 'eisegesis'는 헬라어 전치사 'εις'(into)가 의미하듯이 본문 안으로 해석자의 상황이 들어가거나 본문이 해석자의 상황으로 들어가는 경우로서, 해석자의 주관이나 상황적 필요가 그 뜻을 결정하는 경우를 가리킨다.

어느 한 설교자가 충실한 성경 해석자로 인정되느냐 아니냐의 문제는 그의 본문에 대한 태도 그리고 다음의 질문에 대한 그의 정직한 답변에 따라 결정된다. 그 질문은 "설교자로서 당신은 당신의 생각을 성경에 종속시키려고 하는가 아니면 성경을 당신의 생각을 뒷받침하기 위한 증거물로 이용하는가?"이다. 팀 켈러(Timothy Keller)는 성경적 설교는 본문이 설교자의 어젠다(agenda, 의제)를 내려놓게 하는 것이라 말하면서 실질적으로 이렇게 조언한다: "설교자는 성경의 한 권이나 한 단락의 의도 안으로 몸을 던진다. 그 말씀의 권위에 스스로를 복종시키고, 이끄는 대로 따름으로써 말이다."[6]

'당신은 당신의 생각을 성경에 종속시키는가?'라는 질문은 '당신의 설교는 정통주의적이냐 아니면 복음주의적이냐?'와 같은 질문이 아니다. 또한 '당신은 고등비평적 성서관을 가지고 있느냐 아니면 하나님 말씀의 무오성을 믿느냐?'와 같은 질문도 아니다. 이 질문의 핵심은 한 설교자가 '말씀의 전령자'로서 하나님께 자신을 헌신하느냐 아니냐에 관한 질문이다. 이 질문은 또한 말씀의 전령자로서, 하나님의 말씀을 충분히 연구하고, 과거에 계시된 메시지의 의도를 밝히며, 나아가 청중에게 적용시킨다고 하는 설교자로서의 철학을 묻는 질문이다.[7] 말씀의 전령자로서 정체성을 간직하는 설교자라면 다음의 관점에서 주해 작업을 수행하는 것이 요청된다.

---

6) Timothy Keller, 「팀 켈러의 설교」, 채경락 역 (서울: 두란노서원, 2016), 54-5.
7) 문상기, "설교 석의(exegesis)," 「설교학사전」 (서울: 예배와 설교 아카데미, 2004), 924.

상황적 관점

본문을 주어진 상황 속에서 연구하는 것이다. 본문 연구에서 먼저 상황 파악이 이루어지지 않으면 하나님께서 무엇을 말씀하셨는지를 떠나 설교자는 자신이 말하고 싶은 것이나 강조하고 싶은 점에 치우칠 수 있다. 상황을 가리키는 'context'(컨텍스트)는 라틴어, 'con'(together, 함께)와 'textus'(woven, 옷감을 짜다)의 합성어이다. 이는 본문이란 어떤 사건(상황)이 함께 어우러져 있는 것을 의미한다. 이 말은 둘러싸여 있는 전후 상황을 잘 파악함으로써 본문이 말하는 사건이나 내용의 진의를 파악하는 것임을 보여준다. 월터 카이저(Walter Kaiser)는 다음과 같이 말한다: "좋은 주해 과정은 세부적인 사항이 전체 상황의 조명 아래서 재고 되는 것이다. 해석자가 본문의 사상이 어디서 시작되며 어떻게 그 패턴이 발달하고 있는지를 알지 못한다면 모든 난해한 세부 사항들은 최소한의 가치를 가지거나 전혀 의미가 없을 수 있다."[8]

상황연구의 목적은 세 가지로 설명된다. 첫째, 상황은 생각을 자연스럽게 이어지게 한다는 점이다. 저자의 말을 본문 안에서 꺼내어 본문의 상황과 전혀 관계없이 이해하려 한다면 저자의 의도와는 전혀 상관없는 결과가 나올 것이다. 상황은 어떤 한 관점에 대하여 이야기할 때, 모든 연관된 생각들을 그 상황의 범위 안에서 이루어지게 한다. 한 문장이나 한 문단이 전후 문맥을 떠나서 해석될 수 없는 이유는 바로 그 때문이다. 둘째, 상황적 연구는 본문 안에 쓰인 단어들의 정확한 뜻을 제공한다. 대부분의 낱말은 하나 이상의 뜻을 가진다. 상황적 주해는 특정 낱말이 그 주어진 상황의 범위 안에서 어떤 뜻을 말하는지 판단하게

---

8) Walter Kaiser, *Toward an Exegetical Theology* (Grand Rapids: Baker, 1981), 131.

본문에서 설교까지 목사님 성경을 설교해 주세요!

해준다. 셋째, 상황은 각 단원 간의 정확한 관계를 설명해 준다. 하나의 문장은 그 문장이 속해있는 문단 안에서 정확히 해석된다. 그리고 문단은 해당 장(chapter)의 범위 안에서 파악되며, 그 장은 속해있는 책 안에서 정확한 해석을 얻을 수 있다. 하나의 설교 본문은 독립된 한 개체로 존재하지 않는다. 상황은 따라서 하나의 본문을 더 넓은 범위의 단원으로 연결시키며, 그 단원은 다음 차원의 단원에 연결하여 해석하도록 이끌어 줌으로써 보다 견고한 해석이 이루어지도록 돕는다.

역사적 관점

한 본문의 역사적 이해는 본문 안에서 무엇이 일어나고 있는지를 파악 함에 있어 도움을 준다. 빌라도의 당시 유대 지도자들과의 관계를 이해하게 되면 왜 그가 예수에게 죄가 없음을 스스로 밝혔음에도 결국은 유대 지도자들의 요구를 들어 예수를 십자가에 처형하도록 내어주었는가 하는 이유를 파악할 수 있게 된다. 빌라도는 당시 로마의 식민지 이스라엘을 다스림에 있어 정책적으로 이미 유대인들로부터 적대감을 샀고 유대인들은 그 사실로 인해 가이사에게 탄원을 한 바가 있었다. 빌라도는 당시 유대인들을 격동시키면 그들은 그것을 불만 삼아 가이사에게 또 자신에 대해 부정적 탄원을 할 것이고, 그렇게 되면 빌라도는 황제로부터 신임을 잃을 것을 염려하고 있었다. 그런 정치적 입장으로 인해 당시 빌라도는 유대인들의 요구를 따를 수밖에 없었다.

나아가 본문 해석을 시도하는 설교자는 역사적 관점을 통해서 본문에 녹아있는 저자와 수신자의 상황을 파악할 수 있다. 저자의 저술 목적은 무엇이었으며 당시 수신자들은 어떤 처지에서 그 말씀이 필요하였는지를 이해하는 것은 본문의 내용을 파악함에 도움을 준다. 해석자는 다음과 같은 질문에 대하여 적절한 답을 찾을 필요가 있다: 1) 저자는 누구인가: 그의 영적 배경과 경험은 무엇인가?; 2) 그는 누구에게 쓰고 있는가: 그는 신자들을 대상으로 쓰고 있는가, 불신자를 대상으로 하고 있는가? 아니면, 그는 배교자를 대상으로 쓰고 있는가, 배교의 위험에 처한 신자들을 향하여 말하고 있는가?; 3) 그의 구체적인 저술 동기와 목적(occasion and intention)은 무엇인가? 위의 질문들에 대한 답변은 당시 저자의 관점이 무엇이었는지를 발견하게 해줄 것이다.

문화적 관점

성경 각 책이 쓰여지던 당시의 문화적 상황은 오늘날 우리의 문화적 상황과는 판이하게 다르다. 성경을 연구하는 일에 빈번히 어려움에 직면하는 경우는 현재의 문화적 상황을 탈피하여 성서 저자의 시간과 문화적 상황으로 우리가 들어가는 것이다. 설교자는 성경의 사람들이 생각했던 것, 믿었던 것, 말했던 것, 행하였던 것, 만들었던 것 등의 배후에 놓여있는 진정한 이유와 동기에 대하여 살펴보는 것이 필요하다. 만일 해석자로서 우리가 이런 과정을 무시한다면 우리는 주해(exegesis)가 아닌 'eisegesis' 즉, 자의석 해석을 가하는 심각한 실수를 범할 수 있다.

고대의 기록물인 성경과 21세기를 살고 있는 설교자의 사이에는 문화적으로 커다란 간격들(gaps)이 놓여있다. 주어진 본문을 해석하는 설교자는 문화적 관점을 충분히 파악함으로써 이 간격을 좁히고 해석자 본인의 주관성을 극복해 나갈 수 있다. 여기서 말하는 문화적 영역은 다양하다. 성서 시대의 가족 제도, 물질적 관습, 운동 경기와 오락, 그리고 음악 및 예술 활동 등을 비롯하여 경제적 측면에서 특정 시대의 사회경제적 상황을 살피는 것도 문화적 관점에 속한다. 성경에는 수많은 전쟁의 기록이 나타난다. 전쟁 상황에서 하나님의 신적인 개입과 더불어 '피난처' 또는 '힘과 능력'과 같은 빈번한 군사적 비유들이 나온다. 종교적 측면에서도 문화적 이해가 필요하다. 당시 사람들의 일상적 삶과 활동 그리고 종교적 행위와 그 의미 등에 관한 것도 해석자의 관심 대상이 될 것이다. 왜냐하면 성경의 기록이 빈번히 하나님의 백성들의 영적인 삶과 연관된 종교적 쟁점들을 다루기 때문이다. 그뿐만 아니라 고대 문화 안에는 종교적 배경이 배어 있으므로 하나의 본문과 연관된 종교적 상황을 이해하는 것 역시 정확한 해석을 추구하는 설교자에게 중요한 관점이 된다. 본문을 둘러싼 폭넓은 문화적 연구는 저자와 최초의 수신자들이 공유했던 상황을 이해하도록 도와준다. 나아가 그들의 삶의 패턴 등을 포함하여 성경 안의 사람들에 대한 폭넓은 이해를 가져다준다. 왜냐하면 성경의 기록은 그들의 문화 안에서 그들의 행동적 반영을 보여주기 때문이다.

문법-구문론적 관점

성경은 본래 히브리어, 헬라어, 또는 아람어(aramaic) 등으로 기록되었다. 복음주의 교회는 성경의 축자 영감설 내지 유기적 영감설을 믿는다. 하나님은 그의 말씀을 계시하기 위해 언어를 사용하셨다. 생각은 단어들을 통하여 표현되고 단어들은 문장을 만든다. 그러므로 하나님의 생각을 파악하기 위해 우리는 하나님께서 쓰신 단어들과 그것들이 문장 안에서 어떻게 연결되어 있는지를 연구할 필요가 있다. 이런 이유로 성서 언어 연구는 주해자에게 필수적이다.

하나의 문장 안에 있는 여러 단어는 그룹을 형성하여 하나의 사상

체계를 형성한다. 이때 그 사상 체계를 이해하는 열쇠가 곧 문법이다. 웹스터는 문법이란 특정한 시대의 언어에 있어 단어의 구조와 정렬 방식이라고 설명한다.[9] 문법-구문론적 주해는 단어들이 함께 어우러지는 방식에 대하여, 그리고 문장이나 문단의 구문론은 물론 단어들 자체에 대하여도 살펴보는 것이다.[10] 작문은 단어들이 함께 연결되어 이루어지는 것이기 때문에 문법적 주해의 기본 요점은 문장 안에서의 각각의 단어 그리고 다른 단어들과의 관계에 주목하는 것이다. 한 절의 문장을 도해(diagram)하거나 그 안에 나타나는 단어들의 형태를 분해하는 것은 같은 절 안에 있는 단어들의 서로 간의 관계를 이해하는 데 도움을 준다.

문법적 주해에서 가장 중요한 것 가운데 하나는 단어들의 뜻을 찾는 것이다. 단어의 뜻을 확정 짓기 위한 방법으로서 버나드 램(Bernard Ramm)은 세 가지를 제시한다: 첫째, 어원적 방법으로 한 단어의 구성요소와 그것의 형성됨을 파악한다. 둘째, 비교에 의한 방법으로 단어들이 성경의 다른 부분에서는 어떻게 사용되었는지를 살펴본다. 셋째, 역사적 방법으로 고전 헬라시대, 히브리어 성경, 헬라어판 구약성경(Septuagint), 또는 신구약 중간시대 등으로 시대를 분류하여 단어들이 각 시대마다 어떻게 사용되어 왔는지를 추적해 나가는 것이다.[11] 문법-구문론 주해의 또 다른 관점은 주제, 동사, 형용사 그리고 부사 등과 같은 문법 품사의 기능이다. 한 문장 안에 그와 같은 품사들이 어떤 역할을 하고 있는지 살펴보는 것 또한 필요한 일이다.

---

9) *Webster's New World Dictionary of the American Language,* "grammar".
10) John H. Hayes and Carl R. Holladay, *Biblical Exegesis* (Atlanta: John Knox, 1982), 25.
11) Bernard L. Ramm, "Biblical Interpretation," in *Hermeneutics, Bernard L. Ramm ed., Practical Theology Series* (Grand Rapids: Baker, 1974), 14-5.

지리적 관점

성경의 무대가 펼쳐지는 땅의 지리적 이해는 때때로 한 본문의 해석을 위한 열쇠가 된다. 바울이 데살로니가 교회에 보낸 서신에서 그 한 예를 찾아볼 수 있다. 바울은 데살로니가전서 1:8에서 말하기를, "주의 말씀이 너희에게로부터 마게도냐와 아가야에만 들릴 뿐 아니라 하나님을 향하는 너희 믿음의 소문이 각처에 퍼지므로 우리는 아무 말도 할 것이 없노라"라고 했는데 바울은 본 서신을 쓰기 얼마 전에 데살로니가를 떠난 것으로 알려졌다. 그렇다면 어떻게 그 짧은 시간 안에 그들의 믿음의 소식이 퍼질 수가 있었겠는가 하는 의문이 생긴다. 그러나 그 지역의 지리를 잘 살펴보면 로마제국의 주요 도로 중 하나인 이그나티안 하이웨이(Ignatian Highway)가 데살로니가를 직통하고 있음을 알 수 있다. 이그나티안 도로를 여행하는 사람들로 말미암아 데살로니가 교회에 관한 소식(간증)이 제국 내에 널리 퍼질 수가 있었을 것이다. 한편, 여기서 말하는 마게도냐와 아가야는 현 그리스의 영토 대부분에 해당하는 넓은 지역이다. 비록 데살로니가 교회는 작은 교회였지만 마게도냐와 아가야 지역의 모든 교회에 좋은 믿음의 소문을 냈다는 것은 놀라운 일이 아닐 수 없음을 알려주는 대목이다. 성경의 땅에 관한 지리적 관찰을 위하여 좋은 성서지도(Bible Atlas)나 성서 고고학적 자료들을 구비하는 것은 설교자에게 유익하다.

신학적 관점

주해의 또 하나의 목적은 주어진 본문의 신학적 의미, 곧 본문에 담긴 진리를 찾아내는 것이다. 역사-문법적 주해가 본문의 역사적이며 문학적 의미에 관점을 둔다면, 신학적 주해는 성경 전체의 통일성을 전제로 삼는다. 성경의 일관된 주장과 신학적 명제가 결과적으로 모든 주해 과정을 통하여 드러나고 입증되어야 한다면 신학적 의미를 떠나서 성경 해석은 이루어지지 않는다. 그래서 카이저는 신학적 주해가 끝나기 전까지 본문 해석은 완성되지 않는다고 말한다.[12] 왜냐하면 성경은 상호 간에 유기적으로 연결되어 있으며 성경의 전체적 주제와 맥을 같이 하고 있기 때문이다.

설교자는 하나의 본문을 해석함에 있어 본문의 신학적 내용을 공유하거나 다른 관점으로 논하고 있는 성경 다른 부분들과의 관계성이나 통일성을 염두에 둘 필요가 있다. 신학적 주해는 조직신학적 관점에서 이루어진다. 이를 위해 설교자는 해석자로서 하나의 본문을 성경 전체의 한 부분으로 보고 그 관점에서 본문에 접근해 나가는 포괄적인 신학을 소유하고 있어야 한다. 신학은 설교의 실체를 제공하며, 역사 속에서 하나님의 역사하심, 곧 모든 시대마다 인류를 구속적으로 이끌어 오신 하나님의 방법 등을 식별하게 해준다.[13]

신학적 주해와 연관하여 설교자는 본문을 포함하고 있는 해당 책이 저자의 개인적인 신학의 반영이라고 하는 사실을 유념할 필요가 있다. 사도 요한의 책들은 하나님이시며 생명의 주이신 예수, 하나님의 한없는 사랑, 그리고 믿음과 영생 등, 요한의 주요 신학적 관점을 반영하고 있다. 바울 역시도 그가 남긴 모든 기록들 안에는 '이신득의'(justification by faith)를 포함하여 그만이 가지는 독특한 신학적 관점을 내포한다. 따라서 저자의 신학적 특징 및 주장의 조명 아래 해당 본문의 해석을 고려하지 않는 한, 해석자는 자신의 해석이 본문의 명확한 뜻이라는 확신을 가질 수 없다.

---

12) Kaiser, *Toward an Exegetical Theology*, 131.
13) 문상기, 「케리그마와 현대설교」, 125.

강해(exposition, 해설)

강해는 주해(exegesis)에 근거하여 본문의 현대적 의미를 찾는 것이다. 강해의 다른 말은 해설이며 과거에 선포된 메시지를 현대 청중의 삶에 적용시키기 위한 실제적 해석이며 적용점이다. 강해는 주해된 내용에 근거하여 과거에 선포된 하나님의 말씀이 현대 청중을 위한 메시지가 되게 한다. 왜냐하면 설교는 동시대적이며, 데이비드 스텐리(David Stanley)가 지적한 바와 같이 과거에 계시된 말씀이 현재의 말씀이 되게 하는 것이기 때문이다.[14] 나아가 설교는 과거의 예수 사건이 현재적 사건이 되게 하는 것이다.[15] 본문을 해석 함에 있어, 설교자는 자신을 향하여 이런 질문을 던질 필요가 있다: "만일 성경의 원 저자가 특정 본문의 말씀을 나의 청중에게 전하고자 한다면 과연 그는 어떻게 이 말씀의 뜻을 그들에게 전할 것인가?"[16]

성경 본문에 대한 해석은 주해만으로는 완성되지 않는다. 주해는 하나님께서 과거 최초의 수신자들에게 무엇을 말씀하셨는지를 밝히는 것으로서 가장 중요한 작업이지만 현대 청중에게는 그대로 적용시킬 수 없기 때문이다. 이것이 왜 강해, 곧 해설이 요청되는지의 이유가 된다. 강해는 주해된 내용을 토대로 나오는 것이기 때문에 주해와 긴밀한 연관성을 가진다. 만일 주어진 본문에 대한 적절한 해설과 적용점이 결여된다면, 주해의 내용은 현대 청중에게 실질적인 영향을 줄 수 없을

---

14) David M. Stanley, "The Fonts of Preaching," *Worship* (February, 1963): 171.
15) Karl Barth, *The Doctrine of the Word of God,* vol. 1 of the *Church Dogmatics,* G. T. Thompson trans., (Edinburgh: T. & T. Clark, 1936), 105.
16) Grant R. Osborne, "Preaching the Gospels: Methodology and Contextualization," *Journal of the Evangelical Theological Society* 27 (March 1984): 12.

것이다. 아브라함 쿠루빌라(Abraham Kuruvilla)는 다음과 같이 설명한다: "성경은 단지 그 신학적 요지를 끌어내는 것만으로는 안 되며 청중이 그것에서 유익을 얻게 적용되어야 한다. 그러므로 하나님의 말씀에 있는 하나님의 뜻을 하나님의 백성에게 해설하는 것으로서 설교는 적용이어야 한다."[17]

선포되는 메시지가 현대 청중을 위한 말씀이 되기 위해 설교자가 반드시 물어야 할 두 가지의 질문이 있다. 하나는, "이 말씀은 나의 청중에게 어떤 의미를 주는가?"이다. 그 이유는 자신의 메시지가 청중의 삶과 무관한 추상적 내용이 되어서는 안 되기 때문이다. 다른 하나의 질문은, "본문은 혹 재상황화 내지는 재번역해야 할 문화적 요소가 있는가?"라는 것이다. 앞서 언급한 바와 같이 성서주해의 가장 중대한 과제중 하나는 원래의 본문과 현대인들의 삶 사이에 존재하는 간격들(gaps)을 좁혀 과거와 현재를 연결하는 것이다. 이는 게르하르드 에블링(Gerhard Ebling)의 지적과 같이, 설교는 주어진 본문을 현대의 상황을 비추어 해석함으로 그 본문이 무엇을 말하는지 청중에게 말해주는 것이다.[18]

현대 상황에 적용

주해를 통하여 파악된 본문의 말씀이 청중의 삶에 적용되기 위해서는 원래의 상황을 역사-문화적 관점에서 풀어 해독하는(decode) 작업

---

17) Abraham Kuruvilla, 「설교의 비전: 목회 사역의 심장을 이해하기」, 곽철호 · 김석근 역 (경기 이천: 성서침례대학원대학교 출판부, 2018), 169.
18) Gerhard Ebling, *Theology and Proclamation,* John Riches ed., (London: Collins, 1966), 95.

과 해독된 메시지를 다시금 현대 상황에 재상황화(encode) 시키는 작업이 필요하게 된다. 여기에서 말하는 재상황화는 현대인들이 그들만의 문화와 역사 속에서 하나의 표준을 가지고 이해할 수 있는 상황화 작업을 가리킨다.

주해 작업의 첫째 단계로서 주해가 본문의 내용을 드러내는 것이라면, 강해는 현대 상황에서 본문의 뜻을 결정하는 것이라 할 수 있다. 마지막 단계로서 적용은 강해된 내용을 현대 청중의 삶에 연결시키는 과정이다. 주해는 본문의 과거적 의미를 찾고, 강해는 본문의 현대적 의미를 결정하는 것이라고 한다면, 적용은 강해를 통하여 밝혀진 의미를 오늘을 살고 있는 청중의 삶 속에 접목시키는 것이다. 그러므로 주해 과정에서 그 뜻을 밝혀내는 것이 본문 주해의 시작점이었다면 그 완성은 현대의 사회-문화적 상황에 그 의미를 재상황화시키는 과정에서 이루어진다.

주해된 내용을 현대 상황에 적용하기 위해 설교자는 주변 상황에 대한 밝은 이해가 필요하다. 현대설교는 주어진 본문의 말씀이 얼마나 충실하게 주해 되었는지에 역점을 가질 뿐 아니라 청중의 삶에 적절히 적용되었는지에 크게 주목한다. 왜냐하면 설교는 현재적 사건이 되어야 하기 때문이다. 도날드 수누키안(Donald Sunukijan)은 이렇게 말한다:

> 진실되고 정확한[본문의] 의미는 현대 청중에게 적합한(relevant) 방법으로 전해져야 한다. 하나님은 진리를 보여 주시지만 지나간 세대에게만 보여 주시는 것이 아니라 바로 오늘 현재의 우리에게도 보여주신다. 하나님은 성경 말씀을 세기를 뛰어넘어 각 세대에게 그들이 처한 상황에 맞게 주시려는 의도를 가지고 계신다.[19]

---

19) Donald Sunukijjan, *Invitation to Biblical Preaching* (Grand Rapids: Kregel Publication, 2007), 11.

따라서 설교자는 본문 주해와 동시에 청중의 상황을 파악하는 청중 주해도 필요하다. 청중 파악이 충실히 이루어질 때 우리는 문자적 의미를 넘어 살아계신 하나님의 말씀을 청중에게 전달하는 역할을 온전히 수행할 수 있다. 주해와는 달리 현대적 삶을 위한 적용은 현실적 상황에 따라 다양한 방법으로 이루어진다. 이것이 왜 설교자의 능력, 즉 그의 창의력, 독창성, 그리고 상상력 등이 그렇게 중요한지에 대한 이유이다.

문화적, 초문화적 표준

하나의 본문을 해석할 때, 설교자는 해당 메시지가 우주적 적용의 범위에 해당하는지 아니면 특정한 적용 범위에 해당하는지를 구분할 필요가 있다. 해석자는 해당 본문이 최초의 수신자들만을 위해서 주어진 것인지, 아니면 우주적 관점에서 모든 문화권과 모든 시대의 사람들을 위해 의도된 말씀인지를 결정해야 한다. 왜냐하면 대체로 하나님의 말씀은 모든 시대 모든 문화권을 초월하여 말하고 있지만 때로는 특정한 상황 가운데 있던 당시의 수신자들만을 위하여 말하는 경우도 있기 때문이다.[20] 데이비드 독커리(David Dockery)의 말을 참고할 필요가 있다: "성경의 어떤 가르침들은 구체적으로 모든 문화권에 있는 사람들에게 직접적으로 명령한다. 어떤 가르침들은 우주적 적용의 범위를 가진다. 어떤 성서적 원리들은 절대적인 권위를 가진다. 마지막으로 어떤 문제들은 어느 특정한 문제나 사건에 대하여만 적용될 수 있는 성서적 원리를 찾음으로만 증거될 수 있다."[21]

---

20) Roy B. Zuck, *Basic Biblical Interpretation* (Wheaton: Victor Books, 1991), 15.

21) David S. Dockery, "Study and Interpretation of the Bible," in *Foundation for*

해석자의 입장에서 설교자가 어느 한 본문의 뜻을 청중의 삶으로 적용시킴에 있어 어떤 기준점을 가지고 적용의 범위를 정할 것인가의 문제는 주의력을 요구한다. 도널드 헤그너(Donald Hagner)에 의하면 성경은 역사성이 있기 때문에 규범적인 동시에 또한 문화적인 조건을 가지고 있다. 하나의 본문은 문화적으로 조건 지어져 있지만, 그것이 본질적으로 규범적인지 아니면 문화적으로 상대적인지를 구분하는 것은 가능하다. 헤그너는 그의 논점을 상대적으로 비교되는 개념들로 제시하는데, 시간 초월적인 것과 시간 제한적인 것,' '핵심적인 것과 표면적인 것,' 그리고 '불변적인 것과 가변적인 것' 등이다.

그렇다면 하나의 사안(issue)을 해석 함에 있어 어느 범위까지 문화적 영향을 받는 것으로 보아야 하는가? 이 점에 대하여 달라스 신학교 성경해석학 교수였던 로이 죽크(Roy Zuck)는 하나의 본문이 현대 문화에 대하여 전이적 (transferential)인지 비전이적(non-transferential) 인지를 결정할 때 고려하여야 할 네 가지 원리를 제시하였다.[22]

1) 전개되고 있는 어떤 상황이나 명령 또는 원리 등이 반복될 수 있으며 지속적일 때; 윤리적이며 신학적인 주제를 포함하고 있을 때; 또는 성경의 다른 곳에서 반복되는 경우에는 우주적으로 적용된다.

2) 어떤 상황이나 명령 또는 원리 등이 어느 특정 개인의 구체적이며 반복될 수 없는 상황일 경우 또는 그것이 비윤리적이며 비신학적 주제 등을 포함하고 있을 때는 특별한 적용 범위를 가진다.

3) 어느 상황이나 명령의 문화적 배경이 우리의 상황과 부분적으로 유사한 경우는 그 원리만이 전이될 수 있다.

Biblical Interpretation: A Complete Library of Tools and Resources, David W, Dockery, Kenneth A. Mathews, and Robert B. Sloan, eds., (Nashville: Broadman, 1994), 53.

22) Zuck, *Basic Biblical Interpretation*, 92-4.

4) 어느 상황이나 명령의 문화적 배경이 현대의 상황과 유사점은 없지만 그 원리는 전이될 수 있는 경우도 있다.

성경은 현대 그리스도인들의 삶을 지도하는 절대적인 권위를 가지며 그리스도인의 삶을 위한 표준을 제시한다. 그러나 동시에 과거와 현재 사이의 상황적, 문화적, 역사적 차원의 간격(gap)에서 오는 차이점을 고려하여 때로는 예외적인 기준을 적용해야 할 때가 있다. 왜냐하면 당시 그 말씀을 처음 받았던 독자들의 세계와 현대인들의 세계는 서로 간에 수용적이지 않거나 호환적이지 못하는 측면이 있기 때문이다. 그러므로 성경 주해의 중요한 관점의 하나는 개별적 본문의 초 문화적인 것으로부터 문화적인 것을 한정짓는 것이다. 성경에 계시된 하나님의 말씀은 절대적 진리이지만 그 말씀의 현대적 적용점에 있어서는 시간과 문화의 차이에서 오는 특정한 영역에 대하여는 비전이적 차원에서 고려할 필요가 있다.[23]

주해와 강해

설교는 설교자의 인격체를 통해 사람들에게 진리의 말씀을 전하는 것이라고 했던 필립스 부룩스(Phillips Brooks)의 말은, 설교란 동시대를 살고 있는 사람들에게 하나님의 말씀을 전달하는 것임을 시사한다. 말씀을 전한다는 것은, 본문의 의미를 밝히는 것일 뿐만 아니라 청중의 삶에 적용할 수 있는 메시지가 되어야 함을 가리킨다. 만일 설교가 주

---

23) 문상기, 「케리그마와 현대설교」, 135.

본문에서 **설교까지** 목사님 성경을 설교해 주세요!

해석 의미만을 드러낸다면 아직 청중을 위한 메시지로 준비되지 못한 것이다. 설교는 동시대를 살고 있는 청중에게 하나님 말씀의 사건이 그들 삶 가운데 일어나게 하는 것임을 잊지 말자.

설교는 청중의 삶에 영향을 끼치는 목적을 가진다. 설교자의 메시지가 청중의 삶에 실제적 교훈과 적용이 되어야 한다는 것은 그 메시지가 청중을 설득하여 그들의 삶에 변화를 일으켜야 한다는 것을 의미한다. 따라서 설교는 하나님의 말씀 안에서 청중에게 무엇을 요구하고, 지도하고, 제시하며, 나아가 도전을 주면서 그들의 삶을 더 큰 믿음의 길로 나아가게 하는 것이다. 따라서 설교는 언제나 청중의 반응을 이끌어내야 한다. 청중은 하나님의 말씀 안에서 신앙을 결단하게 된다. 예수 그리스도의 복음을 믿고 구원을 확신하는 것이며, 그리스도 안에서 헌신을 다짐하는 것이다. 그러므로 설교에서 가장 중요한 것은 밝혀진 본문의 의미, 즉 주해된 말씀이 청중의 실존적 삶에 구체적으로 다가가서 말씀으로 그들의 삶에 접촉이 일어나게 하는 것이다. 그때 비로소, 신학적으로 풀어낸 말씀의 실체가 청중의 삶을 위한 실제적 진리가 된다. 그렇다면 주해와 강해는 어떤 관계 안에서 어떻게 설교를 위해 발전되어 나가는가.

원칙과 적용의 관계

설교에서 밝히는 본문의 뜻과 의미는 언제나 동일하며 불변한다. 그것은 성경 저자가 핵심적으로 말하고 있는 것으로서 설교자에게는 그의 설교 주제를 형성한다. 따라서 본문의 주해적 의미는 과거에나 현재나 동일한 것으로서 하나의 기준점 곧 원칙을 제공한다. 반면에 주해된 내용이 강해 과정에서 청중에게 적용될 때는 다양한 방식으로 이루어진다. 뜻이 다양해지는 것이 아니라 여러 관점으로 청중의 삶에 접촉점을 만들어 내는 것이다. 적용이 다양한 내용으로 나타나는 것은 시대와 문화권에 따라 청중들의 삶의 상황이나 필요가 다르기 때문이다. 성경 시대에 저자는 자신의 청중, 즉 그의 말씀을 받았던 당시 수신자들의 삶 속에 하나님의 뜻을 전하고 있다면 설교자들은 그의 동시대 사람들에게 말한다. 여기에서 우리는 본문의 뜻(meaning)과 본문이 청중의 삶 속에 적용될 때 나타나는 관점 혹은 중요성(significance)은 다르다는 점을 고려하게 된다. 하나의 원칙은 실제적 상황에서 다양하게 적용되듯이 본문의 뜻은(주해) 다양한 적용점(강해)으로 청중의 삶에 접촉점을 제공한다.

여기에서 가장 중요한 것은 앞서 밝힌 바와 같이 설교자의 자의적 해석이 드러나지 않는 것이다. 설교자가 원하는 특정한 관점을 강조하기 위해 본문이 말하는 원래적 의미를 해치지 않아야 한다. 설교자는 이 시점에서 자신의 주장이나 철학, 나아가 자신의 목회적 가치나 비전을 앞세워 무리한 적용을 시도하는 유혹을 받을 수 있다. 이때, 원칙을 넘어서서 그가 말하는 내용은 '부가된 뜻' 곧 '임포지션'(imposition)이다. 찰스 스펄전(Charles Spurgeon)은 이 점을 그의 학생들에게 강조하면서 태양과 반사경의 예를 들어 설명하였다:

> 하나님의 말씀이 태양이라면 설교자는 그 말씀을 반사하여 비추는 거울이다. 거울이 태양 가까이로 나가 각도를 잘 맞출수록 그 빛을 받아 반사시킬 수 있다. 만일 하나님 앞에 가까이 나가기를 원하지 않거나, 하나님의 말씀을 가슴에 받아 담는 것을 게을리하면서 자신이 스스로 하나님의 말씀을 전할 수 있다고 생각하는 것은 대단히 위험한 일이다. 그는 필경 하나님의 말씀이 아닌 것을 가지고 하나님의 말씀을 전하는 것 인양 착각하는 것이다.

스펄전은 나아가 성경 본문에 근거한 설교의 중요성을 강조하면서 이렇게 말했다: "나는 확신하지만, 강해 설교보다도 더 오래 계속되고, 그리고 교회를 옳게 세워나갈 수 있는 설교는 없다....... 내가 만약 여러분의 설교가 언제까지라도 유익한 것이 되도록 권고한다면, 여러분은 성경의 강해자가 아니여서는 안 된다는 것을 열심히 말하겠다."[24]

원칙을 무너뜨리면 질서는 파괴된다. 만일 원칙을 변형시키면 방향성을 잃고 혼란이 야기된다. 하나님의 말씀을 무시하고 진리가 파괴되기를 원하는 설교자는 없을 것이다. 따라서 말씀을 자의적으로 해석하는 문제는 모든 설교자에게 경계의 대상이 되어야 함이 마땅하다. 존 스토트(John Stott)는 성경 본문을 자기 목적에 맞게 마음대로 해석하고 왜곡하는 것은 '기독교적 프로크루스테스 주의'라 칭하면서 설교자들의 주의를 요청하였다. 프로크루스테스(Procrustes)는 그리스 신화에 나오는 무시무시한 케릭터를 소유한 강도다. 그는 사람들을 잡아다가 자기가 만든 철 침대에 억지로 맞추었다. 잡아 온 사람이 키가 작으면 강제로 잡아 늘였고, 키가 크면 무지막지하게 다리를 잘랐다.[25] 주해 과정에서 자의적으로 의미를 확대하거나 축소시키는 경우는 모두 기독교 프로크루스테스 주의에 속한다는 것을 유념하자.

한편 스토트는 설교란 단순한 강해가 아니라 커뮤니케이션임을 강조하면서, 설교는 단순히 본문의 주해가 아니라 하나님의 말씀을 오늘을 살고있는 사람들의 필요에 따라 전해주는 것이라(conveying)고 말한다.[26] 말씀의 원래적 의미와 이 말씀이 전달되는 삶의 영역은 마치 동

24) Charles Spurgeon, 「스펄전의 설교학」, 김병로 역 (서울: 신망애출판사, 1979), 134-5.
25) John Stott, 「비교할 수 없는 그리스도」, 정옥배 역 (서울: 한국기독학생회출판부, 2002), 168.
26) John Stott, *Between Two Worlds: The Art of Preaching in the Twentieth Century* (Grand Rapids: William B. Eerdmans Publishing Co., 1982), 137.

이 서에서 먼 것처럼 동떨어져 있으며 문화적으로 이질적인 본성을 가지고 있다. 설교는 이 두 세계를 연결하는 것임을 강조하면서 스토트는 다리놓기(bridge-building) 개념을 소개하고 있다. 설교는 성경의 세계와 오늘의 삶, 그리고 과거와 말씀이 선포되는 동시대를 연결하는 작업이다. 성경 본문과 현대의 문화적 갭이 너무나 광범위하기 때문에 설교자의 과제는 과거에 하나님이 계시하신 말씀의 진의를 발견하고 나아가 오늘 이 시대에 제시하는 참 의미를 찾아내는 것이다. 전령자로서 설교자는 이를 위하여 부름을 받은 사람이다.[27] 목적은 그때 선포된 말씀이 지금 청중의 삶에 동일하게 전달되고 적용되게 하기 위함이다.

설교는 다리놓기 작업
(Bridge-Building)

과거
본문의 뜻
Biblical World

본문 연구/성령의 조명
설교자

현재
삶의 적용
Contemporary
World

영국의 강해설교가 데니스 레인(Denis Lane)은 성서 주해의 중요성을 강조하면서 본문이 말하는 것 외에 다른 것을 전하고 싶어 하는 일부 설교자들의 경향성에 대하여 이렇게 권면한다: "비록 설교자 자신의 생각을 설교하는 것이 때로는 멋지게 보일 수 있으나 그것은 사람들

---

27) Ibid., 135-8.

을 하나님의 진리로부터 도적질하는 것이요, 하나님의 진리를 사람의 생각과 맞바꾸는 것이다. 설교자가 먼저 연구해야 할 것은 성경이며, 우리가 섬기고자 하는 사람들에 대한 지식이다."[28] 나아가 그는 진리의 말씀을 청중의 삶에 적용시키기 원하는 설교자가 사람들이 부딪치는 삶의 문제와 여러 가지 감정들을 잘 알지 못하면 적절한 적용점을 찾을 수 없다고 말한다. 만일 설교자가 사람들의 삶의 상황에 동떨어진 이론적인 말이나 신학적인 지식을 앞세우면 전달에 실패하게 될 것이다. 설교는 성경의 지평과 삶의 지평이 연결되는 곳에서 실질적인 전달이 일어나는 것임을 설교자는 꼭 기억하여야 한다.[29] 설교자는 진리로 '다리놓기' 작업을 수행하는 사람이다. 주해적 진리가 청중을 위한 삶 속의 진리가 되도록 부름받은 사람이다.

기초와 실체의 관계

아름다운 건물은 사람들의 관심을 끈다. 높이 솟은 건물은 사람들의 감탄을 자아낸다. 그런데 어떤 건물이든지 기초가 없이는 세워질 수 없다. 대개 사람들은 그 건물의 외관이나 높이에 반응을 보이지만, 지면 아래 탄탄한 기초가 건물을 뒷받침해 주고 있다는 사실은 생각하지 못한다. 청중은 하나님의 말씀이 밝히 드러나는 좋은 설교에 높은 관심과 반응을 보인다. 그러나 설교 역시 탄탄한 기초 작업이 있으므로 하나님의 말씀이 드러나는 것이다. 청중에게 전달되는 설교 내용은 대체로 본문에 입각한 실천적 적용과 가르침이다. 청중은 여기에서 하나님의 말

---

28) Dennis I. V. Lane, 「데니스 레인 강해설교」, 김영련 역 (서울: 도서출판 두란노, 1995), 23-4.
29) Ibid., 31.

씀을 만나고 영적 양식을 공급받는다. 이것은 말씀의 실체로서 청중을 위한 메시지이다. 그러나 건물에는 눈에 띄지 않는 기초가 있듯이, 주해적 개념이 있으므로 설교는 청중을 위한 메시지가 있을 수 있다. 만일 본문 주해 작업이 명쾌한 뜻과 의미를 내놓지 못한다면 이에 입각한 중요성, 즉 적용점을 찾는 작업을 시작하기도 전에 빗나가거나 큰 장애를 만나게 된다. 반대로 본문에서 뜻과 의미를 찾았다 할지라도 그것이 본문의 의미에서 나온 것이 아니라면 진리에 부합한 실제적 교훈과 적용은 가능할 수 없다. 반대로 주해는 탄탄하게 이루어졌지만 적절한 적용점이 충분히 이루어지지 않는다면 이 또한 좋은 설교라 말할 수 없을 것이다.

아래의 그림은 본문의 뜻과 삶의 적용이 적절한 균형감을 유지할 때 청중을 위한 실질적인 메시지가 증거될 수 있음을 보여준다. 만일 본문에 강조점을 두고 주해적 의미를 찾는 일에 집중하는 반면 적절한 적용점과 교훈을 제시하는 일을 경히 다루면 저울 축은 성경 쪽으로 기울면서 균형을 잃어버리게 될 것이다. 반면에 본문의 의미를 충분히 밝히지 않고 본문에 근거하지 않은 삶의 적용점을 부당하게 부여하는 것 역시 쏠림 현상을 일으켜 온전한 메시지로서의 위치를 잃게 될 것이다.

신학
과거적 의미
고정된 뜻

삶
현재적 의미
삶의 적용

본문에서 설교까지 목사님 성경을 설교해 주세요!

주해와 강해의 실제

우리는 이 시점에서 하나의 본문에 대한 주해와 강해의 결과는 어떻게 드러나는지를 가시화 시켜보려고 한다. 여기에는 여러 가지 방식이 있을 수 있겠으나 가장 실질적인 방식은 개요화(out line) 시키는 것이다. 궁극적으로 설교자가 원하는 것은 설교 개요를 확보하고 여기에 근거하여 설교문을 작성하는 것이기 때문이다. 설교자는 먼저 주해된 내용의 주제적 개념을 파악하고 성경 저자가 당시 그의 수신자들에게 어떻게 그것을 말하고 있는지를 개요화 시킨다. 그리고 이를 현대 청중을 위한 강해적 개요, 즉 설교 개요로 전환한다. 과거 성경 저자가 그의 수신자들에게 전했던 내용의 본질적 개념은 앞서 논하여 왔듯이 현대 청중에게도 변함없는 동일 내용이다. 다만 이 시대의 청중의 삶에 적용하기 위해 상황화 된 것이다.

그렇다면 개요는 무엇인가? 설교 개요는 설교의 개념을 드러내는 계획이며 뼈대(structure)이다. 개요는 설교자의 마음에 있는 설교의 개념들을 구체적으로 표현하게 해준다. 개요는 또한 설교의 주요 개념들 사이의 관계를 보여주면서 주요 개념은 무엇이며 그에 종속된 개념이나 동등한 개념 등을 명확하게 드러낸다.[30] 스티븐 매튜슨(Steven Mathewson)은 개요를 흡사 지도와 비슷한 것이라고 말한다. 왜냐하면 개요는 설교자에게 설교 전달 계획과 방향감을 제시하기 때문이다.[31] 그러면 주해된 내용이 어떻게 설교 개요로 발전되는가? 도널드 수누키안(Donald Sunukjian)은 주해 개요와 설교 개요의 사이에 신학적 개요

---

30) Haddon Robinson, *Biblical Preaching: The Development and Delivery of Expository Messages* (Grand Rapids: Baker Book House, 1980), 133.

31) Steven D. Mathewson, 「청중을 사로잡는 구약의 내러티브 설교」, 이승진 역 (서울: 기독교문서선교회, 2016), 215.

과정을 제시한다. 신학적 개요는 주해 개요를 보편적 신학 개념으로 표현함으로써 과거와 현재 그리고 미래적으로 동일하게 해당되는 개념을 보여준다.[32] 주해 개요와 신학적 개요, 그리고 설교 개요의 관계는 다음과 같다:

> 주석(주해)적 과정은 본문에 대한 주해적 연구를 실행하는 것이다. 이를 통해서 주석적 개요와 주석적 대주제를 얻는다. 신학적 과정은 주석적 과정을 통해서 얻는 주석적 개요와 주석적 대주제에 대하여 신학화(Theologizing) 하는 것을 말하는데, 이를 통하여 불변의 우주적인 진리의 형태로 표현된 신학적 개요와 신학적 대주제를 얻을 수 있다……. 또한 설교적 과정은 신학적 과정을 통해서 얻어진 신학적 개요와 신학적 대주제를 상황화(contextualizing) 하는 것을 말하며, 이를 통하여 설교를 듣는 청중에게 관련된 방식으로 진술된 설교적 개요와 설교 대주제를 얻을 수 있다.[33]

자 그렇다면, 하나의 본문에 대한 개요화 작업을 통해서 주해와 강해가 어떻게 실제로 설교 작성에 반영되는지를 살펴보기로 하겠다. 본문은 요한복음 1:1-12이다.

요한복음 1:1-12
〈주해 개요: 성경 저자가 처음 수신자들에게 전하고자 했던 내용〉

주제: 생명의 빛으로 오신 예수님을 믿는 자는 하나님의 자녀가 된다

---

32) Donald R. Sunukjian, *Invitation to Biblical Preaching: Proclaiming Truth with Clarity and Relevance* (Grand Rapids: Kregel, 2007), 69, 이종욱, 「현대 강해설교」 (서울: 기독교문서선교회, 2019), 46에서 재인용.

33) 이종욱, 「현대 강해설교」 (서울: 기독교문서선교회, 2019), 47.

I. 말씀이신 예수님은 창조주 하나님이시다(1-3)
- 태초에 말씀(예수님)이 계셨다
- 말씀이 세상을 창조하셨다

II. 말씀이신 예수님이 세상의 빛과 생명으로 오셨다(4-5)
- 말씀으로 오신 예수님은 사람들의 생명이 되신다
- 생명의 말씀되시는 예수님은 세상을 비추는 빛이다
- 빛으로 오신 예수님을 세상 사람들은 알지 못했다

III. 침례(세례)요한은 어두운 세상에 빛(예수님)을 증거하기 위해
보냄 받았다(6-8)
- 요한은 세상에 오신 빛을 증거하는 자였고, 그 빛 자체가 아니다
- 요한은 사람들로하여금 빛 되신 예수님을 믿게 하는 자이다

IV. 빛으로 오신 예수님을 믿는 자들은 하나님의 자녀가 된다(9-12)
- 죄로 어두운 세상에 생명의 말씀을 전하였으나 사람들은
빛(예수님)을 거부하고 받아들이지 않았다(10-11)
- (그러나) 생명의 빛으로 오신 예수님을 믿고 영접하는 자들은
하나님의 자녀가 된다

〈신학적 개요: 보편적 원리로서 시대를 초월한 우주적(Universal) 진리〉

주제: 생명의 빛으로 이 땅에 오신 예수님(말씀)을 믿는 자는
하나님의 자녀가 된다

I. 말씀이신 예수님은 창조주 하나님이시다(1-3)
- 예수 그리스도는 태초에 말씀으로 존재 하셨다

• 예수님은 창조주 하나님이시다

II. 예수님은 생명의 빛으로 세상에 오셨다(4-5)
  • 예수님은 사람들의 생명이 되신다(4)
  • 생명의 주님은 세상을 비추시는 빛이다(5)
  • 빛과 생명으로 오신 예수님을 세상 사람들은 알지 못했다(5)

III. 침례(세례) 요한은 세상에 빛 되신 예수님을 증거하기 위해 보냄 받았다
  • 요한은 세상에 오신 빛을 증거 하였지만 그 빛 자체는 아니다
  • 요한은 사람들로 하여금 빛 되신 예수님을 믿게 하는 자이다

IV. 빛으로 오신 예수님을 믿는 자들은 하나님의 자녀가 된다(9-12)
  • 예수님은 어두운 세상에 생명의 말씀을 전하였으나
    사람들은 빛(예수님)을 거부하고 받아들이지 않았다(10-11)
  • (그러나) 생명의 빛으로 오신 예수님을 믿고 영접하는 자들은
    하나님의 자녀가 된다

〈설교 개요: 설교자와 동시대의 청중에게 적용시킴〉

주제: 생명의 빛으로 오신 예수님을 믿는 자는 하나님의 자녀가 된다

I. 예수님은 이 땅에 오신 창조주이며 구원의 말씀이다(1-4)
  • 빛으로 오신 예수님은 생명의 말씀이다
  • 이 말씀은 세상을 창조하신 말씀이며 세상을 구원한다
  • 말씀으로 오신 주님은 생명의 빛이다
    – 세상은 죄악으로 인해 어두움 가운데 있다
    – 죄악된 세상은 생명의 주님을 거부한다

본문에서 설교까지 목사님 성경을 설교해 주세요!

II. 빛으로 오신 예수님을 믿는 자들은 하나님의 자녀가 된다(9-12)

- 세상은 죄 가운데 있으며 진리와 생명을 거부한다
- (그러나) 빛 이신 주님 앞에 나아오는 자는 새 생명을 부여받는다
- 예수를 (구주와 주님으로) 믿고 영접하면 하나님의 자녀가 된다

III. 우리는 (그리스도인들) 구원의 말씀을 증거하기 위해 부름을 받는다

- 우리는 (먼저 믿은 그리스도인) 생명의 복음을 전하는 사명자들이다
  - 하나님은 세상을 구원하기 위해 끊임없이 사람들을 보내신다
  - 우리는 오늘 이 세상에 복음을 전하기 위해 부름 받는다
- 세상은 진리를 거부하기 때문에 우리 역시 거부당할 수 있다
- (그러나) 우리는 빛과 생명 되시는 주님을 담대히 전하여야 한다

독자들은 위의 예문을 통해 주해개요, 신학적 개요, 그리고 설교개요의 개념을 잘 이해하였을 것이다. 미리 언급하고 싶은 것은 이것은 요한복음 1:1-12에 대한 하나의 설교 계획안(개요)이다. 이 본문에 대한 유일한 개요라고 할 수는 없다. 그리고 목적은 주해와 강해의 실제적인 측면에서 본문의 내용이 주해 개요로부터 어떻게 설교개요로 발전되어 가는지를 예시하는 것이었다.

아마도 독자들 중에는 필자의 생각에 부분적으로 동의하지 않거나 다른 방식으로 생각하는 경우가 있을 수 있다. 만일 필자가 정한 본문의 주제가 근본적으로 잘못되었다면 이것은 큰 문제가 될 수 있다. 그러나 세부적인 내용에 관한 다른 의견이나 견해 차이라고 한다면 큰 문제는 없을 것이다. 나는 여기에서 부름을 받은 이 땅의 모든 설교자는 하나님의 말씀을 전하는 자로서 성경 본문의 내용을 충실히 전하는 자들임을 다시 한번 강조하고 싶다. 이와 연관하여, 나는 본문에 충실한 설교를 추구하는 것은 모든 설교자가 함께 공유해야 할 비전(vision)이

라고 말한 아브라함 쿠루빌라(Abraham Kuruvilla)의 말을 존중한다. 그는 설교자의 위치를 이 비전을 위해 수고하는 자들이라 칭하면서 설교자의 비전을 이렇게 설명한다:

> 성경적 설교란, 교회 지도자가 예배를 위해 모인 그리스도인 모임에서, 신학적주해로 분별한 성경 문단(pericope)의 핵심 요지와 그것을 그 특정한 그리스도인 공동체에게 적용한 내용을 전달해, 그들이 하나님의 영광을 위해 그리스도의 형상을 닮아가게하는 것인데, 이 모든 과정을 성령의 능력으로 행하는 것이다.[34]

설교자는 성경을 설교하는 사람들이다. 이것이 우리의 비전이다. 우리가 말씀 선포자로서 공유해야 할 가치는 바로 본문에 녹아있는 생명의 말씀을 훼손시키지 아니하고 다시금 재현시키는 것이다. 이제 우리는 본문 해석과 연관하여 우리가 좀 더 관심을 기울여야 할 다음 단계로 진행하고자 한다.

주해가 무시된 해설과 적용

본문을 충분히 주해(exegesis)하기 전에 강해(exposition) 단계로 돌입하거나 곧바로 삶에 적용하려는 시도는 매우 위험하다. 아래의 도표를 주목해 보자. 주해 과정을 생략하고 곧바로 강해에 돌입하거나 본문의 현대적 교훈 및 적용점을 구한다면 당연히 설교자의 주관적인 생각이 설교 내용을 지배하게 될 것이다. 결과적으로 설교는 본문 중심에서

---

34) Kuruvilla, 「설교의 비전: 목회 사역의 심장을 이해하기」, 273.

본문에서 설교까지 목사님 성경을 설교해 주세요!

멀어지게 될 뿐만 아니라 여러 가지 불미스러운 결과를 파생시키게 된다. 구체적으로 어떤 폐단이 예상되는가?

해 석(Interpretation)

본문(Text) ⟶ 주해(Exegesis) ⟶ 강해(Exposition) ⟶ 설교(적용)

주관적 해석(Subjectivity of Interpretation)

첫째는, 지나치게 자기 주관을 앞세운 해석을 불러일으킨다. 본문을 철저하게 주해하면 할수록 설교자 자신의 주관이 들어갈 영역은 좁아진다. 반면에 주해 작업이 부분적으로 이루어질 경우, 특히 본문을 둘러싼 상황적 파악이 부족해질 때, 설교자는 본문에 대한 자신의 지식이나 경험을 앞세워 자기중심적인 해석을 가할 가능성이 높아진다. 왜냐하면 본문이 말하는 원래적 의미를 확보하지 못하였기 때문에 설교의 내용은 결국 설교자의 자의적 해석에 의존하게 될 것이기 때문이다.

주관적 해석은 다양하게 이루어질 것이나 앞서 우리가 살펴보았듯이 이때 설교자가 내놓게 되는 것은 대체로 설교자 자신의 사상이나 그가 추구하는 가치 혹은 목회적 비전 등이 될 것이다. 스토트가 말했던 '기독교 프로크루스테스 주의'가 이에 속할 것이다. 아래의 설교 개요 예시는 설교자의 주관적 해석이 빚어내는 결과가 무엇인지를 보여준다.

본문: 데살로니가전서 1: 2-4

2우리가 너희 모두로 말미암아 항상 하나님께 감사하고 기도할 때에 너희를 기억함은 3너희의 믿음의 역사와/ 사랑의 수고와/ 우리 주 예수 그리스도에 대한 소망의 인내를/ 우리 하나님 아버지 앞에서 쉬지 않고 기억함이니 4

하나님의 사랑하심을 받은 형제들아 너희를 택하심을 아노라

제 목: 감사하는 성도
주 제: 성도는 감사하는 삶을 살아야 한다

〈설 교 개 요〉

I. 하나님께 감사드리자: 성도의 삶은 그들을 구원하신 하나님께
   감사하는 삶이다

II. 감사하는 자의 삶은 믿음의 역사, 사랑의 수고, 소망의 인내가
    나타나는 삶이다

III. 감사하는 생활은 기도함으로 이룰 수 있다

위의 설교 개요는 감사의 주제로 구성된 전형적인 주제(제목) 설교의
형태를 보여준다. 나는 오래 전 이 설교를 들으면서 매우 당황스러웠던
기억이 있다. 이 설교 계획안이 설교자의 주관적 본문 해석의 결과로
나온 것이라고 한다면 어느 부분이 그렇다고 생각할 수 있는가?

〈본문의 배경〉

고린도에 건너온 바울은 데살로니가에 남겨두고 온 초신자들에 대
하여 크게 염려하고 있었다. 데살로니가 지역은 기독교의 복음에 적대
적이기 때문이었다. 헬라인 신자들이 불신자 친척이나 친구들, 그리고
이웃들로부터 경멸과 조롱을 받고 신앙을 포기하지는 않을까 하는 염
려가 있었다. 특히 바울은 헬라 귀부인들이 남편들로부터 어떤 대우를
받고 있을 것인지 크게 걱정하고 있었다. 그래서 디모데를 보내어 데살
로니가의 사정을 알아 올 것을 당부하였다. 디모데가 가져온 소식은 바

울에게 큰 기쁨과 힘을 주었다. 디모데가 전한 소식은:

1) 데살로니가 성도들이 여전히 바울을 사모하고(3:6-10),

2) 바울이 전해준 가르침을 잘 지키며(2:13),

3) 그리스도를 믿는 이유로 고통을 당하면서도 기쁨을 가지고
   신앙을 지키고 있다는 것(1:2-10)

데살로니가 교회는 바울이 3주간의 짧은 기간 동안 복음을 전한 결과로 탄생한 작고 연약한 교회였다. 그럼에도 불구하고 본문에서 바울은 어려운 환경 속에서 믿음의 역사를 보여주고 있는 데살로니가 성도들을 생각하며 하나님께 감사드린다고 말한다. 이처럼 본문은 '감사'를 언급하고 있지만, 저자(바울)는 데살로니가 교회와 성도들에게 감사할 것을 명하거나 권면하기 위함이 아니었다. 그러나 위의 설교 개요를 가지고 설교자는 그날 본문이 우리에게 '감사'해야 할 것을 말한다고 강조하였다. 그러면서 감사해야 할 구체적인 내용으로 본문이 뒷받침하지 않는 이유를 들어 감사해야 한다고 열정적으로 설교했다. 필자가 보기에 당시 그 설교자는 본문 연구를 충분히 하지 않은 상태에서 '감사'란 말에 주목하여 이를 주제로 삼았다고 보여진다. 그리고 감사해야 할 내용 또한 설교자의 목회적 필요에서 나왔거나 아니면 그의 주관적인 신앙관에서 나온 것일 가능성이 크다. 당시 그 설교자가 본문의 배경을 면밀히 살펴보았다면 설교 개요는 틀림없이 달라졌을 것이다.

지나친 영적 해석(Spiritualizing)

간혹 우리는 성경 해석에 있어 언제 어느 경우에나 영적인 의미를

끌어와야 한다고 생각하는 설교자들을 만난다. 그들은 본문에 드러나지 않는 내용을 영적 의미로 결부시키려고 노력한다. 우리는 설교자에게 있어 건전한 상상력이나 창의성을 권장한다. 설교문 작성과 설교 전달 영역에서 긍정적인 역할을 하기 때문이다. 그러나 상상력이나 창의성을 앞세워 무분별한 해석에 무턱대고 빠져서는 안 된다. 찰스 스펄전 (Charles Spurgeon)은 여기에 대하여 매우 익살스러운 말로 지나친 상상력의 사용을 경계시킨다: 목욕하라는 권면을 받고 물에 빠져 죽어서는 안 되며…… 허용되는 것이라도 지나치면 악이 됩니다. 불이 벽난로 안에서는 선한 하인이지만, 집을 태우는 맹렬한 불은 악한 주인입니다. 좋은 것도 지나치게 많으면 질리고 역겹게 합니다.[35] 지나친 영적 해석에 대하여 스펄전은 네 가지 내용을 들어 설교자들을 권면한다.

첫째 규범은, 부당한 영적 해석(spiritualizing)을 통해 본문을 극단적으로 왜곡하지 말라. 상식에 어긋나는 죄악이다.

둘째 규범은, 점잖지 않은[남녀의 사랑이나 애정] 주제들에 대해서는 절대로 영적인 해석을 하지 말라.

셋째 규범은, 여러분이 아주 똑똑한 사람이라는 것을 보이기 위해서 영적인 해석을 가하는 것은 안 된다. 이런 의도는 사악한 것이며, 사용된 방식은 어리석을 뿐이다.

넷째 규범은, 신기한 의미, 이른바 영적인 의미를 전하기 위해서 성경을 왜곡해서는 절대로 안 된다. 여러분의 상상이 흘러넘쳐서 본문의 첫째[원래] 의미가 사라지게 해서는 안 된다.[36]

---

35) Charles H. Spurgeon, 「스펄전의 설교학교」, 김지혁 역 (서울: 새물결플러스, 2013), 185-6.
36) Ibid., 186-9.

본문에서 **설교**까지 목사님 성경을 설교해 주세요!

스펄전의 권면은 매우 실제적이다. 성경의 뜻과 의미를 영적으로 기름지게 하기 위해 본문의 진정성을 훼손시키는 것은 옳지 않다 성경은 역사-문학적 관점에서 해석이 이루어질 때 가장 안전한 것임을 다시 한번 기억할 필요가 있다. 물론 성경은 영적인 책이며 영적인 뜻과 의미를 담고 있다. 그러나 어느 한 본문이 깊은 영적 의미를 담고 있다면 성경 저자가 그것을 뒷받침하든지 아니면 조직신학적 틀에서 충분히 입증될 때 가능하다는 것을 잊지 말자.

우화적 해석(Allegorizing)

알레고리 해석은 본문에 담긴 심오한 뜻과 의미를 찾기 위해 우화적으로 접근하는 것이다. 물론 이것도 앞서 언급한 영적인 뜻을 얻기 위한 것이 목적이다. 어느 정도 유사성을 가지고 있지만 우화적 해석은 풍유적 방식으로 의미를 부여하고 뜻을 찾으려고 하는 특징을 가진다. 우화적 해석 방식은 일찍이 4세기 오리겐이 적극 활용했던 성경 해석 방법이다. 오리겐은, 성경은 하나님의 감동으로 쓰여졌기 때문에 영적으로 해석하지 않는다면 대단히 어색한 것이라 믿었다. 그는 문자적 해석을 거부하지는 않았으나 문자적 의미는 부분적인 의미를 담고 있을 뿐이고 중요한 의미는 영적인 뜻을 찾는 것이라고 보았다. 성경에서 심오한 영적 의미를 찾아내기 위해 오리겐은 우화적 방식으로 영적이며 신비적 해석을 가하였다. 그렇다면 우화적 해석의 실체는 무엇인가?

우화적 성경 해석의 예로 흔히 등장하는 본문은 누가복음 10장의 '선한 사마리아 인의 비유'이다. 이 스토리에 등장하는 인물들과 상징하는 바는 다음과 같다.

강도를 만나 쓰러진 사람 : 죄인

레위인이나 제사장 : 율법이나 종교의 행렬로 보면서 율법이나
　　　　　　　　　　　　종교성을 가지고는 구원을 얻을 수 없음

사마리아인 : 예수님

상처에 포도주를 부음 : 예수님의 보혈

주　막 : 교회

돌아올 때 (갚으리라) : 예수님의 재림

　독자들은 이러한 성경 해석 방식을 어떻게 생각하는가? 생각하기에
따라서는 매우 흥미로운 해석이라거나 심오한 영적 해석이라고 볼 수
있을 것이다. 그러나 이런 접근방식은 성경에서 의도하는 관점을 크게
벗어나고 있다. 이 스토리는 25절에서 보듯이, 한 율법사가 예수님을
시험하고자 영생을 얻는 방법을 물었을 때, 주님께서 그에 대한 답변으
로 들려주신 이야기이다. 예수님은 율법사가 자기 자신을 옳게 보이려
고, "내 이웃이 누구니이까?"라고 물었던 질문을 받고 스토리를 전개시
킨 것을 보아 율법사에게 편파적인 유대인의 이웃 개념을 지적하기 위
해 이 말씀을 하셨을 것이다. 그러므로 이 비유에 등장하는 인물에게
의미를 부여한다거나 어떤 행위에 영적 의미를 부여하는 것은 본문의
뜻을 크게 벗어나는 것이다. 오리겐은 실제로 이 동일한 스토리를 보다
더 세부적으로 분류하면서 그 하나하나에 영적인 의미를 부여하였다.

　우화적 성경해석 방법 역시도 해석자가 본문에 담겨있는 원래적인
뜻과 의미를 찾아냄에 실패하면서 빚어내는 오류에 속한다. 과거에 존
재했던 기독교적 이단들의 교리와 그들의 주장은 거의 이런 범주 안에
속한다. 특정 집단의 교주가 주장하는 이단적 교리는 전적으로 그의 자
의적 해석에서 나오는 것으로서 특정 본문이나 신학적 개념에 대하여

지나친 영적인 의미를 부여하는 경우이다. 물론 그에 더하여 이단 교주들은 자신의 개인적인 영적 체험이나 주장에 근거하여 도에 지나친 율법주의적 교리를 만들고 그것을 신봉할 것을 추종자들에게 강요한다. 그들이 주장하는 교리에는 지나친 자의적 해석에 자신이 경험했다고 주장하는 영적 체험들이 보태져 자연스레 신비로운 요소를 만들어 낸다. 이처럼 우화적 해석 방식은 주관적 해석과 지나친 영적 해석 방식을 종합하여 영적이며 신비적인 의미를 추구하는 것으로서 교회는 이러한 폐단으로부터 진리를 보호하여야 한다.

성경적 설교를 위한 지침: 설교자의 자세

하나님의 말씀을 준비하여 강단으로 향하는 설교자는 특별한 존재이다. 그는 하나님의 말씀을 그의 동시대 청중에게 전하도록 하나님께서 부르신 종이다. 그는 하나님의 위대한 구속의 역사 현장에서 그분의 뜻을 받들어 위대한 일에 동참하는 하나님의 사람이다. 매튜 심슨(Mathew Simpson)은 그의 책 "Lectures on Preaching"에서 설교자의 위치를 매우 적절하게 묘사하였다.[37]

> 나의 왕좌는 강단이다.
> 나는 예수 그리스도를 대신하여 그 자리에 선다.
> 나의 메시지는 하나님의 말씀이다.
> 불멸의 영혼들이 나를 에워싸고 있고,

---

37) Haddon W. Robinson, 『강해설교: 강해설교의 원리와 실제』, 박영호 역 (서울: 기독교문서선교회, 1980), 13.

내 눈에 보이지 않는 구세주께서 내 곁에 서 계신다.
성령님께서 청중들 위에 임재하시며,
천군 천사들이 이 장면을 지켜보고 있는 가운데
천당과 지옥이 결말을 기다리고 있다.
아! 이 얼마나 장엄한 광경인가?
아! 이 얼마나 막중한 책임인가?[38]

하나님의 말씀을 전하는 자, 당신은 어떤 자세가 필요한가? 이것은 설교자로서 당신의 정체성을 묻는 질문이며 임무 수행을 위한 당신의 철학이 무엇인지를 묻는 말이다. 당신이 진정 성경을 설교하는 설교자라면 적어도 하나님의 말씀을 사랑하고, 그 말씀을 지키고, 나아가 말씀을 하나님의 말씀답게 전하고자 하는 진실한 마음 자세가 필요하다.

본문(Text)의 사람이 되자

설교자는 세 가지의 텍스트(text)를 마음에 간직하고, 지키고, 때로는 경계하는 사람이다. 첫 번째는 본문이라는 텍스트이다. 설교자는 하나의 본문 안에서 말씀하시는 하나님의 뜻을 전하는 사람이다. 설교자! 그는 그래서 본문의 사람이다. 그는 성경 본문(text)이 그렇게 말씀하시기에 그 말씀을 받아 전달하는 케룩스(herald, 전령자), 곧 전령이다. 본문에서 말하는 것 외에 다른 것을 전하는 것은 본인 스스로 설교자로서의 정체성을 실추시키는 것이다. 설교자에게 주어진 본문은 마치 그에게 '왕'의 메시지가 하달되는 곳이며 하나님의 말씀이 그에게 다시금 계시

---

38) Mathew Simpson, *Lectures on Preaching* (New York: Phillips & Hunt, 1879), 166.

본문에서 **설교까지** 목사님 성경을 설교해 주세요!

되는 현장이다. 설교자여, 'Textus Rex,' '본문은 왕이다'라는 말을 기억하라!

둘째, 그가 설교 준비에서 늘 고려하고 주의를 기울여야 할 텍스트는 그의 청중이 처한 정황과 환경이라는 컨텍스트(context)이다. 그는 성경 본문에 계시된 하나님의 말씀을 그의 청중의 삶이 있는 자리에서 살아있는 영적 가르침이 되게 하고 실천을 위한 적용점을 제시하는 위치에 있다. 그는 과거에 선포된 계시의 말씀이 동시대적으로 여전히 살아 역사하는 하나님의 말씀이 되게 하는 사람이다. 스토트의 말과 같이 그는 과거의 말씀과 현재의 삶을 다리로 연결하는 역할을 한다. 청중이 현재 직면하고 있는 영적 상태와 그들이 안고 있는 삶의 문제와 필요 등을 파악하는 것은 설교자에게는 늘 관심 영역이 되어야 한다. 이것은 본문의 세계와 청중의 세계와의 간격을 좁히고 과거의 말씀이 현재의 메시지가 되게 하기 위함이다. 청중의 삶의 상황을 충분히 파악하지 못하는 설교자는 마치 다리놓기에서 다리를 설치해야 할 정확한 위치를 모르는 것과 같다. 설교자는 청중이 처해있는 '컨텍스트가 본문의 일부'라는 사실을 잊지 말아야 한다.

세 번째의 텍스트는 설교자가 늘 경각심을 가지고 주의해야 할 것으로서 숨겨진 본문, 곧 서브 텍스트(subtext)이다. 서브 텍스트는 설교자 마음의 저변에 흐르는 메시지이다. 이것은 본문의 의미나 청중의 컨텍스트와는 결이 다른 설교자가 마음 저변에 품고 있는 생각으로써 자칫하면 중심부로 침투해 들어올 수 있는 잠재된 메시지이다.[39] 앞서 언급했던, 'imposition,' 즉 본문의 뜻과 관계없이 설교자가 임의로 본문에 부여하는 의미가 이에 속한다. 서브 텍스트는 본문이 말하고 있는 것

---

39) Keller, 「팀 켈러의 설교」, 267-73.

과는 일치하지 않지만 설교자가 추구하고자 하는 실질적인 목표나 의도가 될 수 있으므로 설교자에게 항상 경계의 대상이 된다.

말씀의 학생이 되자

설교자가 본문의 사람이 되기 위해서, 그는 성경을 읽고, 성경을 사랑하고, 나아가 성경을 연구하는 사람이 되어야 한다. 그는 한 사람의 그리스도인으로서 하나님의 말씀을 가까이하는 믿음의 사람이 되는 것은 물론, 하나님의 말씀을 교회와 세상 가운데 선포하는 설교자로서 말씀의 학생이 되어야 한다. 설교자는 말씀을 깨달으며, 하나님의 음성을 들으며, 새로운 말씀을 만나고 영적인 진리를 경험하는 노력이 요청된다. 말씀의 학생은 성경을 꾸준히 읽는 것 외에 다음의 훈련들이 필요하다.

첫째, 성서신학에 대한 책을 읽는 습관을 가지라. 좋은 설교의 가장 중요한 특징은 탄탄한 본문 이해와 해석이다. 설교를 구성하고 좋은 전달 방식을 필요로 하는 것은 그 다음의 일이다. 언젠가부터 현대설교는 포스트모더니티 문화에 젖어있는 청중을 고려하여 다양한 설교 방식을 추구하고 있다. 설교의 무대로 청중을 이끌어 그들로 설교자와 함께 말씀에 참여하고 하나님을 경험하게 하자는 취지이다. 나는 이런 방식의 중요성과 그 가치를 잘 안다. 그러나 진실된 하나님의 말씀이 준비되어 있을 때, 좋은 전달 방식이 더욱 빛을 발할 수 있음을 기억하자.

설교자는 성경 해석자이다. 성경 해석은 그의 본업이다. 그에게 성경 해석은 익숙한 일이 되어야 한다. 이 말은 성경 해석이 언제나 수월한 일이라는 것이 아니다. 성경 해석은 힘겹고 신중해야 할 일이지만 평소에 성서신학에 관한 책을 읽는 설교자는 이를 위한 에너지를 공급받을 수 있다. 성서신학에 대한 책은 대체로 성경 해설이나 성경 강해류와 같은 도서들이다. 새로운 성경연구 서적들은 언제나 그의 관심의 대상이 되어야 한다. 성경 책별 강해류에 익숙한 설교자들은 자신의 설교 본문 해석에 자신감을 가진다.

둘째, 양질의 주석을 선별하여 사용하는 안목을 가지라. 설교자는 본문 해석 과정에서 부분적으로 주해를 위한 도움을 받을 필요가 있다. 히브리어와 헬라어 단어의 뜻에서부터 문법적 분석에 이르기까지 정확한 본문 해석을 위해 주석가들이 앞서 밝혀놓은 가치 있는 자료들을 활용하는 것은 매우 유익하다. 이점과 연관하여 중요한 것 하나는, 주석류의 도움을 받되 좋은 주석을 선별하여 도움을 받으라는 것이다. 경건류의 주석이라든가 간편한 본문 해석을 목적하여 쓰인 책들은 읽기 쉽고 수월하게 접근할 수 있는 장점은 있을지 모르지만 본문의 정확한 뜻을 구하는 설교자에게는 불충분하다. 다소 난해하고 건조한 문체로 쓰인 주석일지라도 본문 해석에 필요충분한 도움을 제공하는 주석을 활용하는 것이 좋다. 그렇다면 어떤 주석이 좋은 주석인가? 필자는 여기서 이러이러한 주석을 보는 것이 좋다고 말하려 함이 아니다. 좋은 주석 분별법은 비교하는 것이다. 특정 본문에 대한 여러 주석을 비교 관찰하면 필자가 말하는 좋은 주석을 독자들 스스로 발견할 수 있을 것이다.

주석류의 활용과 연관하여 주의해야 할 점도 있다. 설교를 준비할 때 처음부터 주석으로 달려가지 말라는 것이다. 본문을 정한 후에는 가장 먼저 묵상하고 관찰하면서 본문의 전반적인 의미가 어느 정도 파악이 되었을 때 구체적으로 특정 단어의 뜻을 포함하여 점차 주석류의 도움을 받는 것이 좋다. 참고로 필자는 본문이 확보되었을 때, 먼저 묵상하며 관찰하는 시간을 충분히 가진다. 물론 이때 여러 성경 번역본을 비교하며 관찰한다. 그리고 본문이 말하는 주요 사상과 전반적인 내용 파악이 충분히 되었을 때 아직도 의미 파악이 불확실한 부분에 대하여 주석의 도움을 청한다. 주석은 교과서보다는 감독용이나 참고서로 활용하는 것이 좋다. 탁월한 설교자들은 본문 해석에 있어, 처음부터 주석에 매달리는 일은 독을 피하듯 피하라고 권면한다. 왜냐하면 본문 이해에 대한 자신의 독창적인 통찰력을 잃어버리기 때문이다.

셋째, 다양한 사전류를 활용하자. 우선 신학 사전류의 도움은 설교자에게 매우 유용하다. 예를 들어 신약의 사전으로서는 키텔과 프리드리히(Kittel and Friedrich)의 「신약성서 신학 사전」[40] 이라든가 로버트슨의 신약원어 대해설[41] 등이 있다. 그 외에 성서 주해를 위한 다양한 사전류의 활용은 설교자에게 바른 본문 해석을 위해 필수적이다. 그런가 하면, 신학 사전 외에 일반 분야의 사전류의 활용 또한 유용하다. 인명사전을 비롯하여, 국어사전, 자연 과학사전, 역사 분야와 일반 상식에 이르기까지 다양한 사전류 등을 구비 할 필요가 있다. 그것은 본문을 설명하는 과정에서 다양한 분야의 지식과 상식을 활용할 필요가 있기 때문이다. 특정한 용어의 정의라든가 개념 파악을 위하여 사전류를 잘 활용하자. 과거에는 설교자의 서재에 이러한 참고도서를 구비하는 것이 보편적이었으나 21세기는 모름지기 디지털 시대이다. 각종 디지털 기기를 이용하거나 인터넷 공간을 활용하는 것은 기본이다. 물론 소프트웨어를 구입하여 사용하는 것은 여러 가지 면에서 효율적이다.

아울러 다양한 성경 번역본을 활용하자. 설교자에게 있어 주어진 본문을 다양한 번역본을 비교하면서 읽는 것은 매우 필요한 일 중 하나이

---

40) Gerhard Kittel and Gerhard Friedrich, eds., *Theological Dictionary of the New Testament* (Grand Rapids: Eerdmans, 1965).
41) A. T. Robertson, 「신약원어 대해설」 (서울: 요단출판사, 1984).

본문에서 설교까지 목사님 성경을 설교해 주세요!

다. 많은 경우 여러 번역판 성경을 비교하여 읽기만 해도 눈에 보이지 않던 새로운 사실들을 찾아낼 수 있다.

본문의 전후 문맥을 고려하자

하나님께서는 인간에게 자신을 계시하기 위해 언어와 문자가 필요하셨다. 문자는 하나님의 창조물이며, 인간에게 당신의 뜻을 담아내기 위해 주신 하나의 선물이다. 하나님은 인간이 말과 글로 생각을 전하고 사상을 설파하는 존재임을 아신다. 인간은 어떤 사물과 사실을 말과 글로 규정하고 형식화시키는 존재이다. 성경은 하나님의 거룩한 뜻이 규정과 형식 안에서 기록된 그분의 말씀이다.

성경은 하나님의 원대한 인간 구속의 역사가 펼쳐지는 곳이다. 하나의 드라마가 연속적인 흐름 속에서 절정을 향해 진행되는 것처럼 성경 또한 하나님의 인간 구속의 드라마가 예수 그리스도라고 하는 테마를 중심으로 펼쳐지고 있는 현장이다. 그러므로 설교자가 선택한 하나의 본문은 파편화된 어떤 개념이 아니다. 설교 본문은 유기적 흐름 속에서 하나의 작은 개념 즉 주제적 메시지를 담고 있다. 그러므로 설교자는 하나의 본문을 파악 함에 있어 본문의 전후 문맥을 고려하여 저자가 무엇을 말하고 있는지를 명확하게 해석할 필요가 있다. 다음은 이에 대한 몇 가지 예시이다.

> 요한복음 9:3 "예수께서 대답하시되 **이 사람이나 그 부모의 죄로 인한 것이 아니라** 그에게서 하나님이 하시는 일을 나타내고자 하심이라"

이 말씀은 예수님께서 시각장애인으로 태어난 한 사람에 관하여

하신 말씀이다. 만일 이 말씀을 문맥이나 교리적인 전제를 무시하고 해석하면 인간의 죄 성이나 원죄론까지도 부인하는 결과를 가져올 수 있다. 그러나 1절부터 이어지는 문맥을 살펴보면, 우리는 제자들이 길에서 목격한 어느 시각장애인을 두고, "이 사람이 맹인으로 난 것이 누구의 죄로 인함이니이까 자기니이까 그의 부모니이까"라는 질문을 받고 예수님께서 대답하신 말씀임을 알 수 있다. 만일 제자들이, "이 사람이 죄인인가요 아닌가요"라고 물었다면 예수님은 그가 죄인이라고 대답하셨을 것이다. 이처럼 본문의 범위가 좁을수록 문맥의 흐름과 동떨어진 해석을 내놓을 가능성은 더 커진다. 자신이 가지고 있는 생각을 중심으로 설교하려고 하는 설교자일수록 그래서 짧은 본문을 선호한다. 이런 경우, 설교는 성경 본문에서 출발하기보다는 설교자의 아이디어나 사상으로부터 시작되며 본문은 그의 생각을 뒷받침하기 위해 사용된다. 월터 카이저(Walter Kaiser)는 설교자들이 문맥에 대한 고찰 없이 한 구절만을 뽑아내어 설교하는 경우를 우려하며 설교의 위기 상황이라고 말했다.[42] 그는 본문의 문맥이나 정확한 해석에 근거하지 않은 주제설교(topical preaching)의 위험성을 지적하며 위트있게 경고하였다: "주제 설교는 5년에 한 번쯤 하는 경우라면 가능하다. 그러나 곧바로 회개하고 하나님의 용서를 구하라."[43] 타당한 이유와 목적이 있어서 짧은 본문을 선택하였다고 하더라도 본문 전후에서 밝히고 있는 문맥을 고려한다면 이러한 위험에서 벗어날 수 있을 것이다.

---

42) Walter Kaiser, *Toward an Exegetical Theology: Biblical Exegesis for Preaching and Teaching* (Grand Rapids: Baker Book House, 1981), 17-24.
43) Ibid., 19.

고린도전서 10:23 **"모든 것이 가하나 모든 것이 유익한 것은 아니요 모든 것이 가하나 모든 것이 덕을 세우는 것은 아니니"**

"모든 것이 가하다"라는 말을 문맥과 관계없이 해석할 경우, 그리스도인들이 반윤리적이거나 비도덕적인 행위를 하더라도 아무런 문제가 없다는 주장을 내세울 수 있다. 그러나 본문 앞에 나오는 문맥을 살펴보면, 여기서 말하는 '모든 것'의 의미는 그런 반그리스도인적 행위를 허용하는 것이 아님을 알 수 있다. 본문 앞 6절은, "이러한 일은 우리의 본보기가 되어 우리로 하여금 그들이 악을 즐겨 한 것 같이 즐겨하는 자가 되지 않게 하려 함이니"라고 말한다. 그러면서 과거 그들의 조상들이 하나님의 큰 은혜를 저버리고 광야에서 멸망 받은 일을 본보기 삼아 악을 행하지 말 것을 명하고 있다. 7-8절은 보다 구체적으로 그들의 조상들이 우상을 숭배했던 일, 음행하다가 죽임을 당했던 일, 그리고 하나님을 시험하다가 뱀에게 물려 멸망 당했던 일을 행하지 말라고 교훈한다. 그러면 여기서 말하는 '모든 것이 가하나'의 뜻은 이러한 모든 죄악 들을 멀리하는 것을 전제로 한 모든 것을 의미한다.

빌립보서 4:13: "내게 능력 주시는 자 안에서 내가 모든 것을 할 수 있느니라"

아마도 이 구절은 설교자들이 손쉽게 본래의 뜻을 넘어서 해석을 하거나 단순히 적용을 시키는 본문 가운데 하나가 아닐까 생각한다. 목회자들은 자신의 목회적 상황에서 어려움을 만날 때 이 말씀을 애용한다. 특히 한국교회는 이 말씀을 적용하면서 예수만 믿고 의지하면 가난해도 부자가 될 수 있고, 질병도 물론 극복하며, 어떤 삶의 난관일지라도 해결 받을 수 있다고 강조하는 경향이 있다. 확대된 개념으로 본다면, 우리는 예수 그리스도 안에서 하나님의 능력을 의지하여 살아가는 믿음의 사람들이다. 우리는 전지전능하신 하나님의 자녀로서 무슨 일을 만나든지 믿음으로 맞서나갈 수 있다.

그러나 본 구절 앞에서 전개되는 문맥을 살펴보면, 이 특별한 구절에서 하나님이 말씀하시는 것은, 사도바울의 삶의 경우에서처럼 그리스도인들이 믿음으로 모든 환경 속에서 자족하며 살아야 한다는 것을 교훈하는 것임을 알 수 있다. 여기에서 바울은 자신의 사역을 위해 빌립보 교회가 선교비를 보내준 것을 언급하면서, 자신이 어떤 형편 가운데 있을지라도 그리스도 안에서 자족한다고 말한다(10-11). 12절에서 바울은 이렇게 말한다: "나는 비천에 처할 줄도 알고 풍부에 처할 줄도 알아 모든 일 곧 배부름과 배고픔과 풍부와 궁핍에도 처할 줄 아는 일체의 비결을 배웠노라." 이런 맥락에서 "내게 능력주시는 자 안에서 내가 모든 것을 할 수 있다"는 바울의 말은 배고픔이 그리스도의 능력으로 배부름으로 바뀌게 된다는 것이 아니다. 바울은 궁하고 배고픈 환경에서도 낙심하거나 절망하지 않고 주님을 믿음으로 극복할 수 있다는 말을 하고 있는 것이다. 때로 그가 배부를 때에도 그리스도 안에 있으므로 방탕하거나 나태해지지 않는다는 고백이다. 이런 의미에서 지금 그는, 자신에게 능력 주시는 주님 안에서 모든 것을 (자족)할 수 있다고 말하는 것이다.

요한복음 3:3, 5: "예수께서 대답하여 이르시되 진실로 진실로 네게 이르노니 사람이 **거듭나지 아니하면 하나님의 나라를 볼 수 없느니라**"

"예수께서 대답하시되 진실로 진실로 네게 이르노니

본문에서 설교까지 목사님 성경을 설교해 주세요!

사람이 물과 성령으로 나지 아니하면 하나님의 나라
에 들어갈 수 없느니라"

위의 두 구절은 우리가 친숙하게 알고 있는 예수님과 바리새인 니고데모와의 대화(요3:1-15) 중 일부이다. 예수님께서 니고데모와 나눈 대화를 자세히 읽어본 사람이라면 니고데모를 대하는 예수님의 태도에서 다소 의아스러움을 가졌을 것이다. 유대인의 지도자요 지배 계급에 속한 니고데모가 그날 밤 예수님을 찾아와 칭찬과 존경어린 말씀을 드렸을 때, 예수님은 다소 직설적으로 반응하셨다. 그리고 예수님은 왜 니고데모로부터 자신을 찾아온 사정을 먼저 들어보지도 않은 상태에서 '거듭나지 않으면 안 된다'라고 다소 동문서답 같은 말씀을 하셨을까 하는 것이다.

우선, 그날 밤 예수님은 자신을 찾아온 니고데모의 심적 상태를 알고 계셨다. 요한은 니고데모가 예수님을 만나기 직전, 2장 마지막 부분에서 예수님은 사람들의 속에 있는 마음과 생각을 친히 알고 계신다는 것을 말하고 있다(2:24-25). 이런 문맥 속에서 예수님은 니고데모를 처음 대했을 때, 그가 심적으로 품고 있는 생각이나 고민, 아니면 영적 호기심의 실체를 충분히 파악하셨을 것이다. 그리고 직설적으로 하나님의 나라에 가기 위해서는 거듭나야 한다고 말씀하셨다. 당시 유대인들은 영생을 얻는 문제에 대하여 관심이 있었다(막10:17; 요6:27-29). 아마도 율법 학자라 할 수 있는 니고데모는 율법을 잘 지킴으로써 의로운 사람이 되고 하나님 나라에 갈 수 있을 것이라는 주관적인 생각이 있었을 것이다. 이점을 잘 알고 있는 예수님은 니고데모가 예상치 못한 말을 통해서 사람이 영생을 얻는 길은 율법을 지키는 것이 아니고 예수 그리스도의 십자가 대속의 죽음을 믿고 구원받는 것임을 보여주셨다(3:14-15).

한편, 우리는 어떻게 요한복음 3:1-15의 주제가 '영적 거듭남'임을 알 수 있는가? 그날 니고데모는 대화 전반에 예수님의 '거듭나야 한다'는 말씀을 충분히 이해하지 못하는 인상을 주었다. 대화의 막바지에 이르러 예수님은 니고데모에게 결정적인 말씀을 하셨다: "모세가 광야에서 뱀을 든 것 같이 인자도 들려야 하리니 이는 그를 믿는 자마다 영생을 얻게 하여 하심이니라." 율법에 능한 니고데모는 "모세가 뱀을 든 것 같이"(민21:9) 라는 말의 의미를 충분히 알았을 것이다. 예수님은 이어서 본문 다음절인 16절에서 하나님의 끝없는 인간 사랑을 구체적으로 말하고 있다: "하나님이 세상을 이처럼 사랑하사 독생자를 주셨으니 이는 그를 믿는 자마다 멸망하지 않고 영생을 얻게 하려 하심이라." 이 말씀을 기록한 요한은 그의 저술 목적을 명백하게 밝힌다: "오직 이것을 기록함은 너희로 예수께서 하나님의 아들 그리스도이심을 믿게 하려 함이요 또 너희로 믿고 그 이름을 힘입어 생명을 얻게 하려 함이니라"(요 20:31).

문맥을 고려하여 본문 해석을 시도하는 설교자는 본문과 동떨어진 결과를 내놓지 않는다. 본문의 상황(문맥)은 본문의 일부임을 잊지 말자. 우리는 하나님의 말씀을 전하는 본문의 사람들이다. 말씀을 해석하는 자에게 있어, 하나님 말씀에 나와 내 상황을 종속시키는 자세는 매우 중요하다. 이것은 우리가 언제나 지켜야 할 설교자의 정체성이다.

성경 해석과 선이해(pre-understanding)의 문제

아프리카에서 한국에 유학 온 학생이 한국에 와서 처음 눈 오는 광경을 보았다고 가정해 보자. 그는 과거에 눈을 본 적이 없다. 다만 책이나 그림을 통해서 눈이 무엇인지 알고 있었을 뿐이었다. 한국에서 첫 겨울을 맞이한 어느 날 일생 처음으로 눈 오는 광경을 보았을 때 그가 굉장히 경이로움을 느꼈으리라는 것은 의심의 여지가 없다. 그는 눈이 하늘에서 내려올 때, 이슬처럼 모습이 눈에 잘 보이지 않거나 아니면 땅에서 그냥 올라오는 어떤 것으로 생각했다. 이처럼 모든 사람은 자신이 속한 문화권 내에서 사물과 세상을 바라보는 시각에 있어 특정한 가정(assumption)이나 추측(supposition)을 하기 마련이다. 이런 가정이나 추측은 그때까지의 교육이나 지식, 그리고 경험이나 훈련 등으로부터 형성되어 내재하는 선이해 혹은 주관적인 견해이다. 성경 해석의 문제도 예외는 아니다. 설교자는 자신의 신앙과 신학으로 형성된 선이해의 범주 안에서 성경을 해석한다.

전적으로 말할 수는 없지만 사람들은 각자가 부딪치는 모든 일들을 그와 같은 가정이나 추측을 통해서 이해하고 대처한다. 우리는 이미 자신이 의식하든 하지 못하든 나름대로 세계와 삶을 바라보는 관점을 가지고 있다. 이것이 세계관이다. 세계관은 우리가 설교하는 데 있어서 각자에게 의식화된 하나의 전제 조건이다. 우리가 성경적인 설교를 한다는 것은 우리가 가지고 있는 세계관이 얼마나 성경적인가 하는 물음과 깊숙이 결부되어 있다. 그러므로 설교자에게 있어서 세계관 정립은 그의 신학적 영역과 함께 매우 중요한 문제가 아닐 수 없다.

그런가 하면, 좀 더 폭을 넓혀서 사람들은 특정 문화권 안에 형성된 종교 문화적인 영향에 따라 성경 이해에 있어 선 개념을 형성하기도 한다. 마치 한국 사람들이 하나님의 존재에 대하여 흰 수염을 길게 늘어뜨린, 마치 샤머니즘 세계의 산신령의 모습을 연상한다든지, 성경에 등장하는 귀신의 정체성을 어떤 무서운 형체를 가진 유령을 생각하는 것이 그것이다. 그렇다고 한다면 누구든지 성경 해석에 있어 선이해, 혹은 선험적(transcendental)인 영역을 가진다. 이것은 그가, 해석자로서 어떤 신학적인 형상을 소유하고 있느냐를 말한다. 만일 신학적 배경이 다른 설교자들이 동일 본문에 대한 주해적 의미를 차별되게 드러낸다면, 그것은 이런 이유 때문이다. 이것은 실제적이며 피할 수 없는 문제이다.

만일 어떤 성경 해석자가 해방신학적 선이해를 하고 있다고 가정해 보자. 그는 대체로 교회의 역할은 가난한 이들에 대한 정의를 실현하는 것이라는 명제를 염두하고 성경 해석을 시도할 것이다. 진보 신학적 선이해를 가진 해석자라면, 그는 모든 실체는 진보하는 것이라는 시각으로 성경을 대할 것이다. 대체로 진보 신학은 절대적이며 불변의 진리를 인정하지 않는다. 진보 신학은 언어는 실체의 개념을 전달하는 데 절대적일 수 없다고 보기 때문이다. 그렇다고 한다면 하나님 말씀의 절대성과 그 권위를 인정하는 우리에게는 어떤 선이해가 필요한가? 나는 여기에서 '성경 해석의 복음주의적 선 이해'라는 말을 쓰고 싶다. 성경에 계시된 말씀을 무오하며(inerrancy) 불변하시는 하나님의 말씀이라 믿고 그 말씀을 다시금 이 시대에 선포하는 것이 현대설교의 사명이라고 믿는 범주 안에 속한 사람들과 교회를 나는 편의상 복음주의라 칭하고자 한다.

복음주의적 선이해

복음주의적 입장에서 성경을 해석하고자 할 때, 우리는 성경을 절대적인 하나님의 말씀이라는 전제 아래 다음과 같은 선이해를 가진다. 첫째, 성경의 영적 요소로서, 성경을 해석 함에 있어 성령의 역할은 매우 중요하다. 성령의 밝은 조명 아래서 성경은 그 뜻이 명확해진다. 성령의 조명이라 함은 성령이 어떤 과학적 데이터(data)를 제공한다거나 갑자기 어떤 신비적 현상으로 그 뜻을 완벽하게 제시해 주는 것을 의미하지 않는다. 성령이 설교 강단에서 강권적으로 계시하실 것이므로 설교자에게 정확한 주해(exegesis)나 강해(exposition)가 불필요한 것 또한 의미하지 않는다. 성령은 설교자가 말씀의 뜻과 그 적용 범위를 잘 깨닫고 이해하도록 깨우쳐 주고 확신을 주신다. 성경이 그렇게 말씀하신다. 디모데후서 3:16-17의 말씀을 다시금 생각해 보자: "모든 성경은 하나님의 감동으로 된 것으로 교훈과 책망과 바르게 함과 의로 교육하기에 유익하니 이는 하나님의 사람으로 온전케 하며 모든 선한 일을 행할 능력을 갖추게 하려 함이라."

복음주의적 선이해는 과거부터 현재에 이르기까지 성경은 영감된 하나님의 말씀임을 믿고 주해 과정에서 언제나 말씀의 진실성을 추구한다. 과거에 계시된 말씀이 하나님의 감동을 입은 사람들에 의해 선포되고 기록되었다는 것은 매우 중요하다. 성경이 영적 요소를 가지는 것은 바로 이 때문이다. 성경은 성경 기자들이 그렇게 고백하였듯이 사람이 사람의 생각으로 기록한 것이 아니다. 성령의 감동이 있었기 때문에 성경은 하나님의 진리 말씀이다. 성경이 하나님의 감동으로 기록되었다면 그 말씀의 뜻을 찾는 과정에서도 하나님의 감동하심이 필요하다. 이는 하나님의 말씀을 받기 원하는 이 시대 말씀의 전령자, 설교자에게 절실히 요청되는 영역이다. 성령의 감동은 설교자에게 조명하심 (illumination)으로 임한다. 마치 어두운 길을 밝히 비추어 주듯 성령은 우리의 제한성을 넘어 우리에게 밝은 빛으로 깨달음을 주신다.

둘째, 성경의 전체적 진리(entire Bible): 성경은 확증된 정경(Canon)으로서 하나님의 말씀이다. 성경은 하나님의 말씀으로 확정된 우리의 교과서로서 그 통일성과 조화의 핵심은 예수 그리스도라고 하는 명백한 사실이다. 따라서 성경 전체에 속한 모든 계시의 말씀은 예수 그리스도와 그의 구속을 가리키고 증거한다.

셋째, 성경의 점진적 계시성: 성경은 하나님께서 역사 속에서 시대적으로 단계적으로 그의 말씀을 계시하신 것이다. 성경을 해석할 때 이것은 중요하다. 하나님께서 어느 한 시대에만 말씀하신 것이 아니라 가고 오는 모든 세대 속에서 말씀하신 것이라는 사실이다. 하나님은 그의 말씀을 단계적으로 하셨으며 하나님의 말씀은 지속적으로 시간 속에서 점점 구체적으로 발전시켜 나간다. 크게 말해서 구약은 예수 그리스도가 오기 전에 예수 그리스도의 나타나심을 보여준다. 신약에서, 예수님은 성육신하여 세상에 오심으로 하나님의 계시는 최절정에 이르렀고 하나님의 인간 구속의 계획은 성취되었다. 구약에서는 아직 희미하고 분명치 않았던 예수 그리스도를 통한 구속이 신약에 이르러 실현(manifestation)된 것처럼 예수 그리스도의 다시 오심과 마지막 때에 관한 묵시적 사실들 또한 점진적인 계시의 특성에 따라 미래적으로 이루어질 것이다.

넷째, 성경의 정확함과 명료성: 성경의 뜻은 명료하고 분명하다. 성경 해석이 쉽고 단순한 것은 아니지만, 성경은 어떤 특별한 사람들에게만 이해되는 어렵고 까다로운 책 또한 아니다. 물론 성경은 심오하고 대단히 의미심장한 말씀을 내포하고 있다. 하지만 하나님께서 최초에 그 말씀을 받았던 사람들에게 일차적으로 말씀하신 것이라고 하는 사실은 그 당시 사람들이 충분히 깨닫고 이해하도록 말씀하셨다는 것이다. 그러므로 우리 역시 이 말씀을 잘 깨달아 알 수 있다.

다섯째, 성경의 초자연성: 성경은 초자연적인 것들을 증거한다. 과학은 초자연적인 것들을 거부한다. 성경이 보여주는 초자연적 하나님의 계시를 과학적으로 규명하고자 하는 것은 하나님의 초자연성을 무시하는 것이다.

여섯째, 성경의 신학적 본질: 성경은 신학적인 책이다. 버나드 램 (Bernard Ramm)은, 신학적 주해는 본문의 가장 중대한 의미를 찾는 것이기 때문에 문법 주해의 연장이라고 말했다. 왜냐하면 문법을 고려하는 이유 역시 그에 담긴 명확한 뜻을 찾기 위한 것이기 때문이다.[44] 성경을 해석하는 것은 단순히 역사적 의미가 무엇인지를 찾는 것이 아니다. 더 중요한 것은 그 안에서 신학적인 중요성을 찾아 오늘 현대의 삶에 의미를 던져 주는 것이다.

---

44) Bernard Ramm, *Protestant Biblical Interpretation*, 3rd ed. (Grand Rapids: Baker, 1970), 49.

V. ——————— 교회 역사와
성경 해석

✒ 성경 해석을 둘러싼 문제는 성경 해석학이 학문으로 자리를 잡은 오늘 우리에게만 국한되는 것은 아니다. 설교사적으로 2세기의 사도적 교부들은 성경 해석에 있어서 사도적 가르침을 따랐다. 당시 교회는 영지주의(gnosticism)와 같은 기독교와 유사한 가르침이라든가 유대 율법주의로 인하여 내부적인 혼란을 겪기도 하였다. 2세기의 기독교회는 이레니우스(Irenaeus)와 터툴리안(Tertullian) 같은 학자들의 영향으로 성경을 해석하는 문제와 연관하여 정통 신앙을 지켜 나갈 수 있었다. 하지만 3세기에 접어들면서 교회는 구약의 사건들을 신약의 가르침으로 연결시키기 위해 점차적으로 모형론이나 유대교적 미드라쉬 성경 해석 등을 사용하기에 이르렀고 나아가 풍유적(우화적) 해석 방법을 사용하기에 이르렀다.[1]

---

1) William W. Klein, et al., 「성경해석학총론」, 류호영 역 (서울: 생명의말씀사, 2015), 87-90.

알렉산드리아 학파(School of Alexandria)

사도적 교부 시대가 끝나가면서 교회는 새로운 국면을 맞이하게 되었다. 성경 해석과 관련하여 처음 두드러진 주장이 출현하게 된 것은 A.D. 180년 경이었다. 이름하여 알렉산드리아 학파였다. 알렉산드리아를 중심으로 한 이 새로운 움직임은 성경 해석에 풍유적이며 신비적인 해석 방법을 도입하였다. 풍유적 해석 방식은 알렉산드리아의 필로(Philo of Alexandria)에 의해 시작되었고 클레멘트를 거쳐 오리겐에 이르러서는 집대성되었다. 약 1세기 후 안디옥 학파의 등장으로 이 주장은 약화되기도 하였으나 교회사적으로 끼친 영향은 지대하였다. 일반적으로 '우화적' 해석법이라 불리는 풍유적 해석 방식은 16세기 교회개혁이 일어날 때까지 간헐적으로 교회에 등장하기도 하였으며 심지어 20세기 교회와 설교자들에게도 부분적으로 영향을 미쳤다. 필자는 20세기 중후반 청소년 시절, 흔히 우화적 설교를 들었던 기억이 있다.

필로

필로(Philo of Alexandria)는 유대인이었고 풍유적 해석의 대표적 인물이다. 그는 모세 오경을 비롯하여 구약성경의 문자적 의미를 충분히 알고 있었지만 스토아 사상의 영향을 받았고 신플라톤주의를 받아들여 문자적 의미를 넘어서는 풍유적 해석을 받아들였다. 필로는, 문자적 의미를 무가치한 것으로 여기지 않았지만 성경의 모든 문자의 배후에는 어떤 신비한 뜻이 들어있다고 믿었다. 이는 그가 플라톤의 이원론적 관념주의의 영향을 받은 것으로서 겉으로 드러난 현상의 배후에 있는 것이 실체라고 보았기 때문이다. 따라서 성경의 문자적 해석은 미숙한

것이라 간주하고 풍유적 의미를 찾는 것이 보다 높은 성경 해석의 목표라고 주장했다.[2]

클레멘트

알렉산드리아의 클레멘트(Clement of Alexandria)는 필로의 영향을 받았고 풍유적 해석을 발전시킨 인물이다. 클레멘트는 필로와 같이 성경은 이중적 의미가 있다고 가르치면서 숨겨진 영적인 의미가 더 중요한 것으로 믿었다.[3] 클레멘트는 인간을 몸과 혼을 가진 존재로 보면서 혼이 몸보다 더 중요하듯이 성경은 문자적 의미를 넘어 영적인 뜻을 찾는 것이 더 중요하다고 보았다. 문자적 의미를 무가치하다고 보지는 않았지만, 그에게 성경의 문자적 의미는 단순히 본문 내면에 숨겨진 영적인 진리를 지시하는 하나의 지표일 뿐이었다.[4]

클레멘트는 성경의 모든 부분은 구원의 진리를 숨기고 있다고 주장했다. 그는 성경은 성령에 의한 하나님의 뜻에 대한 계시로 보았고, 하나님의 뜻은 인간으로 하여금 구원을 얻게 하는 것이라고 믿었다. 문제는 본문 안에서 그것을 찾는 방식으로 다섯 가지 측면을 고려했는데, 역사적 의미, 교회적 의미, 예언적 의미, 철학적 의미, 그리고 신비적 의미 등이었다. 결과적으로 성경의 모든 국면을 구속의 교리에 연관 지으면서 신비적 의미를 구하기 위해 풍유적 방식으로 성경 해석을 시도하였다.[5] 이후 풍유적 해석은 그의 제자 오리겐에 이르러서는 보다 체계적으로 기독교 교리 체계 전반에 영향을 미치게 되었다.

---

2) Ramm, 「성경해석학」, 54.
3) Greidanus, 「구약의 그리스도 어떻게 설교할 것인가」, 135.
4) Klein, 「성경해석학총론」, 91-2.
5) Anthony C. Thiselton, 「해석의 새로운 지평」, 최승락 역 (서울: SFC 출판부, 2015), 246.

오리겐

오리겐(Origen)은 필로의 영향을 받았고 클레멘트의 제자였지만 신학자로서는 더 많은 공헌을 남겼다. 오리겐은 그의 저서 '원리론'(De Principlis)에서 성경 본문은 문자적 의미, 도덕적 의미, 신비적 의미를 포함하고 있는데 이 중 신비 혹은 풍유적 의미를 통해 진정한 해석을 얻을 수 있다고 했다. 그는 구약성경의 본문 중에는 문자적 의미와 도덕적 의미를 통해 하나님의 뜻에 바로 도달하는 경우도 있지만 어떤 경우는 문자적 의미나 도덕적 의미를 이탈하여야만(이 경우 풍유적 상징적 의미를 찾아) 하나님의 뜻에 도달할 수 있는 경우로 크게 나누어진다고 보았다.

오리겐은 성경에는 고등 의미와 저등 의미가 있다고 말했다. 그는 인간을 몸, 혼, 영 삼분설로 보고, 몸보다는 혼이 더 중요하고, 혼보다는 영이 더 중요하다고 말했다. 그리고 이것을 성경 해석과 연관시켜 문법적 의미는 몸에 해당되고, 도덕적 의미는 혼에 해당되며, 영적 의미는 영에 해당한다고 믿었다. 그는 인간에게 가장 중요한 영역은 '영'이듯이 성경 해석에 있어서는 영적인 의미를 찾는 것이 가장 중요하다고 주장했다.[6] 이는 클레멘트의 이중적인 몸과 혼의 견해를 더 확장하여 발전시킨 개념이었다. 특히 영적인 의미를 교리적인 의미, 곧 교회의 성격과 그리스도인의 하나님과의 관계 등으로 세분화시킴으로 자기만의 성경 해석적 틀을 구축하였다.[7] 궁극적으로 오리겐은 성경 해석은 영적 주석이 되어야 한다고 주장하면서 영적 주석은, 모형적 주해(typological exegesis)와 우화적 주해(allegorical exegesis)의 결합으로

---

6) Origen, 「원리론」, 이성효 외 3인 역 (서울: 아카넷, 2014), 210.
7) Klein, 「성경해석학총론」, 92.

이루어진다고 말했다.

물론 알렉산드리아 학파도 성경의 문자적 의미를 부인하지는 않았지만 문자적 의미는 성경의 일차적인 의미라고 보지 않았고 보조적 의미를 제공하는 것으로 보았다. 오리겐은 하나님의 감동으로 쓰여진 성경이 영적으로 해석되지 않는다면 그것은 대단히 어색한 것이라고 말했다. 이 우화적(알레고리적) 해석은 많은 경우 성경의 문자적 해석을 무시하며 성경의 한 부분에 대한 여러 개의 다양한 영적, 신비적 해석을 가하였다. 오리겐은 필로와 클레멘트가 그랬듯이 성경의 문자적 의미를 무가치한 것으로 여기지는 않았으나 실제로는 문자적 의미나 도덕적 의미는 거의 고려하지 않았고 대부분 우화적 해석만이 진정한 해석을 제공한다고 보았다. 결국 오리겐은 우화적 주석에 너무 치중하면서 교회에 신비주의를 끌어들이는 결과를 빚었다. 오리겐 이후 극단적인 우화적 해석에 대한 반작용으로 시리아 안디옥에서는 문법적-역사적 해석을 강조하는 새로운 움직임이 일어났다.

〈우화적 주해 실례〉

베드로가 잡은 물고기 153마리(요 21:1-11)

우화적 성경 주해 실례를 이런 대화를 통해 한번 가정해 보자. 어느 성도 하나가 자신이 다니는 교회 담임목사님에게 가서 말했다. "목사님 이번에 기도원에 가서 어느 능력 많으신 목사님의 설교를 들었는데, 얼마나 말씀을 잘 쪼개시는지 큰 은혜를 받고 왔어요. 그 목사님은 성경 해석도 남달랐어요. 혹시 목사님, 예수님이 디베랴 바닷가에서 베드로에게 물고기 153마리를 잡게 해주셨는데, 왜 153마리였는지 아시나요?" "잘 모르겠는데요." "기도원에서 그 목사님이 그러셨는데요, 마가

다락방에서 몇 명이 기도 했는지 아시지요?" "120명이 모여 기도했지요." "그리고 예수님이 이 땅에서 몇 년 사셨나요?" "33년 사셨지요." "그럼 120에 33을 더해보세요. 정확하게 153이 되잖아요. 그때 그 목사님이 153이라는 숫자는 이 땅에서 역사하셨던 주님께서 보혜사 성령을 통해서 지금도 계속해서 역사하고 계신다는 것을 앞서 보여주시려고 베드로에게 153마리의 물고기를 잡게 해주신 것이라 하셨어요. 참 신기하잖아요!" "목사님도 믿으시나요?" "글쎄요 ...?"

물이 포도주로 변한 예수님의 이적(요 2:1-11)

요한복음 2장에는 예수님께서 갈릴리 가나 지역의 한 혼례식 자리에서 물로 포도주를 만드신 사건을 소개하고 있다. 당시 혼인집에 포도주가 떨어졌다고 했다. 성경에는 자세하게 그 상황을 말하고 있지는 않지만, 혼인집 주인 입장에서는 난처한 일 이었을 것이다. 어머니 마리아의 부탁을 받은 예수님은 처음에는 사양하였으나 어머니의 청인지라 하인들에게 유대인의 정결 예식을 위해 사용하는 여섯 개의 돌항아리에 물을 채우라고 말씀하셨다. 그리고 하인들이 예수님의 말씀을 듣고 물로 채워진 돌항아리를 연회장에게 갖다주었을 때, 물이 포도주로 변하였다. 연회장이나 혼인집 신랑은 영문을 몰랐으나 물을 떠 온 하인들은 알았다고 성경은 말하고 있다. 이 사건을 본문으로 정하고 한 설교자가 여기에 사용된 돌항아리 하나하나에 아래와 같은 의미를 부여하여 어떤 적용점을 끌어오는 것은 지극히 위험한 우화적 해석에 해당된다.

첫째, 자비의 항아리: 예수님의 자비가 있는 곳에 은혜가 임한다.
둘째, 믿음의 항아리: 종들이 말씀을 듣고 믿음으로 행하여 기적이 일어났다.

셋째, 순종의 항아리: 종들이 순종하여 능력의 역사가 일어났듯이 우리도...

넷째, 봉사의 항아리: 종들이 기꺼이 봉사하였듯이 우리도 봉사하면...

다섯째, 희생의 항아리: 종들이 희생하여 은혜가 임하였듯이 우리도 희생하여...

여섯째, 은혜의 항아리: 예수님의 은혜가 임하면 우리 인생에 큰 축복이 임한다.

엘리사에 의해 빈 그릇에 채워진 기름(왕하4:1-7)

열왕기하 4장에는 엘리사 선지자가 숨진 선지자 생도 부인의 방문을 받고 빚 독촉에 고통받고 있는 부인과 두 아이를 위해 행했던 하나의 이적을 소개하고 있다. 선지자 생도 남편을 두었던 여인은 남편이 숨진 후 남편의 스승이신 엘리사를 찾아가 말했다: "빚 준 사람이 와서 나의 두 아이를 데려가 그의 종을 삼고자 하나이다." "엘리사가 그에게 이르되 내가 너를 위하여 어떻게 하랴, 네 집에 무엇이 있는지 내게 말하라." "계집종의 집에 기름 한 그릇 외에는 아무것도 없나이다." "이르되, 너는...... 모든 이웃에게 그릇을 빌리라....... 모든 그릇에 기름을 부어서 차는 대로 옮겨 놓으라....... 너는 가서 기름을 팔아 빚을 갚고 남은 것으로 너와 네 두 아들이 생활하라 하였더라"(왕하4:1-7).

이 본문을 가지고 한 설교자가 이렇게 설교하였다. 그는 '그릇을 빌리자'라는 제목하에, 여인이 이웃집에 가서 그릇을 빌렸다는 것에 착안하여 다음과 같이 설교를 구성하였다면 이것은 틀림없이 우화적 해석에 속할 것이다.

본문에서 **설교까지** 목사님 성경을 설교해 주세요!

1. 아브라함의 집에 가서 믿음의 그릇을 빌리자:
    하나님의 은혜가 임하기 위해서는 우리에게 믿음이 필요하다.

2. 이삭의 집에 가서 온유의 그릇을 빌리자: 온유한 마음을 품는 자
    에게 하나님의 기적 같은 은혜가 임한다.

3. 야곱의 집에 가서 인내의 그릇을 빌리자: 믿음의 사람은 하나님을
    끝까지 신뢰하고 하나님이 은혜를 사모하는 사람이다. 때가 이르
    면 주님의 은혜가 임한다.

4. 요셉의 집에 가서 정직의 그릇을 빌리자: 어떠한 상황에서든지
    하나님을 신뢰하고 정직한 마음을 품으면 하나님의 은혜가 반드
    시 임한다.

3세기 교회들이 대체로 이와 같은 방식으로 성경을 해석하였다면
기독교회 내에 어떤 현상이 일어났을지 짐작하는 것은 그리 어렵지 않
다. 모든 설교자가 자신의 영적 경험과 주관을 앞세워 성경을 해석하고
나름대로 적용을 시도했을 것이다. 물론 여기에 정형화된 성경 해석은
있을 수 없다. 하나님의 말씀은 원래적 의미를 잃게 되고 설교자의 주
관적 개념이 그 자리를 차지하게 될 것이다.

안디옥 학파(School of Antioch)

사도적 교부시대 이후 기독교 공동체가 헬라 사상의 영향을 받아 풍
유적 해석을 하기 시작하였다고 한다면, 안디옥 학파는 유대 공동체
의 영향을 받아 문법적-역사적 해석을 강조하였다. 문법적 해석 방법

은 과거 유대의 문자주의에서 그 뿌리를 찾을 수 있다.[8] 여기서 '문법적'이라는 말은, 헬라어에서 문자의 뜻을 찾는 문자적(literal) 의미와 본질상 같은 개념이다. 우리가 '문법'이라 말할 때 그 의미는 단어와 구절을 배열하여 문장을 만드는 규칙과 법을 의미한다. 따라서 성경 해석에서 문법적이란 말은 성경에서 사용된 단어와 구절이 쓰일 때 무슨 뜻으로 사용되었는지를 찾는 것이다.[9] 유대의 문자주의는 우화나 풍유를 허용하지 않았다. 문자적 주해 정신은 문자적 의미를 초월해야 할 본질적 이유가 제시되지 않는 한 본문에 대한 문자적 의미로 만족하는 것이다.[10]

시리아 안디옥의 학자들은 문법적-역사적 주해의 우월성을 주장하며 풍유적 해석에 대해서는 강경한 자세를 취했다. 풍유적 해석방법을 주장한 오리겐과 치열한 논쟁을 벌이면서 안디옥 학파는 역사적이며 문법적인 해석만이 정당화 되어야 한다고 주장하였다. 그들의 해석은 다른 어떤 권위에 호소하기보다는 성경 본문의 문법적-역사적 상황을 고려하는 해석 원리를 가장 바람직한 방식으로 보았다.[11]

안디옥 학파의 문법적-역사적 성경 해석은 현대 설교학에도 긍정적인 영향을 미치고 있다. 특히 성경적 설교로서 강해 설교는 본문 해석에 있어 문법적-역사적 해석을 필수적 요소로 간주한다. 버나드 램(Bernard Ramm)은 안디옥 학파를 개신교 학파라고 평가하면서 만일 안

---

8) 문자적 성경 해석방법은 고대 유대 시대부터 내려온 성경과 유대인들 사이에 발생한 언어 장벽을 극복하기 위해 등장한 해석방법이다. 이것은 문장의 성격이나 문장 속에 들어있는 구나 절의 문자적 표현을 기본적으로 받아들여 유대적 관심과 행위를 강조하는 데 주로 사용되었다. 옥경곤, "요한 크리소스톰의 문법적-역사적 성경 해석과 본문이 이끄는 설교" (석사학위논문, 한국침례신학대학교 일반대학원, 2016), 23-4.
9) 박형룡, "문법적-역사적 해석 방법의 우월성," 「성경과 신학」, 2권 (1984): 33.
10) Bernard L. Ramm, 「성경해석학」, 정득실 역 (서울: 생명의 말씀사, 2013), 77.
11) Henry A. Virkler, 「성경해석학」, 김승 역 (서울: 도서출판 연합, 1994), 75.

본문에서 설교까지 목사님 성경을 설교해 주세요!

디옥 학파가 과거 5세기에 네스토리우스 이단 논쟁에 휘말리지 않았다면 교회사에 더 많은 영향을 미쳤을 것이라고 말했다.[12] 헨리 버클러(Henry A. Virkler) 역시 안디옥 학파의 해석 원리는 현대 복음주의 해석학의 토대를 마련해 준 것으로 평가하였다.[13]

디오도르

다소의 디오도르(Diodore of Tarsus)는 안디옥 학파의 학문을 체계화시킨 학자로서, 그리고 안디옥과 시리아의 신학교 교장으로서 큰 영향을 끼쳤다. 디오도르는 문법적-역사적 주해 기초를 놓았고 향후 새로운 성경 주해 방향을 제시하는 초석을 놓았다. 디오도르는 '역사적' 의미란 텍스트와 저자가 서로 말하는 상황 또는 배경에 의해 조건 지워진다고 말했다. 따라서 일반적인 의미는 그것이 놓여있는 역사적 의미에 근거하기 때문에 성경 해석에서 하나의 본문이 놓여있는 역사적 상황에 대한 고려는 매우 중요하다고 보았다. 이는 성경의 역사적 의미란 저자와 수신자가 서로 공유했던 당시의 상황 속에서 저자가 전하고자 했던 진의를 찾는 것임을 보여준다. 또한 성경 저자는 당시 본문의 역사성과 함께 계시된 하나님의 말씀을 문자적으로 전하였으므로 해석 과정에서 문법적 의미를 찾는 것은 매우 중요하다. 이런 맥락에서 디오도르는 4세기 당시 텍스트의 역사적 가치와 문자적 의미를 무시하는 우화적 주해의 부당함을 지적했던 것이다.[14] 물론 그가 말하는 문법적

---

12) Ramm, 「성경해석학」, 81.
13) Virkler, 「성경해석학」, 75.
14) Hughes Oliphant, *The Reading and Preaching of the Scripture in the Worship of the Christian Church Volume2 The Patristic Age* (Michigan: Eerdmans Publishing Co., 1998), 169-70.

해석은 문자에 얽매이는 자구주의 해석이 아니었다. 디오도르는 성경이 직유(smile), 은유(metaphor), 또는 비유(parable)등의 수사적 기법을 사용하고 있다는 것을 인정하였다.[15]

디오도르의 문법적 해석은 유대 문자주의에 뿌리를 두고 있다. 그러나 그는 유대 해석학자들처럼 공동체의 현재적 상황과 주변 상황의 유동적 요소를 고려한 주관적 해석을 하지 않기 위해 성경이 기록될 당시 역사에 뿌리를 두고 저자의 의도를 파악하고자 하였다. 그리고 철학을 해석 영역에 포함시킨 알렉산드리아의 그릇된 해석방법을 지적하면서 본문에 담겨있는 문자적 의미보다 철학적 의미를 더 강조하는 해석방법에는 경계를 표했다. 디오도르는 알렉산드리아의 풍유적 주해의 부당함을 지적하며 '테오리아'(theoria)[16]라는 말을 들어 본문 안에 담겨있는 진의의 중요성을 강조하였다. 여기서 테오리아의 개념은 본문이 놓여있는 역사적 상황에서의 문법적 의미를 찾는 것이다. 디오도르는 성경 본문의 역사적 상황을 제거하면 풍유적 해석에 지나지 않기 때문에 본문의 명백한 의미, 곧 높은 차원의 해석을 위해 역사적인 근거를 앞세웠다.[17]

크리소스톰

요한 크리소스톰(John Chrysostom)은 디오도르의 제자였고 안디옥 학파를 발전시킨 중요한 인물이다. 크리소스톰은 교회 역사에 기억되는 뛰어난 설교가였고 당시 사람들에 의해 황금 입(golden mouth)이라

---

15) Ibid.
16) 테오리아는 인간의 영혼이 순수한 상태에서 대상을 있는 그대로 바라보는 관조 정신을 이르는 말로써 관찰이라는 의미를 내포한다.
17) 옥경곤, "요한 크리소스톰의 문법적-역사적 성경 해석과 본문이 이끄는 설교," 40.

는 별칭으로 불렀다. 그는 우화적 설교를 반대하였고 문법적-역사적 성경 해석을 강조하였다. 크리소스톰은 성경 해석 역사에 있어서 소위 문법적-역사적 주해 원리를 크게 발전시킨 인물로 평가된다. 크리소스톰은 시대적으로 풍유적 해석이 보편적이었던 당시 교회적 상황에서, 성경이 무엇을 말하는지 그 내용을 소상히 밝히는 것에 집중하였다. 그는 성경을 최고의 권위로 인정하였고 설교자로서 성경을 근거로 말씀을 전하기를 원했던 그에게 주해 문제는 언제나 큰 관심사였다. 하나님은 역사 가운데 당신의 말씀을 계시하셨다는 사실에 근거하여 크리소스톰은 성경을 바르게 해석하기 위해서는 문법적-역사적 원리를 따라야 한다고 확신했다. 나아가 그는 청중과 소통의 중요성을 간과하지 않았다. 특히 말씀의 전달자로서 그는 자신의 인격과 영성이 청중 앞에 진실하게 드러나야 할 필요가 있음을 알았고 진실한 하나님의 종이 되기를 언제나 원했다. 그러나 설교자의 권위는 무엇보다 말씀의 능력 안에 있다고 믿었기 때문에 성경 해석에 있어서는 늘 말씀의 진실된 뜻을 찾기 위해 힘썼다.

본문 해석에 있어 크리소스톰은 단순히 문자적 의미만 파악하는 것으로는 충분치 않다고 보았다. 그는 성경 저자가 진정 밝히고자 하는 것을 그의 글 안에서 찾되 저자의 정신[심정]까지도 파악해야 한다고 생각했다.[18] 이를 위해 그는 언제나 본문의 역사적 배경을 파악하고 그 상황 안에서 본문이 말하는 문법적 의미를 찾아나갔다. 그의 설교에서 본문 연구는 생명처럼 중요한 과제였다. 오늘날 21세기의 성경적 설교로서 강해 설교 혹은 본문이 이끄는 설교를 추구하는 현대 설교가 크리소스톰의 설교를 성경적 설교라 평가하는 이유는 바로 여기에 있다.

---

18) Regina M. Schwartz, *The Book and the Text: The Bible and Liter theory* (Cambridge: Basil Blackwell, 1990), 4.

다양한 성경 본문으로 설교했던 크리소스톰의 설교는 상당수가 지금도 전해지고 있다. 옥경곤은 크리소스톰의 설교를 강해 설교라 칭하면서 다음과 같이 썼다: "그는 다양한 본문으로 강해 설교를 하였다. 창세기에서 67편, 시편에서 90편, 마태복음에서 90편, 요한복음 88편, 사도행전에서 55편, 히브리서 34편을 포함해서 바울 서신서에서 200편, 총 500편 이상의 설교를 남겼다."[19]

토마스 휘터커(Thomas Whittaker)는 안디옥 학파의 신학과 주해 방법은 다소의 디오도르에 의해서 시작되었고 크리소스톰을 비롯한 그의 제자들에 의해서 발전되었다고 평가하였는데. 특히, 크리소스톰의 문법적-역사적 성경해석 방법은 현대 강해설교가 추구하는 문법적-역사적 해석방법과 동일한 개념이라고 말했다.[20] 칼 케일(Karl A. G. Keil)은 '문법적-역사적'(grammatico-historical)이란 용어를 사용하면서 이 해석 방식은 성경이 기록된 사건과 상황을 충분히 반영하여 접근하는 방식이라고 말했다.[21] 이 말은, 본문 해석은 성경 언어의 문법적 규칙과 역사적 상황을 파악함으로 저자가 전하려고 하는 정확한 의미를 찾아가는 것임을 보여준다.

현대설교 적용

우리가 교회 역사를 공부하는 중요한 이유 중 하나는 기독교회가 역

---

19) 옥경곤. "요한 크리소스톰의 문법적-역사적 성경해석과 본문이 이끄는 설교," 59, Oliphant, *The Reading and Preaching of the Scripture in the Worship of the Christian Church Volume2 The Patristic Age*, 173에서 재인용.

20) Thomas Whittaker, *Saint Chrysostom and Saint Augustin* (New York: 2 and 3 Bible House, 1891), 42-4.

21) Ibid.

본문에서 **설교까지** 목사님 성경을 설교해 주세요!

사 속에서 어떻게 신앙의 전통을 세워왔으며 진리를 지켜왔는지를 배움으로써 현대교회가 시대적 환경 속에서 진리를 지키고 교회를 세워나가기 위한 방향을 찾기 위함이다. 이 시대가 요구하는 성경적 설교를 추구하는 설교자에게 성경 주해 문제는 매우 중요하다. 설교와 연관하여 20세기 중반 이후 왕성한 교회 성장을 경험했던 한국교회는 설교의 전달적 기능을 가장 중요한 개념으로 보았다. 즉 '본문의 내용은 무엇인가'라는 것보다 어떻게 전하여야 청중으로부터 좋은 반응을 이끌어올 것인가에 더 큰 관심을 기울여 왔다. 이 문제는 지금까지 우리가 논했던 성경 해석을 어떻게 할 것이냐의 쟁점과 깊이 연관된다.

3세기 교회 내부에 발생했던 풍유적(우화적) 성경 해석은 본문의 진의를 찾기보다는 심층적인 영적 의미를 확대 해석하여 그 내용을 풍성하게 하는 데 역점을 두었다. 이를 위한 방식이 곧 풍유적이며 신비적 의미를 찾는 우화적 성경 해석이었다. 필자는 개인적으로 당시 기독교회가 의식적인 예배와 형식적인 신앙으로 특징되는 중세교회의 모습으로 점차 변질되어 간 것은 성경의 신비적 의미를 추구하던 당시의 신앙행습과 무관하지 않다고 생각한다. 말씀의 진실성과 계시의 명백성이 흐려질수록 교회는 비성경적 인본주의의 틀에 갇히게 되기 때문이다.

21세기 설교는 그 어느 때보다도 심각한 상황 앞에 놓여있다. 그동안 교회가 잃어버린 말씀의 진실성을 회복해야 하는 절체절명의 상황에서 한편으론 다양한 전달 방식이 요청되는 시대적 상황에 놓여있기 때문이다. 즉, 오늘의 교회는 'What'와 'How'의 균형을 유지하면서 보다 청중에게 다가서는 설교 방식을 필요로 한다. 우선 이를 위해 우리는 먼저 말씀의 진실성을 회복하여야 한다. 어떻게 전할 것인지 그 방법론을 논하기 전에 전해야 할 진리를 찾고 확보하는 것이 보다 중요하기 때문이다. 따라서 하나님의 원대한 구속사의 흐름 속에서 시대적인 사명을 수행하고 있는 설교자는 성경적인 설교로서 본문에 담긴 정확한 뜻을 찾기 위해 우화적 해석을 멀리하고 본문 중심의 문법적-역사적 해석을 추구하여야 한다. 우화적 해석을 피하기 위해, 그리고 건전한 성경 해석을 추구하기 위해 설교자에게 어떤 관점과 노력이 있어야 할 것인가? 몇 가지 사항을 상기해 보는 것이 도움이 될 것이다.

문법적 해석

문법적 해석은 성경에 기록된 말씀이 당시에 어떤 의미로 사용되었는지를 어법의 규칙 안에서 찾아내는 것이다. 성경은 비록 훌륭한 문법 교본을 보여주는 책은 아니지만, 당시 언어적으로 활용되었던 문법 형식을 이해하고 파악함으로 해석에 적용하는 것은 매우 중요하다.[22] 박형용은 성경의 문법적 주해의 중요성을 다음과 같이 말한다:

> 성경은 하나님이 인간을 기계로 사용하여 기록하시지 않고 오히려 인간의 성품, 배경, 교육, 경험 정도 등을 무시하지 않고 사용하시면서 성령의 감동을 잘못 없게 기록하신 것이다. 그러므로 기록된 성경 본문 속에서 저자들 자신의 차이점과 특성이 나타나게 된다. 이처럼 저자의 사상이 그가 사용하는 언어를 통해 전달되기 때문에 저자의 뜻을 이해하려면 문맥에 비추어 사용된 용어의 뜻을 찾아내야 하지만, 저자의 뜻을 찾기 위해서는 저자의 문법이 해석자의 문법이 되어야만 올바로 그의 뜻을 찾을 수 있다.[23]

필자는 설교와 성령의 역사는 절대적인 연관성이 있다고 믿는다. 설

---

22) Ibid., 187.
23) 박형용, 「성경주해 원리」(수원: 합동신학대학교출판부, 2007), 189.

교를 준비하는 설교자에게 성령은 조명하심으로 말씀을 깨우쳐 주신다. 성경 저자들은 하나님께서 성경을 영감 하셨을 때 계시를 받았지만, 설교자는 성령께서 성경 말씀이 그를 위해 움직이게 하시는 조명을 받는다.[24] 설교자는 무엇보다도 본문 해석 과정에서 성령을 전적으로 신뢰하고 의존해야 한다. 성령은 설교를 통하여 사람을 변화시키는 촉매 작용과 같은 역할을 하신다. 그러나 그 전에 성령은 설교자와 함께 하시며 설교를 준비하는 과정에서 설교자를 돕는다. 중요한 것은 설교자의 자세이다. 설교자는 설교 준비 과정에서 성령이 개입하시도록 절실히 간구하는 자세가 필요하다.[25] 그레그 헤이슬러(Greg Heisler)는 이렇게 말한다: "본문 연구를 무시하는 설교자는 성경의 원 저자이신 성령을 무시하는 사람이다. 성령은 설교자가 하나님의 말씀을 풀어 설명하는 것을 도와주시지만, 설교자는 본문에 무엇이 들어있는지를 이해하려는 노력을 해야 한다."[26]

사도 베드로는 베드로후서 1장 21절에서 성경의 모든 예언은 성령의 감동하심을 입은 사람들이 하나님께 받아 말한 것이라고 했는데 이것은 곧 하나님께서 성경 저자들에게 성령의 감동을 입히셔서 성경을 기록하게 하셨음을 말하는 것이다. 그러므로 성경을 기록하신 성령의 뜻은 거룩한 성령의 인도하심 가운데 다시금 이해되고 해석되어야 한다.[27] 성령으로 충만한 설교자는 영적인 진리를 더 선명하고, 더 확실하게 분별할 수 있다.

24) John F. Macarthur, 「강해설교의 재발견」, 김동완 역 (서울: 생명의말씀사, 1994), 168.
25) Greg Heisler, 「성령이 이끄는 설교」, 홍성철 · 오태용 역 (서울: 베다니출판사, 2008), 55-6.
26) Ibid., 205.
27) 문상기, "설교를 위한 성령의 사역," 「복음과 실천」, 48집 (2011 가을): 301.

역사적 해석

역사적 해석은 성경 저자가 그의 글을 기록할 당시 역사적 정황을 연구하여 저자가 그의 수신자들에게 전하고자 했던 원래적 의미를 찾아내는 것이다. 이것이 본문의 과거적 의미를 찾는 주해 작업임을 우리는 앞서 살펴보았다. 그레이다누스는 성경이 역사적 기록이기 때문에 성경 본문을 이해하기 위해서는 그 말씀이 기록된 당시 역사적 배경을 살펴보는 것이 반드시 필요한 과정임을 강조하였다.[28] 만일 성경의 역사적 정황을 이해하지 못하면 저자의 의도를 밝히는데 제한을 받게 될 것이다. 데이빗 블랙(David Black)은 역사적 배경을 연구할 때는 적어도 다음과 같은 여섯 가지 질문이 필요하다고 말한다.[29]

1. 누가 이 책을 썼는가?
2. 누구에게 보내졌는가?
3. 저자와 독자 사이에 존재하는 관계가 무엇인가?
4. 그 책의 저술에 대한 역사적 배경은 무엇인가?
5. 저자는 저술을 어디서 했는가?
6. 독자들이 살았던 곳은 어디인가?

해돈 로빈슨(Haddon W. Robinson)은 강해 설교를 정의하면서 문법적-역사적 주해의 중요성을 다음과 같이 강조하였다: "강해설교란 성경 본문의 배경에 관련하여 역사적, 문법적, 문자적, 신학적으로 연구하

---

28) Greidanus, 「성경해석과 성경적 설교」, 162.
29) Akin Daniel, et al., 「본문이 이끄는 설교」, 김대혁·임도균 역 (서울: 베다니출판사, 2016), 196.

여 발굴하고 알아낸 성경적 개념, 즉 하나님의 생각을 전달하는 것으로서, 성령께서 그 개념을 우선 설교자의 인격과 경험에 적용하시며, 설교자를 통하여 다시 회중들에게 적용하시는 것이다."[30] 여기서 역사적, 문법적, 문자적 해석은 서로 모순되지 않고 보충하여 본문의 의미를 명확히 밝힌다.[31] 그리고 신학적 해석은 문법적-역사적 해석과 상충되지 않고 오히려 상호 보완적으로 기능한다.

성령과 말씀 조명

성령의 조명하심이란 마치 사도바울이 셋째 하늘로 올라가서 경험하였던 것과 같은 영적인 황홀경으로 들어가는 감각적인 체험을 가능하게 한다는 것이 아니다. 성령의 조명은 하나님의 말씀을 향한 설교자의 겸손하고 순종적인 태도에 관한 모든 것을 말한다. 성령의 조명은 설교자가 하나님 말씀의 풍성한 은혜를 기대할 때, 설교자의 마음을 열어 말씀을 받아들일 마음 자세를 갖게 하고 그에게 말씀을 깨우쳐 주신다. 설교자가 말씀을 하나님의 선하신 뜻으로 받아들일 때, 그는 그 말씀을 순종하고자 하는 열정을 가슴에 품는다. 이때, 성령의 조명은 하나님께서 본문을 통하여 설교자에게 말씀하시고 그의 삶을 변화시키

---

30) Haddon W. Robinson, 「강해설교」, 박영호 역 (서울: 기독교문서선교회, 2011), 23.
31) 신학적 해석 방법은 문법적-역사적 해석 방법과 상충되지 않고 오히려 보충하는 역할을 한다. 문법적-역사적인 해석은 일반적으로 그 강조점이 성경 각 책이나 짧은 구절에 있지만 신학적 해석 방법은 그 강조점이 성경 전체를 일관하여 상충되지 않게 하는 데 있다. 그리고 성경에는 신비적이거나 상징적인 뜻을 가진 구절이나 표상적인 뜻을 가진 구절들도 있기 때문에 문법적-역사적 해석 방법만으로 깊은 뜻을 찾아내기는 어렵다. 이런 경우에 신학적 해석 방법은 성경 전체의 조명으로 특정한 구절을 해석할 수 있도록 도와준다. 따라서 신학적 해석 방법은 성경 전체의 조명으로 문법적-역사적 해석법을 도와 성경 해석을 올바르게 하도록 해석자를 인도하는 것이다. 박형용, 「성경 주해 원리」, 196-8.

리라는 깊은 확신을 주면서 설교자를 본문으로 인도한다. 설교자가 성경 본문 앞에 진실한 태도로 나아갈 때, 성령의 조명은 설교자로 하여금 주어진 말씀이 하나님의 말씀이라는 깊은 확신을 가져다준다.[32]

　대체로, 성령의 조명은 설교자가 본문을 앞에 두고 그 뜻을 깨닫기 위해 기도하고 묵상하면서 하나님의 말씀에 집중할 때 이루어진다. 워렌 위어스비(Warren Wiersbe)는 성령의 조명이 설교자에게 필요한 것임을 자신의 체험에 비추어 다음과 같이 말했다: "나는 본문을 곰곰이 깊이 생각한다. 나는 기도한다. 나는 묵상하고 주해한다. 나는 성경에 말을 건다. 그리고 본문에 몇 가지 질문을 던진다. 나는 노트한다. 나는 생각한다. 성경 본문을 이해하기 위해 땀이 날 정도로 노력한다. 그러면 하나님이 내가 깨닫기를 원하는 통찰력을 내게 준다.[33]

　성령의 조명을 설교자 편에서 말할 때는 영적 민감성이다. 설교자가 영적으로 하나님과 가까이 있을 때, 그는 하나님의 음성을 들을 것이며 본문 안에 들어있는 하나님의 마음을 읽을 수 있다. 마치 한 그리스도인이 충실한 기도 생활 속에서 순간순간 하나님의 음성을 마음 중심에서 듣는 것과 같은 것이다. 설교자의 마음과 생각이 주님을 향하며 그의 삶이 영적으로 올바를 때 그는 성령의 조명하심을 받을 것이다. 설교자는 말씀을 지어내거나 창조하는 것이 아니고 하나님의 말씀을 받고 전달하는 것이기 때문에 성령이 밝은 조명으로 말씀을 깨우쳐 주심에 늘 예민하여야 한다.

　성령의 조명을 받는다는 것은 성령께서 일방적으로 설교자에게 계시를 내려주신다거나 설교할 내용을 보여주신다는 것을 의미하는 것

---

32)　Heisler, 「성령이 이끄는 설교」, 208.

33)　E. K. Bailey and Warren Wiersbe, *Preaching in Black and White* (Grand Rapids: Zondervan, 2003), 88.

또한 아니다. 성령의 조명을 통하여 설교를 보장받는 어떤 공식이나 비법은 있을 수 없지만, 제프리 크로츠(Jeffrey Crotts)는 설교자가 본문을 연구하며 설교를 준비하는 과정에서 밟아야 할 분명한 두 가지 단계가 있다고 하였다. 첫째, 설교자는 말씀의 조명을 위해 기도했던 시편 기자나(시119:18), 성령의 인도하심을 위해 기도했던 바울처럼(롬8:13-16), 먼저 설교 준비 과정에서 성령께서 마음에 말씀의 빛을 비춰주시도록 기도하는 것이다. 이렇게 성령의 조명을 간절히 기도하며 전적으로 하나님만을 바라보고 의지할 때, 설교자는 자신의 연구와 설교에 성령의 간섭하심과 중재가 절대적으로 필요하다는 사실을 깨닫게 될 것이고, 그런 깨달음은 성령께서 설교자의 연구와 설교를 통해 강력하게 역사하시는 토대가 될 것이다. 크로츠는 설교자가 성경을 연구할 때 이렇게 기도할 것을 권한다: '주님! 성경 말씀을 제 마음에 분명하게 각인시켜 주셔서 이 진리를 쉽게 이해하고 선포할 수 있도록 하소서. 그리하여 주님의 백성들이 영적으로 깨어나며 그 말씀으로 감동을 받고 예배당을 떠나게 하소서.'

둘째로, 크로츠는 설교자가 말씀을 선포하기 전에 먼저 깊이 묵상해야 한다고 하면서, 단순히 학문적인 차원을 넘어 성경 구절을 깊이 묵상하여 참 진리를 마음속에 음미해야 한다고 말한다. 이때 설교자는 그 본문이 최초에 기록되었을 때 무슨 뜻이었는지, 자신의 개인적인 삶에 이 말씀은 무엇을 교훈하는지, 그리고 자신의 청중에게 어떤 적용점으로 나아갈 것인지를 묵상해야 한다고 강조하였다. 묵상의 시간은 곧 하나님의 영이 말씀으로 그 심령을 붙잡는 시간이며, 성도에게 그 본문의 진실성에 대하여 확신을 심어주며, 죄에 대하여는 책망하는 시간이다. 설교자가 묵상을 통해 선포될 본문의 심오한 의미에 대한 깊은 확신과 분명한 감동을 받으면 설교자의 다음 역할은 선포되는 말씀의 도구를

통해 성령께서 회중의 심령에 자신이 경험했던 것과 동일하게 조명해 주시기를 기대하는 것이라고 했다.[34]

나는 설교자에게 묵상이란 하나님의 음성을 듣는 통로요 영감어린 통찰을 직면하는 축복의 행위라고 믿는다. 본문을 깊이 묵상하는 설교자는 마치 깊은 샘에서 길러 올린 생수와 같은 영감의 말씀을 경험하고 깊은 통찰을 통해 깨달음을 얻는다. 나는 나의 학생들에게 깊은 묵상의 세계를 경험하라고 권면한다. 말씀의 깊은 묵상은 설교자를 더 깊고 더 넓은 말씀의 차원으로 이끌어 준다고 믿기 때문이다.

성령 충만을 위한 훈련

설교자는 여러 해에 걸친 신학훈련을 통해 지적인 준비를 하고 하나님 앞에서 거룩한 삶을 살면서 그의 인격을 성숙시킨다. 그리고 반복적인 기도 생활과 하나님의 은혜를 체험하는 가운데 성령의 능력에 사로잡히는 설교자로 세워진다. 한 사람의 설교자가 하나님의 종과 말씀 선포자로 우뚝 세워지기 위한 도식적인 방법이나 비법은 있을 수 없다. 왜냐하면 앞서 밝힌 바와 같이 성령이 충만한 설교자가 되는 것은 방법이 아니고 삶의 태도에서 이루어지는 것이기 때문이다. 성령 충만한 설교자가 되기 위한 인증된 방식은 없겠으나 설교자를 성령 충만한 삶으로 인도하여 주는 훈련은 있어야 한다. 설교자가 성령 충만하기 위해서는 몇 가지 실천 사항이 요청된다.

첫째, 성령은 거룩하신 영이므로 성령의 역사를 강하게 체험하기 위해서는 일체의 죄를 철저하게 회개해야 한다. 권성수는 회개란 지, 정,

---

34) Jeffrey Crotts, 「성령의 조명을 받는 설교: 설교자의 준비에서 회중의 들음까지」, 이승진 역 (서울: 한국성서유니온선교회, 2011), 182-3.

의, 전인적 차원에서 이루어지는 회개가 되어야 함을 전제하면서, 회개의 지성적 차원이, "주님 제가 죄인임을 인정합니다"라는 것이라면, 회개의 감성적 차원은, "주님 제가 죄를 지어 마음이 괴롭습니다"라는 것이고, 회개의 의지적 차원은, "주님, 제가 악한 길에서 돌이켜 죄를 청산하겠습니다"라고 말하는 것이라고 강조한다. 설교자들이 보다 강력한 성령 충만을 경험하지 못하는 이유로 그는 설교자가 지성적 차원과 감성적 차원으로는 회개하지만 정작 죄악을 청산하는 의지적 차원으로 회개하지 않기 때문이라고 지적하였다.[35] 따라서 성령의 충만을 구하는 설교자는 무엇보다도 자신의 허물과 죄악에 대해서는 적극적이며 의지적으로 회개하는 태도가 요청된다. 왜냐하면 성령의 강력한 능력은 죄악을 멀리하며 경건하고 순수한 도구(설교자)를 통하여 나타날 것이기 때문이다.

둘째, 예수 그리스도를 통해 이루어 주신 하나님의 구원에 대하여 감사하여야 한다. 정장복은 설교자는 무엇보다도 먼저 거듭남의 경험과 과거의 죄악을 용서받은 기쁨을 소유한 그리스도인으로서 말씀의 종이 된 확신을 가져야 한다고 강조한다.[36] 설교자도 삶의 다양한 환경으로부터 고난과 역경을 만날 수 있다. 그러나 그에게 예수 그리스도로 인한 구원의 감격과 기쁨이 있을 때, 그는 그 모든 어려움을 극복할 뿐만 아니라, 나아가 성령 충만의 능력을 힘입을 수 있다.

셋째, 성령을 온전히 의존하는 겸손이 필요하다. 설교자에게 가장 절실한 것은 성령의 능력을 힘입는 것이며(눅24:49), 그 능력을 의지하여 설교함으로써(벧전1:12) 하나님의 말씀이 단순히 말로만 증거되는 것이 아니라 능력과 큰 확신으로 나타나게 하는 것이다(살전1:5). 설교의 능

---

35) 권성수, 「성령설교」 (서울: 국제제자훈련원, 2009), 332.
36) 정장복, 「한국교회 설교학개론」 (서울: 엠마오 1992), 358.

력 부재 현상의 원인에 대하여 스토트는 이렇게 말했다: "성령으로 가득 차기 위해서 우리는 먼저 우리 자신이 텅 빈 상태임을 인식하여야 한다. 하나님에 의해 높임을 받고 쓰임을 받기 위해서 우리는 먼저 하나님의 능하신 손 아래서 겸손해야 한다(벧전5:6). 그의 능력을 받기 위해 우리는 먼저 우리의 약함을 인정해야 하고 심지어 그것을 드러내야 한다."[37]

바울은 자신이 약할 때 하나님의 능력은 강하게 나타났다고 고백하면서 고린도후서 12:10에서 이렇게 말했다: "그러므로 내가 그리스도를 위하여 약한 것들과 능욕과 궁핍과 박해와 곤고를 기뻐하노니 이는 내가 약한 그때에 강함이라." 바울은 자신의 연약함을 인정하고 성령의 능력을 의지하였다. 고린도전서 2:3-5에서, 바울은 이렇게 쓰고 있다: "내가 너희 가운데 거할때에 약하고 두려워하고 심히 떨었노라 내 말과 내 전도함이 설득력 있는 지혜의 말로 하지 아니하고 다만 성령의 나타나심과 능력으로 하여 너희 믿음이 사람의 지혜에 있지 아니하고 다만 하나님의 능력에 있게 하려 하였노라."

설교자는 바울의 고백과 같이 연약한 질그릇에 불과하다. 능력은 전적으로 성령께 속한 것이고 성령을 통하여 발휘된다. 이것을 인정하고 성령의 능력을 겸허히 간구하는 설교자에게 성령은 능력으로 임하시며 그가 증거하는 말씀을 통하여 청중을 변화시키신다. 탁월한 설교자 스펄전도, "성령의 도움 없이 70년을 설교하는 것보다 성령의 능력으로 여섯 마디를 말하는 것이 훨씬 더 낫다"[38]고 고백한 바가 있다.

넷째, 끊임없는 기도 생활이 요청된다. 특히 성령 충만을 목말라하며

---

37) John R. W. Stott, 「현대교회와 설교」, 정성구 역 (서울: 생명의 샘, 1998), 354.

38) Charles Spurgeon, *Twelve Sermons on the Resurrection* (Grand Rapids: Baker Book House, 1972), 122, Stott, 「현대교회와 설교」, 359에서 재인용.

그것을 간절히 구하여야 한다. 권성수는 성령의 능력을 힘입기 위해서는 강청하는 기도가 있어야 할 것을 강조하면서 야곱이 얍복 강가에서 죽음을 각오하고 하나님의 복을 구한 것과 같이 결사적으로 간구하여야 한다고 말했다.[39] 기도로 훈련되고 절제된 설교자의 모습은 하나의 완성된 인격과 영성으로 나타난다. 하나님의 성령과 하나님의 말씀이 그렇게 준비된 설교자의 마음과 생각 속에서 결합이 될 때, 청중의 삶을 변화시키는 실제적이고 능력 있는 설교가 증거될 것이다.

정리

2015년 6월 15일, 기독연구원 느헤미야 주최 한국교회 개혁을 위한 연중 포럼이 '한국교회 설교 무엇이 문제인가?'라는 주제로 열렸다. 이날 발제자들은 한국교회 설교의 문제를 설교자에서 찾았다. 그들은 '무지하고 용감한 설교자'가 한국교회 안에 넘쳐나는 현실을 심각한 문제로 받아들이면서 설교자들의 신학 부재 현상을 그 원인으로 꼽았다. 설교자는 무엇보다도 성경에 대한 깊은 지식을 바탕으로 오류 없이 하나님의 말씀을 전하여야 함에도 불구하고 이것이 오늘 한국교회 설교자들에게 절대적으로 부족하다고 하는 지적이었다.[40] 설교자의 신학 부재는 곧 진리 되시는 하나님 말씀의 진정성을 잃어버리고 겉모습만 하나님의 말씀으로 치장한 비성경적인 설교를 양산해 내기 때문이다.

---

39) 권성수, 「성령설교」, 330.
40) [온라인자료] http://www.newsnnet.com/news/articleView.html?idxno=3251, 2015년 6월 23일 접속.

신학적으로 설교자는 말씀의 전령자이다.[41] 설교자는 성경 안에서 여전히 말씀하시는 하나님의 말씀을 먼저 귀 기울여 듣고 청중으로 하여금 하나님의 음성을 듣게 하는 역할을 수행한다. 그에게는 언제나 신실함과 영성이 요청된다. 신실함은 그로 하여금 오류 없이 하나님의 말씀을 듣겠다고 하는 사명감에 충실하게 하며, 영성은 하나님의 말씀을 그의 심령으로 받아들이는 진지함과 깊은 깨달음으로 이끌어 준다. 스토트는 설교를 다리놓기라고 하였다. 설교자는 하늘과 땅, 하나님과 세상이라는 '두 세계 사이'에 서 있으면서 두 세계를 이어주는 중보자의 역할을 수행한다.[42] 이때 청중은 설교자를 통해서 하나님의 말씀을 듣는다.

설교자는 하나님의 언어와 인간의 실존적인 현상을 해독할 수 있어야 한다. 따라서 설교자는 두 방향으로 눈이 열려 있어야 한다. '하나님의 말씀을 이해하는 눈'과 '현재의 상황을 꿰뚫어 보는 눈'이다.[43] 설교자에게는 무엇보다도 첫 번째 눈이 중요하다. 설교는 성경 본문을 표면적으로 이해하고 유사한 주제에 그 본문을 끼워 맞추는 것이 아니라 본문을 깊이 파고드는 전문적인 주해 작업을 통해서 나온다.[44] 본문의 표피층이 아니라 그 내부층까지 파고들어야 한다. 본문의 내면에 숨겨져 있는 하나님의 마음을 파악하고 자신의 가슴을 적시는 하나님의 음성을 들을 수 있어야 한다. 그리고 발견된 그 메시지를 충실하게 전해야 한다. 그때 그는 비로소 하나님의 말씀을 전하는 설교자가 되는 것이다.

---

41) 문상기, 「케리그마와 현대설교」, 528-30.

42) Stott, 「현대교회와 설교」, 32, 265.

43) 차준희, 「최근 한국교회의 예언서 설교」, 92.

44) 정용섭, 「설교란 무엇인가」 (서울: 홍성사, 2011), 129-42.

VI. ——————————— 설교 준비

설교준비(sermon preparation)는 어떻게 이루어지는가? 어떤 과정과 노력이 있어야 하나? 이것은 설교자에게 있어 언제나 큰 관심 사항이다. 특히, 설교학을 처음 배우면서 설교 사역을 준비하고 있는 사역 예비생들에게 이 장에서 우리가 살펴보려고 하는 설교 작성에 관한 사항은 중요한 내용이 아닐 수 없다. 설교 준비는 두 부분으로 이루어진다. 하나는 매번 곧 직면하게 될 설교를 위한 준비, 즉 다가오는(주일 아침 예배) 설교를 준비하는 것으로서 이것은 즉시적 준비(immediate preparation)이다. 다른 하나는 장기적 준비(long-term preparation)이다. 장기적 준비는 설교 사역이 원활하게 이루어지도록 설교자가 그의 삶 속에서 끊임없이 준비하는 것이라 할 수 있다. 그가 매일의 삶 속에서 넓혀가는 일반적인 상식이나 지식, 삶의 현장에서 겪는 다양한 경험, 그리고 사려 깊은 생각 등 설교자의 삶 자체가 어쩌면 설교를 준비하기 위한 것이라 할 수 있을 것이다. 설교 준비에서 장기적 차원의 준비는 산업사회에서 강조하는 인프라(infrastructure)와 같은 것이다. 인프라는 산업이나 생활의 기반을 말하는 것으로서 탄탄한 인프라가 확보되면 높은 생산성이 이루어지듯이 설교자에게 충실한 장기적 준비는 탄력적인 설교 사역을 가능하게 해준다.

장기적 준비

장기적인 설교 준비는 설교자의 포괄적이며 광범위한 삶 안에서 이루어진다. 이것은 설교자의 삶의 시간과 공간 속에서 축적되는 일체의 것을 가리킨다. 하나님의 자녀로서 그는 어떤 믿음의 사람인가? 그는 한 사람의 그리스도인으로서 어떤 신앙 경험을 하는가? 그리고 성경 연구와 기도 생활을 어떻게 하고 있는지 등이 설교자의 장기적 설교 준비에 해당된다. 이 모든 영역은 나아가 결국 설교자의 인격과 영성 형성에 지대한 영향을 미친다. 설교는 필립스 부룩스의 설교 정의에서 살펴본 바와 같이 한 인격체를 통해 전달되는 것이므로 설교자의 내면세계 즉 그의 인격과 영성은 지속적으로 가꾸고 발전시켜 나가야 할 중대한 사안이다. 장기적 설교 준비 영역은 크게 세 분야로 이루어진다.

성경 연구

무엇보다도 끊임없는 성경 연구는 설교자에게 풍성한 설교의 원천을 공급한다. 설교자는 언제든지 말씀을 선포할 수 있는 준비가 되어있어야 한다. 이것은 사랑하는 제자 디모데에게 스승 바울이 사랑으로 권면했던 말이다: "너는 말씀을 전파하라 때를 얻든지 못 얻든지 항상 힘쓰라"(딤후4:2). 말씀 연구는 설교자로 하여금 진정한 하나님 말씀의 전령자(herald)와 사자(使者)로서의 역할을 수행하게 하는 근간이 된다. 설

본문에서 **설교까지** 목사님 성경을 설교해 주세요!

교자를 지칭하는 '케룩스'(kerux)는 권위자로부터 메시지를 부여받고 전달하는 임무를 수행한다. 메시지가 주어지기 전에 그는 활동하지 않는다. 설교자는 말씀을 선포하기 이전에 반드시 자신을 부르신 하나님의 말씀을 받아야 한다.

설교자는 끊임없이 말씀을 듣는 사람이다. 언제라도 말씀을 듣고 나설 수 있도록 준비하는 자가 설교자이다. 케룩스는 자기의 생각이나 견해를 전하는 사람이 아니다. 그는 어떤 공식적 선언에 있어서 자기의 권위를 가지지 않는다. 그는 철저히 자기를 보내신 분의 권위를 대신하여 메시지를 전할 뿐이다. 바울 사도는 자신이 예수 그리스도의 복음을 위하여 부름을 받았다고 말했다. 그는 자신의 정체성을 언제나 '케룩스'에 두었음을 보여준다: "내가 이 복음을 위하여 선포자(kerux)와 사도와 교사로 세우심을 입었노라"(딤후1:11). 이런 맥락에서 설교는 주어진 본문 안에서 하나님이 말씀하시고자 하는 정확한 뜻을 찾아 오늘의 교회와 청중에게 선포하는 과제를 수행한다. 이 일은 설교자의 끊임없는 말씀 연구를 통해서 충실하게 이루어진다.

성경에 묻혀 살면서 성경을 안 읽는 사람이 목사라는 말이 있다. 아이러니하기 짝이 없는 말이다. 설교자에게는 두 개의 탱크가 있는데, 하나는 설교자료 공급원인 성경이고, 또 하나는 그 성경을 읽고 얻은 영감을 저장할 수 있는 설교자 자신이다. 앤드루 블랙우드(Andrew Blackwood)는 설교자가 정기적이고 규칙적으로 성경을 읽어야 할 것을 강조하면서 설교에는 성경이라는 날줄과 삶이라는 씨줄이 있어야 한다고 말했다. 날줄과 씨줄이 합해져야 좋은 옷감이 나오는 것처럼 설교도 성경과 삶의 경험이 하나가 될 때 좋은 설교로 구성될 수 있다.[1]

---

1) Andrew Blackwood, 「설교학: 설교는 예술이다」, 박광철 역 (서울: 생명의말씀사, 1983), 53, 67.

설교자는 두 개의 채널을 통해서 하나님의 말씀을 경험한다. 하나는, 하나님의 말씀이 그렇게 말씀하시기 때문에 삶의 자리에서 그 말씀을 따라 살아간다. 다른 하나는, 그가 삶의 비전과 목표, 때로는 아픔과 고난 등의 문제에 직면할 때, 그 구체적 상황에서 하나님의 뜻을 찾기 위해 하나님의 말씀을 찾아간다. 전자의 경우가 연역적 방식으로 말씀을 따라 사는 삶이라면 후자의 경우는 귀납적으로 말씀을 찾아 말씀과 함께하는 삶이다. 귀납적으로 말씀을 찾아가는 방식과 연관하여, 설교자가 삶의 경험이 많으면 많을수록 하나님의 말씀과 더 많은 접촉점을 가질 수 있다는 말은 그래서 사실이다.

부루스 모힌니(Bruce Mawhinney)는 그의 책 「목사님, 설교가 아주 신선해졌어요」(Preaching With Freshness)에서 목사가 성경을 연구하는 것은, 그가 얼마나 하나님 말씀을 사랑하는지에 비례한다고 말했다. 그는 말하기를, 만일 교인들에게 가르칠 것만을 연구하는 목사는 하나님의 말씀을 진정으로 사랑하고 있는지 스스로 의심해 볼 필요가 있다고 했다.[2] 설교자는 진정 성경 읽기를 좋아하고, 하나님의 말씀을 공부하고, 깨닫고 발견한 진리를 전하는 일을 사랑하는 사람이다.

독서

설교의 장기적 준비는 설교자의 성서 연구와 더불어 폭넓은 독서가 병행됨으로써 더욱 충실하게 이루어진다. 설교가 적절한 깊이와 폭을 갖추기 위해서는 독서의 도움이 필요하다. 설교에서 하나의 성경적 개념이 청중의 삶에 접목되기 위해서는 청중의 상황과 문화적 요소, 그리

---

[2] Bruce Mawhinney, 「목사님 설교가 아주 신선해졌어요」, 오태용 · 김광점 역 (서울: 베다니출판사, 1995), 185.

본문에서 설교까지 목사님 성경을 설교해 주세요!

고 그들의 정서를 고려하여 접근할 필요가 있다. 이를 위해 설교자의 폭 넓은 독서는 하나님의 말씀과 청중의 삶을 연결하는 접촉점을 형성함에 있어 긴요한 역할을 한다.

교회사를 통하여 발견되는 탁월한 설교자들의 공통적인 특징은 그들 모두가 열정적인 독서가들이었다는 점이다. 설교자들의 독서는 폭넓게 이루어지는 것이 좋다. 사회, 문화, 인문, 과학, 역사, 정치, 등 거의 제한을 두지 않는다. 특히 탁월한 설교자들을 포함하여 지난 세기의 인물들에 대한 전기는 설교자와 그의 청중에게 매우 유익한 교훈을 제공한다. 모힌니는 '6중 독서'의 유익함에 대하여 말했다. 6중 독서란 책을 읽을 때 한 번에 한 권씩 하나의 책을 끝까지 다 읽는 방식이 아니라 여섯 권을 한꺼번에 읽는 것이다. 여섯 권을 한꺼번에 읽는다는 것은 여섯 권을 한 곳에 펼쳐 놓고 동시에 읽는 것이 아니라 설교자가 일상에서 자주 빈번하게 자리하는 곳에 책을 한 권씩 비치해 두고 틈틈이 읽는 방식을 말한다. 목적은 여러 영역에 속하는 책들을 읽으면서 다양한 통로로 통찰을 얻게 되면 결과적으로 설교를 위한 자료를 다양한 방면에서 확보할 수 있기 때문이다. 모힌니는 6중 독서를 위한 책으로 소설, 역사, 전기, 일기나 저널, 시 등 서로 다른 다섯 분야에다 자기 자신이 관심을 가지고 있는 한 분야의 책을 더하는 방식을 소개하였다.[3] 독서의 폭이 넓을수록 설교자는 다양한 설교자료를 확보한다. 한 책에서 한 방향의 도움을 받기보다 여러 책에서 다양한 분야의 자료를 얻을 수 있다면 설교의 내용이 더욱 풍성하게 될 것이기 때문이다.

---

3) Ibid., 217-8.

인격 수양

장기적 설교 준비에 속하는 또 다른 요소는 설교자의 인격 수양이다. 진리를 전달하는 통로로서 설교자의 인격과 그의 내면세계는 매우 중요하다. 소중한 것을 아름다운 그릇에 담을 때, 비로소 그 가치가 빛나듯이 하나님의 말씀은 설교자의 고귀한 인격이 수반 될 때, 더욱더 생명력 있는 말씀으로 청중에게 전달될 것이다. 다시 한번 켈러의 말을 주목해보자:

> 익히 말해 왔지만 청중은 우리 인격을 신뢰할 때 우리의 메시지도 신뢰할 것이다. 여기에는 빠져나갈 길이 없다. 사람들은 단지 우리 말과 논증, 삶과 유리된 우리의 호소만 수신하는 게 아니다. 그들은 항상 그 근원을 감지하고, 심지어 평가한다. 우리를 잘 모를 경우 사람들은 우리가 괜찮은 사람인지, 자신들과 연결고리가 있는지, 혹은 우리가 존경할 만한 사람인지를 판단할 이런저런 증거들을(보통 무의식적으로) 수집한다.[4]

현대 청중은 설교의 예리한 논리성보다 설교자의 이미지와 인상에 더 크게 반응하는 경향이 있다. 설교자가 청중과 더불어 소통을 시도하고자 할 때 청중은 설교자로부터 다가오는 그의 인격이나 영성을 느낀다. 설교자의 삶과 그의 인격이 크게 부각되는 이유이다. 비단 청중의 입장에서 처음 마주하는 설교자일지라도 풍겨오는 이미지나 인상은 청중에게 기대감을 가지게 하거나 아니면 경계심을 가지게 한다. 아무리 능력이 있는 사람이라 하더라도 그의 도덕성에 의구심이 생기면

---

4) Keller, 「팀 켈러의 설교」, 256.

즉각 퇴출당하는 것이 오늘날의 사회 분위기이다. 이런 경향으로 인해 설교자의 인격은 종종 메시지를 전하는 강력한 미디어로서 기능을 한다. 혹자는 목사가 곧 목회라고 말한다. 이런 논리에서 설교자 자신은 곧 그의 메시지가 된다. 아리스토텔레스는 그의 책 '수사학'(*The Art of Rhetoric*)에서 설득의 3요소로서 로고스, 파토스, 그리고 에토스를 논하였다.

로고스(logos, Word) : 연설의 내용을 말하며, 이성적인 논리와 말하는 기술이 포함된다.

파토스(pathos, passion): 연설의 감정적인 측면을 가리키며, 청중이 연설자에게서 느끼는 열정이나, 갈망, 그리고 느낌 등을 포함한다.

에토스(ethos, ethics) : 연설 중에 청중이 느끼는 연설자의 인격이다.

고대 수사학에서 연사(addresser)의 인격적인 면은 설득의 과정에서 중요한 요소로 간주 되었다. 아리스토텔레스는 이것을 '에토스'라 칭하면서 이것은 청중에게 보여지는(appeal) 연설자의 인격적인 면으로서 소통(communication)에서 가장 큰 설득력은 '에토스'에 의해 이루어진다고 말했다. 그의 수사학에서 아리스토텔레스는 이렇게 쓰고 있다: "어떤 수사학 저자들이 그들의 '기술'에서 규정한바 화자의 선함이 그의 설득력에는 아무런 이바지도 하지 못한다는 주장은 전혀 사실이 아니다. 정반대로, 품성(에토스)은 설득의 가장 강력한 수단이다."[5]

---

5) Aristotle, *Rhetoric,* 1, 2, 135.

설교는 하나님의 말씀을 청중에게 전달함으로 청중이 말씀에 반응하게 하는 목적을 가진다. 따라서 설득의 법칙으로서 설교자의 에토스는 그의 설교에 지대한 영향을 미친다. 흔히 설교자의 능력은 말을 잘하는 것에 있다는 말도 있다, 그러나 설교의 생명은 설교자 자신의 인격과 영성에 기인한다. 이것은 왜 설교자가 그의 삶 속에서 고결한 내면세계를 가꾸어야 하는지에 대한 매우 중요한 이유이다.

설교자의 에토스

1세기 수사학자 퀸틸리아누스(Quintilian)는 좋은 연사는 연설의 스킬을 배우기 전에 좋은 사람이어야 한다고 말했다.[6] 설교자에게 능변의 은사는 매우 값진 자산이다. 조리 있는 말로 설득력을 발휘하는 것이야말로 설교자에게 특별한 능력이 아닐 수 없다. 아리스토텔레스의 수사학에서도 첫 번째 설득의 법칙은 메시지를 논리적으로 말하는 기술로서 로고스였음은 그 가치와 중요성을 충분히 보여준다. 그러나 설교에서 단순히 말을 잘하는 것은 기교(skill)일 수는 있지만 그 자체가 청중의 마음을 열고 하나님의 말씀을 받아들이게 하는 실제적인 능력은 아니다. 반면에 설교자의 에토스는 그의 메시지에 생명력을 불어넣어 준다. 즉 청중으로 하여금 그가 증거하는 하나님의 말씀을 신뢰하게 하고 마음을 열어 받아들이게 한다. "나의 청중에게 가장 필요한 것은 나의 경건함(holiness)이다"라고 했던 청교도 설교자 맥체인의 말을 다시 한번 상기할 필요가 있다. 설교자의 에토스는 다음의 내용들을 포함한다.

---

6) Quintilian, *Institutio of Oratoria, Books I-III, trans., H. E. Butler* (Cambridge, MA: Harvard University Press, 1996), 19, 21.

본문에서 **설교까지** 목사님 성경을 설교해 주세요!

영성적 에토스

설교자에게 영성적 에토스는 성령의 역사로 말미암아 나타나는 능력과 거룩한 인격을 의미한다. 하나님의 말씀이 성령으로 설교자에게 채워질 때, 설교는 강력한 설득력을 발휘한다. 설교자에게 나타나는 성령의 능력은 그의 기도 생활과 밀접하게 연관된다. 기도하면 반드시 성령의 능력을 받는다고 말할 수 없지만 뜨거운 기도가 없이는 성령의 능력을 나타낼 수 없다. 성령에 감동된 하나님의 말씀이, 성령에 감동된 하나님의 사람에 의해, 성령에 감동된 청중에게 증거되는 것이 우리가 추구하는 설교이다. 그러므로 설교자의 입에서부터 나오는 말은 땅의 소리일지라도 그것은 하늘의 능력을 담은 메시지이다. 이것은 설교자에게 성령의 인격이 임할 때 가능하다. 따라서 설교자의 인격은 곧 그의 영성이다. 사람의 내면세계가 밖으로 드러나는 것이 인격이라면 설교자의 인격은 성령의 능력을 힘입은 경건한 모습으로서 곧 그의 영성과 분리되지 않는다.

일반적인 강연이나 강의에 있어 질적인 내용과 연사의 훌륭한 전달 기교는 청자들의 반응을 불러일으키는 결정적인 요소이다. 설교 역시도, 청중은 설교자의 기교와, 준비 상태, 그리고 그의 열정과 확신에 대하여 일반적으로 반응을 보인다. 그러나 그것만으로는 충분하지 않다. 청중을 하나님의 말씀으로 설득하기 위해서는 보다 더 본질적인 것으로서 성령의 능력이 요청된다. 성령이 설교자 안에서, 설교자를 통해 역사하고 계심을 청중이 느낄 수 있어야 한다. 설교 안에 성령의 역사를 어떻게 나타낼 수 있느냐 하는 것은 설교자들에게 가장 중요한 과제이다. 설교에 있어서 로고스나 파토스는 성령의 사역과 배치되지 않고 상호 보완적이라고 할 수 있지만, 설교자가 설득력을 발휘하기 위해 최후로 호소할 곳은 성령이다. 나는 앞 장 마지막 부분에서 설교자에게 성령 충만을 위한 훈련이 필요함을 논하였다. 무엇보다 기도의 훈련이 필요함을 잊지 말자. 바울은 이것을 너무나 잘 알고 있었다: "우리가 그를 전파하여 각 사람을 권하고 모든 지혜로 각 사람을 가르침은 각 사람을 그리스도 안에서 완전한 자로 세우려 함이니 이를 위하여 나도 내 속에서 능력으로 역사하시는 이의 역사를 따라 힘을 다하여 수고하노라"(골1:28-29).

삶의 에토스

설교자가 하나님의 말씀 앞에 직면할 때, 그는 진리를 깨닫게 된다. 그리고 진리를 마음에 품고 자신에게 적용하는 과정에서 그는 진리의 말씀 안에 거하게 된다. 이때, 말씀이 자신의 삶 속에 반영되고 구체적인 모습으로 나타나는 것이 바로 삶의 에토스이다. 진리의 말씀을 전하는 설교자는 진리 가운데 거하는 것이 마땅하며, 진리를 말로만이 아니라 삶을 통해 드러낼 때 진정한 말씀의 종이 된다. 그때 설교자는 자신이 전한 메시지가 하나님의 말씀이라는 것을 자신의 삶을 통해 입증한다. 그렇다면 설교자의 메시지는 이중적 메시지(dual message)이다. 즉, 그는 언어와 삶을 통해 동시에 설교하는 것으로서, 모노스피커가 아니라 스테레오 스피커이다. 17세기 청교도 설교자 리차드 박스터(Richard Baxter)는 어떻게 좋은 설교를 할 것인가를 공부하듯이 어떻게 잘 살아야 할 것인가를 공부하라고 설교자들에게 조언하였다. 나는 박스터의 말을 매우 중요하게 생각한다. 목사는 설교자이기 때문에 좋은 사람이 되어야 한다. 나는 나의 학생들에게 이 말을 즐겨한다: "목사가 목회이고 설교자가 설교이다."

오늘날 기독교회와 그리스도인들은 어떻게 살아야 할 것인지에 대하여 신중해질 필요가 있다. 이 시대의 그리스도인들은 보다 높은 윤리성을 가지고 도덕적인 삶을 살아야 한다고 나는 믿는다. 도덕적인 삶을 살아야 그리스도인이 되는 것은 아니지만 우리는 그리스도인이기 때문에 세상의 기준보다 높은 도덕적인 삶을 살아야 한다. 이 점에 있어 나는 목사들이 먼저 자신이 섬기는 성도들에게 좋은 본보기가 되어야 한다고 믿는다. 나는 가끔씩 식당에서 혹은 공공장소에서 목회자들이 부주의스러운 언행이나 행동을 하는 모습을 목격한다. 우리는 말씀의 종으로서 세상을 향해 그리스도의 복음을 증거하는 사람들이다. 우리는 그리스도를 대신하는 대사이며 그리스도를 전하는 편지임을 명심하자.

품격의 에토스

설교자는 하나님의 살아있는 말씀을 전하는 사람이다. 설교자는 거룩한 하나님의 종으로 세상을 향해 진리의 말씀을 선포하는 사람이다. 하나님의 종으로서 그는 그에 걸맞는 품격을 갖춰야 한다. 진리의 선포는 설교자에게 주어진 고귀한 사명이다. 진리의 가치를 모르거나 이 사명을 이해하지 못하는 사람에게(비전문가) 맡겨서는 안 된다. 설교자는 전문적인 능력을 필요로 한다. 성경과 신학에 대한 전문적 지식을 비롯하여 진리를 청중의 상황에 맞게 적용하고 가르치는 통찰력과 지혜를 필요로 한다. 오늘날 설교자에게 필요한 것은 이와 같은 조화를 만들어낼 수 있는 품격을 갖추는 것이다.

어떤 설교자는 지식을 추구하지만, 그 지식이 청중을 돕는 적절한 지혜로 발전되지 못하는 것을 본다. 오히려 그것이 과시의 대상이 되고 권위를 확보하는 도구로 전락하기도 한다. 어떤 설교자는 게으름이나 나태함에 빠져 설교에 필요한 지식을 잘 갖추지 못하여 청중을 지루하게 만들고, 또 어떤 설교자는 청중의 요구에 함몰되어 진리를 선포하기보다는 청중의 귀를 즐겁게 하는 것들을 찾아 헤맨다. 어떤 설교자는 설교를 단지 자기 방식대로 선포하는 것이라 생각하여 청중의 이해나 눈높이를 전혀 고려하지 않음으로써 전달, 곧 커뮤니케이션에서 실패하고 만다.

설교자는 설교를 통해서 자신을 끊임없이 노출시킨다. 청중에게 자신을 노출하지 않으려고 인위적인 노력을 해도 우리는 우리가 사용하는 말이나 표현, 얼굴 표정이나 자세, 설교 제목이나 예화 사용 방식 등을 통해서 우리 자신의 마음을 드러낸다. 즉 우리의 속마음은 항상 대중 앞에 공개된다. 사람들은 무의식중에 우리가 우리 자신에 대하여 아는 것보다 우리에 대해서 더 많은 것을 느끼고 파악한다. 항상 솔직하고 정직했던 존 웨슬리에게 한 젊은 목사가 찾아와 조언을 구했다: "목사님, 저는 목회가 참 어렵습니다. 특히 설교할 때마다 교인들의 좋은 반응을 얻지 못합니다. 그리고 저의 리더십을 교인들이 잘 호응해 주지 않습니다. 어떻게 해야 하나요?" 이 말을 듣고 웨슬리는: "당신의 성품은 한결같지 않고 변덕스러우며, 이웃을 향한 사랑도 부족합니다. 너무 쉽게 화를 내고 말도 너무 날카롭습니다. 그래서 사람들이 당신의 말에 귀를 기울이지 않는 것입니다"라고 냉철한 조언을 해주었다. 해돈 라빈슨(Haddon Robinson)은 설교자의 메시지는 그의 삶의 모습과 동일해야할 것을 강조하며 이런 이야기를 들려준다:

우리가 간절히 바라는 것과는 달리, 설교자는 메시지와 분리될 수 없다. 설교를 시작하기 전에 신실한 형제들이 "우리 목사님은 십자가 뒤로 숨기시고 우리가 오직 예수님만 바라보게 해주십시오" 라고

본문에서 설교까지 목사님 성경을 설교해 주세요!

기도하는 소리를 듣지 못한 사람은 없을 것이다. 우리도 이런 기도를 권하고 있다....... 그러나 설교자가 숨을 수 있는 장소는 전혀 없다. 강단이 아무리 커도 사람들로부터 그를 숨겨줄 수는 없다....... 설교자는 설교에 영향을 미친다. 설교자가 살아 있는 성경의 말씀을 전해도, 그 말이 자동응답기처럼 비 감정적이거나 라디오 광고처럼 피상적으로 들릴 수 있고, 사기꾼의 속임수처럼 느껴질 수도 있다. 사람들은 설교만 듣는 것이 아니라, 설교자의 모든 것을 듣고 느낀다.[7]

세월이 오래 지나면 청중은 자기 목사님의 설교를 일일이 기억하지 못한다. 다만 그들은 목사님이 했던 말이 아니라 그 목사님 자신에 대하여, 특히 그때 자기 목사님이 설교했던 메시지에 대하여 얼마나 합당하게 살았는지를 기억할 것이다. 설교자는 끊임없이 성경을 공부하고, 독서를 즐겨하며, 나아가 자신의 삶이 주님과 동행하는 믿음의 사람이 되어야 한다. 왜냐하면 그의 설교는 그의 삶의 전 영역 안에서 준비되는 것이기 때문이다. 19세기 미국의 설교자 헨리 워드 비처(Henry Ward Beecher)가 어느 주일 설교를 마치고 강단에서 내려오자 한 성도가 물었다, "오늘 설교는 참으로 훌륭했습니다. 이 설교를 준비하는 데 시간이 얼마나 걸리셨나요?" 그때 비처 목사는, "예, 40년 걸렸습니다"라고 대답했다. 그때 그의 나이는 40세였다. 설교는 설교자의 삶 전체를 통해서 준비되는 것임을 보여주는 말이다. 20세기 기독교회에 큰 영향을 끼쳤던 영국의 신학자요 설교자였던 존 스토트(John Stott) 역시 장기적으로 설교를 준비하는 설교자의 삶의 모습이 중요한 것임을 이렇게 가르쳐 주었다: "때때로 나는 신학생과 젊은 설교자들로부터, '설교 준비 과정이 그렇게 공들여지는 것이라면, 한 편 준비하는데 얼마만큼의 시

---

7) Robinson, *Biblical Preaching*, 24.

간이 걸립니까?'라는 질문을 받는다. 이 질문에 나는 항상 당황해 왔다. 아마 가장 좋은 대답은 '당신의 전 생애'(your whole life)일 것이다. 왜 냐하면 모든 설교는 그때까지 배워온 모든 것의 증류수이며, 그때까지 살아온 설교자의 인격의 반영이기 때문이다."[8]

즉시적 준비

탄탄한 장기적 준비가 확보되어 있더라도 한편의 설교를 위한 즉시 적 준비는 언제나 주의 깊은 노력이 요청된다. 아무리 많은 설교자료 를 가지고 있더라도 특정한 한 편의 설교를 위한 조직적인 준비가 이루 어지지 않으면 실패할 수밖에 없다. 설교 준비는 단순히 자료를 모으는 것 이상이다. 진정한 설교 준비는 사색, 묵상, 선정, 집합(모음), 첨가, 삭 제, 재고(rethinking), 재집합, 등등의 과정을 요한다. 다음은 여섯 단계 로 이루어진 설교 준비 과정이다.

첫째, 본문 선택(select text)

성령의 도우심을 구하며 본문을 선택한다. 본문은 하나의 개념을 내 포하고 있는 범위 안에서 선택한다. 흔히 하나의 문단 단위로 정해야 하는 것이 아닌가 하고 생각할 수 있으나 그렇지 않다. 하나의 문단이 하나 이상의 주제를 가지고 있는 경우에는 일부를 선택할 수도 있으며 한 개념이 하나 이상의 문단에 걸쳐 전개되거나 장(chapter)을 넘어가

---

8) *Stott, Between Two Worlds*, 258.

는 경우에는 본문의 길이가 길어지는 것에 상관없이 본문을 설정할 수 있다. 경우에 따라서는 한 절을 택할 수도 있다. 물론 이런 경우는 앞서 언급한 것처럼 본문을 중심으로 문맥을 충분히 파악해야 한다.

본문은 많은 경우 설교자의 마음속 설교 정원에서 싹이 트고 자라온 것 들인 경우가 많다. 장기적 준비를 통해서 설교의 씨앗(seed)을 때로는 마음속에, 때로는 노트 정리로 심어두는 일은 매우 중요하다. 제럴드 케네디는, 설교 가운데는 마치 새(new) 집과 같은 설교가 있는데, 너무 새로운 집이기 때문에 아직 건축중에 있는 집이라고 말했다. 아직도 완성되지 않은 새집과 같은 설교가 마음속에 언제나 준비되어 있다면 그 설교자는 행복한 사람이다. 그러면 설교의 씨앗은 어디서 확보되는가? 대부분 장기적 준비에 해당되는 성경 연구, 개인 경건의 시간, 독서 중에, 때로는 신학 연구 과정에서 설교자는 설교의 씨앗을 자신의 가슴속에 싹틔우게 된다. 물론 일정한 설교계획을 세워 이미 시행하고 있는 설교자는 짜여진 계획을 운영하면 될 것이다. 설교계획에 대해서는 뒷부분에서 다시 논하기로 하겠다.

본문의 범위를 정하는 것도 매우 중요하다. 본문이 지나치게 짧을 경우, 하나의 중심 개념 형성이 불완전할 수 있다면, 지나치게 넓은 본문은 주요 사상이나 아이디어가 중복됨으로 인해 설교의 핵심 개념 형성이 역시 불안해질 수 있다. 본문의 범위를 정하는 가장 기본적인 원칙은 하나의 핵심 개념(idea)을 중심으로 설교 단위를 정하는 것이다. 설교학은 본문을 가리키는 용어로서 '페리코피'(perocope)를 들어 설명한다. 페리코피는 하나의 주제적 개념을 가진 설교 단위를 말한다.[9]

---

[9] '페리코피'는 헬라어, 'πειχώπος'에서 온 것으로, 성경에서 발췌된 페세지(passage)로서 문단과 같이 하나의 작은 사상이나 개념을 포함하고 있는 문학 단위이다. 설교에서는 하나의 주제적 개념을 내포하고 있는 설교 본문을 가리킨다.

둘째, 창조적 묵상(creative meditation)

두 번째 단계는 본문을 깊이 묵상하며 관찰하는 시간이다. 고요한 시간, 본문을 반복해 읽으면서 하나님이 마음에 주시는 감동과, 깨달음, 깊은 통찰 등을 자신의 말로 기록한다. 본문의 전후 문맥을 포함해서 읽는다. 필요할 때는 전 장과 다음 장까지 살펴본다. 이때, 해당 책 전체의 중심 주제, 즉 성경 저자의 저술 목적을 염두 하면서 묵상하면 많은 도움이 된다. 본문 안에 자신이 스며들기까지 선택한 본문과 친숙해지는 것이 중요하다. 켈러는, 저자의 주요 포인트를 알아내고 거기에 시간을 투자하라고 조언하면서 이렇게 말했다: "본문 안으로 깊이 들어가서, 저자가 듣는 이들에게 전하려 한 의미를 확실하게 파악하라. 그것이 바로 하나님이 말씀하시는 바에 충실 할 수 있는 방법이다."[10] 이때, 여러 성경 번역본을 비교 관찰하며 읽는 것은 매우 현명한 일이다. 읽는 방법은 조용한 묵상과 소리 내어 읽는 것을 병행한다.

묵상을 시작하면서 본문의 역사적 상황을 파악해 두는 것은 매우 유익하다. 본문은 성경 저자의 저술 목적이 담겨있을 뿐만 아니라 당시 저자와 수신자들이 함께 공유했던 상황 속에서 기록되었다는 것을 유념하면서 다음의 사항들을 살펴보는 것이 좋다.

- 누가 이 책을 썼는가?
- 누구에게 보내졌는가?
- 저자와 수신자의 관계는 어떠하였는가?
- 저자의 기록(저술) 목적은 무엇인가?

---

10) Keller, 「팀 켈러의 설교」, 95.

- 저자는 어느 곳에서 어느 지역에 있는 수신자에게 썼는가?
- 본문은 앞뒤 정황과 어떤 연관성이 있는가?

저자의 입장에서 하나의 본문은 특정한 상황 속에 놓여있는 수신자들에게 목적을 가지고 기록한 말씀이다.[11] 당시 저자는 왜 붓을 들어야 했으며 당시 수신자들은 왜 그 말씀을 들어야 할 필요와 이유가 있었는지를 파악하는 것은 매우 중요하다. 수신자들에게 본문의 말씀이 주어진 것과 연관하여 브라이언 채플(Bryan Chapell)은 'FCF,' 수신자들의 '타락 상태 초점'을 살펴보라고 말한다.[12] 'FCF'(Fallen Condition Focus)는 문자 그대로 수신자들이 당시 본문의 말씀이 필요했던 상황으로서 그들의 불신앙이나 영적 타락 상태를 파악하는 것이다. 오늘날 성도들이 말씀으로부터 때로는 멀어진 상태에서 신앙적으로 나태하거나 죄 가운데 처하는 것처럼 당시 수신자들의 영적 타락이나 침체(하나님의 말씀과 멀어진) 상황에 집중해 봄으로써 저자는 그에 대하여 무엇을 말하고 있는지를 파악하는 것이다.

그런가 하면, 당시 저자와 수신자들이 공유하고 있던 상황으로서 그 둘 사이의 관계는 어떠하였는지를 파악하는 것 또한 본문 배경 이해에 매우 유익하다. 특히 서신서의 경우는 저술 동기(occasion)와 연관하여

---

11) 빌립보서에서 바울은 "빌립보에 사는 모든 성도와, 또한 감독들과 집사들에게" 쓰고 있음을 밝혔고, 빌레몬서에서 바울은 개인적으로 빌레몬에게 쓰면서 동시에 빌레몬의 집에 있는 교회에 말하고 있음을 볼 수 있다. 그뿐만 아니라, 바울은 데살로니가 교회에 보낸 편지에서, "모든 형제에게 이 편지를 읽어주라"(살전5:27)고 말하였고, 골로새교회의 성도들에게, "이 편지를 너희에게서 읽은 후에 라오디게아인의 교회에서도 읽게 하고 또 라오디게아로부터 오는 편지를 너희도 읽으라"(골4:16)고 당부하고 있는 것을 볼 수 있다.

12) Bryan Chapell, *Christ-Centered Preaching: Redeeming the Expository Sermon* (Grand Rapids: Baker Book House, 1994), 40-4. FCF는 Fallen(타락), Condition(상태), Focus(초점)로서, 채플은, 성경에서 하나님은 인간의 죄악과 잘못을 비롯하여 하나님 앞에 합당하지 못한 인간의 모든 연약함에 대하여 말씀하셨다고 설명한다.

당시 저자와 수신자 간의 관계를 파악할 필요가 있다. 바울이 고린도 교회 성도들에게 보낸 두 책(고린도전서와 고린도후서)은 당시 바울과 고린도 교회 성도들의 관계가 긍정적인 면만 있었던 것이 아님을 보여준다. 바울은 고린도 교회 성도 중에 자기의 가르침을 반대하고 자신을 사도로 인정하지 않는 사람들이 있다는 것을 알고 있었다(고후2:1-11; 11:1-12:13). 설교자는 고린도 교회를 향한 바울의 가르침과 권면이 이런 컨텍스트 안에서 이루어졌음을 참고함으로써 본문의 세밀한 부분까지 파악하는 데 도움을 받을 수 있다.

반면에 빌립보 교회나 데살로니가 교회를 향한 사도바울의 입장은 사뭇 다르다. 바울은 빌립보 교회 성도들이 자신의 사역에 물질과 기도로 함께 참여해 준 것에 대하여 고마운 마음을 가지고 있었다. 데살로니가 교회는 작고 연약했지만, 성도들이 굳건히 믿음을 지키면서 마게도냐와 아가야 지역에 믿음의 소문을 낸 것에 대하여 사도는 그들을 향하여 칭찬과 격려를 보내면서 하나님께 감사한다고 말했다. 이런 컨텍스트 안에서 바울은 빌립보 교회나 데살로니가 교회를 향하여 그들의 부족함과 문제점들에 대해서는 단호한 가르침과 권면을 주저하지 않았다.

아마도 갈라디아서를 주의해서 읽어본 사람은 저자 바울이 강경한 표현을 동원하여 갈라디아 교회 성도들을 권면하고 있음을 느꼈을 것이다. 당시 갈라디아 교회에 침투해 들어온 유대적 율법주의 사상에 대하여 사도는 강경한 어투로 변증하였다. 왜냐하면 자칫 갈라디아 성도들의 믿음이 그 핵심에서 왜곡될 수 있었기 때문에 바울은 단호한 어투로 복음을 위협하는 거짓 가르침에 대하며 경고성 발언을 하였던 것이다. 따라서 우리는 이 서신 안에서 절박한 경고와 단호한 신학적 논증이 사도의 간곡한 호소와 함께 펼쳐지고 있음을 알 수 있다. 이런 배경과 함께 갈라디아서의 핵심 논쟁인 육체적 할례(율법)의 한계성과 믿음으로 의롭게 됨(예수 그리스도의 복음으로)의 상대적 관계성을 우리는 이해할 수 있다.

성서 언어를 자유롭게 읽고 이해할 수 있다면 헬라어나 히브리어로 본문을 읽는 것이 가장 좋다. 그러나 성서 언어에 그만큼 자유롭지 않다면 다양한 참고 자료를 활용하여 충분한 도움을 받을 수 있다. 무엇보다 창조적 묵상은 설교자가 개인적으로 하나님의 음성을 듣는 시간이다. 본문의 문맥을 잘 파악하면서 이 단계에서는 저자가 무엇을 말하고자 이렇게 쓰고 있는지를 파악하고 이해하는 것이 가장 중요하다.

셋째, 본문 연구(text study)

본문 연구는 두 단계로 이루어진다. 먼저 본문 안에 들어있는 중요한 단어들의 정확한 의미를 찾는 것은 물론 하나의 단어 안에 들어있는 통찰력 있는 아이디어들을 놓치지 않는다. 중요한 단어의 뜻을 찾는 것만으로도 설교자는 본문의 깊은 의미를 파악할 수 있다. 본문의 중요한 단어들은 대개 동사들이거나 반복되는 단어들이다. 다음은 주해(exegesis) 과정을 통하여 본문의 뜻을 찾는다. 정확한 의미를 찾기 위해서는 본문의 문법적 분석이 요청된다. 특히 동사의 태(능동태, 수동태)와 수(단수 복수)를 비롯하여 완료형인지 분사형인지를 세심히 살핀다. 주해(exegesis)를 위해서는 주해적이며 비평적인 주석이나 그 외의 참고 자료를 활용한다.

본문 연구를 위한 도구

1) 해설(주해) 성경: 한 권의 좋은 해설성경을 선택하는 것보다 더 용이

하고 효율적인 해석 도구는 없을 것이다. 설교자 중에는 성경을 해석하는 데 있어 도움이 되는 훌륭한 도구 중의 하나가 해설 성경이라는 사실을 모르는 경우가 있다. 해설 성경이 제공하는 자료 안에서 각 구절을 서로 참조하고, 개요 집이나 용어 해설집, 용어 색인, 주석, 지도, 성경에 대한 개요서, 도표, 연도표 등의 도움을 받아 본문을 살펴 봄으로서 유익한 정보를 얻을 수 있다.

2) 원어 사전: 우리는 원어 사전을 통해서 성경이 번역되기 이전 원래 언어로 어떤 뜻이었는지 알 수 있게 된다. 좋은 사전을 활용하면, 그 단어의 명확한 뜻이나 여러 가지 활용법, 어근의 의미, 실례들뿐만 아니라, 문법 변화에 따라서 그 의미가 어떻게 변화하는지도 알 수 있다. 설교자는 문법 연구를 통해서 한 단어의 시제와 격, 수, 어법, 혹은 문맥이 그 구절의 의미에 어떤 영향을 미치는지 알 수 있다. 각각의 문법적인 특징을 광범위한 색인으로 만들어서 설명하고 예를 들어 주는 것이 가장 좋은 문법서라고 할 수 있다.

3) 성구 사전: 특정 본문을 연구하다 보면, 다른 성경 본문에서 보았던 단어를 발견하게 되는 경우가 종종 있을 것이다. 또 그와 비슷한 단어나 사상을 어디에선가 보았는데, 정확하게 기억할 수 없을 때도 있다. 용어 색인(concordance)은 찾고자 하는 단어가 성경의 어느 구절에 있는지 모두 열거해 줌으로써 참조할 수 있도록 도와준다.

4) 성경 번역본: 설교자들은 번역 전문가들이 같은 본문을 어떻게 번역했는지 비교해 봄으로써 원문의 세밀한 뜻을 파악 함에 있어 도움을 받을 수 있다. 그동안 성경은 각 나라 언어권별로 매우 다양한 번역본들이 출판되었다. 한글 성경의 경우 1938년 개역 성경이 나온 이후 많은 번역본이 출판되었다. 번역본들은 성경 원전을 직접 번역하는 것이 있는가 하면, 한문 성경이나 영문 성경에 기초하여 한글로 번역하는 것도

있고, 원전을 고려하되 다른 번역본들을 비교하여 장점들을 중심으로 개정 출판하는 경우도 있다.

모든 번역본은 저마다 번역상의 특징을 가지며, 장점이 있는가 하면 부분적으로 약점을 가지고 있다. 이는 설교자가 왜 정확한 본문 파악을 위해 번역본들을 비교하며 읽어야 하는지에 대한 참고 사항이 된다. 한글 번역본들은 크게 분류하여 초신자 입문용, 어린이/청소년용, 평신자 통독용, 성서 연구용, 그리고 전례(예배)용 등으로 구분할 수 있다. 일반적으로 한국교회가 예배용으로 사용하거나 설교자들이 설교 준비를 위해 폭넓게 사용하는 성경은 '개역개정 성경'이다. 그러나 본문의 정확한 뜻을 추구하는 설교자라면 '개역개정 성경' 외에 다른 번역본들을 비교하며 참고할 것이다.

나아가, 영문 성경의 경우도 매우 다양한 번역본들이 있다. 한글 성경 중에는 영문성경(KJV, RSV)을 단순히 번역하거나 그에 기초하여 번역 출판되어 나온 경우들이 있다. 이는 영문 성경 번역의 역사는 한글 성경의 경우보다 훨씬 오래되었음을 보여준다. 영문 성경도 주로 통독용이나 새 신자 교육을 위해 쉬운 문체로 번역된 경우와 예배용이나 연구용의 특징을 가지고 있는 번역본들이 있다. 설교자에게 가능한 한 한글 성경을 비롯하여 외국어 성경까지 폭넓게 참고하여 본문 파악을 시도하는 자세는 매우 바람직하다. 아래는 한글 성경과 영문 성경의 주요 번역본들에 대한 간략한 특징이다.

개역 성경(1938): 성경 원전을 직접 번역하지 않고 영어 성경 흠정역(KJV)과 한문 성경을 기초로 번역된 것이라는 한계성을 가지고 있다. 또한 한글 고어체와 한자어 등이 사용되었기 때문에 읽고 이해하기 어려운 책으로 인식되었다.

개역한글 성경(1952): 1938년에 출간된 '개역성경' 을 '한글맞춤법통일안' 에 따라 일부 내용을 개정하여 '개역한글' 이라 명명하였다. 여전히 고어체와 한자어가 사용되었다. 대부분의 개신교회가 '개역개정 성경' 이 나오기 전까지 공인하여 오랫동안 사용한 번역본이다. 1961년(표제지 년도 1956)에 표기법을 더 손질하고, 활자를 다시 제작하여 '성경전서 개역 한글판' 이 나왔다.

공동번역 성경(1977): 개신교회와 천주교 학자들이 함께 번역하였다. 공동으로 번역하였다는 의미를 부여하여 '공동번역 성경' 이라 칭해진다. 한국어 문체의 장점을 살렸고 직역보다는 의역을하여 쉽게 이해하도록 번역하였다. 주로 천주교에서 사용하고 있으며 다수의 외경도 포함되어 있다.

현대인의 성경(1986): 생명의 말씀사에서 주관하여 번역한 성경이다. 영문 성경 'Living Bible' 을 한글 현대어로 읽기 쉽게 번역하였다. 일반적으로 'Living Bible' 은 번역상 의역을 한 특징을 가지고 있다. 의역을 하여 번역하는 경우는 독자들의 이해력에는 도움을 주지만 본문의 세밀한 뜻을 담아내지 못하는 단점을 가진다. '현대어 성경' (1991)은 '현대인의 성경' 이 원전을 사용하지 않았던 점을 보강하여 원전을 사용하였고 역시 'Living Bible' 을 참고하였다.

표준새번역 성경(1993): 대한성서공회가 원전을 바탕으로 개역한글의 고어체를 현대 어법에 맞는 쉬운 말로 번역하였다. 개역한글 성경에서 쓰던 '여호와' 라는 단어를 모두 '주' 라고 바꾸었다. 의역 중심으로 이루어진 공동번역과 달리 상대적으로 원문을 더 직역하였다. 우리말 관용구를 활용하여 원문이 뜻하는 바를 분명하게 번역하여 신자들이나 일반 독자들이 쉽게 읽을 수 있도록 하였다. 2001년에 나온 '표준새번역 개정판' 의 공식적인 이름은 '새번역' 이다.

본문에서 **설교까지** 목사님 성경을 설교해 주세요!

개역개정 성경(1998): '개역한글 성경'을 개정하여 출판하였다. 인명, 지명, 외래어 음역 등, 개역 성경의 문체를 유지하되 현대인들이 잘 이해하도록 단어를 알기 쉬운 말로 문법에 맞추어 바꾸었다. 원전을 비교하여 번역함으로써 '개역한글 성경'에서 명확하지 않은 부분은 보완하여 개정하였다. 현대인들이 이해하기 어려운 옛말이나 한자어는 알기 쉬운 말로 바꾸었고 사람들에게 혐오감을 줄 수 있는 용어 또한 다른 말로 개정하였다. 현재 한국교회가 예배용으로 가장 많이 사용하고 있으며 연구용으로도 활용도가 높은 성경 번역본이다.

쉬운 성경(2001): 아가페 출판사에서 원전을 번역하되 어린이도 쉽게 읽을 수 있도록 현대어로 번역된 성경이다.

우리말 성경(2004): 두란노에서 원전에 기초하여 우리말 어법에 적합한 단어와 표현으로 번역되었다. 어린이나 초신자들도 읽기 쉽도록 번역하였다.

KJV(King James Version): 영국 왕 제임스 1세의 명에 따라 원전을 번역한 흠정역이다. 이전까지 나왔던 영문 성경들을 참조하였고 47명의 학자들이 번역에 참여하여 1611년에 발간되었다. 당대에 최고의 권위있는 번역본이었고 현재에 이르기까지 기독교회에 많은 영향을 미쳤으며 아직도 폭넓게 사용되고 있다. 순례자 시대의 언어로 번역되어 수많은 고어체가 사용되어 읽고 이해함에 어려움이 있다. 이후 각 나라 언어로 성경이 번역되는 기초가 되었다. 한글 흠정역 성경은 KJV를 직역하였다.

RSV(Revised Standard Version): 1901년 미국의 상황에 맞게 ASV(Ameri-can Standard Version)를 개정하여 발간하였다. 이후 1989년 NSRV(New Revised Standard Version)로 개정되었고, 2001년에는 ESV(English Standard Version)로 개정되었다. 일반적으로 의역을 하여 독자들의

이해력을 높여주는 특징을 가지고 있으나 연구용으로는 활용도가 낮은 편이다.

ESV(English Standard Version): 1971년판 RSV를 기초로 하였고 원전에 충실하면서 동시에 현대영어 표현에 잘 맞춰 번역되었다. 영어권에서 많이 사용되고 있는 번역본 중에 하나이다.

NASB(New American Standard Bible): 1973년에 출간되었다. 원전에 기초하여 번역했으며 비교적 자유롭게 표현된 RSV에 대한 대안으로 원전에 충실하게 축어적으로 번역한 성경이다. 통독용과 평신도 교육용으로 폭넓게 읽혀지고 있으며 연구용으로도 활용되는 번역본이다.

NIV(New International Version): 1978년 미국 복음주의 교단들이 함께 참여하여 원전에 충실하되 현대인들이 편하게 읽을 수 있는 문체로 번역하였다. 현재 영문 성경 가운데 가장 많이 사용되고 있으며 원문에 충실한 번역본으로 인정받고 있다. 특히 성경 원문의 뜻을 "역동적으로 상응하는" 현재의 관용구로 번역함으로써 현대인들이 쉽게 이해할 수 있도록 번역되었다.

5) 주석서: 주석서는 앞에서 제시한 본문 연구 도구들을 모두 사용해서 준비된 성경 해석서이기 때문에 특정 본문의 의미를 찾고 있는 설교자에게 큰 도움을 준다. 훌륭한 주석서는 성경 각 책의 배경과 주제를 비롯하여 특정 단어의 세속적인 의미와 본문에서 사용된 뜻, 문법적인 분석을 통한 명확한 의미, 나아가 다른 주석들과의 비교를 통한 합리적 접근 등 설교자가 특정 본문을 잘 해석하도록 도와준다. 물론 최종적으로 본문의 의미를 확정 짓는 것은 설교자 본인이다. 본문에 대한 충분한 관찰과 단어 연구 그리고 문맥적인 해석이 확보된 설교자는 주석서

의 내용을 일방적으로 의존하거나 따라가지 않는다.

주석이 제공하는 전문적인 지식은 당장에는 가장 큰 이익이면서 동시에 가장 큰 위험이 될 수도 있다. 주석을 대하는 자세에 따라 설교자들은 구분된다. 설교자들 가운데는 주석류의 도움을 거부하는 사람들이 있는가 하면, 자신의 생각은 없고 주석가들의 말만 전적으로 옮기는 사람들이 있다. 두 경우 모두 바람직하지 않은 모습이다. 주석류는 훌륭한 학자들이 앞서 연구해 놓은 훌륭한 도구이다. 필요한 범위에서 주해 도움을 받는 것은 매우 지혜로운 자세이다. 반면에 본문에 대한 자신의 연구는 없고 일방적으로 주석가의 말만 따라가는 설교자의 경우 또한 좋은 설교자가 될 수 없다. 주석서를 지침서나 교과서로 삼기보다는 감독자(check)로 사용하라는 말은 타당하다.

지혜로운 설교자는 충분히 본문의 전체 윤곽을 파악한 후에 구체적인 단어의 뜻이나 본문의 특정 부분에 대한 명확한 뜻을 찾기 위해 주석서를 찾는다. 본문을 정한 다음 곧장 주석으로 달려가는 것은 가장 위험하다. 그런 설교자는 그 주석가의 생각과 방향에서 벗어나지 못하게 될 것이다. 설교를 위해 본문을 연구하는 설교자는 자기 주석을 쓰는 것이라 했던 팀 켈러(Tim Keller)의 말을 곱씹어 볼 필요가 있다.[13] 이 부분에서 신중한 설교자라면 주석서를 선택할 때, 특정 전집을 취하기보다는 여러 가지 전집에서 우수한 책만 낱권으로 혹은 분야별로 구입하여 자기만의 주석서 전집을 만드는 방식을 고려할 것이다.

본문 연구 과정을 통해서 설교자는 본문 전체가 말하는 의미를 모두 파악하게 된다. 여기에서 본문의 의미에 근거한 강해(exposition, 해설) 작업이 이루어진다. 강해는 설교자가 자신의 청중을 위한 현재적 교훈

---

13) Keller, 「팀 켈러의 설교」, 282.

과 적용점에 집중하는 것이다. 여기까지 이르렀을 때 설교자는 본문의 의미가 구체적으로 무엇인지, 그리고 자신과 청중을 향한 교훈과 적용점까지 파악함으로써 그의 마음은 본문의 내용으로 충만히 채워짐을 느끼게 된다.

넷째, 개요 작성(write an outline)

본문 연구를 통해 본문의 내용이 충분히 파악되었기 때문에 설교자는 이 단계에서 명확한 설교의 주제를 정한다. 주제에 입각한 개요를 작성하여 설교의 전체 윤곽을 잡는다. 개요 작성은 설교의 골격(structure)을 세우는 것과 같다. 다시 한번 설교자가 유념해야 할 것은, 과거 성경 저자가 그의 수신자들에게 전했던 말씀의 뜻은 현대 청중에게도 동일하다는 점이다. 설교 개요는 다만 이 시대의 청중의 삶에 적용하기 위해 상황 화 된 것이다. 개요 작성에 관한 원리는 제4장 '본문 해석과 설교의 실제'에서 충분히 다루었다.

설교 개요를 작성하는 것은 설교자가 이 단계에 이르기까지 준비해 온 모든 자료를 가지고 어떻게 설교를 구성하느냐의 문제이다. 창조적 묵상을 통하여 관찰된 내용과 주해 과정에서 파악된 실질적인 내용은 탄탄한 구성을 위해 매우 중요하다. 아마도 설교 개요의 탄탄한 구성력이나 짜임새 있는 내용은 창조적 묵상과 본문 주해 과정이 얼마나 충실히 이루어졌느냐에 따라 달라질 것이다. 그뿐만 아니라 그 외 관련된 신학과 문학의 내용을 포함하여 설교자 개인의 경험이나 영성을 최대한 활용하여 조리있고 일관된 설교를 구성하는 것은 쉽지 않은 작업이다. 이는 마치 주어진 자재를 가지고 어떤 집을 짓느냐 하는 것과 유사한 개념이다. 설교자는 눈을 통하여 자기 설교의 구조를 보지만, 청중

본문에서 설교까지 목사님 성경을 설교해 주세요!

은 그 내용을 귀로 듣는다. 이때 설교구조는 설교자가 청중에게 잘 다가설 수 있는 방식이어야 하는데, 할 수 있는 대로 청중의 마음과 생각을 사로잡는 매력적인 틀과 용어를 사용하는 것이 좋다. 왜냐하면, 이런 외적인 측면도 때로는 청중에게 어필하거나 그들의 집중력을 높이는 데 도움이 되기 때문이다. 그뿐만 아니라 잘 구성된 메시지는 청중으로 하여금 들은 내용을 마음에 잘 간직하도록 돕는다.

다섯째, 원고작성(manuscript writing)

주해와 강해의 과정을 통하여 확보된 자료를 토대로 원고를 작성한다. 설교 내용은 개요에 살을 붙이는 것이다. 이때 창조적 묵상을 통하여 얻은 것은 설교에 영감과 통찰을 더 할 것이다. 설명, 예증, 적용 등을 위해 가용한 모든 참고 자료를 활용하여 짜임새 있는 원고를 작성한다. 설교자가 장기적 준비를 얼마나 충실히 하였는지는 여기에서 확인된다. 이미 확보하여 둔 자료나, 시사성 있는 사건, 아니면 창조적인 아이디어를 통하여 흥미 있는 서론을 작성한다. 역시 같은 방법으로 결론을 작성한다. 어쩌면 설교자는 원고를 작성하는 동안 스쳐 가는 이야기나 통찰, 혹은 영감있는 아이디어를 통하여 이미 적절한 서론이나 결론의 윤곽을 구상하였을 수도 있다. 소설가 양귀자씨의 장편소설「모순」의 에필로그에 이런 말이 나온다:

> 열심히 기계의 글자판을 두들기며 이야기를 이어나가다 보면 손가락이 치고 있는 내용과는 관계없는, 그러나 소설의 뒤나 앞에서 반드시 쓰여지거나 쓰여졌어야 할 문장들이 저 혼자 뚜벅뚜벅 걸어다니는 일이 벌어지곤 한다. 그럴 때, 결단코 그 문장을 놓쳐서는 안 된다. 그 문

장은 작가인 내가 만들어 내는 것이 아니다. 나 말고 누군가가, 오직 소설을 위해 아껴둔 한 말씀을 섬광처럼 발하는 것이다.[14]

주어진 본문을 붙잡고 집요하게 깊은 묵상과 해석 작업에 몰두하는 설교자는 자신의 생각과 머리로는 알 수 없는 말씀을 직면하는 경험을 한다. 나는 양귀자 작가가 무엇을 말하는지 충분히 알 수 있을 것 같다. 물론 소설가가 만나는 섬광처럼 빛나는 말과 하나님의 진리의 말씀은 비교의 대상이 아니다. 그러나 영감(inspiration)의 세계란 제한적이라 할 수 없다. 영감이란 기독교의 전유물이 아니기 때문이다. 영감 어린 소설가의 작품이 독자들의 심금을 울리듯이 영감으로 넘치는 설교는 청중으로 하여금 거부할 수 없는 하나님의 말씀을 삶으로 받아들이게 한다.

인간의 영역이 미치는 곳이라면, 그것이 문학의 세계이든 아니면 예술의 세계이든 영감은 존재한다. 하지만 하나님의 사람들이 직면하는 영감과는 감히 비교할 수 없다. 왜냐하면 우리에게 임하는 영감은 성령으로부터 오는 것이기 때문이다. 특히 설교자에게 임하는 영감은 이 땅에 하나님의 진리의 말씀을 증거하여 영혼들을 구원해 내는 하나님의 위대한 뜻과 연관되기 때문이다. 하나님의 말씀이 성령에 영감된(inspired) 사람들에 의해 최초로 선포되고 기록되었듯이, 이 시대를 위해 하나님의 전령자로 세워진 설교자 역시도 성령의 영감이 필요하다. 오늘 우리의 설교가 힘을 잃고 사람들을 변화시키지 못하는 것은 성령의 부재 때문은 아닐까? 나는 21세기 교회가 새로워지기 위해서는 반드시 성령의 역사가 필요함을 믿어 의심하지 않는다. 그리고 성령의 역

---

14) 양귀자, 「모순」 (서울: 살림, 1998), 282-3.

사는 말씀이 선포되는 강단에서부터 시작되어야 한다고 믿는다.

여섯째, 원고 숙지와 기도(Reading the Manuscript and Praying)

원고작성이 완료되었어도 설교 준비는 아직 끝나지 않았다. 설교자는 작성된 원고를 반복해 읽으면서 메시지가 설교자의 가슴에 충분히 녹아들 수 있도록 숙성시키는 과정을 필요로 한다. 가능한 한 설교 내용과 친숙해져서 원고를 의지하지 않고도 설교할 수 있을 때까지 설교자는 그 내용을 내면화시키는 시간을 충분히 가지는 것이 좋다. 물론 설교를 내면화시키는 과정에서 발견되는 부족한 부분에 대해서는 재작업이 필요하다. 메시지의 논리적 흐름이 부적절한 부분은 수정하거나 삭제하고 불충분한 부분은 보충하면서 설교 원고의 완성도를 높여가는 것 또한 매우 중요하다. 충분히 내면화된 설교는 설교자로 하여금 확신과 자신감을 가지게 하며 청중과의 소통에 더욱 집중하게 해준다.

설교자는 철저한 준비가 이루어졌다고 하더라도 성공적인 말씀 증거는 보장되지 않는다. 3장 '설교의 신학적 대전제'에서 우리는 설교의 초자연성에 대하여 살펴본 바가 있다. 곧 설교는 '하나님의 말씀'을 전한다는 측면에서 초자연성을 가지기 때문이다. 성령의 인도하심과 도우심은 설교 작성의 첫 단계 본문 선정과 창조적 묵상에서부터 전제되었던 사항이다. 실제로 설교 준비의 처음부터 마지막 단계에 이르기까지 성령의 도우심은 필수적인 요소이다. 설교 원고가 완성되었을 때, 설교자는 준비된 말씀을 통해서 성령이 자유롭게 역사 하시도록 간절히 기도하여야 한다. 필자는 버릇처럼 준비된 설교 원고를 손에 들고 성령의 역사를 기대하며 간절히 기도한다. 그 순간부터 강단에 올라가서 말씀을 전하는 시간과 공간에 이르기까지 성령께서 나와 함께 하시기를 간절히 기도하는 것이다. 기도한 후에는 성령께서 함께하신다는 확신을 가지고 담대하게 강단에 오른다. 그리고 시선은 청중을 향하고 말씀 한마디 한마디를 청중과 눈 접촉을 하며 전달한다.

바울 사도는 자기 능력의 한계를 잘 알고 있었다. 그는 고린도전서 2장 4절에서 자신의 생각과 말을 의지하지 않는다고 했다: "내 말과 내 전도함(preaching)이 설득력 있는 지혜의 말로 하지 아니하고……" 그리고 성령의 능력을 따라 설교하였다고 말한다: "우리가 그를 전파하여 (preach) 각 사람을 권하고 모든 지혜로 각 사람을 가르침은…… 나도 내 속에서 능력으로 역사하시는 이의 역사를 따라 힘을 다하여 수고하노라"(골1:28-29).

성령의 능력이 임할 때, 설교자는 생각이 명료해지고, 언어가 명쾌해지며, 말하기가 수월해지고, 권위와 자신감이 크게 느껴진다. 그는 자신의 의지와 상관없는 능력이 자신을 이끌어가고 있음을 알 수 있다. 그 순간, 자신은 성령의 도구요 통로이며 수단임을 경험하게 된다. 이것은 청중도 즉각적으로 감지한다. 청중은 압도되며, 진지해지고, 죄를 깨달으며, 감동을 받고, 겸손해지며 더 많은 가르침을 갈망하게 된다. 이것은 마치 예루살렘 교회 성도들이 함께 모일 때마다 사도들의 가르침을 받고 서로 교제하면서 주의 만찬에 즐거이 참여하고 나아가 열심을 다해 기도에 힘썼던 것과 동일한 모습이다.[15]

설교를 준비하는 설교자는 누구라도 성령의 능력을 진심으로 구하며 그의 역사가 나타나기를 소망할 것이다. 그러면, 성령의 능력이 나타나기를 구하기만 하면 되는 것일까? 이를테면 성령의 능력을 믿고 준비를 소홀히 한다면 주님은 과연 용납해 주실 것인가 하는 말이다.

---

15) Lloyd-Jones, 「설교와 설교자」, 498-9.

본문에서 **설교까지** 목사님 성경을 설교해 주세요!

성령께서 설교자에게 특별한 방식과 능력으로 임하는 것을 성령의 기름 부음이라 칭하면서, 로이드존스는 성령의 기름 부음은 철저히 준비된 설교에 임한다고 말했다. 이는 마치 갈멜산 영적 전투 현장에서 엘리야가 제단을 다시 세우고, 나무를 쪼개어 제단 위에 벌여놓고, 짐승을 잡아 각을 떠서 올려놓기까지 자신이 해야 할 일을 충실히 했던 것과 같은 이치이다. 모든 준비가 이루어진 후 엘리야가 간절히 기도했을 때 하나님께서 제단 위에 불을 내려 응답하였듯이 성령의 기름 부음은 온전히 준비된 설교에 임한다. 그러므로 치밀한 설교 준비와 성령의 기름 부음은 양자택일의 문제가 아니다. 이 또한 역시 상호보완의 관점으로 보아야 한다.[16]

원고 작성의 실제

원고 작성과 문체

문체는 그 사람 자신이다. 그리고 어법 역시 그 사람 자신을 나타낸다. 이 말은 한 설교자가 설교에서 쓰는 문체는 그 사람 자신의 것이어야 한다는 말이다. 설교자에게 문체란 몸에 잘 맞는 허리띠처럼 자신의 설교를 견고하게 받쳐주는 힘과 능력이다. 문체는 설교자가 그때까지 형성해 온 학습과 지식, 삶의 환경, 나아가 그의 내면세계(인격) 모두를 반영하여 나온 결과이다. 중요한 것은 더 좋은 문체를 얻기 위해서는 지속적인 노력이 필요하다. 독서와 글을 쓰는 습관이 크게 도움이 된다.

---

16) Ibid., 469-70.

그런데, 한 설교자의 가장 좋은 문체는 그의 청중의 모든 상황을 고려하여 형성될 필요가 있다. 청중의 문화적 상황이나 삶의 환경 그리고 그들의 이해력 등을 고려하여 가장 적절한 문체는 무엇일까를 신중히 고려하는 설교자는 진정한 소통(communication)의 사람이다. 설교자는 자신만의 설교 스타일을 가지고 있다. 한 사람의 설교자가 강단에서 드러내는 어투와 음성을 비롯하여 표정과 제스처(gesture), 강단 매너, 그리고 청중에게 노출되는 그의 내면세계에 이르기까지 그만이 가지고 있는 독특한 요소들 모두가 그의 설교 스타일을 결정짓는다. 설교 스타일에서 가장 중요한 것 가운데 하나가 바로 그가 사용하는 문체와 표현 방식이다. 설교자의 문체는 그만이 가지는 독특한 것으로서 존중받는 것이 마땅하다. 그러나 슬기로운 설교자라면, 자신의 문체와 표현 방식이 청중에게 호감을 주고 있는지에 예민하게 반응하여 청중에게 가까이 나아가고자 노력할 것이다.

예화의 목적과 기능은

예화의 목적은 실례를 들어 설명하는 것이다. 예화는 여흥을 돋구기 위함이 아니고 전달되는 내용에 빛을 던져 줌으로 청중으로 하여금 메시지를 이해하도록 돕는다. 예화는 본문과 청중을 이어주는 일종의 연결고리로서 추상적인 명제를 감각적으로 구체화시키며 명료하게 해준다. 명제적 표현, 즉 '무엇 무엇을 하는 것은 이러이러한 것을 위해 좋은 것이다'라는 식의 말은 청중의 관심을 끌기가 쉽지 않다. 청중은 수많은 기독교 진리를 정신적으로 수용하지만, 그것이 정작 그들의 삶에는 별 연관성이 없는 것으로 간주하는 경향이 크다. 왜 그럴까? 명제는 추상적이지만 예화(스토리)는 이미지를 그려주는 실제적이고 체감적인

본문에서 **설교까지** 목사님 성경을 설교해 주세요!

것이기 때문이다. 이런 이유로 사람들은 종종 설교자가 사용한 예화 때문에 해당 메시지를 보다 잘 이해하게 되고 그 메시지를 오래 기억하게 된다.

예화의 첫 번째 기능은 보조적 기능이다. 예화는 단지 보조적으로 기능하며 주요 개념을 전하기 위함이 아니다. 예화는 본문을 설명하거나 어떤 개념을 증명할 때, 그리고 청중의 감정을 일깨워 주는 역할을 한다. 때로 설교자는 예화의 내용을 들어 어떤 명제적 개념을 들어내려고 시도하는 경우가 있다. 그러나 설교의 명제적 개념은 본문에서 나오는 것이며 예화는 보다 원활한 이해를 돕기 위한 보조적 역할을 하는 것임을 기억하자.

둘째, 환경적 기능이다. 설교를 하나의 집으로 본다면, 예화는 창문과 같다. 이 창문은 열려진 창문이다. 빛으로부터 찬란한 햇빛이 스며 들어와 본문의 의미를 비추어주고 그 뜻을 밝혀주는 역할을 수행한다. 창문 없는 집에서 사는 것이 매우 답답하듯이 예화 없는 설교는 청중에게 역시 답답함을 느끼게 할 수 있다. 청중 입장에서 볼 때, 메시지를 이성적으로 이해하면서 따라가는 것은 언제나 쉬운 일만은 아니다. 청중의 이해력에 정체 현상이 일어나지 않도록 적절한 예화를 사용하여 집중력을 높여주는 것이 필요한 이유이다. 설교와 연관하여 현대인들의 집중력이 과거에 비해 많이 짧아졌다는 것은 일반적인 사실이다. 이는 이미지적이며 시각적인 것을 추구하는 현대 문화와 무관하지 않다. 예화를 사용하여 메시지를 잘 이해하는 환경을 조성하는 것은 더욱 중요해졌다.

셋째, 흥미 증대의 기능이다. 좋은 예화는 설교의 흥미와 관심을 증대시킨다. 여기서 말하는 좋은 예화는 상황에 꼭 맞는 소재를 가리킨다. 흥미로운 소재는 청중으로 성경적 진리를 이해함에 효력을 높여준다. 예화가 가지는 흥미 증대 기능에 관하여 평신도 대상으로 이루어진한 조사는 예화의 중요성이 얼마나 큰지를 보여준다.

- 설교는 빈번히 너무 많은 복잡한 개념을 제시한다.
- 설교는 많은 분석을 내놓지만 그에 대한 답변은 빈약하다.
- 설교는 너무 형식적이며 비 개인적(impersonal)이다.
- 설교는 너무 많은 신학적 용어가 담겨있다.
- 설교는 명제적이며 충분한 예증이 뒤따르지 않는다.

예화 사용 시 주의해야 할 점도 있다. 창문이 창틀에 잘 맞아야 하는 것처럼 예화는 설교 내용에 잘 맞아야 효과를 얻을 수 있다. 이를 위해 예화를 사용하기 전 설교자는 분명한 개념을 가지고 있어야 한다. 그가 무엇을 전하고자 하는지 그 개념이 명확할 때 그에 적절한 예증을 곁들일 수 있기 때문이다. 예화는 메시지의 포인트에 빛을 던져 줄 수 있어야 한다. 훌륭한 소재를 가지고 있다 해서 억지로 사용하려고 한다면 오히려 청중에게 혼동을 일으킬 것이다. 또 하나, 설교자가 유념할 것은 예화는 예증에 그쳐야 한다는 점이다. 예화는 설교자의 개념에 빛을 비추어주는 것이지 어떤 개념 자체가 아니다. 예화의 내용을 들어 설교를 하려고 하는 것은 매우 부적절한 일이다. 마지막으로 예화는 적절한 양을 사용할 때 빛을 발한다. 창문이 너무 많은 집은 오히려 안정감을 헤치고 혼란스러워진다. 지나친 예화 사용은 설교 주제를 흐리고 설교자 스스로 메시지를 분산시킨다.

설교 제목은 꼭 필요한가

설교는 하나의 주제가 있어야 하듯이 하나의 제목도 필요하다. 제목은 주제와 어떻게 다른가? 주제가 설교의 핵심 사상이라면 제목은 그 설교에 부여되는 하나의 명칭(title)과 같다. 어느 특정 설교에 이름을 붙여주는 것이다. 주제와 일치하는 것일 수 있지만 반드시 그런 것은 아니다. 왜냐하면 제목은 일반적으로 메시지의 구체적 내용을 드러내지는 않기 때문이다. 제목의 형태는 설교자의 상상력, 취향, 그리고 설교자의 의도에 좌우된다. 제목은 신학적 용어에서부터 문학적 표현에 이르기까지 간결한 구(Phrase), 문장, 질문, 또는 감탄문 등으로 다양하게 표현될 수 있다.

제목의 가장 중요한 기능은 청중의 관심을 집중시키고 흥미를 불러일으키는 데 있다. 교회가 홈페이지를 개설하여 운영하는 것은 물론, 유튜브를 비롯한 다양한 멀티미디어 매체를 활용하여 예배와 각종 사역을 소개하는 시대가 되었다. 예배 안내와 더불어 설교를 예고하는 것이 이미 자연스러운 흐름이 되었기 때문에 설교 제목의 기능은 그 어느 때보다도 의미가 있다고 하겠다. 데이비드(O. S. David)는 말하기를, "어떤 책의 성공과 실패는 그것의 제목에 의해서 빈번히 결정되는 것 같이 설교의 매력은 제목의 선택에 거의 의존한다"라고 말했다.

물론 제목이 가지는 효과는 비단 설교에 국한되지 않는다. 어느 대학의 철학 교수가 학생들이 철학 과목에 매력을 느끼지 못하고 수강 신청자가 점차 줄어들게 되었을 때 '性과 철학'이라는 강좌를 개설하였다고 한다. 그러자 많은 학생이 호기심을 가지고 수강 신청을 했고 그 교수는 본인이 원하는 철학 강의를 하였다고 하는 말을 들은 적이 있다. 나는 가끔씩 서점에 들리는 것을 즐긴다. 꼭 사고 싶은 책이 있어서만은 아니다. 진열된 책들을 살펴보다가 눈길이 가는 책이 있을 때는 손에 잡고 자세히 들여다본다. 이때 나의 시선을 사로잡는 책은 제목에서 어떤 흥미를 느끼게 되는 경우이다. 물론 그러다가 책을 구입하여 서점을 나오는 것은 자연스러운 일이다.

주일 아침 예배당으로 들어가는 성도 중에는 자리에 앉아 주보를 자세히 살펴보는 사람들이 있다. 만일 그날 설교 제목이 시선에 들어온다면 그 사람은 기대감을 가지고 설교에 귀를 기울일 것이다. 나는 오래전 미국에서 공부하던 시절, 교회당 밖에 세워둔 게시판(bulletin board)에 예고된 설교 제목에 흥미를 느끼고 예배에 참석하러 오는 사람들에 관한 이야기를 들은 적이 있다. 내가 수년 동안 선교목사(mission pastor)로 사역했던 알칸사스(Arkansas)의 밴더빌트 교회(Vanderbilt Baptist Church) 담임목사 빌 가너(Bill Garner)는 매주 모든 성도들에게 목회 편지를 보내곤 했던 일을 지금도 잊을 수 없다. 성도들은 담임목사가 보내주는 편지를 받으면서 현재 교회 안에 이루어지고 있는 사역에 관하여, 그리고 성도들에 관한 기쁘거나 함께 기도해야 할 소식들을 접할 수 있었다. 그뿐만 아니라 가너 목사는 담임목사로서 자신이 얼마나 성도들을 사랑하고 있으며 그들을 위해 항상 기도하고 있는 것에 대하여 말하는 것을 잊지 않았다. 특히, 내가 지금도 기억하는 것은 다가오는 주일 아침 예배 설교 본문과 제목을 미리 소개해 주는 것이었다. 아마도 밴더빌트 교회 어떤 성도들은 설교에 대한 기대감을 가지고 주일 아침 교회로 향했을 것이다.

설교 제목을 붙이는 것에는 크게 의미를 두지 않는 설교자들이 있다. 단순히 본문에 나오는 말이나 단어를 제목으로 붙이거나 추상적으로 표현하는 경우가 흔히 보는 현상이다. '아브라함의 믿음,' '기도의 능력' 등과 같은 제목에 큰 흥미를 느끼는 사람은 많지 않을 것이다. 설교의 주제와 내용이 중요하지 무슨 제목이 중요하냐고 말하는 사람도 있을 것이다. 맞는 말이다. 하지만 단 한 사람이라도 설교 제목에 이끌려 말씀에 귀를 기울인다면, 혹 그날 그 누군가가 예고된 설교 제목을 보고 예배에 참석했다가 예수 그리스도를 믿고 구원을 받는다면 설교 제목에 신경을 쓰는 것은 충분히 가치 있는 일이 될 것이다. 다음은 필자가 그동안 눈여겨보았던 설교 제목의 예들이다.

- 주제: 하나님의 사랑(요 3:16) → "길고 뜨거운 사랑 이야기"
- 부활절 설교 → "계란 속의 진리"
- 케리그마(구원) 설교 → "SOS"(Save Our Soul)
- 주제: 삶과 휴식(창 1:31—2:3) → "쉼표가 있는 삶"
- 주제: 거듭남(born again, 요 3:1-15) → "인생의 세 번째 만남"

언젠가 목회자들을 위한 설교 컨퍼런스에서 강사로 나선 이동원 목사는 재미있는 말놀이(Word Play) 하나를 소개하였다:

설교 제목에 산소(AIR)를 집어넣으라. AIR란:

Attractive(매력을 느끼게 하는 것)

Instructive(교훈이 담긴 것)

Reflective(설교 내용을 반영하는 것)

서론 작성은 어떻게

설교는 서론(introduction)을 필요로 한다. 집으로 비유한다면 서론은 출입문이나 현관과 같다고 할 수 있다. 현관은 비교적 작은 공간을 차지하지만 크고 넓은 집으로 들어가는 관문이다. 방문객이 출입할 통로가 없는 집이 어색하듯이 서론이 없는 설교는 청중에게 어색함을 안겨

준다. 아무리 훌륭한 음악이라도 반드시 전반에는 서곡 부분이 있으며 한 권의 책도 서두에 주제를 설명한다든가, 저자의 저술 동기라든가, 주제를 향한 접근 방법 등과 같은 서론 부분이 있기 마련이다. 비록 설교자 자신이 서론의 필요성을 느끼지 않는다고 하더라도 청중은 설교의 본론을 듣기 전에 마음의 준비와 주제에 대한 간략한 이해를 필요로 한다. 또한 서론은 명확(clear)하여야하며, 이해될 수 있어야 하며, 비교적 복잡하지 않은 내용이 좋다. 서론의 마지막 부분은 전이적(transitional)이어야 한다. 왜냐하면 설교의 본론으로 연결되기 때문이다.

서론은 두 가지의 목적을 가진다. 하나는, 설교 주제에 관심을 가지게 하는 것이다. 서론은 청중의 관심과 흥미, 그리고 참여를 유도하고 돕기 위한 것이다. 만일 현관이 실제 집보다 더 크면 어색하듯이 설교의 서론은 설교의 목적 자체가 아니라 청중으로 하여금 흥미를 가지고 본론에 임하게 하는 목적을 가진다. 설교자는 청중의 듣고자 하는 자발적인 태도를 원하지만, 청중 가운데는 진리에 대하여 무관심한 사람이 있을 수 있다. 이점을 감안할 때, 흥미 있는 서론으로 청중의 주의를 끌어모으는 것은 매우 중요하다. 성공적인 서론은 설교 전달의 전 과정이 용이하게 진행되도록 돕는다. 둘째, 서론의 목적 다른 하나는, 청중으로 하여금 설교의 주제를 이해하도록 돕는 것이다. 따라서 무의미한 서론이라든가 너무 지루하게 느껴질 만큼 긴 서론은 오히려 부정적 결과를 낳는다.

좋은 서론은 주제와 밀접하게 관련된 어떤 사상을 나타내어 자연스럽고 무난하게 주제에 이르게 한다. 여기서 '어떤 사상'이란 본론에 속한 내용과는 명백히 구분된다. 미숙한 설교자는 서론에서 본론에 속한 것을 예시하는 실수를 범하기도 한다. 이런 이유로 설교자는 서론을 철저하게 계획하고 준비하여야 한다.

서론은 단일한 사상으로 구성되어야 한다. 서론에서 너무 복잡한 것을 다룬다거나 혼돈이 될 수 있는 것은 피하는 것이 좋다. 진부하거나 광범위한 아이디어는 부적절하다. 서론에서 너무 많은 것을 약속하고 있는 듯한 인상을 주는 것 또한 적절하지 않다. 서론은 설교 주제와 연관하여 관심을 유발하는 것으로 충분하다. 그리고 서론이 너무 길어지는 것은 좋지 않다. 긴 서론은 마치 집안에 손님을 들이면서 현관에 너무 오래 붙잡아 두는 경우와 같고, 식탁보를 펴는 시간을 너무 끌어 식사 초대를 받은 손님의 식욕을 떨어트리는 경우와 같은 것이다.

결론 작성은 어떻게

설교에 있어 결론은 메시지를 귀결의 자리로 이끄는 것이다. 결론은 본론을 초청의 자리로 연결시킨다. 결론의 일차적 목적은 메시지를 청중의 삶으로 적용하는 것이다. 결론은 메시지를 종결하는 것으로서 설교를 절정으로 이끌며 적용에 있어서는 청중 개개인을 겨냥한다. 대체로 설교자들이 서론 준비를 게을리하는 경우는 많지 않은데, 결론에 대해서는 상대적으로 소홀히 여기는 경우가 있다. 그러나 탁월한 강사일수록 결론 작성에 주의를 기울인다. 왜냐하면 부실한 결론은 앞에서 제시한 본론의 내용을 중요하지 않은 것으로 기억되게 하기 때문이다. 설교자에게 설교의 결론은 메시지의 주제적 개념을 강렬하게 드러내면서 청중을 결단과 초청의 자리로 이끄는 마지막 쟁점의 순간임을 꼭 기억하자.

때때로 설교자들은, 특히 준비가 불충분한 설교의 경우, 핵심 없이 메시지를 마무리 짓는 현상을 연출 한다. 설교의 시작은 잘 진행되었으나 결론에 이를수록 길을 잃는 경우가 그것이다. 결론은 물이 점점 불어나며 거세어지는 강물이 마지막 하구에서 대하를 형성하는 것처럼 강렬한 이미지를 남겨야 한다. 늪에 다다르면 흔적도 없어지는 시냇물과 같은 것이 되어서는 안 된다.

설교에 있어 결론은 선포된 진리를 청중의 삶에 접목시키는 것이다. 결론에서 설교자는 청중 개개인의 새로운 변화와 결단을 촉구한다. 설교자는 결론에서, '이 말씀을 통해서 하나님은 나의 청중에게 무엇을, 어떻게 하기를 원하시는가?'라는 질문에 분명한 답을 연상하며 청중에게 도전할 수 있어야 한다. 결론은 마치 축구 선수가 볼을 상대편 골문 앞까지 드리블하여 골을 집어넣는 것이며 비행사가 먼 하늘을 날아와서 목적지 비행장에 안전하게 착륙하는 것과 같다.

결론 작성에서 제일 중요한 관점은 용의주도하게 준비하는 것이다. 결론은 설교의 끝부분에 단순히 덧붙여지는 것이 아니라 설교의 유기적인 한 부분으로서 메시지를 완결짓는 필요불가결한 단계가 되어야 한다. 따라서 결론은 그 목적에 있어서 명백히 개개인을 염두에 둔 것이어야 한다. 설교는 설교자와 청중 하나하나와의 만남이다. 설교자는 결론에서 청중을 철저히 의식하고 있어야 하며, 청중에게 아주 직접적으로 단언해서 말하는 것이 좋다. 설교자는 결론에서 2인칭 대명사, '여러분' 혹은 '당신'이란 말을 담대하게 사용할 수 있어야 한다.

결론은 살아있고 강렬한 것이어야 한다. 결론의 말씀은 꼭 박아야 할 자리에 못을 박는 것과 같으며 설교자의 마지막 말은 지혜의 말씀을 함께 묶는 바로 그런 순간이 되어야 한다. 결론은 사상과 표현에서 명쾌해야 한다. 정확성이란 설교의 모든 순간에서 설교자가 유의해야 할 기본 사항이다. 이 정확성이 결론에서도 뚜렷이 나타나야 한다. 이제까지 설교한 내용에 따라 설교자가 자기 사상을 명백히 표명하고 정확한 권면을 하는 순간이 바로 결론이다. 서론이 현관과 같다면 결론은 첨탑과 같다.

설교 계획

설교자는 매 주일 설교를 준비하면서 항상 같은 질문을 던진다. "무엇을 설교 할 것인가?" 이 물음에 대한 답변은 설교자가 어떤 형태의 설교 계획을 가지고 있느냐에 따라 달라질 것이다. 설교 준비 계획에는 대체로 세 가지 형태가 있다.

무작위적 선택

첫째는, 설교자가 무작위적으로 본문을 선택하는 것으로서 매번 당시의 필요와 상황에 따라 본문을 선택하여 설교하는 방식이다. 이 방법은 설교자가 청중의 필요에 민감하게 반응하게 하며 비교적 설교자로 하여금 자유로움과 융통성을 가지게 한다는 점에서 설교자들에게 애용되는 방법이다. 그러나 이 경우는 매번 본문을 선정하는데 적잖은 시간을 들여야 하는 문제와 더불어 자칫하면 설교자의 취향에 따라 성경이 편파적으로 취급되거나, 설교자가 청중의 필요에 지나치게 반응함으로 설교가 인본적으로 흐르게 되는 위험성을 안고 있다. 채플은 특정한 설교계획이 없는 설교자들은 대체적으로 판에 박힌 진부한 설교밖에 할 수 없다고 말한다. 왜냐하면 매주 설교 준비에 사용할 수 있는 시간은 제한적인데, 이 시간 안에 설교를 위한 뛰어난 통찰력을 발견한다는 것은 어려운 일이기 때문이다.[17] 무작위적으로 본문을 선택하는 설교자는 성경을 균형적이며 객관적으로 다루려고 하는 의도적인 노력이 필요하다.

---

17) Bryan Chapell, *Christ Centered Preaching*, 72.

연간 계획

두 번째로 고려되는 설교계획은 6개월이나 연간으로 설교를 계획하는 방식이다. 이때, 설교자는 자신의 목회 계획과 더불어 교회력의 주요 절기들이나 교단의 특별 행사들을 고려하여 설교의 주제와 본문을 선택한다. 이 방식은 향후 6개월 내지 1년간의 설교 주제와 본문이 준비되어 있으므로 성경 연구를 통해서 어떤 통찰력을 확보하거나, 신선한 예화의 소재를 발견하였을 때, 아니면 그 외의 설교와 관련된 자료들을 찾았을 때 설교자는 이것들을 미리미리 확보해 둘 수 있는 이점을 제공한다. 설교계획을 미리 세워 놓은 파일은 자석과 같은 힘이 있어서 설교자가 읽는 책, 혹은 삶 속에서 설교와 관련된 생각을 이끌어내는 동기를 부여한다. 순간적으로 떠오르는 통찰이나 설교 주제와 관련이 있는 인용문, 신문 기사 스크랩, 성경 본문에 대한 새로운 해석, 예화 등이 설교계획 파일에 첨가되어 결국 그 주일의 설교를 준비할 때쯤 되면 막대한 양의 자료를 손에 넣을 수 있다.

그뿐만 아니라, 설교계획 파일을 준비한 설교자는 면밀한 계획을 통하여 성경이 편파적으로 선택되는 것을 방지할 수 있으며 매주 무엇을 설교할 것인가에 대한 부담감을 덜 수 있다. 향후 설교의 계획이 세워져 있다고 해서 설교자가 반드시 그 계획에 따라야 한다는 생각에 매일 필요는 없다. 때로 사회적인 변화나 사건 등으로 어떤 특별한 관점이나 필요가 발생했을 때는 잠시 계획을 중단하고 현실적 사안을 따라 요청되는 메시지를 준비하는 융통성을 발휘하는 것이 좋다.

연속(책별 혹은 주제별) 강해설교

세 번째, 형태는 책별 혹은 주제별 연속 강해 설교이다. 책별 연속 강해 설교는 성경의 한 책에 대한 연구를 토대로 책 전체를 설교 단위 (pericope)로 끊어서 연속적으로 설교하는 경우이다. 이 방법은 설교자와 청중 모두에게 성경을 체계적으로 연구하고 공부하는 기회를 제공한다는 점에서 매우 바람직하다. 물론 이 방법은 분량이 많은 책을 연속 설교할 때는 청중에게 지루감을 줄 수 있다는 우려가 제기되기도 하지만 사실은 그렇지 않다는 것을 많은 설교자들이 현장에서 증명해 주고 있다. 마틴 로이드존스 목사는 매주 수요일 14년에 걸쳐 로마서를 설교하였고, 한국의 이동원 목사 경우는 책별 연속 강해 설교를 대표하는 설교자이다. 설교자의 깊이 있는 본문 연구와 다양하며 독창적인 논증법이 기용된다면 이런 지루감은 기우에 불과하게 될 것이다. 교회력에 의한 특별한 절기나, 사회적인 변화, 또는 국민적인 관심 사건이 대두되었을 때는 연속설교를 잠시 중단하고 현실적으로 요청되는 주제에 대하여 설교하는 것이 좋다.

연속 강해 설교는 책별로 이루어지기도 하지만 주제별 적으로 이루어지기도 한다. 국내외 훌륭한 강해 설교자들은 특정한 책을 연속하여 설교하기도 하지만 특정 주제를 정하여 4주에서 8주 정도의 기간으로 해당 주제에 관하여 연속적으로 설교하기도 한다. 주제별 강해 설교는 특정한 교리나 신앙적 주제를 선정하고 그 주제에 관하여 성경은 무엇을 말하고 있는지를 체계적으로 계획하여 설교하는 방식이다. 이 방식은 해당 교리나 주제를 체계적(조직신학적)으로 다루면서 해당 주제에 관한 짜임새 있는 내용을 제공하므로 성도들의 신앙에 매우 유익함을 제공한다.

정리 하나

세상에서 위대한 설교자가 인간적인 노력을 다한다고 하더라도, 그는 연약한 죄인이기 때문에 다른 사람의 궁극적인 운명을 책임질 수는 없다. 그래서 하나님은 말씀 안에 성령의 능력을 불어넣으셨다. 하나님은 설교자의 인간적인 능력을 통해서가 아니라 오직 말씀의 능력을 통해서 사람들의 마음을 변화시킨다.[18] 이상은 브라이언 채플(Bryan Chapell)이 그의 책에 쓴 말이다. 바울은 데살로니가 성도들이 "하나님의 말씀을 들었다"고 칭찬하였으며, 덧붙여 "이 말씀이 또한 너희 믿는 자 속에서 역사한다"(살전2:13)고 말했다. '하나님은 말씀하시는 하나님이시다.' 이것은 설교의 대전제이다. 설교자의 역할과 사명은 하나님께서 계시하신 말씀을 세상 사람들에게 증거하는 전령자이다.

설교자들이 자신의 설교 사역을 성공적이라 여길 때, 자칫하면 성령에 의존하는 기도가 약해질 수 있다. 청중이 설교를 너무 칭찬하면, 설교자는 그것이 자신의 재능이나 능력으로부터 오는 것이라고 믿는 경향이 있다. 이런 생각에 빠지면 그는 자신의 신앙은 물론 설교의 내용까지도 변질될 수 있다. 이것은 왜 성공적인 사역을 수행할 때일수록 설교자는 더욱더 기도함으로 하나님께 가까이 나가야 하는지에 대한 이유이다. 바울 사도는 자신이 약할 때 가장 강하였다고 말한다(고후12:10). 그는 수많은 복음 증거의 결과를 만들었고 그 누구도 이루지 못한 업적을 이루었지만, 자신은 이미 얻었다 할 것도 없고 온전히 이루지도 않았다고 말하면서 하나님께서 부르신 부름을 따라 푯대를 향하여 달려간다고 말했다(빌3:12-14). 대중에게 갈채를 받는다고 해서, 그것이 자신의

---

18) Ibid., 23-4.

본문에서 설교까지 목사님 성경을 설교해 주세요!

성공을 말하는 것이라고 생각하지 말자. 우리에게는 계속해서 앞을 보고 나가야 할 푯대, 그리스도께서 우리에게 당부하신 복음 증거의 목표가 있음을 기억하자. 그리고 우리는 하나님의 위대한 구속의 역사를 수행하기 위해 예수 그리스도의 복음을 증거하는 각자의 자리에 있음을 잊지 말자.

정리 둘

설교 방법론, 혹은 설교 작성론의 주제에 대하여 우리에게 실질적인 도움을 주는 좋은 안내서들이 있음은 매우 고무적이다. 설교 작성 방식은 하나의 책, 하나의 방법론에 의존하기보다는 여러 권의 책과 여러 방법들의 비교 분석을 통해 다양하게 시도할 필요가 있다. 다양한 책이나 자료를 공부하는 목적은 나 자신만의 가장 효율적인 설교 작성 방식을 확보하기 위함이다. 스펄전(Charles Haddon Spurgeon)이나, 부룩스(Phillips Brooks), 포사이트(Peter T. Forsyth), 부로더스(John A. Broadus), 그리고 로이드존스(Martyn Lloyd-Jones) 등의 책은 설교학의 고전으로서 좋은 설교를 추구하는 설교자라면 살펴보아야 할 충분한 가치가 있다. 동시에 라빈슨(Haddon Robinson), 스토트(John R. W. Stott), 크래독(Fred B. Craddock), 리차드(Ramesh Richard), 채플(Bryan Chapell), 켈러(Timothy Keller), 또는 한국의 탁월한 설교자 이동원이나 정장복을 비롯한 설교학자들의 책은 설교 작성을 위한 소중한 정보를 제공한다.

VII. ——————————— 설교 작성의 실제: 본문에서 설교까지

✎ 우리는 6장에서 하나의 설교를 준비하는 과정을 단계별로 살펴보았다. 이번 장에서는 그 단계별 과정이 실제로 어떻게 이루어지는지 예시를 들어 살펴볼 것이다. 문자 그대로 본문에서 설교문까지의 설교 준비 과정을 실체화시키는 것이다.

설교 1: 빌립보서 1:27-30

27오직 너희는 그리스도의 복음에 합당하게 생활하라 이는 내가 너희에게 가보나 떠나 있으나 너희가 한마음으로 서서 한뜻으로 복음의 신앙을 위하여 협력하는 것과 28무슨 일에든지 대적하는 자들 때문에 두려워하지 아니하는 이 일을 듣고자 함이라 이것이 그들에게는 멸망의 증거요 너희에게는 구원의 증거니 이는 하나님께로부터 난 것이라 29그리스도를 위하여 너희에게 은혜를 주신 것은 다만 그를 믿을 뿐 아니라 또한 그를 위하여 고난도 받게 하려 하심이라 30너희에게도 그와 같은 싸움이 있으니 너희가 내 안에서 본 바요 이제도 내 안에서 듣는 바니라

〈창조적 묵상〉

27. "오직 너희는 그리스도의 복음에 합당하게 생활하라"

"내가 다시 너희와 같이 있음으로 그리스도 예수 안에서 너희 자랑이 나로 말미암아 풍성하게 하려 함이라"(26절)와 연관된다. 바울은 자신이 빌립보교회 성도들과 함께 있음으로 그들에게 예수로 인한 자랑이 더욱 풍성하게 된다고 말하면서, 그들에게 중요한 것은 이것이다 라는 의미로, '오직' 너희가 할 일은 '그리스도의 복음에 합당하게 생활하는 것'이라고 말한다.

"그리스도의 복음에 합당하게 생활하라"

사람은 그 누구나 자신의 신분이나 인격에 걸맞은 모습으로 살아간다. 하나님은 성도들이 그리스도의 복음으로 구원받은 자답게 살아야 한다고 말씀하신다. 사람들 가운데는 행동이나 인격이 자신에게 걸맞지 않은 모습으로 사는 사람들이 있다면, 하나님은 그리스도인들에게 '복음에 합당한 모습으로 살아야 한다'고 말씀하신다. NIV: 'manner worthy of the gospel' → 복음의 가치에 걸맞은 태도로

바울은 빌립보서 3:20에서, '그러나 우리 시민권은 하늘에 있는지라'라고 말했다. 바울은 아마도 여기에서, 당시 로마 시민은(비로마시민과 차별되게) 로마의 시민다운(그 격에 맞는) 모습으로 사는 것처럼 그리스도인은 천국 시민다운 모습으로 살아야 한다고 말하고 싶었을 것이다. 이 말은 그리스도인의 삶이 언제나 예수 믿는 사람다운 모습으로 나타나야 한다는 것을 말한다.

나에게 이 말은 '예수 믿는 사람다운 모습을 나타내라!'라는 의미로 들려온다. 특히 "whatever happens, conduct yourselves"(NIV)라고 했듯이 성도들은 무슨 일을 당하든지, 어떤 상황 가운데 놓이든지, 인격과 삶의 모습이 세상 앞에서(믿지 않는 자들에게) 진정 예수의 향내를 풍겨내는(고후2:15-6) 삶을 살아야 한다는 것을 말하고 있다. 바울은 무엇을 염려하는 듯이, "어떤 일이 일어나더라도 복음에 합당하게 살라"고 말하였는데, 바울은 지금 무엇인가를 염두에 두고 이렇게 말하고 있는 것처럼 다가온다. 아마도 바울은(빌립보서 책 전반에 나타나고 있듯이) 빌립보 교회 성도들 사이의 불협화음(분열)을 비롯하여 교회를 위협하는 비신앙적인(이방 종교, 유대 율법 사상) 세력들을 마음에 두고 있는 것으로 보인다. 바울이 걱정하였던 일들은:

첫째, 교인들이 하나 되지 못함: 교회를 섬김에 있어, 자신의 이기적 욕망을 드러내고 자신의 능력을 지나치게 드러냄으로써 형제를 업신여기고 교만히 행하는 것이다. 그래서 2:5에, 겸손하여 그리스도의 마음을 본받으라고 했다. 4:2에 보면, 빌립보교회 내에 평신도 지도자들인 '유오디아'와 '순두게' 사이에 갈등이 있었던 것으로 보여진다.

둘째, 거짓 가르침: 바울이 처음 빌립보를 방문하여 교회를 세웠던 당시 상황을 떠올리게 한다(행16:16-40; 살전2:20). 빌립보 교회 내에 여전히 이방 종교의 행습이나 사상이 복음을 훼방하고 교회 내의 혼란을 일으키는 것으로 보인다. 그리고 3장에서 언급하고 있듯이 당시 교회 내에 유대 율법 사상으로 할례를 강조하는 무리들이 있었던 것으로 보아 적잖은 혼란이 있었을 것이다. 이 모두는 그리스도의 신앙을 위협하는 것으로서, 바울은 이런 세력을 두려워하지 말 것을 당부하였다.

본문에서 설교까지 목사님 성경을 설교해 주세요!

바울의 삶에서 관찰되는, '복음에 합당하게' 사는 삶은 어떤 것이었을까? 바울은 1:20에서, "지금도 전과 같이 담대하여 살든지 죽든지 내 몸에서 그리스도가 존귀하게 되게하려 하나니"(Christ will be exalted in my body)라 말하였는데, 복음에 합당한 모습의 삶은 자신의 삶을 통해서 그리스도가 존귀하게 드러나는 것이라고 말하고 싶었던 것일까? 특히, '지금도'란 말 안에는, 현재 자신의 처지가 로마의 감옥에 갇혀있는 형편이지만 조금도 변함없이 주님의 모습이 드러나고 그리스도의 영광이 나타나는 삶을 산다고 말하고 있는 것으로 들린다.

→ 우리도 가정 안에서, 사역의 장에서, 우리 자신이 말하고, 생각하고, 행동하는 구체적인 모습에서 그리스도가 영광 받기에(존귀함으로, 높임을 받으심으로) 합당하신 분으로 드러나는 삶을 살자!!

질문: 오늘 나와 성도들의 삶이 진정 그리스도의 모습을 드러내는가? 나의 사는 모습이 주님의 영광을 드러내는가? 나의 사는 모습을 바라보는 주변의 사람들이(나의 교인들, 가족, 직장동료, 친분 있는 지인들) 나를 보면서 그리스도인다운 모습을 볼 수 있는지 깊이 생각해 보자.

그렇다면 본문은 복음에 합당한 삶을 어떻게 묘사하는가?

"한 마음으로 서서 한뜻으로 복음의 신앙을 위하여 협력하는 것"(27)과 "무슨 일에든지 대적하는 자들 때문에 두려워하지 아니하는 이 일을 듣고자 함"(28), 즉, 복음(증거되는 것)을 위하여, 그리스도의 영광을 위하여, 그리고 교회가 세워지는 일을 위하여 성도들이 한마음 한뜻으로 협력하라고 말씀하신다.

바울은 빌립보 교회가 자신의 선교 활동을 지원함으로써 큰 도움을 받았다. 빌립보 성도들이 이처럼 복음에 열심이 있음을 알고 있지만, 바울은 한편으로, 교회의 내부적 분열을 걱정하고 있다. 교회는 언제나 분열을 조장하는 사단의 궤계로부터 노출되어 있다. 우리가 그리스도의 복음에 합당한 모습으로 산다는 것은 분열을 일으키지 아니하고, 한마음이 되고 한뜻으로 함께 서는 것이다. 우리가 주님을 믿고 신앙생활을 할 때 주님의 영광을 드러내는 일을 위하여 하나가 되지 못하는 것은 천국을 바라보는 천국 시민의 모습으로 살아가는 것이라 할 수 없다.

"한마음으로 서서 한뜻으로 복음의 신앙을 위하여 협력하는 것"

한마음, 한뜻으로, 협력하는 것은 2:3에 의하면(2:1, '그러므로' 라는 말과 함께) 본문의 말씀을 따라 행동할 방향을 다시 한번 강조하고 있다:

첫째, 다투지 말라(selfish ambition)

둘째, 허영으로 하지 마라(vain conceit)

셋째, 자기보다 남을 낮게 여기라(better than yourselves)

넷째, 다른 사람의 일을 돌보라(interest of others)

28, "무슨 일에든지 대적하는 자들 때문에 두려워하지 아니함"

성도가 복음을 위하여 협력하는 것(한 마음으로 굳건히 서는 것)은 하나가 되어(as one man) 복음을 거역하는 자들(세력들)과 싸우기 위한 것이다. 바울은 빌립보 교회가 분열의 위험 가운데 있음을 알고 있었다. 또한 교회 안에 복음을 대적하는 가르침과 그것에 동요하는 무리가 있음을 암시한다(3장). 그래서 교회(성도)가 한마음으로 하나가 되어 복음을 거역하는 것들과 싸우라고 하였다(1:30).

싸울 때는 대적하는 자들 때문에 두려워하지 말고(without being

frightened) 하나 되어 담대히 싸워야 한다. 교회가 하나가 된다면, 이런 싸움에서 얼마든지 이길 수 있다. 오늘날 교회가 분열되는 것은 이 싸움에서 패배한 결과이다. 성도들이 하나가 되는 것이 곧 그리스도의 복음에 합당하게 생활하는 것이다.

유오디아와 순두게는 빌립보 교회의 충성스러운 일꾼들이었을 것이다. 주의 일을 하다 보면 마음이 나뉘어 질 수 있다. 사람들은 생각도 다르고, 행동이나 일하는 방식도 다르며, 각기 제 모습을 가지고 주님을 섬긴다. 바울은 4:2에서 "내가 유오디아를 권하고 순두게를 권한다고 하면서, 주 안에서 같은 마음을 품으라"라고 말했다. 사람은 모두가 각기 다르지만 복음을 위한 일에는 한마음으로 한뜻을 품어 교회를 세워나가야 한다.

→ 빌립보 교회는 건강한 교회였던 것으로 보인다(1:3-6). 바울의 선교에 헌금과 기도로 협력하였다. 바울은 1:3-6에서 빌립보 성도들이 바울의 선교에 협력한 것은 영적으로 착한 일을 한 것이라고 말하면서(6) 예수 그리스도의 날까지 계속될 것이라고 말했다. 그뿐만 아니라, 바울은 빌립보 성도들을 생각할 때마다 하나님께 감사하면서 그들을 위해 기도한다고 말했다(1:3-4). 그러나 이렇게 건강한 교회도 내부적 불협화음과 거짓 진리의 도전에 직면하였다면, 오늘 우리의 교회 공동체도 때때로 하나되지 못하여 분란이 일어나고, 헛된 지식이나 거짓되고 망령된 가르침 등으로 혼란에 빠질 가능성이 얼마든지 있다. 그래서 오늘 하나님은 우리에게 '하나가 되라,' '한마음을 품으라,' 그리고 그에 맞서 싸우라고 말씀하신다.

"그들에게는 멸망의 증거요 너희에게는 구원의 증거니"

우리가 하나 되어 복음을 거역하는 불신의 무리들과 영적으로 싸워 이기는 것은 그들이 잘못된 것이요, 복음 없이 멸망 당하는 것을 증명하는 것이라면, 반면에 그것은 우리가 복음으로 승리하는 것에 대한 증거가 된다. 우리는 믿음으로 불신의 세력에 유혹되거나 믿음이 없는 길로 빠지지 말고, 온전한 믿음과 복음으로 그리스도의 모습을 우리의 삶을 통해서 보여주자!

> 29 "그리스도를 위하여 너희에게 은혜를 주신 것은 다만 그를 믿을 뿐 아니요 또한 그를 위하여 고난도 받게 하려 함이라"

> 30 "너희에게도 그와 같은 싸움이 있으니 너희가 내 안에서 본 바요 이제도 내 안에서 듣는 바니라"

성도들이 믿음으로 구원받은 것은 하나님의 큰 은혜로 인한 것이다. 그런데 구원받은 자의 삶은 나아가 그리스도의 영광을 위하여 기꺼이 고난도 받을 뿐만 아니라 그 고난을 이기고 극복함으로 그리스도의 영광을 드러내야 한다.

바울이 말하는 고난은 무엇인가? 그것은 아마도 바울이 그동안 겪었던 일이었고 또한 빌립보 교인들이 당시 당하고 있었던 영적 싸움일 것이다. 29절에서 바울은, "너희에게 은혜를 주신 것은 다만 그를 믿을 뿐 아니라 또한 그를 위하여 고난도 받게 하려 하심이라"라고 말한 후 "너희에게도 그와 같은 싸움이 있으니"라고 말하면서 고난은 더불어 싸워야 할 대상임을 밝히고 있다. 여기서 말하는 고난은 복음을 전함으로 받는 고난이요 거짓 가르침과의 싸움에서 당하는 고난이다. 바울이 복음을 전하는 사도가 되지 아니하였다면 그런 고난이나 싸움을 겪어야 할 이유가 없었을 것이다. 그리고 성도들 역시 그리스도 안에 있는 믿음의 사람이기 때문에 고난이 뒤따른다. 우리 그리스도인들은 이 싸움에서 반드시 이겨야 한다.

→ 오늘 우리의 삶도 이와 같은 고난에서 예외일 수 없다. 현대교회와 성도들은 당시 빌립보 성도가 겪었던 똑같은 상황 가운데 놓여있다.

첫째, 교회 내, 교인들(때로는 목회자와 교인들) 간의 갈등
둘째, 거짓 사상이나(세속적이며 문화적인 것 포함) 이단과의 대치
셋째, 복음의 현장에서 당하는 갖가지 어려움(정치적, 사회적, 문화적 등)

바울은 20절에서, "나의 간절한 기대와 소망을 따라 아무 일에든지 부끄러워 하지 아니하고 지금도 전과 같이 온전히 담대하여 살든지 죽든지 내 몸에서 그리스도가 존귀하게 되게 하려 하나니"라고 했다. 여기서 바울의 말은 우리에게 무엇을 말하는가? 우리 역시도 주의 말씀을 따라 복음을 전하고, 거짓 진리로부터 믿음을 지키는 일에 있어 기꺼이 하나가 되어야 할 것이다. 그리고 그로 인하여 직면하는 고난에 대하여는 이기고 나아가는 신앙인이 되어야 한다.

〈주 해〉

27, '오직' 너희는, 'monon'
직전 상황인 1:20-26과 연관된다. 특히 "내가 다시 너희와 같이 있

음으로 그리스도 예수 안에서 너희 자랑이 나로 말미암아 풍성하게 하려 함이라(26)"와 긴밀히 연관된다. 바울 자신이 살아 있음으로 빌립보 성도들에게 자랑거리가 된다고 말하면서, 그러나 빌립보 교회 성도들에게 '오직' 혹은 '그 어떤 것보다도,' '너희가 할 일은...... 이것이다'라고 말하고 있다. 그것은, '내가 너희들과 함께 있든지 아니면 멀리 떨어져 있든지 상관없이 너희가 그리스도의 복음에 합당하게 생활하는 것'이다. 영문 NIV 번역본은 이런 문맥적인 상황을 고려하여, 한글 개역개정 성경이 '오직'이라 번역한 'monon'을 'whatever happens,' 곧, '어떤 상황에서나,' 혹은 '어떤 일이 일어날지라도'라 번역하였다. 이는 당시 빌립보 교회 상황에서 복음을 가지고 산다는 것은 신앙적(영적)인 어려운 일들이 전개되고 있는, 그리고 나타나게 될 것을 반영하여 말하는 것이다.

'합당하게 생활하라!' 'axios' worthy(가치 있는, 훌륭한) 복음의 가치에 합당한 모습으로 살라. '합당하게 생활하라,' '복음의 가치(존귀함)에 준하여'

NIV: '그리스도의 복음의 가치에 합당한 방식으로'(in a manner worthy of the Gospel of Christ) 살아야 한다고 말한다.

'생활하라,'의 'politeuomai,'의 동사 원형 'politeuw'는 '시민으로 살다'의 뜻을 가진다. 발달한 도시국가 제도하에서 그 국가의 시민으로, 그 시민의 의무와 권리의 규격안에서 산다는 뜻이다. 그렇다면 이 말씀은 그리스도인은 더 큰 왕국, 하나님의 왕국의 시민으로서 그에 걸맞는 모습으로 살아야 한다는 의미를 가진다.

"한마음으로 서서 한뜻으로 복음의 신앙을 위하여 협력하라"

본문에서 설교까지 목사님 성경을 설교해 주세요!

'한마음'은 'penuma'(영), 'one spirit'이다. 'spirit'은 인간에게 최고의 영역으로 성령과 교제하며 신앙적 체험을 하는 부분이다. 여기서는 '신앙적으로 하나의 정신'을 뜻한다, 당시에 군사용어로도 쓰였다.

'한 뜻'은 'psuch'(혼)로서, 'as one man, one mind'를 뜻한다. '혼'은 사람의 감각, 감정, 욕망 등의 영역으로서 의욕(감정)적으로의 뜻을 가진다. 스포츠 용어로도 쓰였다.

'(한마음으로) 서서'의 'stekw'는 전쟁 용어로써 병사들이 전투에 임하는 자세를 가리킨다. 'stand firm,'(굳건히 서다) 혹은 'be steadfast'(확고부동하게 서다)를 뜻한다.

'협력하라'는 'sunathleo'로서, 'striving side by side,' 'contending'으로 함께 더불어 전열을 갖춰 맞서 싸우다를 뜻한다.

28, "대적하는 자들 때문에 두려워하지 말라"

전투에서는 모든 병사가 동심 일체가 되어 싸움에 임하는데, 또 하나 중요한 것은 적들을 두려워하지 않는 것이다. 바울은 빌립보 교인들이 이 두 가지를 갖추기를 원했다. 여기서 적들이란 빌립보서 안에서 명확하게 말하고 있지는 않지만, 이방인들의 그리스도에 대한 적대 행위나 포교 행위, 그리고 유대 율법을 강조하여 할례를 가르침으로 그리스도의 복음에 혼란을 일으키는 세력 등이었다.

3:18-19에 근거하면, 교회 내에 예수 그리스도의 십자가와 부활을 부인하는 세력들이 혼란을 일으키고 있었다(3:18-19). 빌립보서에는 구체적으로 언급되고 있지 않지만, 1세기 교회에 널리 퍼져있었던 영지주의는 육신은 악한 것으로 간주하고 예수 그리스도의 육체적 부활을

부인하였고, 장차 있을 성도의 부활을 부인했다. 그들은 육신을 학대하고 금욕을 주장하면서, 'gnosticism,' 영적 지식으로 신비한 직관이나 느낌을 강조했다.

'두려워 하지마라,' *pturo*': 대적하는 세력(사탄)은 성도들에게 두려운 마음을 가지게 하는 전략으로 나올 수 있다. 따라서 성도들은 긍정적인 믿음으로 두려움을 떨쳐내고 하나가 되어야 한다.

"저희에게는 멸망의 증거, 너희에게는 구원의 증거"

성도들이 박해에 직면하였을 때, 이에 굴하지 아니하고 신앙으로 이기고 더욱더 하나 되어 굳건해지는 것이 대적자들에게는 멸망이요, 성도들에게는 구원의 증거가 된다.

'멸망'이나 '구원'은 최종적인 것이다. 성도들의 싸움은 이 지상에서 계속 이어질 것이나, 궁극적으로 교회와 성도는 한마음으로 맞서 싸워 이김으로써 구원에 이르게 되고, 그리스도를 대적하는 세력은 최종적으로 멸망에 이르게 될 것이다.

29, "그리스도를 위하여(너희에게 은혜를 주신 것은)"

'은혜를 주신 것,' *echarithe*'(3인칭 단수 수동태) → '은혜가 주어진 것은' 주와 하나가 되게 하기 위함이다. 주와 하나가 되는 것은 각각 그의 고난에 동참하는 것이다(3:10; 살후1:5; 딤후2:12). 그리고 주의 고난에 참여하는 것은 나아가 그의 영광에 참여하는 것이다(롬8:17).

강해(해설): 믿음으로 살고자 하는 성도는 그리스도를 위하여 고난을 받는다. 그러므로 그리스도인이 그리스도로 인하여 고난을 받는 것은 그가 그리스도로 인하여 구원을 받은 증거요 적어도 그리스도의 고난

본문에서 설교까지 목사님 성경을 설교해 주세요!

에 참여할 만큼 성숙한 신앙인의 모습으로 살아간다는 의미이다.

> 30, "너희에게도 그와 같은 싸움이 있으니 너희가 내 안에서 본 바요, 이제
> 도 내 안에서 듣는 바니라"

당시 빌립보 교회가 받았던 고난은 바울의 고난과 동일한 성격의 것임을 말한다. 바울의 고난은 그가 빌립보에서 당한 과거의 고난(행 16:19-40; 살전2:2)과 현재 로마 감옥에서 받는 것(이미 빌립보 교인들이 들은 바대로, 1:12) 등이다.

〈참조〉

- 행 16:19-40: 빌립보에서 점치는 귀신들린 여종을 치유한 사건 이후 투옥
- 살전2:2: 너희가 아는 바와 같이 우리가 먼저 빌립보에서 고난과 능욕을 당하였으나 우리 하나님을 힘입어 많은 싸움 중에 하나님의 복음을 너희에게 전하였노라
- 빌 1:12: 형제들아 내가 당한 일이 도리어 복음 전파에 진전이 된 줄을 너희가 알기를 원하노라

〈설교 주제문 찾기〉

주제란: 하나의 본문 안에서 내용 전체가 지원하고 있는
    단 하나의 지배적인 개념

주제를 찾기 위한 질문 두 단계(Two Steps)

1. 본문은 무엇(중심사상)에 대하여 말하고 있는가?
2. 본문은 그 중심사상(본문이 말하는 것)에 대하여 무엇이라고 말하고 있는가?

빌 1:27-30

〈주제문 찾기〉

1. 본문은 무엇에 대하여 말하고 있는가?
   : 그리스도인은 복음에 합당한 모습으로 살아야 한다.

2. 복음에 합당한 그리스도인의 삶의 모습은 어떤 것인가?
   • 복음을 위하여(복음을 지키고 전하는 것)는 성도들이 한마음으로 협력하고
   • 신앙을 방해하는 사상에 대해서는 믿음으로 싸우며
   • 복음을 위해 당하는 모든 고난에 대해서는 믿음으로 극복하는 것

주제문: 성도들은 신앙으로 하나가 되어 비신앙적인 것(이단사상과 불신앙)에 대하여는 적극 대처하면서 그리스도를 위한 고난(영적 싸움)에는 승리함으로써 복음에 합당한 삶을 살아야 한다.

목 적: 불신과 이단 사상의 유혹이 거세어지는 환경 속에서 성도들로 하여금 한마음을 품어 교회를 세우고 각자의 믿음을 지키며 그리스도를 따름으로 인한 고난을 이김으로써 하나님의 영광을 나타내는 삶을 살도록 격려하고 도전한다.

〈주해적 개요〉

복음에 합당한 삶을 살기 위해 빌립보 교회 성도들은

첫째, 한마음이 되어 복음의 신앙을 위해 협력하여야 했다(27)
둘째, 신앙을 대적하는 자들을 두려워하지 말고 맞서 싸워야 했다(28, 30)
셋째, 그리스도를 위하여 기꺼이 고난을 감수하여야 했다(29)

본문에서 설교까지 목사님 성경을 설교해 주세요!

<신학적 개요>

복음에 합당한 삶을 살기 위해 그리스도인들은

첫째, 한마음이 되어 복음을 전하는 일에 대하여 협력하여야 한다(27)
둘째, 반기독교적인 사상에 대하여 싸워나가야 한다(28)
셋째, 믿음에 뒤따르는 고난을 극복하여야 한다(29)

<설교 개요>

제   목: 천국 시민권자답게 살자!
주제문: 성도들은 신앙으로 하나가 되어 비신앙적인 것(이단사상과 불신앙)
        에 대하여는 적극 대처하면서 그리스도를 위한 고난(영적 싸움)
        에는 승리함으로써 복음에 합당한 삶을 살아야 한다.

첫째, 한마음이 되어 주님을 섬기자(27)
    - 서로를 인정하고 나보다 남을 낮게 여기는 정신(섬김의 자세)
      으로 갈등을 극복하자(4:2, 유오디아와 순두게를 권고함)
    - 복음을 전하고 교회를 세우는 일에 한마음으로 협력하자

둘째, 반신앙적인 것을 두려워하지 말자(28)
    - 왜곡된 신앙을 전하는 이단 세력을 바로 알고 잘 대처하자
    - 문화 또는 사회적 제도 안에 담겨있는 불신앙과 반기독교적
      사상을 단호하게 대처하자(맞서 싸우자)

셋째, 그리스도를 위하여 기꺼이 고난을 감수하자(29)
    - 신앙을 지키고 복음을 전하는 삶은 고난을 수반한다
    - (그리스도의 영광을 위해) 고난을 극복하여 교회를 세우고
      믿음의 진보를 이루자

〈설교문〉

서론: 아브라함 링컨이 대통령이 된 뒤 내각 구성을 할 때 한 사람을 추천받았다. 그 사람 이름을 듣자, 링컨은 거절했다. 그 이유에 대해서 링컨이, "그 사람을 만나 보니 재주는 많아 보였는데 얼굴에서 덕을 찾아볼 수 없었습니다"라고 말하자, 추천한 사람이 반문했다: "얼굴이야 부모가 만들어 준 것이니 어쩔 수 없는 일 아닌가요?" 링컨이 대답했다: "아닙니다. 배속에서 나올 때는 부모가 만든 얼굴이지만 그다음부터는 자신이 얼굴을 만드는 것입니다. 나이 사십이 넘으면 모든 사람은 자기 얼굴에 책임을 져야 합니다. 솔직히 미안한 말이지만, 그 사람의 얼굴은 성경 한 구절도 읽어보지 않은 사람 같았습니다." 링컨은 단순히 그 사람의 외모만 본 것이 아니라 그 사람 얼굴에서 마음과 인격까지 꿰뚫어 보았던 것이다. 이 말은, 거룩하신 하나님을 믿고 사는 우리 그리스도인들은 어떤 모습으로 살아가야 할 것인가를 진지하게 생각하게 한다.

우리가 함께 보았던 빌립보서 1:27-30은, 성도들이 하나님의 백성다운 모습으로 살아야 할 것에 대하여, '복음에 합당한 모습으로 생활하라'라고 말씀하신다. 저는 '복음에 합당하게 살라'는 것은 하나님께서 구체적으로 무엇을 말씀하시는 것일까를 생각하면서 본문을 여러 번 묵상해 보았다. 그러다가 본문에서 주목하게 된 단어 하나가 있었는데, '생활하라'는 동사였다. 여기 '생활하라'에 사용된 'politeuw'라는 헬라어 동사는, 고대의 도시국가에서 '그 도시의 시민으로서, 의무와 권리의 규범 안에서 산다'라는 뜻이 담겨있다.

바울 사도는, 빌립보서 3:20에서 "그러나 우리 시민권은 하늘에 있는지라……"라고 말했다. 그렇다면, 본문에서 바울이 말하고자 한 것은

본문에서 설교까지 목사님 성경을 설교해 주세요!

무엇일까? 로마의 시민은(비로마 시민과 차별적으로) 로마의 시민다운 모습으로 살아야 했던 것처럼, 그리스도인은 천국 시민다운 모습으로 살아야 한다고 말하는 것이다.

'합당하게 생활하라'에 대하여, NIV 성경이, 'whatever happens,' 'conduct yourselves...'라 번역한 것을 참고한다면, 하나님은 성도들이 삶 속에서 무슨 일을 당하든지, 어떤 상황에 직면하든지 복음에 합당하게 살아야 한다고 말씀하신다. 우리가 그리스도인답게 산다는 것은 무엇인가? 여러분들은 오늘을 살면서 예수 믿는 사람답게 사는 것은 어떤 모습이라고 생각하는가?

오늘 본문은 그리스도인답게 사는 첫 번째 모습으로, 한마음이 되어 주님을 섬기라고 27절에서 말씀하신다. 특히 복음의 신앙을 위해서는 하나가 되라고 말한다. 빌립보 교회는 건강한 교회였다. 바울의 사역을 위해 선교비를 보냈고, 또한 기도로 후원하였다. 이것에 대하여 바울은 항상 감사하는 마음이 있었는데, 이것을 1:3-5에서 보여주고 있다:

3, "내가 너희를 생각할 때마다 나의 하나님께 감사하며"

4, "간구할 때마다 너희 무리를 위하여 기쁨으로 항상 간구함은"

5, "너희가 첫날부터 이제까지 복음을 위한 일에 참여하고 있기 때문이라"

6, "너희 안에서 착한 일을 시작하신 이가 그리스도 예수의 날까지 이루실 줄을 우리는 확신하노라"

빌립보 교회는 건강한 교회였고, 성도들이 이처럼 복음에 열정을 가지고 있었지만, 바울은 교회 내부적으로 일어난 불협화음을 걱정하고 있었다. 27절을 자세히 보면, "오직 너희는 그리스도의 복음에 합당하게 생활하라"라고 말하면서 "이는"(그 이유는), "내가 너희에게 가보나 떠나 있으나 너희가 한마음으로 서서 한뜻으로 복음의 신앙을 위하여 협력하는 것"을 강조하고 있다. 바울은 빌립보서 4:2에서 "내가 유오디아를 권하고 순두게를 권하노니, 주 안에서 같은 마음을 품으라"라고 말했다. 아마도 유오디아와 순두게는 빌립보 교회의 영향력 있는 평신도 지도자들이었을 것이다.

주의 일을 하다 보면 마음이 나뉘어 질 수 있다. 사람들은 생각도 다르고, 일하는 방법도 다르고, 각기 제 모습을 가지고 주님을 섬기기 때문이다. 사실 하나님은 각각 다른 은사를 가진 여러 사람들을 조화롭게 하고, 서로 보완하게 함으로써 교회를 세워나가신다. 이때, 가장 중요한 것은, 온 성도가 한마음이 되어 한뜻을 품어야 하는 것이다. 우리는 각기 다른 모습을 가지고 살고 있지만, 교회가 복음을 전하는 일에 있어서는 하나가 되어야 하는 것이다. 이것이 천국 시민의 모습이라고 하나님은 본문을 통해 말씀하신다.

한마음, 한뜻으로, 협력하라는 말씀은 2장으로 이어지고 있는데, 2:1에 '그러므로,'라고 말하면서 하나가 되기 위한 지침을 내리고 있다. 2:3-4를 보면,

첫째, 다투지 말고(selfish ambition):
이기적인 생각이나, 자기중심적 주장을 내세우지 마라.

둘째, 허영으로 하지 마라(vain conceit):
헛된 자부심을 드러내고, 중요하지 않은 일을 가지고 고집하지 마라.

셋째, 자기보다 남을 낮게 여기라(better than yourselves):
다른 사람의 생각을 존중하고 좋은 의견에 대해서는

겸손하게 받아들이라는 것이다.

넷째, 다른 사람의 일을 돌보라(interest of others);
내 주장만 하지 말고 다른 사람의 입장을 고려하라.

전도하다 때때로 예수 믿지 않는 분들이 교회와 기독교에 대하여 부정적인 시각을 가지고 있는 것을 접하게 되는데, 그중 하나가 '왜 교회는 그렇게 교파도 많고, 내부적으로 목회자와 교회 사이에, 또는 성도와 성도 사이에 그렇게 분열과 갈등이 있느냐'고 묻는 경우이다. 특히 교회가 세상 법정에 소송을 하면서 서로 싸우는 것에 대하여 세상 사람들은, '당신들이나 우리나 다를 것이 없는데 왜 내가 당신 말을 듣고 예수를 믿어야 하느냐'고 반문한다.

나는 수년 전, 미국 달라스에서 1년간 안식년을 보내면서 여러 교회들을 방문할 기회가 있었다. 내가 바라본 이민교회의 가장 큰 문제는 교회의 내부적 갈등과 분열이었다. 제한된 한인 사회에서 서로 싸우는 교회라는 소문이 나게 되면서 교회가 이민 사회에 선한 영향력을 미칠 수 없는 상황을 목격했다. 한마음이 되지 못하고 서로 갈등하는 교회는 성도들이 복음을 전하고 신앙을 지키기가 어렵다.

우리는 다른 사람들이 나와 똑같이 생각하기를 원하는 경향이 있다. 나 자신과 의견이 다르거나 내 의견에 반대하는 이를 만나면 경계하고 대립하려고 한다. 이것은 하나님이 사람들을 서로 다르게 창조하셨다는 사실을 인정하지 못하기 때문이다. 나아가 타인의 생각을 내 생각에 맞추게 하려는 아집과 독선 때문이다. 사실, 사람 사이의 다양성은 부담이 아니라 하나님의 축복이다. 내가 가지지 못한 것을 다른 사람이 가지고 있기 때문에 우리는 함께 세워져 나갈 수 있는 것이다.

둘째, 성도들이 복음에 합당한 모습으로 사는 것은, 교회 내부적으로 하나가 되는 것이고, 외부적으로는 비신앙적인 것에 대해서는 두려워하지 않는 것이다. 우리가 이 땅에서 복음에 합당하게 산다는 것은, 즉 천국 시민답게 사는 것은 신앙을 대적하는 세력을 두려워하지 말고 맞서 싸우는 것이다. 본문 28절은, "무슨 일에든지 대적하는 자들 때문에 두려워하지 말 것"을 강조하고 있다.

성도가 한마음으로 하나가 되어 굳게 서는 것은 복음을 거역하는 자들(세력들)과 싸우기 위한 것과 연관된다. 한마음으로 '서서'라는 말은, 군사들이 전투할 때 대형을 갖추라는 의미이다. 복음을 위해 싸우는 성도들의 자세는 한마음 한뜻이 되어 굳게 서는 것이다. 바울은 여기서 왜 싸우라는 어투로 말하고 있을까? 바울이 말하는 싸움의 대상은 구체적으로 무엇일까?

이것은 당시 빌립보 교회 안과 밖으로 복음을 대적하는 가르침과 그것을 따르는 세력이 있었음을 말해주는데, 당시 율법주의라든가 특히 헬라 사상과 연관된 이방 종교가 있었음을 알 수 있다. 3:18-19에 근거하면, 교회 내에 예수 그리스도의 십자가와 부활을 부인하는 세력들이 혼란을 일으키고 있었다(3:18-19). 특히 1세기 교회에 널리 퍼져있었던 영지주의는 육신은 악한 것으로 간주하고 예수 그리스도의 육체적 부활을 부인하였고, 장차 있을 성도의 부활을 부인했다. 그들은 육신을 학대하고 금욕을 주장하면서, 'gnosticism,' 영적 지식으로 신비한 직관이나 느낌을 강조했다. 이것은 초대교회 당시 교회 내에 그리스도의 신앙을 적대하는 대표적인 이단 사상이었다. 그래서 하나님은 빌립보 교회 내에 있는 이런 거짓 신앙에 대하여 성도가 복음의 신앙으로 단호하게 싸워야 한다고 말씀하시는 것이다.

그렇다면 오늘, 우리의 신앙을 대적하는 것은 무엇일까? 교회를 어지럽히고 우리의 믿음 체계를 혼란 시키는 것이 있다면 무엇인가? 우선 신천지를 비롯한 이단의 문제이다. 신천지의 주장은 무엇인가? 기존 교회에는 영생이 없고 교주 이만희가 재림 예수라고 가르친다. 교회는 구원이 없으므로 그 안에 속한 성도들을 빼 내와야 한다고 가르친다. 그리고 '추수군'이라는 전도특공대를 조직하여 교회 안에 침투해 들어와 성도를 한 사람 한 사람 빼내어 신천지로 데리고 간다. 그 외, JMS(정명석), 통일교, 안산홍, 등등 우리의 신앙을 대적해 오는 이 시대의 거짓 신앙들에 대하여 우리는 영적인 싸움을 싸워야 한다. 싸워서 이겨야 하는데, 오늘 교회는 이런 이단 세력에 의해 성도들을 빼앗기고 심각하게 피해를 당하는 실정이다.

예화 한국교회 성도들은 "은혜받는 것"을 참 좋아한다. 물론 우리는 하나님의 은혜로 사는 사람들이다. 그래서 항상 은혜를 구한다. 그런데 은혜를 구하는 노력이 때로는 독이 될 수도 있다. 어느 성도가 자기 교회에서 충실히 신앙생활을 하지 못하고, 항상 기도원이다, 성경 공부다, 여기저기 기웃거리면서 마치 동냥하듯이 신앙생활을 한다. 그래서 담임 목사님이 걱정되어, "성도님 자칫하면 위험해요. 건전하지 않은 곳은 가지 않는 것이 좋아요." 그러자 "걱정마세요 목사님, 은혜만 받으면 되지요 뭐!"라고 말했다고 한다. 그러나 여기 이 성도가 말하는 그 은혜는 신천지와 같은 이단일수록 더 강력하다. 우리가 찾아야 할 은혜는 어떤 감성적이거나, 개인적인 필요를 충족 시켜주는 그 어떤 것이 아니라 예수 그리스도로부터 오는 구원과 진정한 말씀의 은혜이어야 한다.

우리는 하나님의 은혜를 떠나 살 수 없는 사람들이지만, 무엇이든, 어떻게든 은혜만 받으면 된다는 자세는 바람직하지 않다. 우리는 이미 헤아릴 수 없는 하나님의 은혜를 받았다. 에베소서 1:3에 의하면 "하나님 곧 우리 주 예수 그리스도의 아버지께서 그리스도 안에서 하늘에 속한 모든 신령한 복을 우리에게 주시되"라고 했다. 이 지상의 모든 가치를 뛰어넘는 하늘의 신령한 은혜를 주셨는데, 자꾸만 땅의 것을 생각하면서 은혜를 달라고 하는 것이 우리의 모습이다. 예배를 드리러 와서 우리는 은혜를 달라고 한다. 예배는 하나님께 드리는 것이다. 찬양은 하나님께 올려드리는 것이지 은혜를 달라고 하는 것이 아니다. 성숙한 성도라면 설교를 들을 때도 은혜를 받으려 하기보다는 하나님의 말씀을 들으려고 해야 한다.

이 말이 여러분에게 오해가 되지 않기를 바란다. 한국 교회는 "은혜병" 때문에 쇠약해져 가고 있다. 제가 지금 말하고 있는 은혜는 변형된 은혜이다. "체감적 필요"를 채워주는 것, 단지 좋은 느낌으로 다가오는 은혜, 'felt needs'(체감적 필요)이다. 이런 은혜는 받아도 받아도 끝이 없고 아무리 받아도 영적 능력과는 무관하다. 이것은 진정한 하나님의 은혜일 수 없다. 성도들은 이런 은혜를 자꾸 달라고 요구하고 있고, 여기에 부응하기 위해 설교자들은 예수도 없고 복음도 없는 설교를 하려고 애쓰는 것이 우리의 모습은 아닌가 생각하지 않을 수 없다.

신천지 문제가 기독교 내부적인 문제라고 한다면, 실제로 우리의 신앙을 대적하는 더 무서운 세력은 외부적인 것이다. 최근에 불거져 나오고 있는 '동성애'와 '성소수자'의 문제는 교회로서는 너무 심각한 문제이다. 하나님은 로마서 1:26-27에서, 여자가 여자로 더불어 성적으로 관계하고, 남자가 남자와 더불어 그렇게 하는 것을 죄악으로 단정하였고, 고린도전서 6:9-10에서 남색 하는 자들, 곧 남자와 남자가 성관계 하는 사람들은 하나님 나라에서 제외되었다고 말씀하셨다. 레위기 19장과 20장에 보면, 이런 사람들을 돌로 쳐 죽이라고 하였다.

본문에서 설교까지 목사님 성경을 설교해 주세요!

예화 2015년 6월, 미국 연방법원은 미국의 모든 주는 동성 커플의 결혼을 인정해야 한다고 판결하였다. 오바마 대통령은 이를 두고 미국의 정의가 승리한 것이라고 말하면서, 동성애를 반대하는 기독교인은 미국의 적이라고 말했다. 이에 대하여 빌리그래함복음협회 대표인 프랭클린 그래함(Franklin Graham) 목사는 오바마 대통령이 미국을 죄악된 길로 이끌어가고 있다고 말하면서 만일 그가 회개하고 돌이키지 않는다면 하나님께서 반드시 심판하실 것이라고 말했다.

그런가 하면 비슷한 시기, 대한민국의 수도 서울 한복판, 시청 광장에서 세계 동성애인들의 퀴어(Queer) 축제가 치러졌다. 기독교인들이 그렇게 반대하였지만, 당시 서울시장은 이 축제가 서울에서 열리도록 허락했을 뿐만 아니라, 동성애자와 성소수자들을 인정하는 것을 합법화해야 한다고 말하면서 한국이 이런 법을 세우는 아시아 최초의 나라가 되기를 바란다고 밝혔다. 저는 이런 현상을 목도 하면서 사단의 음모가 얼마나 무섭고 치밀한지 가슴이 떨려옴을 느꼈다. 하나님의 마지막 심판의 때가 성큼 다가온 것을 피부로 느끼고 있다.

우리 그리스도인들이 이와 같은 거짓 신앙과 교회를 적대하는 사상에 대하여 싸워 이기기 위해서는 그에 뒤따르는 값을 치러야 한다. 그래서 오늘 본문은 우리에게 셋째로, 복음에 합당하게 산다는 것은 그리스도를 위하여 고난을 감수하는 것이라고 말씀하신다. 29절은, "그리스도를 위하여 너희에게 은혜를 주신 것은 다만 그를 믿을 뿐 아니라 또한 그를 위하여 고난도 받게하려 하심이라"고 말한다.

예수를 믿고 하나님 신앙으로 살아가는 사람에게는 고난이 뒤따른다는 말씀이다. 이런 말은 성도들이 별로 듣고 싶어 하지 않을지 모르겠다. 오늘날 대다수의 그리스도인이 예수를 믿고 죄로부터 구원을 받으면, 이제는 하나님의 축복을 받고, 삶이 기쁘고, 평안해지고, 더 건강해질 것이라고 믿는다. 물론 그것은 사실이다. 그런데 문제는 신앙생활이 그것이 전부인 것처럼 생각하는 것은 신앙의 본질을 왜곡하는 것이다.

성숙한 성도라면, 하나님의 은혜로 구원을 받고 하나님의 자녀가 되었으면, 이제는 하나님의 영광을 위하여 헌신 된 삶을 살아가는 모습이 있어야 한다. 때때로 복음을 전하는 일이라면 기꺼이 고난도 받아낼 뿐만 아니라 그 고난을 이기고 극복하고 승리하므로 그리스도의 영광을 드러내야 한다. 오늘 본문에서 하나님이 말씀하시는 고난은 무엇인가? 바울이 그동안 겪었던 일이었고 또한 빌립보 교인들이 당시 당하고 있었던 영적 싸움이다. 30절에서 바울은 이렇게 말했다: "너희가 내 안에서 본 바요, 이제도 내 안에서 듣는 바니라" 바울의 말은 과거에 그가 겪었던 고난과 현재 지금 그가 당하고 있는 상황을 떠올리게 한다.

바울이 빌립보에서 당한 과거의 고난(행 16:19-40; 살전 2:2)은 빌립보에서 바울이 실라와 함께 처음 선교할 때, 점치는 여자에게서 귀신을 내쫓아 주고 사람들에게 모함을 당해 옥에 갇혔던 일 등이다. 그리고, 현재 로마 감옥에서 당하고 있는 고난(이미 빌립보 교인들이 들은 바대로, 1:12) 등이다. 이 고난들은 결국 복음을 전함으로 받는 고난이요 거짓 가르침과의 싸움에서 당하는 고난이다. 바울이 복음을 전하는 사도가 되지 아니하였다면 고난도, 싸움도 겪어야 할 이유가 없었을 것이다.

앞으로 기독교 신앙에 입각해서, 동성애는 죄악이요 이 사회를 파괴하는 것이라고 말하면 동성애자들의 인권을 유린 하였다는 이유로 처벌을 받는 때가 올지 모르겠다. 미국에서는 이미 결혼하는 동성애자들에게 꽃을 팔지 않은 꽃가게 주인이 벌금형을 받은 사례가 있었다. 목사가 동성애자들의 결혼 주례를 거부하면 법적으로 처벌의 대상이 될지도 모른다. 이 모든 것이 예수를 믿기 때문에 받는 고난이요 영적 싸움이다.

본문에서 설교까지 목사님 성경을 설교해 주세요!

오늘 우리 성도들의 삶도 이와 같은 고난에서 예외일 수 없다. 지금, 교회와 성도들은 당시 빌립보 성도가 겪었던 똑같은 상황 가운데 놓여 있다. 그리스도인들은 고난이라면 피해 가려고 한다. 헌신과 희생 등은 할 수만 있으면 피하려고 한다. 반면에 축복을 구하고, 평안을 노래한다. 물론 하나님은 우리에게 축복과 평안을 한없이 내려주신다. 그러나 진정한 신앙은 고난도 감수하는 것이다.

〈결론〉 우리 그리스도인들이 잘못 생각하고 있는 것 하나 있다. 그것은, 예수를 개인의 구주와 주님으로 믿고 구원받은 성도들이, 삶의 모습은 비그리스도인과 전혀 다르지 않은 모습으로 살아가는 것이다. '나는 이제 구원받았다,' '나는 하나님의 자녀이다,' '나는 장차 천국에 갈 것이다'라고 말하면서 이제 '나는 그리스도 안에서 자유를 누리고 내 신앙만 잘 유지하면 된다'라고 생각하는 것이다. 실제로 많은 성도들이 교회 안에서는 대체로 신앙생활을 잘한다. 그런데 가정에서, 직장에서, 학교생활에서 이루어지는 삶은 신앙생활과는 전혀 무관한 모습으로 비추어지는 경우가 있다.

삶이 뒤따라주지 않는 신앙, 진정한 신앙일까요? 삶과 신앙이 일치하지 않는 그리스도인들의 모습으로 인하여 교회는 세상으로부터 지탄의 대상이 된다. 어느 책에서 읽은 내용이다: "기독교인들은 내가 예수 믿고 예수님이 내 죄를 다 용서해 주셨으니 이제 나는 죄가 없다고 말하면서 엄청 죄를 짓고 삽니다. 누가 봐도 죄가 있는데 자기는 예수님을 믿으니 죄가 없다고 말하는 것은 거짓말입니다."

예수님을 믿으면 구원을 받는 것은 맞는데, 예수님을 믿으면 '율법'을 안 지켜도 된다는 말은 틀린 말이다. 구원을 받으려고 율법을 지키는 것은 아니지만, 구원을 받았으면 율법을 포함하여 말씀을 더 잘 지켜야 한다. 우리가 진정 예수 그리스도를 믿고 구원받은 하나님의 자녀라면, 교회가 하나 되는 일에 힘써 노력해야 한다. 빌립보 교회의 유오디아와 순두게를 향하여 마음을 합하여 하나가 되라고 마음 다하여 권면하였던 바울 사도의 말을 우리 교회에 주시는 말씀으로 듣자.

세상 사람들이 모두 그렇게 산다고 하더라도, 세상의 가치관이나 시대적 사조가 옳다고 말할지라도 우리는 하나님이 죄악 된 것이라고 말씀하신 것에 대해서는 담대하게 거부하자. 설령 그 일로 우리가 고난을 겪는다 하더라도 기꺼이 그 고난을 받아들이자. 하나님이 우리에게 감당할 힘과 능력을 주실 것이다.

설교 2: 고후 2:12-17

12내가 그리스도의 복음을 위하여 드로아에 이르매 주 안에서 문이 내게 열렸으되 13내가 내 형제 디도를 만나지 못하므로 내 심령이 편하지 못하여 그들을 작별하고 마게도냐로 갔노라14항상 우리를 그리스도 안에서 이기게 하시고 우리로 말미암아 각처에서 그리스도를 아는 냄새를 나타내시는 하나님께 감사하노라 15우리는 구원 받는 자들에게나 망하는 자들에게나 하나님 앞에서 그리스도의 향기니 16이 사람에게는 사망으로부터 사망에 이르는 냄새요 저 사람에게는 생명으로부터 생명에 이르는 냄새라 누가 이것을 감당하리요 17우리는 수많은 사람들처럼 하나님의 말씀을 혼잡하게 하지 아니하고 곧 순전함으로 하나님께 받은 것 같이 하나님 앞에서와 그리스도 안에서 말하노라

〈창조적 묵상〉

13, "심령이 편하지 못하여"

목회자의 마음에 평안이 없을 때, 오히려 근심과 걱정거리가 있을 때는 복음의 문이 아무리 열려있다 하더라도 설교할 수 없고 복음 증거에 집중할 수 없다. 바울은, 드로아에 도착하여 디도가 없는 것을 알고 비록 마음이 편하지 못하고 근심 가운데 빠졌으나, 과정적으로 본다면 (NIV: triumphal procession) 여전히 그는 "그리스도 안에서 이기고 있었다"(14). 잠시 잠깐씩 우리가 세상일로 근심을 하고 평안을 잃을 수는 있으나 그 과정에서도 하나님은 우리를 도우시며 우리로 하여금 세상을 이기도록 이끌어 주신다. 우리가 지친 삶 속에서 근심거리를 만나고 평안을 잃을 때, 주님은 여전히 우리를 지키시고 인도하셔서 세상을 이기게 하시고 그리스도를 알게 하는 냄새를 나타내게 하신다.

14, "항상 우리를 그리스도 안에서 이기게 하시고 우리로 말미암아 각처에서 그리스도를 아는 냄새를 나타내시는 하나님께 감사하노라"

바울은 감사의 조건으로 두 가지를 말한다: 1) 그리스도 안에서 이기게 하시는 것과; 2) 각 처에서 그리스도를 아는 냄새를 나타내시는 것(예수의 향기를 증거하는 것)이다. 감사의 조건으로서 두 가지, 그리스도의 냄새(향기)를 나타내는 것과 그리스도인이 세상에 대하여 이기는 삶은 서로 연관 된다.

그리스도적 삶으로 세상을 이기면, 그 이김을 통해서 그리스도의 냄새를 나타낼 수 있고, 그리스도의 향기를 나타내는 것은 우리가 세상을 이기는 것이기 때문이다. 여기서, 냄새는 '그리스도의 지식에 관한 냄새,' 즉 그리스도를 다른 사람에게 알게 하는 냄새이다.

바울은 본문 첫머리에서 감사한다고 말하지만, 상황적으로는(본문 앞의 내용을 문맥적으로 관찰), 감사할 일은 없고 오히려 걱정과 근심거리가 있었는데: 첫째는, 그를 근심하게 한 자들(5) 때문이었고, 둘째, 이전에 고린도 교회를 방문했을 때 고린도 교인들과의 사이에 불편했던 일에 대한 생각(1:23-24; 2:1-4) 때문이었다.

그리스도의 냄새는 특징적으로 무엇보다 '복음 증거의 냄새'이다. 용서하지 않는 것은 사단의 계획이다(11). 교회 안에서 용서하지 않으면 죄를 지은 사람이 너무 심하게 근심하게 되기 때문에 그런 일이 일어나지 않도록 용서하라고 말씀하신다.

'이기게 하신다'는 바울의 말은 무엇을 말하는 것일까? 그것은 우리에게 싸움이 있음을 전제한다. 그 싸움은, 영적인 싸움이다. 그 싸움에 임할 때, 하나님은 우리를 이기는 과정으로 이끌어 주신다. 그 싸움은 바울에게 있어 믿음을 가지고 살면서 당하는 모든 것으로서 고난, 아픔, 그리고 말씀을 따르는 것인데, 그러한 여건 가운데 불신의 세계를 향하여 말씀을 전하는 것이 곧 그리스도의 향기이다.

NIV는 '이기는 과정'(triumphal procession)으로 표현하고 있는데, 세상에 대하여 이기는 것은 이기는 과정 중에 있는 것이라고 말한다. 이기는 과정은 무엇을 말하는 것인가? 우리의 영적 승리는 지금은 이기는 과정 중에 있는 것이고, 나아가 궁극적으로 승리하는 것은 미래적 사건임을 말하는가?

15-16, "우리는 구원 받는 자들에게나 망하는 자들에게나 하나님 앞에서 그리스도의 향기니"

이 냄새는 결과적으로 어떤 사람에게는 생명으로 인도하는 냄새가 되지만, 어떤 사람에게는 죽음에 이르는 냄새가 되기도 한다. NIV는 망하는 자들에 대해서는 '죽음의 냄새'(the smell of death)로 번역했고, 구

본문에서 설교까지 목사님 성경을 설교해 주세요!

원을 얻는 자들에 대해서는, '생명의 향기'(the fragrance of life)로 번역했다. 그리스도인의 향기는 구원 얻는 자들에게는 아름다운 생명의 향기이지만 복음을 거부하고 그리스도를 대적하는 사람들에게는 멸망으로 가게 하는 냄새이다.

→ 아름다운 꽃이 자기의 향기를 가두어 두고, 그 향기를 풍기지 못하게 할 수는 없다. 반대로 악취를 풍기는 냄새 또한 자기의 정체를 감추기 위하여 그 냄새가 진동되는 것을 막을 수 없다. 우리의 냄새는 결국 사람들로 예수를 믿게 하든지 믿지 못하게 하든지 하게 하는 냄새이다. 그러므로 우리는 그리스도의 냄새를 진동시켜 사람들이 그리스도를 믿고 생명을 얻게 하자.

→ 우리가 드러내는 그리스도 냄새에도 불구하고 끝까지 멸망의 길을 가는 사람들은 어쩔 수 없으나 가장 우리가 경계해야 할 것은 우리의 모습에서 그리스도의 향기가 나지 아니하고 오히려 악취를 풍겨 사람들로 하여금 멸망에 처하게 하는 것이다. 우리의 모습이 그리스도의 향내를 풍기는 하나님의 사람들인지 자신을 돌아보자. 아무리 감추려 해도 감출 수 없는 것이 향기이다. 우리의 삶이 그리스도의 냄새를 진동시키는 모습이 되자.

→ 우리는 예수 그리스도를 믿고 구원받은 하나님의 자녀이다. 우리는 어떤 냄새를 지니고 있는가? 누가 보아도 그리스도인이라고 하는 냄새를 지니고 있는가?

(질문): 바울이 그러하였듯이 우리는 우리의 삶 속에서 하나님의 능력으로 세상을 이기는 냄새를 나타내는가? 우리의 삶의 자리와 삶의 공간에서, 불의가 정의로 변하고, 미움이 용서가 되며, 다툼과 싸움이 평

화와 사랑으로 변화되는가?

바울은 고린도 교회 성도들에게: "너희는 우리의 편지라," "너희는 우리로 말미암아 나타나는 그리스도의 편지"라고 하였다(3:2-3). 곧 그들은 바울에게 복음의 열매였고 그가 그리스도를 위하여, 그리스도의 냄새로 살아온 생생한 흔적이다.

(질문): 나(우리)에게 이와 같은 열매는 무엇일까? 더욱더 열심히 열매 맺는 삶을 살자.

16, "누가 이것을 감당하리요"

그리스도의 냄새를 풍기는 직분은 사람을 생명으로 인도하는 고귀한 일이다. 나(그리스도인)에게 이러한 직분이 주어졌다. 세상에서, 나로 인하여 다른 사람이 생명을 얻고, 나를 통하여 구원받는 사람이 있다는 것은 가장 놀라운 일이 될 것이다. 그리스도의 냄새를 나타내 사람들을 그리스도 앞으로 인도하는 일은 아무에게나 주어진 일이 아니라 구원 받은 하나님의 백성들에게 주어진 고귀하고 존귀한 일이다.

17, "우리는 수많은 사람들처럼 하나님의 말씀을 혼잡하게 하지 아니하고 곧 순전함으로 하나님께 받은 것 같이 하나님 앞에서와 그리스도 안에서 말하노라"

하나님의 말씀을 전할 때 '혼잡하게 하지 말고'(do not peddle), 순전함으로 하자. 바울 당시에도 복음을 전할 때 순전하지 못한 동기와 목적으로 하는 사람들이 있었듯이 지금도 그런 사람들이 있다. 그러나 말씀 전하는 자는 오직 그리스도의 복음으로 향기를 드러내는 모습으로 임해야 한다.

→ "하나님께 받은 것 같이 순전함으로" 말씀을 전하는 것은 하나님께 받은 말씀을 사심없이 전하는 것이다. 설교자는 전령자(Kerux)이다. 전령자는 받은바 말씀을 정확하게 전함으로써 그의 소임을 다한다. 그리스도의 말씀을 전하는 것은, 곧 그리스도의 향기를 드러내는 것이다. 우리 때문에 다른 사람들이 하나님 앞에 나오게 되며, 그들로 하나님과 화목하게 하는 일이 일어나도록 하자. 그러기 위해 우리는 먼저 서로 간에(공동체 내에서) 화목하여야 한다. 우리가 서로를 미워하고, 시기하고, 분열되는 한 우리는 아직 화해를 전하는 일을 할 준비가 되었다 할 수 없다.

본문 바로 직전, 5-11에서 바울은, "너희 무리를 근심케 한 자들이 있다면 그들을 용서하고, 그들이 한 일(바울을 대적하고 교회를 혼란하게 한 것) 때문에 그들이 너무 마음 아파하지 않도록 위로하고 그들에게 사랑을 나타내라"고 당부하였다.

〈주 해〉

> 12-13, "내가 그리스도의 복음을 위하여 드로아에 이르매 주 안에서 문이 내게 열렸으되 내가 내 형제 디도를 만나지 못하므로 내 심령이 편하지 못하여 그들을 작별하고 마게도냐로 갔노라"

바울은 드로아에서 디도를 만날 수 있기를 원했다. 그것은 고린도에 다녀온 디도로부터 고린도교회 소식을 듣고자 하였기 때문이었다. 그런데 더디 오고 있는 디도를 만나지 못하자, 비록 복음의 문이 열려 있어 말씀을 전할 수 있는 상황이었으나 바울은 근심 어린 마음으로 먼저 디도를 만나기 위해 마게도냐로 갔다. 이는 고린도 교회의 문제(교회 내에 악을 행하는 사람들의 문제, 바울의 사도적 권위를 대적하는 문제 등등) 가 얼마나 심각하였는지 그리고 고린도 성도들을 위한 그의 마음이 얼마나 강렬하였는지를 잘 보여준다. 왜냐하면 교회 내의 이러한 문제들이 해결되지 않으면, 교회가 큰 혼란 가운데 빠지며, 이것은 결국 교회를 무너트리려는 사단의 궤계에 패하는 것이기 때문이었다(11).

그러나 바울은 디도의 소식을 통하여 하나님께서 고린도 교회 안에 역사하신 내용을 소개하면서 결국 하나님의 진리 말씀을 통하여 고린도 교회가 혼란과 불신앙을 회개함으로 극복하고 평안을 되찾은 것과 고린도 성도들이 자신을 사모하며 후원하고 있음을 기뻐하고 있다(7:5 이하). 이것이 사도에게는 하나님께서 이기게 하신 증거였다. 이것은 바울 사도에게 신앙의 승리요, 기도의 승리였다.

14, "항상 우리를 그리스도 안에서 이기게 하시고 우리로 말미암아 각처에서 그리스도를 아는 냄새를 나타내시는 하나님께 감사하노라"

"이기게 하시고," 고린도교회 상황, 교회 내부적으로 교인들의 신앙의 문제와 교회를 혼란케 하는 문제 등이 있었다. 바울은 이 모든 문제의 배후에는 교회를 어지럽히는 사단의 책략이 있음을 알고 있었다. 지금 바울은 고린도 교회가 혼란과 불신앙을 회개하여 극복하였음을 말하면서 하나님께서 이기게 하셨다고 고백하는 것이다.

(참고) 4절: "내가 마음에 큰 눌림과 걱정이 있어 많은 눈물로 너희에게 썼노니 이는 너희로 근심하게 하려는 것이 아니요 오직 내가 너희를 향하여 넘치는 사랑이 있음을 너희로 알게 하려 함이라."

'이기게 하신다'의 'thriambeuo'는 (NIV: 승리의 과정으로 인도하신다, leads us in triumphal procession)는 전쟁에서 승리한 장수가 수많은 군중 앞에서 개선식 사열을 받는 것을 의미하는 용어이다. 결국 바울에게 이기게 하시는 하나님은 세상 가운데 하나님의 능력으로 사단의 궤계를 물리치고 교회를 이기게 하는 분이심을 온 세상에 드러내신다는 의미를 가진다.

→ 이 시대의 목회자들도 사역을 하면서 마음에 평안을 잃어버리고 아픔과 고난을 받을 수가 있다. 그 고난은 사역과 개인적인 모든 문제를 포함한다. 그러나 그러한 여건 가운데서도 하나님은 계속적으로 그의 종들을 이기게 하심으로(영적 승리) 그리스도를 알게 하는 향기(냄새)를 세상 가운데 나타내신다.

"그리스도를 아는 냄새"(the fragrance of the knowledge of Him): '냄새'는 그 시대에 있었던 승리의 개선식과 연관되어 해석된다. 개선장군의 환영식에는 향신료를 태우면서 좋은 냄새가 거리를 진동하게 했다. 결국 바울은 여러 가지 근심이 될 만한 고린도 교회적 상황에서 그리스도께서 이기게 하심으로 그리스도를 나타내는 아름다운 향기가 세상 가운데 널리 증거될 수 있었음을 밝힌다.

여기서 '냄새'를 가리키는 'osmen'은 때때로 'quality'(품질), 혹은 'character'(인격)와 동일한 의미로 사용되었다. 왜냐하면 인격이나 품질은 마치 냄새가 다른 사람에게 전달되듯이 사람들에게 영향을(긍정적이거나 부정적으로) 미치기 때문이다.

→ 어떤 물건에 대한 평가는 그 품질을 통해서 이루어지며 어떤 사람의 됨됨이는 그 인격의 고결성으로 나타난다. 승리한 장군의 개선식에는 향을 피워 승리의 축하 현장을 더 특별하게 만들었듯이 그리스도인은 그들의 삶의 현장에서 고결한 인격을 통하여 그리스도의 향기를

나타내야 한다. 만일 한 그리스도인의 말과, 행실, 인격에서 그리스도의 향기가 나타나지 않는다면, 아무리 자신이 그리스도인이라 말한다고 하더라도 그것은 그에게 부끄러운 고백이 될 뿐이다. 그리고 그가 그리스도의 복음은 죄악으로부터 사람을 구원하는 능력이 있음을 증거하더라도 사람들은 흔쾌히 마음을 열지 않을 것이다.

(그리스도를) '아는' (냄새): 'gnosews'로서 아는 지식을 말한다. 이 지식은 단순한 지식이 아니라 영적 이해력과 인지력을 가리킨다.

15, "우리는 구원 얻는 자들에게나 망하는 자들에게나 하나님 앞에서 그리스도의 향기니"

'그리스도의 향기,' 그리스도의 복음, 이 복음은 달콤한 구원자 곧 그리스도 자체이다. 따라서 그리스도의 복음을 드러내는 것이나, 사람(바울 자신)이 곧 그리스도의 향기가 된다.

→ 그리스도의 복음을 전하는 것보다 하나님의 마음을 기쁘게 하는 것은 없다. 복음을 전하는 것은 하나님 앞에서 달콤한 향기로 묘사될 수 있다. 그리스도의 지식이 아름다운 향기라고 하였다면 결국 복음 자체가 향기이다. 바울은 또한 이 향기는 그리스도의 냄새인데, 복음의 도구가 되는 인간이 곧 향기가 되어야 함을 말한다. 이것은 고전 11:26에서, "너희가 이 떡을 먹으며 이 잔을 마실 때마다 주의 죽으심을 오실 때까지 전하는 것이니라"에서 "포도주를 마신다는 것"을 "이 잔을 마신다"고 표현하는 것과 같은 것이다. 아름다운 향기, 곧 복음을 전하는 사람이 그 향기와 같지 않다고 한다면 복음은 진정한 향기일 수 없다. 복음을 전하는 자의 삶이 그리스도의 은혜를 입은 자로서 향기나는 삶이 되어야 한다.

본문에서 설교까지 목사님 성경을 설교해 주세요!

"구원 얻는 자들에게나 망하는 자들에게나"

'구원 얻는 자들'(*sozomenois*) 그리고 '망하는 자들'(*apollumenois*)을 현재 수동태 분사형으로 쓰고 있다. 그리스도의 은혜, 복음으로 현재 구원을 받고있는 사람들, 그리고 그리스도의 은혜와 복음에도 불구하고 현재 망하여 가고 있는 사람들을 가리킨다.

16, "이 사람에게는 사망으로부터 사망에 이르는 냄새요 저 사람에게는 생명으로부터 생명에 이르는 냄새라 누가 이 일을 감당하리요."

여기서 반복적인 표현, "이 사람에게는 사망으로부터 사망에 이르는 냄새" "저 사람에게는 생명으로부터 생명에 이르는 냄새"는 먼저는, 생명을 얻는 사람들 혹은 멸망 받는 사람들 모두가 동일한 그리스도의 향기로 인하여 나누어진다는 것을 강조하고 더 분명하게 표현하기 위한 것이다. 그리고 보다 중요한 것은 이것은 계속적이며 진행적인 행위라는 것을 보여주는 점이다. 어떤 한 상태에서 다른 어떤 상태로 변하게 된다는 것을 보여준다.

"누가 이 일을 감당하리요"(Who is sufficient(equal) to such a task?). 다음 절, 17절에서 하나님의 말씀을 순전치 못한 동기로 전하는 사람들과 상반되는 것으로서 복음을 순수한 동기로 전하는 사람, 곧 자신을 가리켜 하는 말이다.

17, "우리는 수많은 사람들처럼 하나님의 말씀을 혼잡하게 하지 아니하고 곧 순전함으로 하나님께 받은 것 같이 하나님 앞에서와 그리스도 안에서 말하노라."

'혼잡하게 하는 사람,' NIV: 'peddlers'; 여기 사용된 '*kapeleuw*'는

행상인, 또는 돈에 집착하여 강매하는 장사치, 혹은 그렇게 행동하는 사람이라는 뜻을 가진다. 이 용어는 헬라의 작가들로부터 "품질을 떨어트리거나 오직 이득을 취하기 위해 물건을 만드는 사람"의 의미로 빈번히 사용되었다.

"우리는(수많은 사람들처럼 하나님의 말씀을 혼잡하게) 하지 아니하고"

그러나 위의 경우와 상반되게, 사도바울은 하나님의 말씀을 전함에 있어 다른 어떤 목적으로 변질시키거나, 하나님의 말씀에 다른 어떤 요소, 즉 유대교적 율법, 거짓 철학, 아니면 어떤 이기적 목적 등과 혼합시키지 않았음을 뜻한다.

〈설교 주제문 찾기〉

주제란: 하나의 본문 안에서 내용 전체가 지원하고 있는
단 하나의 지배적인 개념

주제를 찾기 위한 질문 두 단계(Two Steps)

1. 본문은 무엇(중심사상)에 대하여 말하고 있는가?
2. 본문은 그 중심사상(본문이 말하는 것)에 대하여 무엇이라고 말하고 있는가?

〈고후 2:12-17〉

1. 그리스도인은 그리스도의 냄새를 드러내는 향기이다.
2. 승리하는 믿음과, 고결한 인격, 순결함으로 복음을 전함으로 그리스도의 향기를 드러낸다.
주제문: 그리스도인은 승리하는 믿음과, 고결한 인격, 그리고 구원의

복음을 전함으로써 그리스도의 향기를 드러내야 한다.

제목: 당신은 향기를 진동시키는 사람!

주제: 그리스도인은 승리하는 믿음과, 고결한 인격, 그리고 구원의 복음을 전함으로써 그리스도의 향기를 드러내야 한다.

목적: 신학대학 학생들로 하여금 승리하는 믿음과, 깨끗한 인격과, 순수한 복음증거의 삶을 통하여 그리스도인으로서 아름다운 삶의 향기를 발하도록 도전한다.

〈설교개요〉

I. 그리스도인의 향기는 승리의 향기(14)
  • 그리스도 안에 있는 사람들도 아픔과 고난이 있음
  • (그러나)하나님께서 이기게 하심: 영적 싸움에서 이김으로 하나님의 영광(그리스도의 향기)이 나타나게 하심

II. 그리스도인의 향기는 인격(삶의 모습)의 향기(15)
  • 용서하고 위로하는 향기(7-10)
  • 사랑하고 격려하는 향기(1-4)

III. 그리스도인의 향기는 복음(구원하는)의 향기(14-17)
  • 그리스도인의 향기는 구원의 복음(16)
    - 믿는 자들에게는 구원의 향기;
    - 배척하는 자에게는 멸망의 냄새
  • 복음 증거의 자세(17)
    - 잘못된 동기와 목적(사상)을 가지고 하지 말 것
    - 순결한 마음과 복음의 열정으로 할 것

〈설교문〉

〈서론〉 사람들은 각자만의 독특한 냄새를 가진다. 셰익스피어를 영국의 향기라고 한다면, 링컨은 흑인 노예의 향기요, 인도의 간디는 자유인의 향기요, 마틴 루터 킹 목사는 인간 존엄성과 인간 평등의 향기이다. 그런가 하면, 대한민국의 유관순이나, 안중근, 김구와 같은 나라 사랑 애국정신의 향기도 있다. 그렇다면, 하나님의 말씀을 따라 사는 그리스도인들도 하나님의 자녀로서 인격과 삶의 향기를 가지고 있다. 그리스도인들에게 있어 그리스도인 다운 냄새, 그리스도인 다운 향기는 과연 무엇일까? 성경은 그리스도인이 어떤 향기가 되어야 한다고 말하는지 본문 말씀을 통하여 살펴보도록 하겠다.

I. 세상에 대하여 이기는 삶(승리)의 향기

본문에서 하나님은 우리가 그리스도인으로서 세상에 대하여 승리하는 삶을 살므로 그리스도인의 향기를 나타낼 수 있다고 말한다. 14절에서 바울은 "항상 우리를 그리스도 안에서 이기게 하시고 우리로 말미암아 각처에서 그리스도를 아는 냄새를 나타내시는 하나님께 감사한다"고 고백하였다.

바울은 하나님께 드리는 감사의 조건으로 하나는 하나님께서 자신을 승리하게 해주시는 것이라 했고, 다른 하나는 그리스도를 알게 하는 냄새를 나타내는 것이라고 했다. 그리스도의 향기를 나타내는 것은 그리스도인이 세상에 대하여 이기는 삶과 연관된다. 그것은 믿음으로 세상을 이기면, 그 이김을 통해서 그리스도의 냄새를 나타낼 수 있기 때문이다. 왜 바울은 여기서 강한 어조로 '이긴다'라고 말했을까?

그것은 당시 바울이 반드시 이기고 극복해야만 하는 일이 있었기 때문이었다. 당시 고린도 교회 안에는 바울의 사도권에 대하여 의문을 제기하며 바울의 권위에 도전하는 무리가 있었고, 교인들 가운데는 죄악을 행하는 교인들이 있어서 고린도교 회에 대하여 바울은 신경이 매우 예민한 상황이었다. 그래서 고린도를 다녀온 디도를 하루속히 만나서 고린도 교회의 소식을 듣고자 하는 마음으로 드로아에 갔지만 디도를 만나지 못하게 되자 마음에 근심과 걱정이 생기게 되었다. 만일 고린도 교회 내의 이러한 문제들이 해결되지 않으면, 교회가 큰 혼란 가운데 빠지며, 이것은 결국 교회를 무너트리려는 사단의 궤계에 패하는 것이 되기 때문이었다(11).

그런데 하나님께서 이 모든 어려움과 고난을 극복하고 사단의 궤계를 물리치고 이기게 하셨음을 고백하며 하나님께 감사한다고 밝힌다. 바울은 고린도후서 7:5-16에 의하면, 결국 하나님이 고린도 교회 안에 발생했던 문제들을 처리하시고 교회가 반듯하게 세워진 것에 대하여 언급하고 있는 것을 볼 수 있다.

오늘을 살아가는 우리도 주님과 교회를 섬기는 사람들이기 때문에 여러 가지 이유로 인하여 마음에 평안을 잃어버리고, 때로는 아픔과 고난을 당할 수 있다. 복음의 대사도 바울이 드로아에서 복음의 문이 활짝 열렸음에도 불구하고 마음에 걱정과 근심으로 평안을 잃고, 드로아를 떠나 디도를 만나기 위해 마게도냐로 갔다고 한다면, 우리는 말할 것도 없다.

여러분들은 오늘 어떤 문제가 있는가? 어떤 걱정이나 근심거리가 있는가? 여러분들의 마음의 평안을 흔들어 놓는 문제가 있다면 그것은 무엇인가? 여러분이 당한 모든 문제를 하나님께서 이기도록 인도해 주시기를 원한다. 여러분이 기도의 끈을 놓지 않고 그리스도 안에 거하며, 하나님의 말씀을 따라 행한다면 하나님께서 여러분들을 이기도록 반드시 도우실 것이다.

"이기게 하신다"는 말은 바울 사도에게도 그랬듯이 그리스도인에게 싸움이 있음을 전제한다. 그 싸움은, 영적인 싸움이다. 싸움은 이겨야 한다. 영적인 싸움에서는 반드시 이겨야 한다. 그리스도인이 누리는 승리 가운데 가장 놀라운 승리는 다른 어떤 것보다도 죄에 대한 승리이다. 여러분을 향해 도전하는 수많은 죄악의 유혹으로부터 이기는 승리가 주님의 향기를 나타내는 것이다. 나는 아침 출근길이나 저녁 퇴근길에 가끔씩 기도하기 위해 이 강당을 들린다. 강당 옆을 바쁘게 지나가다가 흘러나오는 간절한 기도 소리에 이끌려서 들어오게 되는 때도 있다. 그때마다 간절히 기도하는 학생들을 보면서 내 마음은 든든해지고, 무언가 자신감이 생기고, 우리 학교의 더 밝은 미래가 그려진다. 어떨 때는 애절하게 기도하는 학생들의 기도 소리를 들으며 나의 기도를 잠시 중단하고, "하나님 저 학생의 기도를 들어주세요. 무엇을 위해 저토록 애절하게 하나님께 기도를 드리는지 제가 알 수 없지만 저 학생들의 간절한 기도를 귀 기울여 들으시고 응답해 주세요"라고 기도할 때가 있다.

나는 여러분들이 기도의 사람인 것을 알고 있다. 그럼에도 불구하고 여러분들은 시시각각으로 죄악의 유혹에 노출되어 있다. 대부분의 죄악 된 일들은 도덕적인 것들과 연관 된다. 때때로 나는 '우리학교 학생들이 학교 후문 주변에서 담배를 피우더라,' '우리 학교 학생들 몇몇이 궁동에서 몰려다니는데, 그중에는 술을 마신 사람이 있는 것 같더라'라는 말을 듣는다. 나는 그런 말들을 믿고 싶지는 않다. 그러나 그 말이 사실일 가능성은 얼마든지 있다. 여러분들은 사방으로부터 죄악에 노출되어 있다. 죄악으로부터 이기면 그리스도의 아름다운 향기를 발할

본문에서 설교까지 목사님 성경을 설교해 주세요!

것이고, 죄악에 지고 패배하면 그리스도의 영광을 가리게 될 것이다.

예화 그리스 신화 가운데 이런 이야기가 있다. 에트루리아 바다의 한 섬에는 사이렌(몸의 반은 여성이고 반은 새인 요정)이라고 하는 매혹적인 종족이 살고 있었다. 이 사이렌 족은 배가 그 섬의 해변가를 지나갈 때 노래를 부르며 바닷가로 내려오곤 했다. 그 노래와 하프 소리가 얼마나 아름답고, 그 여인들의 모습이 얼마나 매혹적이었던지 선원들은 자신들의 고된 항해로부터 벗어나 그 환상의 섬으로 탈출하고픈 유혹을 받았다. 그렇게 정신을 못 차리다가 결국 배들이 암초에 부딪쳐 박살이 나곤 했다.

어떤 사람들은 "얼마나 어리석은 뱃사람들인가!"라고 비웃을지 모른다. 그러나 이것이 비웃을 만한 일이라고 생각하는가? 오늘, 현대판 사이렌 송은 여러분 주변에서 시시각각으로 들려온다. 그리고 수없이 많은 젊은이들이 그 유혹에 빠져 자신들의 젊음을 허비하고 타락의 늪에 빠진다.

그뿐인가! 그 외에도 우리가 싸워 승리하여야 할 또 하나의 만만치 않은 싸움은 신천지나 그와 유사한 다른 이단 집단 등과의 싸움이다. 우리는 이런 수많은 영적인 적들을 믿음으로 싸워 이기고 승리하여야 하겠다. 진정 그리스도가 그 마음에 있는 사람은 신천지와 같은 어리석은 이단 교리에 현혹되지 않는다. 어떻게 스스로 재림 예수 행세를 하는 사람을 믿고 따를 수 있단 말인가? 말씀의 능력이 충만한 사람에게는 그러한 거짓 가르침의 유혹은 오히려 믿음이 더 뜨거워지게 하는 동기부여가 되게 한다.

`예화` 다니엘이 사자 굴에 들어갔으나 죽지 않았던 이유에 대하여 어느 목사님이 재미있게 해석하는 말을 들은 적이 있다: "어떤 사람은 다니엘이 채식을 하였기 때문에 사자들에게 풀로 보였을 것이라고 말합니다. 그러나 나는 다니엘이 성령 충만하고 영적으로 뜨거운 사람이었기 때문에 사자들이 덤벼들어 먹으려고 하다가 너무 뜨거워서 이빨이 왕창 뽑힐 것 같아서 먹을 수가 없었을 것이라고 생각합니다." 물론 그 설교자는 재미있는 유머로 한 말이었다. 중요한 것은 우리가 영적으로 뜨거운 그리스도인이 될 때, 우리를 향해 다가오는 검은 죄악의 세력을 능히 물리칠 수 있다.

우리의 싸움은 영적 싸움이다. 여러분들 모두가 이 영적 전쟁에서 싸워 이기는 믿음의 용사들이 되기를 바란다. 헬라어, '이기게 한다.'의 '트라이암부오'(thriambeuw)는 정확하게 표현하면 승리의 행진으로 인도하신다는 의미이다. 전쟁에서 승리한 장수가 승리의 개선식에서 수많은 군중으로부터 환영을 받는 것을 의미하는 용어이다. 개선장군의 환영식은 어떻게 이루어지는가? 왕궁으로 가는 입구에서부터 양 길가로 사열대가 서고, 승리의 개가 트럼펫이 울려 퍼지는 가운데, 승리의 장군이 네 마리의 우유 빛 백마가 끄는 화려한 마차를 타고 지나가면 백성들은 환호를 한다. 승리의 장군은 영웅이 되고 모든 사람으로부터 우러름을 받고, 찬양을 받는다. 사도바울은 이 말을 하면서 아마도 하나님의 성도들이 믿음으로 세상을 이기고 승리하면, 하나님의 천군 천사들로부터 칭찬을 받는 모습을 상상했을지도 모르겠다. 그러나 분명한 것은, 우리 그리스도인들이 이렇게 죄악으로부터 이기고 세상으로부터 승리하였을 때 이 땅의 교회와 성도들이 함께 기뻐하며 하나님께 감사와 영광의 박수를 올려 드릴 것이다.

나는, 여러분과 내가 세상에서 우리에게 도전해 오는 모든 죄악을 믿음으로 능히 물리치고 하나님의 살아계심과 하나님의 사랑이 우리를 통해서 세상 앞에 드러나게 되기를 기도한다. 여러분이, 한 사람의 그리스도인으로서 그리고 자랑스러운 한국침례신학대학교 학생으로서, 여러분의 삶이 머무는 현장에서 믿음으로 살고, 죄악으로부터 승리함으로써 하나님의 영광을 드러내는 믿음의 용사들이 되기를 바란다. 여러분이 믿음으로 이기는 자리에서 예수의 향기가 진동될 것이다.

II. 그리스도인의 향기는 인격의 향기

그리스도인이 발하는 향기는 이기고 승리하는 향기일 뿐 아니라 또한 인격의 향기이다. 14절에서 말하는, "그리스도를 아는 냄새(the fragrance of the knowledge of him)"는 개선장군의 환영식과 연관하여 이해할 필요가 있다. 전쟁에서 승리한 개선장군의 환영식에는 향신료를 태우면서 좋은 냄새가 거리를 진동하게 했다. 여기서 "냄새"는 때때로 "quality"(품질), 혹은 "character"(인격)와 동일한 의미로 사용되었다. 어떤 좋은 물건은 확실한 품질이 그것을 증명하고, 훌륭한 사람의 됨됨이는 그 인격의 고결성으로 나타나기 때문이다. 승리한 장군의 개선식에는 반드시 향신료를 피워 향내를 진동하였던 것처럼, 그리스도인은 품격 있는 삶과 고결한 인격을 통하여 그리스도의 향기를 나타낼 수 있다.

우리가 그리스도인으로서 우리 내면에 그리스도를 품고 있는 진정한 믿음의 사람이라면 우리의 말과, 행실과, 인격에서 그리스도의 향기가 뿜어져 나와야 할 것이다. 향기의 특성은 무엇보다도 퍼져 나가는 것이다. 향기는 본질적으로 주변으로 퍼져 나간다. 아무리 향기를 가두어 두려고 해도 향기를 구속할 수는 없다. 진정한 그리스도인으로서 여러분의 인격 안에 그리스도가 계신다면 여러분의 말에서, 여러분의 행동에서, 여러분의 생각에서 그리스도의 향내가 자연스럽게 퍼져 나올 것이다.

　오늘 우리 한국 사회가 왜 이렇게 거짓과 속임수, 불신과 반목, 미움과 살인, 불의와 죄악으로 가득할까요? 우리 그리스도인들이 그리스도의 향내를 풍겨내지 못하기 때문이라고 생각되지 않는가?

예화　같은 직장에서 30년을 함께 근무한 두 사람이 직장 생활을 하는 동안 서로 예수 믿는 사람이라는 것을 전혀 모르고 지내다가 퇴직을 하고 교회 연합 모임에서 만났다고 하는, 그래서 서로가 너무 놀랐다고 하는 마음이 쓸쓸한 이야기를 들은 적이 있다. 우리가 진정 그리스도인이라고 한다면, 어떻게 세상에서 그것을 감출 수가 있겠는가?

　백합꽃이 아무리 자기가 백합이 아니라고 부인한다고 하더라도 백합의 향기가 그 꽃이 백합임을 증명하고, 아름다운 장미꽃이 아무리 자신을 꼭꼭 감추어 두고 나는 장미가 아니라고 하더라도 장미의 향기는 자신이 장미라고 하는 사실을 드러낼 수밖에 없듯이, 우리가 진정 그리스도인이라고 한다면 우리의 모습에서, 우리의 말과 행동에서, 그리고 우리의 인격에서 그리스도의 향기가 저절로 분출되어야 할 것이다. 냄새가 강렬한 꽃이 더 진한 향내를 내 뿜는 것처럼, 진정한 믿음의 사람일수록 그리스도의 강한 향기를 퍼트릴 것이다. 오늘 여러분의 삶이 강렬하고 뜨거운 그리스도의 향기가 되어 주변을 진동시킬 수 있기를 간절히 바란다.

III. 그리스도인의 향기는 복음의 향기

　그리스도인이 가지는 향기는 세상에 대하여 이기는 것이고, 아름다

본문에서 설교까지 목사님 성경을 설교해 주세요!

운 그리스도인의 인격을 나타내는 것이며 나아가, 복음을 증거하는 것이다. 우리는 하나님의 말씀을 증거함으로 그리스도의 향기를 나타낼 수 있다. 본문 15절에서 바울은, "우리는 구원 받는 자들에게나 망하는 자들에게나 하나님 앞에서 그리스도의 향기"라고 말한다. 그런데, 그리스도 안에 있는 우리가 "구원 얻는 자들에게" 향기가 된다는 말은 충분히 납득이되는 데, "망하는 자들에게도 그리스도의 향기"라고 하는 말은 어떤 뜻인가? 여기서 냄새는 결과적으로 어떤 사람에게는 생명으로 인도하는 향기가 되지만, 어떤 사람에게는 멸망과 죽음에 이르는 냄새가 되기도 한다는 것을 보여준다. 영문 NIV 성경에는 망하는 자들에 대해서는, "the smell of death," 죽음의 냄새로 번역하였고, 구원을 얻는 자들에 대해서는, "the fragrance of life," 생명의 향기로 번역하였다. 우리가 증거하는 복음은 구원 얻는 자들에게는 아름다운 생명의 향기이지만 복음을 거부하며 그리스도를 적대하는 사람들에게는 멸망의 냄새가 된다.

16절에 의하면, "이 사람에게는 사망으로부터 사망에 이르는 냄새요 저 사람에게는 생명으로부터 생명에 이르는 냄새라 누가 이 일을 감당하리요"라고 말하고 있다.

"이 사람에게는 사망으로 좇아 사망에 이르는 냄새," "저 사람에게는 생명으로 좇아 생명에 이르는 냄새"라고 하는 이 반복적인 표현은, 생명을 얻는 사람들이나 멸망 받는 사람들 모두가 동일한 그리스도의 향기로 인하여 나누어진다는 것을 더욱 강조하고 더 분명하게 표현하고 있다. 여기서, "구원 얻는 자들," 그리고 "망하는 자들"을 말할 때, 문법적으로 현재 분사형을 쓰고 있다. 그리스도의 은혜와 복음으로 현재 구원을 받고 있는 사람들, 그리고 그리스도의 은혜와 복음에도 불구하고 현재 망하여 가고 있는 사람들을 가리킨다.

복음의 향기가 진동함에도 불구하고 끝까지 멸망의 길을 가는 사람들은 어쩔 수 없으나, 가장 우리가 경계할 것은 우리의 모습에서 그리스도의 향기가 나지 아니하고 오히려 세속적이며 죄악의 냄새가 나게 되면 사람들을 멸망에 빠지게 할 수 있다는 점이다. 그리스도의 향기가 아니라 그리스도의 영광을 가리는 우리 때문에 한 영혼이라도 멸망에 처하게 된다면, 그것은 멸망의 길을 가는 사람들의 책임이 아니라 우리의 책임이 될 것이다.

그리스도인 된 우리에게 복음을 전하는 직분이 주어졌다는 것은 하나님의 큰 은혜이다. 세상에서, 나로 인하여 다른 사람이 생명을 얻고, 나를 통하여 구원받는 사람이 있다는 것은 놀라운 일 중에 가장 놀라운 일이 될 것이다. 그런데 하나님은 복음을 전할 때에도 그 동기와 목적이 순수하여야 할 것을 강조하고 있다. 그 이유는 어떤 사람들은 순수하지 못한 동기와 자신의 유익을 위하여 성경을 가르치거나 설교하기 때문이다. 그래서 바울은 "우리는 순전함으로 하나님께 받은 것같이 하나님 앞에서와 그리스도 안에서 말한다"라고 강조하고 있다.

마지막 절 17절은 이렇게 말한다: "우리는 수많은 사람들처럼 하나님의 말씀을 혼잡하게 하지 아니하고 곧 순전함으로 하나님께 받은 것같이 하나님 앞에서와 그리스도 안에서 말하노라." 복음을 전할 때 하나님의 말씀을 혼잡하게 하는 사람이 있고, 순전함으로 하나님께 받은 것 같이 순수하게 증거하는 사람이 있다고 하였다. 여기서 말하는 '혼잡하게 하는 사람(peddlers)'에 해당하는 '카펠루오, *kapeleuo*'는 행상인, 또는 돈에 집착하여 강매하는 장사치, 혹은 그렇게 행동하는 사람이라는 뜻을 가진다. 이 용어는 헬라의 작가들로부터 "품질을 떨어트리거나 오직 이득을 취하기 위해 물건을 만드는 사람"이란 의미로 빈번히 사용되었다. 이 말은 복음을 전하면서, 하나님의 말씀을 순수하게 전하지 아니하고 자기의 생각이나 사상을 드러내고, 자기주장을 전하며, 그 외에 어떤 이득이나 인간적인 목적을 가지고 복음을 전하는 사람들이 있음을 가리킨다. 영혼을 사랑하는 마음으로 복음을 전하는 사람, 나는 침신대 학생들이 이런 사람들이 되었으면 좋겠다. 장차 여러분이 복음을 들고 세상을 향해 나갈 때, 죄인들을 사랑하시는 하나님의 사랑을 가슴에 품고 여러분의 삶이 머무는 곳에서 삶의 모습으로, 그리고 입술로 복음을 전함으로 사람들을 그리스도 앞으로 인도하는 놀라운 일들이 일어나기를 기도한다.

〈결론〉 몇 해 전 총학생회 주관으로 교내에 '코람데오'(Coram Deo) 운동이 펼쳐진 적이 있었다. 코람데오는 '하나님 앞에서'란 뜻을 가진 라틴어이다. 하나님 앞에서 거룩함과, 정직과, 질서를 회복하자는 운동이었다. 그래서 무감독 시험을 실행하기도 하였다. 'in the presence of God,' 하나님 앞에서 여러분은 그리스도의 거룩한 향기이다.

오늘 제가 간절히 바라는 것은 이 자리에 있는 모든 사람들이 이와 같은 그리스도의 향기가 되어서 우리 캠퍼스가 예수의 냄새로 진동하고 우리의 마음과, 생각과, 우리의 말과 행동이 예수의 진한 향기가 되기를 바라는 것이다. 그리고 이 향기를 가지고 밖으로 나가서 우리가 만나는 사람들에게 그리스도의 향기를 나타내고, 죄악으로 냄새나는 세상에 그리스도의 향기를 뿜어내서 그리스도가 증거되는 일에 앞장설 수 있기를 간절히 바란다.

여러분들은 'Christian Perfume,' 그리스도의 향수이다. 누가 만들었는가? 'Made in God,' 하나님이 만드셨다. 이 향수의 원료는 무엇인가? 일백 퍼센트 예수 그리스도이다. 'Christian Perfume'으로서 여러분의 삶이 죄악에 대하여, 세상에 대하여, 거짓 진리에 대하여 이기고 승리하는 삶이 되기를 바란다.

성경 문학 장르 특성과 설교 실제

제2부 ──────── # 성경 문학 장르 특성과
설교 실제

들어가는 말

성경을 해석하는 가장 기본적인 접근은 신학적 관점에서 주어진 본문의 원래적 의미를 찾는 것이다. 주어진 본문의 의미 파악은 성경 저자의 저술 목적과 주요 관점을 이해함으로부터 시작된다. 어떤 글이든 그것을 이해하는 데 있어 중추적 역할을 하는 것은 그 기록된 내용의 문학적 형태를 파악하는 것이다. 문학적 형태는 장르(genre), 구조(structure), 그리고 문체(style)라는 세 가지 중요한 요소로 구성된다. 독자가 어떤 문학 작품의 장르를 무엇으로 보느냐에 따라 그 글에 대한 해석은 달라진다. 실제로, 독자들은 픽션과 논픽션을 다르게 읽으며, 과학과 신화를 다르게 읽는다. 장르를 오해하면 글의 내용과 의미를 오해하게 된다. 저술가는 특정한 표현 방식을 택하여 자신의 생각과 뜻을 드러낸다. 장르는 그의 이러한 선택 곧 글을 쓰는 방식이다.[1]

"장르"(genre)는 프랑스어에서 유래된 말로서 영어 단어 중에 'general'(일반적인), 또는 'generalization'(일반화)과 연관성이 있다.

---

1) G. N. Leech and M. H. Short, *Style in Fiction* (London: Longman, 1981), 19, 74.

문학에 있어 하나의 장르는 유사성이라는 조건으로 서로 연관되는 본문의 한 종류를 말한다.[2] 독서의 관점에서 본다면, 저자와 독자 사이에는 하나의 소통 형태로서 교류(transaction)가 일어난다. 이때, 문학적으로 어떤 구성이나, 내용, 혹은 앞서 밝힌 내용에 대한 유사성을 내포하지 않는 본문은 독자에 의해 쉽게 이해될 수 없다.[3] 따라서 일반화된 하나의 문학적 틀로서 장르는 저자의 사상을 효율적으로 드러내는 동시에 독자에게는 저자의 의도를 파악하는 원리를 제공한다.

설교를 준비하는 설교자가 성경의 문학 장르를 고려해야 하는 이유는 무엇인가? 그것은 다른 것이 아니라 성경에 계시된 하나님의 말씀을 정확히 이해하기 위함이다. 물론 이것은 장르와 관계없이 일반적인 성경 해석의 대전제이다. 다만, 저자의 저술 의도를 본문 안에서 찾아감에 있어 저자가 그의 메시지를 기록한 문학 형태는 그 다양성만큼이나 저자의 다양한 사상과 뜻을 표현하고 있다는 점에서 중요하다. 특정한 메시지를 특정한 문학 장르를 빌어 밝히고 있는 성경 저자의 의도는 그 문학 형태의 특성 안에서 정확하게 파악이 될 것이기 때문이다. 이와 같은 관점에서 마이크 그레이브스(Mike Graves)는, 설교는 내용은 물론 그 형식에 있어서도 성경 문학 형식을 고려한 것이어야 한다고 말했다.[4] 이 말은 곧 성경의 문학적 특성은 성경적 설교를 추구하는 이 시대의 설교자들에게 성경을 어떻게 설교해야 할 것인지에 대한 단서를 제공한다는 의미가 될 것이다.

---

2) Tremper Longman, 「구약성경의 이해: 세 가지 중요한 질문」, 김은호 역 (서울: 기독교문서선교회, 2004), 54-5.

3) Tremper Longman, *Literary Approaches to Biblical Interpretation* (Grand Rapids: Zondervan Publishing House, 1987), 76-7.

4) Mike Graves, *The Sermon as Symphony: Preaching the Literary Forms of the New Testament* (Valley Forge, PA: Judson Press, 1997), 5.

포스트모더니티의 한복판에서, 디지털 문화와 더불어 살아가는 현대 청중에게 다가서기 위한 설교 방법론은 그 어느 때보다도 뜨거운 담론으로 관심이 커지고 있다. 이미 이야기 설교는 많이 소개되어 시행되고 있으며, 영화설교, 독서설교, 패널설교, 토론설교 등 청중을 참여시키거나 이미지를 활용하는 다양한 설교 방식이 관심을 불러일으키고 있다. 설교학적으로는, 청중과의 소통을 최우선적 관점에 두고 이야기 설교를 비롯하여 이미지 설교를 강조하는 신설교학(new homiletics)적 주장은 여전히 관심을 끌고 있다.[5] 그러나 이 시점에서 중대한 질문 하나는, '과연 이 시대의 설교는 하나님의 말씀을 전하고 있는가?'라고 하는 보다 설교의 본질에 관한 것이다. 화려한 방법론 뒤에 숨어있는 하나님 말씀의 부재 현상은 현대교회가 가장 경계해야 할 점이다. 왜냐하면 설교는 본문 안에서 하나님이 말씀하시는 정확한 의미를 밝히는 것으로부터 출발하기 때문이다.

설교자가 성경의 문학 양식을 신중히 고려하여야 할 이유와 필요는 단순히 본문의 문학 양식적 특징을 소개한다던가 아니면 창의성 없이 해당 양식을 흉내 내는 것을 목적하기 때문이 아니다. 본문에 충실한 설교자에게 본문의 문학 양식적 특성은 본문 해석을 위해 반드시 고려해야 하는 사항이다. 그는 복음서의 비유를 해석하면서 서신서에 나타나는 사도바울의 경고성 메시지를 해석하는 방식으로 접근하지 않는다. 왜냐하면 그 둘은 내용도 크게 다르지만 문학 양식에서 큰 차이를 보여주기 때문이다. 영상시대라 일컬어지는 21세기 설교는 청중 중심의 효율적 전달을 위한 다양한 방법론을 강조하고 있다. 이 시대의 설교는 실제로 멀티미디어 활용을 비롯하여 커뮤니케이션을 극대화 시

---

5) 신설교학의 특징에 대해서는 다음을 참고하라. 문상기, "신설교학 이후에 나타난 현대설교의 동향과 과제," 「복음과 실천」, 53집 (2014 봄): 218-21.

키고자 하는 노력이 다방면에서 나타나고 있다. 반면, 동시에 현대설교는 그 어느 때보다도 '성경 강해' 혹은 '본문 중심의 설교'에 대한 중요성이 요청되고 있다. 이는 설교 전달에 초점을 둔 방법론은 자칫하면 말씀의 원래적 의미를 잃고 비성경적 인본주의로 치우치는 우려를 낳기 때문이다.

성경적 설교는 그동안 용어적으로 '강해 설교'와 혼용하여 표현되었지만, 강해설교의 의미가 다양한 개념으로 이해되고 있으며 성경적 설교와는 다른 관점으로 사용되는 경우가 있으므로 인해 미 남침례교 설교학자들은 '본문이 이끄는 설교'라는 용어를 선호한다. 이는 그들이 2011년에 출간한 책의 타이틀을, *Text-Driven Preaching*(「본문이 이끄는 설교」)으로 칭한 것에 잘 드러나 있다.[6] 이 책에 참여한 저자들은 성경적 설교를 위한 신학 및 해석학적 원리, 성서 원어 의미 파악, 그리고 나아가 성서 문학 장르에 입각한 본문 해석 원리의 중요성을 피력했다.

성경 문학 장르의 특징

성경을 구성하는 문학 장르는 복잡하고 다분히 복합적인 수사적 기능을 수반한다. 하나의 비유는 독자에게 시편이 가지지 못한 역량을 발휘하고 반대의 경우로서 하나의 시편은 비유로는 표현할 수 없는 농축된 메시지를 도출시킨다. 설교자는 다양한 형태별 장르에 따르는 가능한 의미들을 이해하고 추구하고자 하는 열정을 통해 그가 무엇을 증거해야 할지를 확신하게 된다. 토마스 롱(Thomas G. Long)의 말과 같이, 설교자는 장르에 대하여 모든 것을 알지 못할 수도 있다. 그러나 그가

---

6) Daniel Akin 외, 「하나님의 명령-본문이 이끄는 설교」, 김대혁 · 임도균 역 (서울: 베다니, 2012).

본문에서 **설교까지** 목사님 성경을 설교해 주세요!

발견하는 모든 것들은 그에게 매우 중요하다.[7]

본문의 문학 장르 수사적 특징을 충분히 드러내기 원하는 설교자는 본문과 동일한 문학 장르 형식을 따라 설교하는 것이 최선이라고 생각할 수 있다. 즉, 본문이 이야기라고 한다면 이야기 형식으로 전하고 본문이 시문학에 속한다면 시적으로 설교를 구성하는 것이다. 그러나 현실적으로 이것은 너무 어렵고 힘이 들뿐만 아니라 비현실적인 일이 될 것이다.[8] 그러므로 설교자에게 주어진 과제는 본문의 복제품을 만들어 내는 것이 아니라 본문이 장르적 특성과 함께 말하고 있는 본질적 의미를 충분히 밝혀내어 설교에 반영하는 것이다.

물론 본문의 문학 형식이 현대 설교자에게 설교 구성을 위한 하나의 모델이 되기에 어떤 부족함이 있을 수 없다. 다만 성경 시대와는 판이하게 다른 시대와 다른 상황 속에 있는 현대 청중에게 메시지를 들고 나아가는 설교자는 그 틀에 묶이기보다 본문을 위한 가장 좋은 설교 방식을 택하는 것이 더 중요하다. 따라서 설교자는 언제나 같은 질문 앞에 직면한다: "나는 본문이 말하고자 하는 것을 어떤 형식으로 조직(구성)하여 나의 청중에게 나아갈 수 있을 것인가?"[9] 그렇다면, 설교자의 목적은 본문이 말했던 모든 내용을 같은 형식과 방법으로 전하려고 시도하기보다는, 그 본문이 말하고 있는 것을 자신의 청중에게 가장 효율적인 방식으로 증거하는 것이어야 할 것이다. 모든 문학 형식은 각각 다른 양상으로 나타난다. 어떤 본문은 매우 복잡한 반면에, 어떤 본문은 상대적으로 단조롭다. 어떤 본문은 광범위한 상상력과 스토리를

---

7) Thomas G. Long, *Preaching and the Literary Forms of the Bible* (Philadelphia: Fortress, 1989), 26.

8) Ibid., 33.

9) Ibid., 33-4.

사용하는가 하면 어떤 본문은 산문체이며 현학적이다. 설교자는 본문이 무엇을 말하고 있는지를 밝혀내는 것 이상으로 본문이 그것을 어떤 방식으로 드러내고 있는지를 고려함으로써 본문을 정확하게 이해하고 전달하는 것이 필요하다.

21세기 청중의 특징

21세기 청중은 두 가지의 특징을 보인다. 하나는, 지식과 정보를 나눔에 있어 무엇보다 느낌이나 감성 그리고 이미지로 소통하기를 원한다는 점이다. 설교 형식에 있어 3개요 연역적 설교는 다분히 논리적이고 이성적인 접근이기 때문에 현대 청중의 적극적 관심을 받을 가능성이 높다고 할 수 없다. 현대 청중의 다른 하나의 특징은, 다양성을 추구하는 것이다. 모든 분야에서 고정된 개념이나 방식으로부터 탈피하려고 하는 현상이다. 현대 사회와 문화 가운데 이와 같은 현상은 이미 우리 주변에서 빈번히 일어나고 있다. 때때로 기성세대들 경우, 급변하는 주변 상황으로 인하여 혼란을 겪는 것도 더 이상 생경한 일이 아니다. 한마디로 가치체계의 붕괴 현상이다. 과거에 중심을 이루고 있던 것들은 외면을 당하고 변방에 있던 제도나 방식이 주목을 받는 일들이 비일비재하다. 이런 정서적 변화 속에서 현대인들은 어느 한 가지에 밀착되기보다는 선택적 다양성을 추구한다. 이와 같은 현상은 기독교 설교가 직면한 딜레마이다. 왜냐하면, 변화에 가장 둔감한 것 중의 하나가 설교이기 때문이다.

이 시대의 청중은 선택적 청취 현상을 보여준다. 청중석에 정자세로 앉아있는 성도들이 설교가 시작되고 3분이 채 지나기 전에 이 설교를 들을 것인가를 심각하게 고민하는 현상도 이미 보편적인 모습이다. 고정된 틀에 묶여 반복되는 설교형식은 청중에게 외면당할 수 있다. 현대설교학이 설교의 서론에 대해 큰 관심을 가지는 것은 이와 같은 특징을 보이는 청중을 어떻게 말씀의 자리로 이끌어 갈 것인가에 대한 현실적 요청으로 인한 것이다.

그렇다면 현대 설교자가 추구해야 할 바람직한 설교 방식은 무엇인가? 다름아닌 다양성이다. 대체로 한국교회 강단에서 선포되는 설교는 여전히 논증 형식상 연역적이다. 이미지와 감성의 소통을 추구하는 청중에게 3개요 형식과 예화들로 구성되는 연역적인 설교는 자칫하면 외면당할 수 있다. 필자는 5장에서, 구약 내러티브를 위한 가장 바람직한 설교 형식은 네러티브 설교임을 밝혔다. 하지만 동시에 또 하나의 관점은 우리의 설교를 고정된 틀로부터 해방시키고 다양성을 추구 함으로써 한국 교회의 강단이 더욱더 활력이 넘치는 현장이 되기를 바라는 것이다.

2부에서 우리는 성경의 다양한 문학 장르적 특징과 이를 고려한 설교 작성에 집중하고자 한다. 이제부터 논하는 다섯 유형의 성경 문학 장르의 특성과 그에 따르는 설교 작성의 실제가 우리의 주제가 될 것이다. 필자는 자신의 설교 세계를 넓혀가기를 원하는 독자들에게 제2부에서 논하는 내용들이 성경적 설교를 향한 새로운 동기부여가 되기를 소망한다.

I. ———————— 복음서의 문학적 특성과 설교 실제

성경 해석자가 성서 문학 장르의 특성을 따라 그 안에 계시된 말씀을 해석해야 하는 이유는 무엇인가? 그것은 말씀을 기록한 저자의 목적과 의도를 정확하게 파악하기 위함이다. 다행스럽게도 현대설교는 성경의 구속사적 이해라든가 본문 중심의 성경적 설교에 새로운 관심을 기울이는 현상이 엿보이지만, 여전히 성경의 문학적 이해는 부족해 보인다. 성경의 문학 장르 이해 부족 현상은 설교자 자신의 고정된 설교 방법론의 문제와 연관된다. 본문에서 설교까지의 여정에서 일반적으로 설교자의 관심은 이미 정해진 자신의 설교 구성의 틀에 내용을 적절히 배열시켰는가에 집중되는 반면 본문의 문학 장르적 특징에는 주의를 기울이지 않는다. 토마스 롱(Thomas Long)은 설교자가 성경의 문학 형식과 역동성에 관심을 기울이는 것은 성경적 설교의 회복을 위해 매우 중요한 사안임을 강조하면서, 성경적 설교를 추구하는 설교자들이 여전히 설교의 언어와 형식 나아가 효율적인 전달 방식에 매여 성경의 문학 양식을 간과하는 것은 아이러니한 현상이라고 간파하였다.[1]

---

1) Thomas G. Long, *Preaching and the Literary Forms of the Bible* (Philadelphia: Fortress Press, 1989), 12.

본문에서 설교까지 목사님 성경을 설교해 주세요!

성경의 문학 양식 가운데 복음서 장르는 독특하며 내러티브, 비유, 예수님의 가르침, 기적 사화 등 다양한 세부 장르(형식)를 포함한다. 많은 설교자가 복음서 접근을 수월하게 생각하면서도 복음서 설교를 어렵다고 느끼는 것은 아마도 이와 같은 다양한 장르를 만나기 때문일 것이다. 따라서 복음서의 장르를 고려한 성경적 설교는 설교자에게 특별한 주의와 관점들을 요청한다. 이것은 본문 연구를 위한 설교자의 노력과 헌신을 필요로 한다는 점에서 설교자에게 힘든 과제가 될 수 있지만, 동시에 그의 설교를 신선하고 열정적으로 살아있게 하는 원동력이 된다.

복음서의 문학 장르 이해

장르란 주어진 원문의 스타일, 형식, 논조, 구문론적 특징 등을 나타내는 것으로서 문화를 공유하는 특정 사회 내에서 일정한 문학 이해의 틀을 제공하는 양식이다. 롱은, 성경은 다양한 문학 장르를 포함하는데 각 장르는 성경이 기록되던 시대의 문화가 일반적으로 공유했던 문학적 특징을 보여준다고 말했다.[2] 장르를 구분하고 그 특성을 살펴보는 것은 성경에 계시된 하나님 말씀의 의도를 보다 정확하게 파악하기 위함이다.[3] 앞서 언급하였듯이 성경의 문학 체계는 '장르'(genre)와 '형식'(form)으로 구분된다. 장르를 보다 큰 문학 양식의 단위로 본다면 형식은 작은 단위로서 동일 장르 안에서 세분화된 개념이다.[4] 복음서를

---

2) Ibid., 25.
3) Craig L. Blomberg, [예수와 복음서], 김경식 역 (서울: 기독교문서선교회, 2008), 166.
4) Mike Graves, *The Sermon as Symphony: Preaching the Literary Forms of the New Testament* (Valley Forge, PA: Judson Press, 1997), 5.

장르로 본다면, 내러티브, 이적, 비유 등은 세부적 형식에 속한다.

내러티브(예수님에 관한 기사)

복음서 안의 자료들은 크게 분류하여 예수의 말씀(sayings)과 기사 (narratives)이다. 즉, 예수께서 직접 말씀하신 교훈과 예수께서 행하신 일에 대한 이야기로 분류된다. 다양한 비유를 내포하고 있는 예수님의 말씀은 문학 형식상 내러티브이며 복음서의 각 저자는 나레이터 위치 에서 예수 그리스도와 연관된 이야기를 들려주고 있다. 복음서는 예수 에 관한 전기이다. 그러나 일반적으로 전기가 연대기적 순서에 따라 한 사람에 얽힌 이야기를 밝히는 것이라면 복음서는 그와는 차원이 다르 다. 왜냐하면, 복음서의 저자들은 시간의 흐름을 따르기보다는 예수 그 리스도가 어떤 점에서 구약에서 예언된 메시아인지, 그리고 그를 통하 여 어떻게 인류의 구속사가 완성되어 가는지 등 그의 행적에 관점을 두 고 있기 때문이다.

이상훈은 복음서의 내러티브를 해석할 때, 주해의 완성도를 높이기 위해 다른 복음서의 병행 구절을 보완해서 해석하는 것은 적절하지 않 다고 말하면서 복음서를 해석할 때는 수평적 사고와 수직적 사고를 고 려할 필요가 있다고 말했다.[5] 수평적 사고는 각 저자들의 관점에 주목 하는 것으로서 내러티브 해석에서 수평적 사고가 필요한 것은, 복음서 저자들이 각기 다른 맥락에서 자신의 특정한 독자들을 위하여 자신의 책을 기록했기 때문이다.

수평적 사고를 위해서는 두 가지 측면이 고려되는데 첫째, 병행 구절

---

5) 이상훈, 「해석학적 성서이해」 (서울: 대한기독교서회, 1992), 70.

본문에서 설교까지 목사님 성경을 설교해 주세요!

간의 차이점을 주목하는 것이다. 어느 한 병행절은 다른 책에는 없는 내용을 포함하는 경우가 있다. 즉 추가로 기록되었거나 아니면 부분적으로 생략된 점이 있을 수 있다. 마태는 안식일 밀밭 논쟁을 기록함에 있어 다른 병행 절들에 비해 추가적인 내용과 함께 구약과의 연관성을 보여준다(마12:1-8; 막2:23-28; 눅8:26-39). 물론 동일한 내용을 보여주는 경우라도, 설교자는 각 복음서 저자들이 각기 다른 문맥을 따라 기록했다는 점과 그 내용을 독특하게 배열하고 있다는 점을 주의할 필요가 있다.[6]

'감람산의 교훈'(마24:15-16; 막13:14; 눅21:20-21)의 경우, 마가복음은 "멸망의 가증한 것이 서지 못할 곳에 선 것을 보거든……"이라고 말함으로써 독자들에게 예수의 말씀에 대한 심각한 반응을 요청한다. 마태는 성령의 감동에 의하여 "선지자 다니엘의 말한바"라고 설명하였고 부연하여 "거룩한 곳"이라고 함으로서 예루살렘을 가리켰다. 누가복음은 성령의 감동에 의하여 이방인들에게 쉽게 이해되도록 사실적으로 해석하면서, 그리하여 "너희가 예루살렘이 군대들에게 에워싸이는 것을 보거든"이라고 기록하였다.[7]

둘째, 독립적인 내용을 주목하는 것이다. 한 복음서의 저자가 다른 책에서는 등장하지 않는 독특한 이야기나 사건을 기록하고 있는 경우이다. 이때, 설교자는 그 저자의 의도와 목적을 그의 저술 관점과 목적에 연관하여 면밀히 살펴볼 필요가 있다. 일례로, 선교 명령을 담고 있는 마태복음(10:5-6, 15:24)은 그 범위를 '이스라엘 집의 잃어버린 양'으

---

6) 양용의, "공관복음서 해석과 설교자," 「목회와 신학」, 2001년 8월호 (통권 146호): 58-61; 변종길, "복음서 상호 간의 차이점을 어떻게 이해할 것인가?," 「목회와 신학」, 2001년 8월호 (통권 146호): 84.
7) 이상훈, 「해석학적 성서이해」, 72-3.

로 한정하고 있는데, 이점은 마태의 주 독자들이 유대 그리스도인들이 었다는 점과 무관하지 않다. 반면 이런 측면에서 볼 때, '선한 사마리아 인 비유'(눅 10:30-37)와 치유 받은 후 유일하게 사례한 '사마리아 나병 환자'(눅17:11-19) 이야기는 누가의 저술 의도와 그의 신학이 마태의 경 우와 다른 것임을 보여준다.[8]

그런가 하면, 설교자는 복음서를 해석할 때 저자의 관점만이 아니라 예수의 관점을 동시에 고려하는 수직적 사고의 안목이 필요하다. 이는 어떤 특정 구절의 의미를 먼저(원래적 상황으로서) 예수의 관점에서 해석 을 하고 그 후 저자의 관점에서 무엇을 전하고자 하는지를 파악하는 것 이다. 이상훈은 일례로, '포도원 일꾼'의 이야기를 제시한다. 수평적으 로 볼 때 마태복음은 관련된 다른 기사들과 함께 마가복음을 따라가면 서(마19:1-30; 20:17-34; 막10:1-52), 마가복음이 10:31에서 "그러나 먼 저 된 자로서 나중 되고 나중 된 자로서 먼저 될 자가 많으니라"라고 언급한 것을 마태복음은 19:30에서 언급한 후, 다시 20:16에서 언 급할 때는 마가복음 10:31의 명제를 역순으로 기술하여, "나중 된 자로서 먼저 되고 먼저 된 자로서 나중되리라"라고 기록했음을 설명 하였다.[9]

여기서 설교자가 파악하여야 할 수직적 사고의 관점은, 이 비유의 교훈이 품꾼의 수고에 따른 보수가 아니라 주인의 주권적 관용으로서 '은혜의 법'이 그 기준임을 보여준다는 점이다. 이것은 바리새인들의 비난이 있음에도 예수께서 죄인들을 용납하는 관용의 정당성을 보여

---

8) 김경진, "네 복음서의 본문을 충분히 비교 분석하라," 「목회와 신학」, 2017년 5월호 (통권 335호): 159-60; 이동환, "사복음서의 다양성을 주목하십시오," 「목회와 신학」, 2017년 6월호 (통권 335호): 137-9.
9) 이상훈, 「해석학적 성서이해」, 73.

주기 위한 의도적인 가르침이었다. 다시 말해서, 의인이나 죄인이나 하나님은 동등하게 여기신다는 은혜의 명제이며 예수 자신을 위한 변증이었다.[10] 물론 설교자는 본문의 수직적인 이해와 함께 수평적 관점으로 저자의 저술 의도와 목적을 따라 이 본문을 해석하여야 할 것이다.

예수의 가르침

예수의 명령은 성도의 삶이 어떠해야 할 것 인가에 관한 명령형식의 말씀이다. 예수님은 항상 가르치셨다. 그리고 실질적으로 모든 내러티브는 궁극적으로 새로운 삶과 새로운 믿음을 가르치기 위한 예수님의 목적이 담겨있다. 예수의 가르침은 구약의 율법은 아니었지만 대체로 그 해석의 맥락에서 나온 실천적 강령이다.[11] 더 이상 율법을 행함으로 믿음을 표현하는 것이 아니라 하나님의 은혜를 믿음으로 천국을 소유한 백성으로서 삶을 실천하는 것이다. 예수님의 당시 청중과 마찬가지로 오늘 성도의 삶은 하나님의 은혜를 근거하며 율법에 매인 순종이 아니다. 그러므로 예수님의 가르침은 항상 새로웠고 새로운 삶으로서 믿음의 삶을 권고하셨다.

예수님의 가르침은 다양한 비유를 통해서 이루어졌다. 복음서의 비유는 성경의 다른 장르에 비해 난해한 표현이라든가 심오한 신학적 내용보다는 흥미로운 이야기가 들어있기 때문에 설교자들에게 비교적 손쉬운 접근을 허용하는 것이 사실이다. 비유가 매력적인 것은 실제 일어난 일은 아니지만, 그 이야기를 통해서 전하고자 하는 개념 안에는 신학이 분명히 들어있기 때문이다. 즉, 참된 신학이 가상의 이야기 안에

---

10) Ibid., 74.
11) Ibid., 78.

있는 것이다. 비유 속의 사건은 실제가 아니다. 잃었다 다시 찾은 아들이나 옳지 않은 청지기, 불의한 재판관을 찾아간 여인도 실제 인물이 아니다. 예수님은 청중의 삶 주변에서 일어날 수 있는 소재를 들어 이야기를 들려주셨다.[12] 비유는 인간의 실존적 문제를 당시의 상황과 연관시켜 묘사함으로써 흥미와 호기심을 불러일으킨다.

기적 사화(이적 및 사건)

복음서에 나타난 또 하나의 독특한 문학 양식은 '기적 이야기'이다. 복음서에 나타난 기적은 세 가지로 분류할 수 있다. 첫째는, 질병을 치유하는 일이다. 예수는 공생애를 통해서 많은 질병을 치유하셨다. 마태복음 8-9장에는 특히 질병 치유에 대한 사건들이 집중되어 있다. 둘째는 귀신 축출 사건이다(막1:21-28; 5:1-20; 7:31-37). 셋째는 초자연적인 사건들로 예수께서 오천 명에게 음식을 먹인 것이나 물 위를 걸으셨던 일이다.

예수의 기적 사건들은, 그의 메시아 사역과 연관된 중요한 단면을 보여준다. 먼저, 예수님의 기적 사건 안에는 그의 신성이 드러나 있다. 초자연적인 기적 사건들은 예수님의 신성과 함께 하늘나라에 대한 소망을 알려준다. 또한 예수님은 질병이나 귀신 들린 문제로 사회에서 버림받은 사람들에게 복음을 전하셨고 그들을 사회구성원으로 받아들였다. 특히 예수님은 이방인들을 배척하지 않으시고 천국 백성의 범주 안에 받아들였다. 이적 사건들은 많은 이방인들에 대한 이야기들을 담고 있다. 유대인들의 입장에서 이방인들은 구원의 대상이 아니었지만 예수

---

12) Steven W. Smith, 「본문이 이끄는 장르별 설교」, 김대혁 · 임도균 역 (서울: 아가페북스, 2016), 189.

님은 이방인들을 구분하지 않으셨다. 그러므로 기적 사화는 단순히 예수님의 신적 능력을 드러내거나 도덕이나 선행적 실천 규범을 드러내고자 함이 아니라 궁극적으로 예수 그리스도의 신적 권위를 드러내고 모든 사람들에게 하나님 나라가 도래하였음을 제시하는 것이다.[13]

복음서 설교를 위한 주해적 관점

복음서는 본질적으로 설교적인 성격을 가진다. 왜냐하면 복음서는 예수님의 설교와 초대교회의 말씀 선포의 내용이었으며 복음서 저자들의 저술 목적 또한 예수 그리스도의 복음으로서 케리그마적이기 때문이다.[14] 복음서의 설교는 다음과 같은 주해적 관점에서 준비되어야 한다.

문학적 해석

복음서의 문학적 해석을 위해 설교자는 본문에 나타난 주요 단어들의 의미와 구문론적 구조를 파악하게 된다. 이때, 설교자는 문법, 구문, 비유, 이중적 의미, 반복, 병행구, 삽입(inclusion), 교차(chiasma) 등을 고려하여 저자가 의도한 의미를 찾기 위해 집중할 필요가 있다. 내러티브의 경우, 설교자는 플롯, 장면, 인물들의 말과 행동들에 관점을 기울이면서 나레이터(해설자)는 어떤 방식으로 이야기를 펼치면서 무엇을 말

---

13) 신인철, 「신약성서 주해와 설교」 (대전: 엘도론, 2008), 39-41.
14) Sidney Greidanus, *The Modern Preacher and the Ancient Text : Interpreting and Preaching Biblical Literature* (Grand Rapids: Eerdmans, 1988), 296.

하고자 하는지를 파악하여야 한다.[15]

문학적 해석은 또한 설교자가 자신의 설교 본문의 문학적 컨텍스트에 대하여 충분히 이해할 것을 요청한다. 즉시적 상황(immediate context)[16]은 설교자로 하여금 해당 컨텍스트의 주제를 파악하게 해주며 그의 설교 본문은 그 일부이거나 아니면 병행적 또는 대비적인 내용인지를 알게 해준다. 복음서 전체의 문학적 컨텍스트는 주어진 본문이 전체의 한 부분으로서 어떻게 의미 있는 역할을 보여주고 있는지를 발견하도록 돕는다. 그리고 그 본문만의 독특한 방식으로 저자의 의도를 밝히면서 그의 저술 목적을 성취하게 해준다.

비유의 해석

비유 해석을 위해 우선적으로 고려할 사항은 접촉점을 찾는 일이다. 비유에 등장하는 인물들의 이야기 하나하나를 이해하면서 청중은 화자를 따라간다. 이야기의 흐름과 진행을 따라가지 못하면 예상을 뒤집는 반전을 경험할 수 없다. 이 반전을 놓치면 신선한 충격을 놓치게 되고 결국 예수님의 비유가 가지는 수사적 역동성을 놓친다. 접촉점이 무엇인가를 설명할 수 있는 좋은 예 가운데 하나는 누가복음 7:36-50의 경우이다.

예수께서 시몬이라는 바리새인의 집에 식사 초대를 받았다. 시몬은 예수를 손님으로 극진히 대접하지 않은 것으로 보아 예수님에 대한 존

---

15) Ibid., 297.
16) 본문의 즉시적 상황(immediate context)은 본문 전후에 위치하고 있는 구절이나 문단을 말하는 것으로서 본문의 사상을 형성 함에 있어 직접적인 영향을 미친다. 하나의 본문은 즉시적 상황과 직접적인 연관성을 가지면서 본문 해석을 위한 가장 중요한 정보를 제공한다. 문상기, 「케리그마와 현대설교」, 123.

본문에서 설교까지 목사님 성경을 설교해 주세요!

경심의 동기로 예수님을 초대한 것으로 보이지 않는다. 이야기는 창녀로 보이는 한 여인이 들어와 예수의 발을 그녀의 눈물과 머리털로 씻고 향유를 붓는 장면으로 이어지면서 진전된다. 이 모습을 본 시몬은 예수님께서 죄인을 용납하였다는 이유로 예수님을 참 선지자가 아니라고 생각했다. 이때, 예수께서 오백 데나리온과 오십 데나리온을 각각 빚진 사람의 이야기를 하면서 만일 빚 준 사람이 모든 빚을 탕감해 준다면 둘 중 누가 더 빚 준 이를 사랑하겠느냐고 시몬에게 질문하였다. 이 이야기는 해석이 필요하지 않다. 그러나 접촉점을 잘 파악하여야 하는데 여기에서는 채권자와 두 채무자이다. 이 이야기를 들었던 사람들은 즉각 이야기 속의 감정이입을 경험하였을 것이다. 여기에서 하나님은 채권자로, 창녀와 시몬은 두 채무자로 묘사된다. 이 이야기는 시몬에게는 심판이, 죄를 지은 여인에게는 하나님의 긍휼이 임했다고 하는 것을 보여준다. 이것이 비유의 효과이다.[17]

비유 해석을 위한 두 번째 고려 사항은 비유가 던지고 있는 정확한 의미 파악이다. 지난 2천 년의 교회 역사가 말해주듯이 복음서에 나타난 비유에 대한 해석은 언제나 논쟁의 한가운데 있었다.[18] 비유는 이야기로서 흥미를 제공하지만 알레고리적 해석이라든가 자의적인 해석을 용납하지 않기 때문이다. 비유의 정확한 의미를 파악하며 그에 따르는 현대적 적용점을 진지하게 찾기 원하는 설교자는 복음서의 비유 설

---

17) 이상훈, 「해석학적 성서이해」, 88-9. 이상훈은 이 이야기를 알레고리적으로 해석해서는 안 된다고 주의를 준다. 그 이유에 대하여 '알레고리'는 이야기의 세부적인 사항에 의미를 부여하는 것으로서 '죄를 지은 여인'과 '바리새인' 에 특정한 의미를 부여하는 것인데, 이 비유에서 중요한 것은 화자가 의도한 응답이기 때문이라고 말한다. 즉 이 이야기에서 예수님께서 의도하신 것은 바리새인 시몬에게는 심판이, 죄를 지은 여인에게는 용서가 주어졌음을 밝히는 것이라는 것이다.

18) 정종성, "비유 해석과 설교: 복음서의 겨자씨 비유를 중심으로," 「성서와 신학」, 67 (2013): 323.

교가 그리 호락호락하지 않다는 것을 발견하게 된다. 마치 선한 사마리아인의 비유에서, 예수께서 율법 교사에게, "율법에 무엇이라 기록되었으며 네가 어떻게 읽느냐"(눅10:26) 라고 물었던 것처럼, 설교자는 비유 안에서 하나님의 진정한 말씀의 뜻이 무엇인지를 물어야 한다.[19] 비유를 설교하는 설교자에게 하나의 비유가 그 컨텍스트 안에서 무엇을 말하기 위해 기록되었는지 그리고 예수님은 이 말씀을 통해서 현대 청중에게 무엇을 말하기를 원하시는지를 진지하게 찾아나가는 것은 매우 중요하다.

비유를 해석하기 위한 세 번째 관점은 비유 현장의 감동을 재현하는 것이다. 설교자는 예수님의 비유를 들었던 청중에게 어떤 감동이 있었는지, 당시 현장에는 어떤 정황이 연출되었을까를 유추해 볼 필요가 있다. 즉 당시 청중을 연상하며 감정이입을 시도하는 것이다. '잃었다가 다시 찾은 아들 비유,' '포도원 농장 일꾼의 비유,' 또한 '선한 사마리아인 비유' 등과 같이 대부분 예수님의 비유는 반전 포인트를 담고 있기 때문에 원 청중의 감정적인 반응과 당시 그들에게 다가왔던 도전적인 교훈을 파악하는 것은 설교자에게 중요한 과제가 된다. 물론 이것이 언제나 수월한 것은 아니다. 왜냐하면 그때와 지금의 상황 사이에는 시간적 차이만큼이나 문화적 맥락의 차이가 현저하기 때문이다. 따라서 이와 같은 공백을 최소화하기 위해, 해석자는 본문의 자세한 관찰과 그 안에 들어있는 다양한 정황에 대한 주의 깊은 이해가 요청된다.[20] 이것은 존 스토트(John Stott)가 말한 본문의 세계와 현재 청중의 삶 사이에 다리를 놓는 작업의 일환이다.[21]

---

19) Long, *Preaching and the Literary Forms of the Bible,* 87.
20) Ibid., 200.
21) John R. W. Stott, *Between Two Worlds: The Art of Preaching in the Twentieth Century* (Grand Rapids: Eerdmans, 1982), 164.

비유는 논증법적으로 귀납적 형식을 취한다. 이는 이야기가 주는 교훈적 의미가 마지막 종결 부분에서 드러나는 것을 말한다. 예수님께서 들려주신 비유가 그랬듯이 비유(이야기)를 설교하는 설교자에게 비유의 특성을 살려 이야기가 가지는 역동성을 충분히 드러내는 것은 매우 중요하다. 현대 청중은 성서 이야기에 친숙한 편이지만 설교자는 이야기의 반전이 일어나는 마지막 부분까지 역동성을 유지하는 것이 필요하다. 스미스는, 비유란, 예수님이 어떤 명제로 여러 개의 요지를 주신 강의가 아니라 평범한 이야기에서 놀라운 결론으로 반전을 일으킨 이야기였기 때문에 설교자는 전략적으로 설교의 전반에 명제적 개념을 제시하지 말 것을 충고한다. 특히 긴 비유를 설교할 때는, 결말에 대한 청중의 관심을 유도하면서 이야기를 진행 시킬 것을 주문한다.[22]

신학적 해석

신학적 해석은 설교자로 하여금 하나님의 좋은 소식, 즉 하나님에 대한 하나님 자신의 복된 소식이 복음서의 본질임을 일깨워 준다. 복음서 안에서 발견되는 하나님에 대한 기쁜 소식이란 하나님께서 사람들을 구원하시기 위해 이 땅에 사람의 모습으로 오셨다는 것이다.[23] 복음서는 예수님이 행하신 수많은 이적과 사건, 가르침과 교훈을 통해 하나님의 말씀을 밝힌다. 그 모든 내용은 주제적으로 하나님의 나라와 예수 그리스도의 십자가에서 죽음과 부활의 사건과 깊이 연관된다. 이는 복음서의 저자들에게 그들이 전하고자 했던 핵심적인 메시지는 예수 그리스도의 삶과 사역을 통한 인간 구속과 깊이 연관되어 있기 때문이다.

---

22) Smith, 「본문이 이끄는 장르별 설교」, 193.
23) Greidanus, *The Modern Preacher and the Ancient Text*, 305.

이점은 복음서를 해석하는 설교자들에게 핵심적 관점을 제공하며 나아가 설교의 방향을 위한 중대한 지침을 내려준다.

그리스도 중심적 해석

마태는 그의 복음서를 시작하면서, 예수는 '임마누엘'(하나님이 우리와 함께 계시다, 마1:23)로 존재하심을 보여준다. 요한은 그의 복음서를 열면서, 예수께서 태초 창조의 때에 하나님으로 계셨으며 육신을 입고 자신의 백성 가운데 오셨다고 말했다(요1:1-14). 예수께서는 누구든지 자기 자신을 본 사람은 하나님을 본 것이라고 말씀하셨다(요14:9). 마가는 "하나님의 아들 예수 그리스도의 복음의 시작이라"라는 말로 그의 책을 시작하였다(막1:1). 복음서 저자들은 이처럼 하나님 되시는 예수 그리스도가 이 땅에 오셨음을 밝히면서 복음서는 예수 그리스도와 그분의 복음이 중심이 됨을 밝힌다. 랄프 마틴(Ralph Martin) 역시 복음서는 예수 그리스도 구속의 복음이 그 핵심임을 강조하면서, 복음서는 나사렛 예수의 삶과 사역, 죽음과 부활안에 나타난 하나님의 구속적 행동의 스토리를 위해 기록된 것으로서 모든 복음서의 내용은 설교의 대상이 된다고 말했다.[24] 복음서는 문자적으로 하나님의 인간 구속을 위한 결정적인 계획으로서 구원의 기쁜 소식으로 오신 예수 그리스도의 복음이다. 따라서 복음서의 해석은 마땅히 그리스도 중심(christocentric) 이어야 한다.

네 권의 복음서 저자들의 저술 목적은 예수께서 가르치시고 행하신

---

24) Martin P. Ralph, "Approaches to New Testament Exegesis," *New Testament interpretation: Essays on Principles and Methods,* ed. Howard Marshall (Grand Rapids: Eerdmans, 1977), 230.

본문에서 **설교까지** 목사님 성경을 설교해 주세요!

일들을 밝히는 것과 깊이 연관된다. 복음서들은 예수님을 그리스도라 증거한다. 그리고, 모든 복음서의 절정은 예수 그리스도의 십자가 죽음과 육체적 부활에서 이루어진다. 나아가 복음서에서 예수의 중심성은 예수의 부활은 곧 복음서의 존재와 깊이 연관되고 있음에서 나타난다.[25] 예수는 하나님 아들이시며 아버지 하나님과 성령 하나님이 함께 하시는 분이다. 복음서는 때로는 예수와 아버지 하나님을 명백히 구분하여 말하지만, 예수는 하나님 자신이시다. 따라서 복음서의 그리스도 중심 해석은 또한 하나님 중심(theocentric) 해석이다.

복음서가 독특한 형식을 가진 예수의 전기임을 고려할 때, 설교자들은 인물 중심의 스토리에서 무엇을 설교해야 하는지를 알 수 있다. 복음서의 저자들은 그들의 이야기 안에서 수많은 인물을 등장시키고 있지만 실질적으로 그리스도를 드러내고 있음을 기억할 필요가 있다. 마가복음 2장에서 예수님은 지붕을 뚫고 내려온 중풍 병자를 고치셨다. 이 이야기는 놀라운 내러티브이며 설교의 관점도 다양하다. 설교자들은 그리스도 중심을 떠나 사람들을 그리스도께 인도하는 전략으로서 본문을 설교하려는 유혹을 받을 수 있다.[26] 즉 중풍 병자의 친구들처럼 간절한 믿음에 관점을 두거나, 친구를 향한 뜨거운 사랑을 중점으로 설교하는 경우이다. 그러나 이 본문에서 중심인물은 바로 그리스도이다. 설교자들이 언제나 유념해야 할 것은, 내러티브의 전개 관정에서 등장하는 여러 인물의 특징을 설교 주요 개념으로 드러내는 것은 복음서 저자의 핵심 의도가 될 수 없다는 사실이다.

요한은 그의 복음서 초반에서 예수께서 갈릴리 가나에서 물로 포도주를 만든 사건을 기록하고 있다(요2:1-11). 이 이야기 안에는 예수님과

---

25) Greidanus, *The Modern Preacher and the Ancient Text*, 303.
26) Smith, 「본문이 이끄는 장르별 설교」, 174-5.

함께 예수님의 말씀을 듣고 행동했던 하인들이 등장하고, 포도주가 떨어진 것을 간파하고 예수께 이 문제를 알렸던 마리아가 등장한다. 자칫하면 설교자들은 하인들이 예수님 말씀에 순종함으로 물이 포도주로 변하였으므로 '순종'을 주제로 설교할 수 있다. 또한 마리아에 초점을 맞추는 것도 가능하다. 5절에서, "너희에게 무슨 말씀을 하시든지 그대로 하라"라고 하인들에게 당부했던 마리아의 말에 근거하여 오늘 그리스도인들도 예수님을 전적으로 신뢰하고 모든 문제를 예수님께 맡기면 해결 받는다고 적용할 수 있다. 그러나 이는 예수 그리스도 중심에서 벗어난 해석이다. 왜냐하면, 이 본문은 "예수께서 이 첫 표적을 갈릴리 가나에서 행하여 그의 영광을 나타내시매 제자들이 그를 믿으니라"(요2:11)에 핵심 사상이 담겨있으며 요한이 이것을 기록한 목적이기 때문이다(요20:31).

케리그마

복음서는 특징적으로 본질상 케리그마로서 신약성경에 나타난 케리그마 용법에 잘 나타나 있다. 신약성경의 케리그마의 특징은 그 핵심이 예수 그리스도의 복음이며 이 복음은 대중적 선포와 긴밀히 연관된다.[27] 복음서의 말씀은 선포된 메시지로서 복음이다. 그리고 예수께서 이 복음의 선포자이심을 보여준다(막1:14). 이처럼, 신약성경이 보여주는 복음의 본질은 케리그마로서 선포된 메시지임을 보여준다. 마틴은 신약성경에 나타난 복음은 '선포하다' 혹은 그에 '반응하다' 등의 동사와 연관되었음을 강조하면서, '기록하다' 혹은 '읽다'와 같은 동사와 연

---

27) 문상기, 「케리그마와 현대설교」, 41-8.

관되어 사용되지 않았다고 확언한다. 그리고 신약교회의 말씀 전도자들은 전령자(kerux, herald), 복음의 선포자를 의미했고 펜을 들고 다니는 서기관이 아니었음을 강조하였다.[28] 한편, 그레이다누스는 복음서 저자들이 오직 하나의 목적을 위해 그들의 저술 자료들을 선택, 정렬, 나아가 수정하였음을 강조하면서, 그 목적은 복음을 그들의 청중에게 선포하는 것이었다고 말했다.[29]

복음서의 장르적 특징은 또한 '기쁜 소식'을 가리키는 헬라어 'εὐαγγέλιον'의 용어적 의미와 연관된다.[30] 복음서의 저자들에게 가장 핵심적인 저술 목적은 하나님의 통치가 죄의 용서와 영생의 선물을 베푸시기 위해 이 땅에 인간의 몸으로 오신 예수 그리스도로 말미암아 도래하였다는 기쁜 소식을 전하는 것이었다. 물론 케리그마로서 복음의 선포는 심판의 메시지를 포함한다. 마태는 그의 복음서 23장에서, '화 있을진저'란 말과 함께 외식하는 서기관들과 바래새인들의 형식적인 신앙을 통렬히 책망하셨을 뿐 아니라 그들이 어떻게 지옥의 판결을 피할 수 있겠느냐고 말씀하셨다. 그러나 이때 심판의 선포는 회개와 용서를 위한 촉구로서 궁극적으로는 구원의 메시지이다.

복음서 설교 실제

본문 선택

일반적으로 성경의 모든 문학 장르를 설교할 때와 같이 복음서의 설

---

28) Martin, "Approaches to New Testament Exegesis," 230.
29) Greidanus, *The Modern Preacher and the Ancient Text*, 272.
30) 문상기, 「케리그마와 현대설교」, 24, 29.

교를 위한 본문은 'pericope'(페리코피)를 기준으로 설정되어야 한다.[31] 본문의 내용은 주어진 컨텍스트를 고려하여 해석되어야 하지만 때때로 복음서의 내용은 중심 구절들을 중점으로 설정될 필요가 있다. 또한 어떤 특정 사건이 장면을 묘사하는 이야기(narrative)는 몇 개의 페리코피에 걸쳐 본문이 설정될 필요가 있으며 비록 본문은 핵심 절들로 선택이 되었다 하더라도 이야기 전체를 고려하여 설교하여야 한다. 그러므로 복음서의 설교에서 본문 선정은 단일 페리코피를 고집하거나 본문의 범위가 길고 짧은 것에 연연하기보다는 그 본문이 하나의 설교를 위한 한 단위로서(unit) 동일한 컨텍스트 안에 있느냐를 살피는 것이 더 중요하다.[32]

나아가 본문의 컨텍스트의 일관성이 요청되기 때문에 본문을 정함에 있어 다른 복음서의 페리코피나 병행구절들을 결합시키는 것은 주의해야 한다. 왜냐하면, 특정한 페리코피를 다른 문학적 상황이나 역사적 컨텍스트와 혼합시킴으로서 저자의 의도를 훼손하는 결과를 가져올 수 있기 때문이다. 예를 들어, "예수님의 가상 칠언"을 중심으로 성금요일(good friday) 설교를 하기 위해 마가복음, 누가복음, 그리고 요한복음에서 발췌한 구절들을 결합시키는 것은 일곱 가지 해당 말씀에 대한 각각의 컨텍스트를 정당하게 드러냄에 있어 실패하는 결과가 될 것이다.[33]

---

31) '페리코피'는 성경에서 발췌된 페세지(passage)로서 문단과 같이 하나의 작은 사상이나 개념을 포함하고 있는 문학 단위이다. 설교학에서는 하나의 주제적 개념을 내포하고 있는 설교 본문을 가리키기도 한다. 문상기, "성서적 관점에서 본 신설교학 주요 방법론에 대한 비평적 평가," 「복음과 실천」, 54집 (2015 가을): 313.

32) Greidanus, *The Modern Preacher and the Ancient Text*, 296.

33) 문상기, "성서적 관점에서 본 신설교학 주요 방법론에 대한 비평적 평가," 312-3.

설교의 형식

설교의 형식을 선택하는 관점은 본문의 메시지가 가장 가치 있는(의미 있는) 방식으로 드러나게 하는 것이다. 신약성경 내러티브 설교를 위한 가장 적절한 설교 형식은 구약의 히브리 내러티브의 경우와 동일하게 이야기 형식이다. 내러티브의 경우, 어느 한 주제를 중심으로 설교가 구성되는 분석적 방식으로 설교한다면 이야기는 앞을 향해 진행해 나가는 고유의 탄력성을 잃게 된다. 복음서 기자들이 내러티브 방식을 선택하여 그들의 메시지를 기록하였다는 것은 설교자에게도 매우 중요한 관점이 되어야 할 것이다. 그레이브스는, 설교는 내용은 물론 그 형식에 있어서도 성서 문학 형식을 고려한 것이어야 한다고 말한 바가 있다.[34]

그러나 설교자가 반드시 그 틀에 묶여서 자신의 설교 형식을 결정해야 하는 것은 아니다. 그레이브스도 이 점에 대하여 언급하면서, 본문이 내러티브라 해서 반드시 이야기로 전해야 하고 본문이 시문학에 속하기 때문에 반드시 시적으로 설교해야 한다고 하는 개념은 설교자에게 너무 어려운 일일 뿐 아니라 비현실적인 것이라고 조언한다.[35] 브라이언 채플(Bryan Chapell)은 이야기 설교 방식이 성경의 내러티브 본문들을 위한 좋은 설교 형식임을 인정하면서 동시에 내러티브 본문이 반드시 이야기 설교 형식을 취해야 하는 것은 아니라고 말했다.[36]

그렇다면, 설교자는 복음서의 대부분을 차지하고 있는 내러티브 본문을 설교함에 있어 이야기 형식과 명제 형식을 자유롭게 선택할 수 있

---

34) Graves, *The Sermon as Symphony*, 5.
35) Ibid., 33.
36) Bryan Chapell, "When Narrative Is Not Enough," *Presbyterion,* 22 no. 1 (1996): 4.

을 것이다.[37] 때로는 이야기 형식을 도입하여 설교에 역동적인 변화를 주는 것이 필요하며, 명제적 설교 방식의 경우에 있어서도 연역적 방식에 지나치게 의존하기보다는 때로는 귀납적 방식을 시도하여 청중의 보다 높은 참여를 이끌어낼 수 있다. 설교 형식을 고려함에 있어 설교자에게 가장 중요한 것은, 본문에서 계시하시는 하나님의 말씀을 자신의 청중에게 가장 효율적인 방식으로 증거하는 것이 무엇인가 대한 답을 찾는 것이다.

설교 구성의 실례

1. 이야기 설교: Narrative Plot Method(내러티브 플랏 방식)

본문: 마 20:1-16

제목: 누가 더 달라고 할 수 있습니까?

주제: [하나님은 모든 사람을 동등하게 하나님 나라의 가족으로 부르신다.]

첫째 단계, 평형을 뒤집음

포도원 주인이 일꾼들을 찾으러 인력시장에 나갔다. 주인은 아침 일찍 일꾼들을 찾아 농장에 보내며 하루 품삯으로 한 데나리온을 약속하였다. 주인은 9시, 12시, 그리고 오후 5시에 역시 일꾼들을 찾아 농장에서 일하게 하였다. 오후 6시에 일이 끝나고 임금을 지급하기 시작할 때 주인은 가장 늦게 와서 한 시간 일한 일꾼에게 한 데나리온을 주었고, 늦게 온 순서에 따라 일꾼들에게 한 데나리온씩을 주었다. 그러자 아침 일찍, 가장 먼저 온 일꾼들이 주인에게 불평하였다. 이때, 불평하

---

37) 문상기, "성서적 관점에서 본 신설교학 주요 방법론에 대한 비평적 평가," 342.

는 사람들에게 주인은 "내가 당신들에게 약속한 임금을 주었는데 내가 무엇을 잘못하였는가?" 하고 되묻는다.

둘째 단계, 모순 분석

왜 주인은 이렇게 불공평하였고, 왜 예수님은 이 농장 주인이 지극히 정당한 것처럼 말씀하고 계시는가? '만일 나 자신이(청중을 향하여) 이렇게 부당한 대우를 받았다면(가장 먼저 온 일꾼과 같은) 나는 어떤 반응을 보일 것인가?'

셋째 단계, 해결의 실마리를 밝힘

이 이야기의 첫 번째 실마리는 가장 늦게 온 사람에게 먼저 임금이 지급되는 장면 가운데 나타난다. 예수님은 특별한 의도를 가지고 오후 다섯 시에 일하러 온 일꾼과 아침 이른 시간부터 일한 일꾼에게 동일한 임금을 지급하였고 이 장면을 모든 일꾼들이 보게 하였다.

넷째 단계, 복음 경험 및 결과 예견

이제 여러분이 세 살, 여섯 살, 아홉 살 먹은 세 자녀를 둔 부모라고 상상해 보자. 여러분은 세 살 먹은 아이보다 아홉 살 먹은 아이를 세배나 더 사랑하는가? 혹시 당신은 세 살이었을 때보다 서른 살인 지금 부모를 10배 더 사랑하는가? 그렇지 않을 것이다. 왜냐하면 가족 관계니까. 이것은 한 가족의 이야기이다. 예수님은 지금 (천국) 가족의 개념으로 말씀하고 계시는 것이다.

포도원 주인은 지금 이 시간 어디에 있는 줄 아는가? 그분은 지금도 아직 포도원에 청함을 받지 못한 사람들을 찾기 위해서, 아직 그 부름에 응답할 기회를 갖지 못한 사람들을 찾기 위해 시장터로 나가고 있다. 그 청함이 아침 7시에 주어졌든, 9시에 주어졌든, 정오에 주어졌든,

혹은 오후 3시나 5시에 주어졌든 상관하지 않고 부르기를 원한다. 포도원에 초청받았다는 것은 하나님의 가족으로서 본향에 청함을 받은 것이다.[38]

〈설교 구성과 착안 사항〉

위의 설교는 유진 로우리(Eugene Lowry)에 의해 소개된 내러티브 플롯 방식의 이야기 설교이다. 그리고 이 설교는 로우리가 미국 듀크대학 채플에서 직접 설교한 것을 그의 책에 수록한 것이다. 본문이 비유 내러티브이기 때문에 로우리는 이야기의 특징을 살린 구성 방식을 도입했다. 특히 포도원 농장 주인과 이른 아침 가장 먼저 농장에 들어와 일했던 일꾼들의 기대치 사이에 형성된 반전 포인트를 역동적으로 묘사함으로써 내러티브 플롯 설교의 장점을 극대화시켰다.

내러티브 플롯 설교는 설교자가 준비한 메시지 안으로 청중을 초대하여 함께 말씀을 경험하게 한다는 측면에서 장점을 가진다. 그러나 일반적으로 '새로운 설교학'(New Homiletics) 방식이 그렇듯이 결론이 '열린 결론'(open-ended) 방식이기 때문에 설교의 주제와 적용점이 충분하게 드러나지 않는다는 것이 단점으로 지적된다. 이 점을 고려하여 마지막 결론 부분에서 본문의 중심 사상과(설교 주제) 청중을 향한 적용점이 보다 구체적으로 제시될 필요가 있다.

한편, 이야기설교는 로우리가 고안한 '내러티브 플롯 방식'이 유일하거나 표준이라고 할 수는 없다. 왜냐하면 로우리의 방식이 문학적 재구성을 통한 플롯 방식의 설교라면, 주어진 성서적 스토리를 설교자의

---

38) Eugene Lowry, *How To Preach A Parable: Designs for Narrative Sermons* (Nashville: Abingdon Press, 1989), 115-20.

상상력과 표현력을 통해 다시 말하는 방식, 즉 리텔링(re-telling) 방식도 유용하기 때문이다. 리텔링 방식은 본문에 등장하는 핵심 인물을 3인칭으로 묘사하는 경우도 있지만, 1인칭으로 전개 시킬 수도 있다. 물론 본문에서 행간을 읽는 치밀함이라든가 상상력의 발휘는 설교자에게 필수적이다. 예를 든다면, '탕자의 비유'를 아버지의 관점에서, 아니면 큰아들, 혹은 탕자로 묘사되는 작은 아들을 1인칭으로 하여 이야기를 전개시켜 나가는 방식이다.

2. 이야기 설교: Retelling Method(리텔링 방식)

본문: 눅 15:11-32

주제: 예수님은 죄인을 어떻게 대하시는가?

배경: 본문의 즉시적 상황을 고려하면, 예수님은 세리들 및 죄인들과 함께 식사를 했다는 사실로 비난을 받고 있다. 그러므로 예수님은 지금 자신을 비난하는 사람들에게 그들이 잃어버린 처지에 있다는 사실을 직면하기를 원하셨다(15:1-2). 예수님은 누가복음 15장에서, 그들에게 세 개의 이야기를 말씀 하셨는데, 잃어버린 양, 잃어버린 동전, 그리고 잃어버린 아들 이야기 등이다.

서론: F-16 전투기가 적지에 떨어졌다. 비행기 조종사는 적국의 병사들에게 쫓기는 신세가 되었다. 그에게 탈출의 소망은 없었다. 그는 완전히 잃어버린 자가 되었다. 아군이 자신을 발견할 수 있기 위해 그가 할 수 있는 것은 아무것도 없었다. 예수님은 지금 그 무언가를 잃어버린 바 되면 다시는 자기 스스로 돌아올 수 없는 것에 대한 이야기를 시작하신다.

장면 1: 작은아들이 떠나다(12-20)

이 이야기는 작은아들의 반역 이야기다(본문의 내용 설명). 현대적 번역을 여기서 제시한다. 사람들은 이 이야기를 잘 알고 있다고 생각하지만, 일반적으로 그 반역의 깊이에 대해서는 제대로 이해하지 못한다. 따라서 그의 반역을 현대적 정황으로 묘사하는 것이 도움이 된다.

장면 2: 아버지가 돌아오는 아들을 찾아 나선다(20-24)

이 아들은 기꺼이 모든 사회적 통념을 깨고 달려와 안아주는 아버지에 의해 회복된다. 따라서 이 이야기는, 아들의 죄가 아니라 아버지의 사랑을 보여준다. 예수님은 이 아버지처럼 죄인들을 찾으러 오신 분이다. 죄인들을 찾으시는 예수님에 대한 개념이 중요한 요지이다. 사실 이 내용은 다음 장면을 준비하고 있다. 그러나 이 생각을 발전시키는 것이 매우 중요하다. 아버지의 아들에 대한 사랑이 얼마나 풍성한지에 대해 더 많이 설명해야 한다.

장면 3: 큰아들이 항의하다(25-32)

이 장면은, 아버지가 사랑하는 것을 사랑하지 못하는 큰아들에 대한 이야기다. 그러나 아버지는 여전히 집 밖으로 나가 그를 찾는다. 아버지가 집 밖으로 나가 작은아들을 찾아가는 모습과 마지막에 큰아들을 찾아가는 모습에 주목하라. 이 점은 이 설교의 중심 사상을 잘 드러내기 때문에 설교자는 청중으로 하여금 이 상황을 공감할 수 있도록 유도할 필요가 있다. 핵심 포인트는, 예수님은 불의한 자를 찾으실 뿐 아니라, 스스로 의롭게 여기는 자도 찾으신다는 점이다. 따라서 이 핵심 아이디어가 제시된 다음에는 그것을 풀이해 주는 것이 필요하다. 그리고 바로 이 지점이 적용을 위한 최적의 위치이다.[39]

---

39) Smith, 「본문이 이끄는 장르별 설교」, 212-4.

〈설교 구성 착안 사항〉

서론은 완성된 이야기로 제시되지 않았다. 의도적으로 중간에서 단절되었다. 설교자는 서론에서 청중의 마음에 잃어버림에 대한 생각을 직면하도록 유도하였다. 이것은 예수님이 본문에서 잃어버린 아들 이야기를 하시면서 잃어버린 상태에서 다시금 발견됨의 의미가 무엇인지를 핵심적으로 말씀하신 것과 자연스러운 연결고리를 형성시켜 준다. 설교자는 예수님이 사용하셨던 수사적 효과를 되살리려는 노력으로 청중이 잃어버린 상태에 대한 무게감을 느끼기를 원하였다.

서론에서 중단되었던 이야기는 결론으로 이어져 다음과 같이 마무리된다. 공군이 잃어버렸던 조종사의 위치를 알게 되었을 때, 어떻게 했을까? 그들은 그 조종사를 무시해 버릴 수 있었다. 그 조종사가 격추당한 대가를 받고 있다고 말할 수도 있었고, 그를 비난하면서 버려둘 수도 있었다. 당신은 공군이 어떻게 행동했을 것이라고 상상하는가? 그들은 그 조종사를 찾으러 나섰다. 대여섯 대의 항공기와 수십 명의 해병대를 파견했고, 수백만 달러의 돈을 지불했다. 이 모든 것이 한 명의 격추된 조종사, 즉 자신의 힘으로는 돌아올 수 없는 그 사람을(작은아들 같은) 위한 것이었다. 예수님은 죄인들을 찾아오신 분이다. 그리고 우리가 만일 죄인을 찾아 나서지 않는다면 우리는 자기 의로 살아가는 자들이며(큰아들), 예수님은 그런 우리 또한 찾으신다. 이 이야기는 어떻게 끝나는가? 그 형제들은 서로 화해했을까? 우리는 알 수 없다. 이 이야기 무대의 커튼이 닫힐 때, 작은아들은 집 안에, 큰아들은 집 밖에 있다. 아버지는 이 둘을 모두 찾는다. 이 이야기는 끝 장면을 보여주지 않는 하나의 비유다. 예수님은 이런 방식으로 그 주제에서 청중에게 돌아와 이렇게 물으신다. '당신은 어떤 사람인가? 회개가 필요한 불의한 자

인가?, 아니면 회개가 필요한 스스로 의롭다고 생각하는 자인가?'[40]

3. 연역적 개요설교

본 문: 요 3:1-15

주제문: 예수 그리스도의 십자가와 중생의 길: 십자가에 달리신 예수
를 믿으면(물과 성령으로 거듭남) 영원한 생명을 얻는다.

서 론: 이 땅을 살고 있는 사람들은 많은 것을 소유하고 성공과 업적
을 거두었다 하더라도 삶의 공허감과 영적 갈증을 가지고 있다.
오늘 본문에 등장하는 니고데모는 이러한 현대인들의 모습을
대변해 준다. 인간이 안고 있는 문제의 근원은 죄이다. 그 죄의
문제를 해결하면 삶의 공허감을 극복하고 영원한 생명을 얻게
된다.

I. 하나님을 떠난 사람은 누구든지 영적 갈증과 목마름을 안고 살아간다.
  – 이 땅에서 성공한 사람들도 영적 갈증과 목마름을 안고 살아간다.
  – 인생의 갈증과 목마름의 문제를 인간 스스로는 해결할 수 없다.
    (니고데모는 바리새인이며 산헤드린의 멤버로서 유대인의 지도자
    임을 소개하면서)
  – 인생의 갈증과 목마름은 예수를 믿음으로 해소된다.

II. 인간의 영적 갈증과 목마름의 원인은 죄로 인한 것이다.
  – 모든 사람은 죄 가운데 있다(롬 3:23).

---

40) Ibid., 215.

본문에서 설교까지 목사님 성경을 설교해 주세요!

- 죄의 결과는 인간을 영원한 죽음으로 이끈다(롬 6:23).

III. 영적 갈증과 목마름은 예수 그리스도를 개인의 구주와 주님으로 믿고 거듭남으로써 해소할 수 있다.
- 예수님을 개인의 구주와 주님으로 믿는다는 것은 자신의 죄를 회개하고 성령과 물로 거듭나는 것이다.
- 모세가 만든 광야의 놋 뱀을 바라본 자들이 죽지 않고 살았듯이 십자가에 달린 예수를 믿는 자마다 영원한 생명을 얻게 된다(3:14-15).

⟨설교 구성 착안 사항⟩

좋은 설교는 좋은 형식을 필요로 한다. 설교형식에서 가장 중요한 것은 본문의 원래적 의미에 충실한 범위 내에서 다양한 형태로 전개하는 것이다. 이 점은 다양성을 추구하는 현대 청중의 정서에도 적절히 부응한다. 이 본문은 내러티브 형식이지만 연역적 개요설교로 구성함으로써 주제를 보다 선명히 드러내고 있다. 즉 서론에서 인간의 죄는 삶의 갈증과 공허감을 야기시키며 이것을 해소하는 길은 십자가에 달리신 예수를 믿는 것임을 명제적으로 밝히고 연역적 논증을 통하여 입증해 나갔다.

설교자는, 니고데모를 처음 만난 예수님이 그가 안고 있는 문제를 영적인 것으로 파악하고, "사람이 물과 성령으로 거듭나지 아니하면 하나님의 나라에 들어갈 수 없다"라고 말씀하신 것에 착안하여 현대인들도 동일한 영적인 문제를 가지고 있다고 보았다. 한편 설교자는 니고데모라는 인물의 배경을 파악하여 그가 당시 유대 사회의 귀족계급에 속하는 바리새인이며 당시 산헤드린 멤버(유대인의 지도자)이었음에 주목하였다. 이것은 많은 소유물이나, 인생의 성공이나 업적과 관계없이 인간이 안고 있는 삶의 공허감이나 갈증은 영적인 것과 연관되는 것임을 상기시킨다. 그리고 본문 마지막 14-15절에, "모세가 광야에서 뱀을 든 것 같이 인자도 들려야 하리니 이는 그를 믿는 자마다 영생을 얻게 하려 하심이니라"를 근거로, 설교자는 인간이 안고 있는 영적인 문제의 근본적인 해결은 예수 그리스도의 십자가를 바라보고 믿는 것이라고 결론을 짓고 있다.

4. 귀납적 개요 설교

본   문: 요한복음 3:1-15

주제문: 예수 그리스도의 십자가와 중생의 길: 십자가에 달리신 예수를 믿으면(물과 성령으로 거듭남) 영원한 생명을 얻는다.

서   론: 이 땅을 살고 있는 사람들은 많은 것을 소유하고 성공과 업적을 거두었다 하더라도 삶의 공허감과 영적인 갈증을 가지고 있다. 오늘 본문에 등장하는 니고데 모는 이러한 현대인들의 모습을 대변해 준다. 어떤 점에서 그러한가?

I. 수많은 성취와 업적들(과학, 부와 재물, 학문, 지위 등등)에도 불구하고 인간에게는 여전히 삶의 목마름과 갈증이 있음.
   - 수많은 것을 누리며 살고 있는 현대인들의 삶
   - 위대한 헬라 제국의 알렉산더 대왕 이야기
   - 니고데모 소개(그의 출신과 사회적지위, 학문 등을 중심으로)
   - 그러나 영적인 것에 대한 무지로 인하여 혼란 가운데 있는 인간
     • 현실과 물질세계에 갇혀있는 인생

- 영적 진리(거듭남)에 어두운 당대의 지성인 니고데모와 같은 현대 인들

II. 알 수 없는 목마름을 해소하기 위한 길을 끊임없이 찾는 인생
   - 인간적인 방식(돈, 명예, 권력, 쾌락 등)과 노력으로 끊임없이 추구함
   - 소유하면(위에 내용) 소유할수록 영혼의 갈증은 고조 됨
     - 한국 정치인들의 말로
     - 인기 연예인들의 자살 등

III. 길과 진리 되시는 주 예수님만이 영혼의 갈증을 해소시켜 줌
   - 모든 사람은 죄 가운데 있으며 그 결과는 영원한 사망
   - 인간의 죄의 문제를 해결하시기 위해 오신 예수님
   - 거듭나는 자만이 영원한 생명을 소유하게 됨
     - 물과 성령으로 거듭남
     - 십자가의 예수를 바라보고 믿음으로

〈설교 구성 착안 사항〉

위의 내용은 귀납적 개요설교 안으로서 앞서 제시한 연역적 개요방식 설교와 비교하기 위해 동일하게 요한복음 3:1-15절을 본문으로 삼았다. 귀납적 설교는 설교자가 설정한 설교의 명제가 설교 초반에 제시되지 않고 설교가 진행되면서 설교 후반에 드러나는 방식이다. 따라서 이 설교의 개요는 연역적 형식의 경우와 같이 '사람들은 많은 것을 소유하였고, 성공과 업적을 거두었다 하더라도 삶의 공허감과 영적인 갈증을 가지고 있다'라는 내용을 서론으로 제시했지만, 그에 대한 일반적인 관점이나 실례를 들어 청중의 공감대를 형성해 나가고 있다. 그리고

설교의 후반에 이르러 설교의 명제를 밝히고 있는데, 곧 현대인들이 안고 있는 삶의 목마름이나 갈증은 영적인 문제이고 그것을 해소하기 위한 유일한 방법은 십자가의 예수를 바라보고 믿는 것임을 도전하고 있다.

앞서 제시된 연역적 개요가 보여주었듯이, 설교 초반에서 '인간은 죄를 지었고 그래서 삶의 갈증과 공허감을 느끼고 있으며 예수를 믿음으로써만 그것을 해결 받을 수 있음'을 강조했을 때, 청중 가운데 어느 누구라도 그 논리에 대하여 거부감을 가지게 된다면 그 이후 전개되는 설교 내용은 적어도 그 사람에게는 아무런 의미를 주지 못하게 될 가능성이 있다. 그러나 사람이 보편적으로 경험하는 삶의 갈증과 공허감에 대하여 일반적인 내용을 들어 공감대를 형성한 후 설교의 중심 명제로 나아간다면 청중은 보다 열린 마음으로 그 사실 앞에 직면하게 될 것이다. 이렇게 인간의 죄의 문제나 영적으로 심오한 주제는 연역적 전개 방식보다 귀납적 형식을 취함으로써 더 높은 청중의 관심과 긍정적인 반응을 이끌어낼 수 있다.

한편, 위 본문의 내용은 니고데모가 핵심 인물이기 때문에, 어떤 설교자가 니고데모의 영적 및 심리적 불안 상태를 부각시켜 현대 청중에게 교훈점을 적용시키기 위한 목적으로 설교하고자 한다면, 그것은 저자 요한의 의도를 벗어나는 결과를 초래할 것이다. 왜냐하면, 요한은 여기서 예수 그리스도의 십자가 죽으심을 바라보고 믿는 자마다 거듭난다고 하는 중생의 진리를 말하고 있기 때문이다. 예수님을 만난 그날 밤 니고데모는 과연 거듭나서 하나님의 자녀가 되었을까? 본문은 이에 대하여 침묵하고 있다. 그것을 밝히는 것은 요한의 저술 목적이 아니었다. 요한은 예수 그리스도의 십자가의 은혜로 누구든지 구원받고 영생을 얻게 됨을 전하고자 하였기 때문이다(요 20:31).

정리

21세기의 설교는, 청중 중심의 효율적 전달을 위한 다양한 방법론이 강조되는 동시에 성경적 설교에 대한 적극적인 노력이 반영되고 있다. 설교 방법론이 과거 어느 때보다도 강조되고 있는 현대 설교의 현실은 하나의 도전임과 동시에 위기 상황을 야기시킨다. 왜냐하면 좋은 설교 방법론은 요청되지만 지나친 방법론은 말씀의 진실성을 잃거나 설교의 신학적 본질을 약화시킬 수 있기 때문이다. 따라서 이 시대의 성경적 설교는 효율적인 전달을 추구하면서 동시에 성경에 계시된 하나님의 말씀을 청중에게 변함없는 진리의 말씀으로 증거하는 과제를 부여받는다.

오늘날 복음서를 설교하고자 하는 설교자는 건전한 본문 중심의 설교를 하기 위해 무엇보다도 설교자 중심의 자의적 해석(eisgesis)이나 청중 중심의 실용적 해석(felt-needs, 감성적 은혜 중심)을 경계하여야 한다. 성서 본문의 내용과 무관하게 설교자는 청중을 감동시키고자 하는 유혹에서 자유로울 수 없기 때문에 이런 생각이 너무 앞서게 되면, 본문이 말하고 있는 범위를 넘어서거나 아니면 반대로 본문이 말하는 것을 끝까지 밝히지 못하게 되는 상황을 연출하게 된다.

본문에 충실한 복음서 설교는 신학적으로 복음을 드러내는 설교이다. 예수 그리스도의 말씀과 그분이 행하신 사건의 모든 것이 복음을 드러내기 때문이다. 복음서는 육신을 입고 이 세상에 오셔서 십자가에 죽으시고 부활하신 예수 그리스도를 알고 만날 수 있도록 하나님께서 주신 최상의 선물이다.[41] 그러므로 복음서의 충실한 설교란 예수 그리스도의 복음이 살아있는 설교이다.

---

41) Stephen Motyer, 「열려라 성서」, 서원교역 (서울: 성서유니온 선교회, 1998), 96.

II. ──────── 서신서의 문학적 특성과 설교 실제

신약성경 27권 가운데 21권이 서신서 장르에 속한다. 성경의 다른 장르에서 보듯이, 서신서 역시도 다른 문학 형식들을 내포한다. 곧, 내러티브(갈1:13-2:21), 묵시(apocalyptic, 살전4:13-5:11), 찬송(hymn, 빌2:6-11), 그리고 지혜(wisdom, 갈5:9; 6:7; 고전15:33; 고후9:6) 등이다.[1]

서신서는 주어진 상황 안에서 저자와 수신자가 공유했던 하나의 지평 안에서 특정 이슈들을 다루기 때문에 그 내용 파악이 수월한 경우도 있지만, 때로는 해석상 성경의 다른 장르보다 더 까다로운 면을 내포한다. 그것은 서신서들의 내용이 다분히 논쟁적으로서 그 의미에 있어 세밀한 진리들을 다루고 있기 때문이다. 서신서의 내용은 용어 하나하나 혹은 하나의 개념마다 중요성을 담고 있다. 그러므로 서신서의 말씀을 파악하는 설교자는 하나의 설교 개념을 파악하기 전 주의 깊은 해석 작업을 필요로 한다.[2]

---

1) Sidney Greidanus, *The Modern Preacher and the Ancient Text* (Leicester: Inter-Varsity Press), 1988, 311.
2) Denis Lane, *Preach the Word* (Manila: Overseas Missionary Fellowship, 1976), 47, Greidanus, *The Modern Preacher and the Ancient Text,* 311에서 재인용.

서신서(epistle)인가, 편지(letter)인가

서신서가 공적 문서인가 아니면 사적인 것인가의 논의는 서신서를 대하는 현대 독자들에게 그 적용의 범위를 결정함에 있어 중요한 관점이 된다. 아돌프 디스맨(Adolf Deissmann)은 신약성경의 서신서와 연관하여 'epistle'과 'letter'의 형식적인(technical) 차이점을 논하면서, 'epistle'이 복제되거나 예술적인 효력을 나타내기 위한 것이라면, 'letter'는 지극히 개인적인 글로서 일시적 필요에 따라 이루어지는 형식이라고 말했다.[3] 시드니 그레이다누스(Sidney Greidanus)는 이에 대하여 서신서는 비공식적 개인적인 글이며 주어진 특정한 상황하에서 다시금 반복될 수 없는 내용이라는 점에서는 'letter'에 속한다고 할 수 있지만, 바울 서신서를 포함하여 신약성경의 서신서들은 명백히 어떤 계제(occasion)에 의해 이루어진 것으로 단순한 편지글이라고 할 수 없다고 말했다.[4]

실제로 신약성경 서신서는 대부분 어떤 특정 개인에게 보내는 사사로운 편지라기보다는 교회 전체 혹은 여러 공동체의 구성원들에게 쓰고 있는 것으로서 수신자들은 이 글을 공개적으로 함께 읽었을 것이 분명하다.[5] 따라서 사도들에 의한 서신서들은 개인적이며 사적인 목적으로 글을 쓴 것이 아니라 특정 교회의 성도들 모두에게 쓰여진 것이며 동시에 다른 교회들을 위해서도 쓴 것임을 고려하여야 한다. 그럼에도

---

3) Adolf Deissmann, *Paul: A Study in Social and Religious History,* trans. W. E. Wilson, 2nd ed. (New York: Harper & Brothers, 1957), 12, Sidney Greidanus, *The Modern Preacher and the Ancient Text* (Leicester: Inter-Varsity Press), 312에서 재인용.
4) "그리스도 예수를 위하여 갇힌 자 된 바울과 및 형제 디모데는 우리의 사랑을 받는 자요 동역자인 빌레몬과 자매 압비아와 우리와 함께 병사된 아킵보와 네 집에 있는 교회에 편지하노니"(몬1:1-2).
5) 각주 152 참조.

불구하고 서신서를 해석하는 설교자들은 일차적으로 신약성경의 서신서에 기록된 말씀은 저자가 일차적으로 특정 교회의 수신자들에게 특정한 상황과 필요에 입각하여 특정한 목적을 가지고 기록하였다는 사실을 간과하여서는 안 된다.[6]

나아가 서신서를 해석하는 설교자는 서신서의 말씀이 신학적인 문서인가 아니면 설교인가를 구별할 필요가 있다. 때로 로마서와 같은 책은 신학 논문으로 읽혀지기도 하지만, 일반적으로 서신서는 특정한 계제에 따라 주어진 말씀이라는 특성상 신학적 학술 문서라고 보기는 어렵다. 다만, 서신서가 바울신학 혹은 베드로 신학의 개론서는 아닐지라도 기독교 신앙의 특정한 관점에 대한 신학적 설명을 내포하고 있다.[7] 윌리암 바클레이(William Barclay) 역시 바울의 편지들은 신학적이기보다는 훨씬 더 설교에 가깝다고 말하면서, 서신서가 즉시적 상황에 따라 주어진 것임을 고려할 때, 본질적으로 기록되기 위한 것이라기보다는 설교라고 말했다.[8]

서신서의 문학적 특징

서신서는 정황적(occasional) 특징을 가지고 있기 때문에 그에 따른 문학적 특징을 가진다. 편지가 성격적으로 어떤 용무가 있거나 시간을

---

6) William Barclay, "A Comparison of Paul's Missionary Preaching and Preaching to the Church," in *Apostolic History and the Gospels: Biblical and Historical Essays Presented to F. F. Bruce.* Ed. W. Ward Gasque and Ralph P. Martin, (Grand Rapids: Eerdmans, 1970), 165-75, Greidanus, The Modern Preacher and the Ancient Text, 312에서 재인용.
7) Gordon Fee and Douglas Stuart, *How to Read the Bible for All Its Worth: A Guide to Understanding the Bible* (Grand Rapids: Zondervan, 1982), 45.
8) Greidanus, *The Modern Preacher and the Ancient Text,* 313.

다투는 상황에서 비롯되는 것이라는 점을 고려한다면 일반적으로 어떤 정교한 문학적 구조는 크게 기대되지 않을 것이다. 게다가 신약성서가 쓰여지던 시대적 정황에서 볼 때, 편지는 빈번히 대필자에 의해 받아 쓰여졌다(롬16:22; 고전16:21; 갈6:11; 골4:18; 살후3:17). 이러한 측면이 있음에도 불구하고, 대부분의 서신서는 탄탄한 기교와 정교한 문학적 구조를 지니고 있다. 서신서의 가장 두드러진 문학적 특징은 종합적인 형식이다. 이 형식은 모든 서신서에서 크게 혹은 작은 범위에서 일반적으로 드러난다.[9]

문학 형식

바울서신에 나타나는 신약성서 서신서의 형식은 대체로, 여는 말(opening), 감사, 본론, 권면, 그리고 닫는 말 등의 다섯 부분으로 구성된다. 이러한 형식은 당시 헬라 사회에서 통용되던, 서론, 본론, 결론으로 이루어지는 3형식 편지 형식을 바울이 응용하여 사용한 것으로 보인다.[10]

〈신약성서 서신서의 형식적 요소〉[11]

형식 \ 성경	고린도전서	갈라디아서	로마서
l. 여는 말 　a. 발송인 　b. 수신인 　c. 인사말	1:1 1:2 1:3	1:1–2a 1:2b 1:3–5	1:1–6 1:7a 1:7b
2. 감사의 말	1:4–9	———	1:8–17

---

9)　Greidanus, *The Modern Preacher and the Ancient Text*, 315.
10)　Ibid., 314.
11)　Ibid., 316.

3. 본 론	1:10–4:21	1:6–4:31	1:18–11:36
4. 권 면	5:1–16:12 16:13–18 (마무리 훈계)	5:1–6:10 6:11–15 (개인적 요약)	12:1–15:13 15:14–32 (여행계획과 훈계)
5. 닫는 말 　a. 평안을 빌어줌 　b. 인사말 　c. 경고 　d. 축도	——— 16:19–21 16:22 16:23–34	6:16 ——— 6:17 6:18	15:33 16:3–16, 23 16: 17–20b 16:20b

신약성서 서신문의 위와 같은 전형적인 문학 형식의 파악은 몇 가지 측면에서 저자의 의도를 파악하는 데 도움을 준다. 첫째, 이와 같은 형식은 서신서의 기초적 개요를 드러낸다. 즉 해석자로 하여금 전체 상황 안에서 각 파트를 파악하도록 도움을 준다. 둘째, 이런 표준 형식은 각 서신서에서 어떤 부분이 생략되고 있는지를 파악하도록 돕는다. 예를 들어, 갈라디아서에서 감사 부분이 생략되고 있는 것은 갈라디아서 이해에 매우 중요한 점을 시사한다. 셋째, 서신서의 표준양식을 잘 알고 있을 때, 저자는 어디에서 신중한 변화를 도모하고 있는지를 식별하도록 돕는다. 이러한 변경은 저자의 의도와 그 뜻을 파악함에 있어 단서를 제공한다. 바울 서신서의 경우, 바울은 표준 서신형식을 기계적으로 따르기보다는 자신의 저술 목적에 적절한 방식으로 형식에 변화를 시도하였다.[12]

수사적 구조

편지가 일반적으로 비서를 통해 받아 적는 형식의 용무적인 글이라

---

12) Greidanus, *The Modern Preacher and the Ancient Text*, 317.

고 할 때, 수사적인 구조는 크게 고려할 사항이 아니라고 간주할 것이다. 그러나 실제로, 신약성경의 서신서들은 전통적인 찬송(hymns), 교의(creed), 그리고 영광송(doxologies) 등 많은 경우 고도의 구조를 갖춘 내용을 포함한다. 그뿐만 아니라 서신서는 회중들과의 구두적 소통을 위한 목적을 가진다는 점에서 다분히 수사적 구조를 가진다. 서신서의 메시지는 회중들에게 읽혀졌다. 따라서 눈으로 보기보다는 귀로 듣도록 쓰여졌기 때문에 가능한 한 회중이 잘 듣고 이해하며 나아가 기억하기 좋은 방식으로 구성되었다. 다음은 서신서에서 발견되는 수사적 구조의 특징들이다.[13]

1) 반복(repetition)

반복의 형태는 서신서 안에서 여러 단계에 걸쳐 빈번히 발견되는데, 어느 요점을 강조하기 위해 하나의 단어를 단순히 반복하거나, 구조적 패턴에 반복하는 경우, 그리고 어떤 사상이나 아이디어 차원에서 반복되는 경우도 있다. 에베소서 4:4-6은 교회의 일치됨을 강조하면서 '하나'라는 단어가 반복된다: "몸이 하나요 성령도 한 분이시니…… 주도 한분이시오 믿음도 하나요 침례(세례)도 하나요 하나님도 한 분이시니……" 로마서 6-7장은 연속되는 질문들을 통해서 구조적 패턴의 반복 형태를 보여준다: "그런즉 우리가 무슨 말을 하리요 은혜를 더하게 하려고 죄에 거하겠느냐?"(6:1); "그런즉 어찌하리요 우리가 법 아래에 있지 아니하고 은혜 아래에 있으니 죄를 지으리요?"(6:15); "그런즉 우리가 무슨 말을 하리요"(7:7); "그런즉 선한 것이 내게 사망이 되었느냐?"(7:13).

---

13) Ibid., 319.

그런가 하면, 어떤 생각이나 아이디어의 반복인 경우로서 바울은 갈라디아 교회에 보내는 서신에서 이런 형태를 활용하고 있다. 갈라디아서 5:1에서, 바울은 그리스도인의 자유에 대하여, "그리스도께서 우리를 자유롭게 하려고 자유를 주셨으니"라고 말한 다음, "형제들아 너희가 자유를 위하여 부르심을 입었으나……"(5:13)라고 하면서 같은 말이지만 다르게 표현하였다. 이때 반복되는 아이디어는 그가 말하고 있는 주제인 그리스도인의 자유를 강조하면서 동시에 그가 이어서 전개하고자 하는 그의 주장을 뒷받침하는 기회를 제공한다.[14]

2) 교차배열법(Chiasm)

신약성서 서신서는 빈번히 교차배열법을 활용한 수사 구조를 보여주는데, 고린도전서 1:13-4:7은 그 한 예이다. 교차배열법은 복잡하게 보이는 본문의 내용을 간결하게 보도록 도움을 준다.

  A 그리스도께서 어찌 나뉘었느냐(1:13a)

    B 바울이 너희를 위하여 십자가에 못 박혔느냐(1:13b)

      C 바울의 이름으로 너희가 침례(세례)를 받았느냐(1:13b)

      C' 바울의 사역과 침례(세례) 베푸는 것에 관한 논의(1:14-17)

    B' 바울의 설교와 그리스도의 십자가에 못 박히심에 관한 논의(1:17-3:4)

  A' 많은 일꾼과 나뉘지 않은 하나의 교회에 관한 논의(3:5-4:7)[15]

요한일서 1:6-7은 한 문단 안에서 교차배열법 구조를 보여준다.

---

14) Ibid., 319.

15) Thomas Long, 「성경의 문학 유형과 설교」, 박영미 역 (서울: 대한기독교서회, 1995), 229.

본문에서 설교까지 목사님 성경을 설교해 주세요!

A 우리가 하나님과 사귐이 있다고 말하고

　B 만일 어둠에 행하면,

　　C 우리가 거짓말을 하고 진리를 행하지 않는 것이요

　B' 그가 빛 가운데 계신 것 같이 우리도 빛 가운데 행하면

A' 우리가 서로 사귐이 있는 것이다.[16]

3) 메타포(metaphor, 은유법)

신약성경 서신문 안에는 메타포 표현들로 가득하다. 저자들은 그의 독자들에게 운동장에서 상을 받기 위해 달음질을 하라고 격려하고(고전 9:24), 얽매이기 쉬운 죄를 벗어버리고 인내로써 경주할 것(히12:1)을 당부한다. 바울은 에베소교회 성도들에게 마귀의 간계를 대적하기 위해 전신 갑주를 입으라고 하면서, 진리의 허리띠, 의의 호심경, 믿음의 방패, 구원의 투구, 성령의 검을 갖추라고 말했다. 야고보는 말의 파멸적인 해로움을 경고하면서, "혀는 곧 불이라"라는 강력한 메타포를 사용하였다.[17]

데이비스(W. D. Davies)는 바울의 메타포를 그 유래한 구분에 따라, 1) 출애굽, 2) 창조, 3) 희생제도, 그리고 4) 율법 네 가지로 분류하였다. 이런 분석은 서신문이 구속, 양자, 자유, 새로운 피조물, 평화, 속죄, 그리고 의롭게 됨 등 풍부한 메타포들을 포함하고 있음을 보여준다.[18]

---

16) John Breck, "Biblical Chiasmus: Exploring Structure for Meaning," *BTB* 17/2, (1987): 72. 교차법의 또 다른 예를, 빌립보서 2:5-11(죽기까지 복종, 십자가에 죽으심, 하나님이 그를 지극히 높이심, 모든 자들로 예수의 이름에 무릎을 꿇게 하심, 모든 입으로 예수 그리스도를 주라 시인하여, 하나님 아버지께 영광 돌리게 하심)을 보라. 그리고 롬8:9-11을 보라.

17) Greidanus, *The Modern Preacher and the Ancient Text,* 323.

18) W. D. Davies, *Invitation to the New Testament: A Guide to Its Main Witnesses* (Garden City, NY: Doubleday, 1969), 310-26.

하지만 오늘날 독자들은 서신문을 읽으면서 이러한 용어들의 진정한 의미가 무엇인지 진지하게 생각하지 못하거나 이러한 표현 자체가 메타포임을 인식하지 못하는 경우가 빈번하다. 이것은 정확한 서신서 해석을 필요로 하는 설교자에게 있어 간과할 수 없는 점이다. 왜냐하면 어느 한 용어가 메타포임과 그것이 의미하는 바가 무엇인지를 이해할 때, 해석자는 그 안에서 그것이 의미하는 바를 보다 풍부하게 그리고 보다 정확하게 파악하기 때문이다. 결과적으로, 메타포 해석은 설교자로 하여금 그 의미를 정확히 파악하여 그의 청중에게 진리의 빛을 더욱 선명하게 드러내게 하는 역할을 제공한다.[19]

서신서 설교를 위한 주해적 관점

성서 해석자에게 주어진 가장 첫 번째 과제는 주해(석의)이다. 주해란 성서 저자가 의도한 원래적 의미를 찾아내는 체계적인 본문 연구이다. 기본적으로 주해는 역사적 탐구이다. 왜냐하면, 과거에 기록된 말씀을 당시의 상황에서 풀어내는 것이기 때문이다. 즉, "예수가 이 말씀을 한 까닭은 ......" 또는 "바울 사도가 이렇게 가르치고 있는 것은......" 등과 같은 표현은 이미 해석학적 내지는 주해학적 표현이다.[20] 주해는 성서에 계시된 하나님의 말씀을 다시금 이 시대에 재 계시(re-revelation)하기 위한 소중한 준비 작업이다. 시간과 문화의 엄청난 변화는 해석자에게 어려움을 주지만 하나님의 진리는 조금도 변하지 않았기 때문에 설교자에게 본문 주해 작업은 생명처럼 중요하다.

---

19) Greidanus, *The Modern Preacher and the Ancient Text,* 323.
20) 이상훈, 「해석학적 성서이해」 (서울: 대한기독교서회, 1992), 15.

주해 방법

성경 연구는 조심스럽게 읽을 것과 본문에 관한 정당한 질문을 하는 것으로 시작된다. 본문에 관한 질문은 두 가지이다. 하나는, 맥락에 관한 질문이고 다른 하나는 내용에 관한 질문이다. 그리고 맥락에 관한 질문 역시 두 가지, 하나는 역사에 관하여 또 하나는 문학 형식에 관한 질문이다.

역사적 맥락

서신서는 다양한 역사적 맥락 안에서 주어졌다. 즉, 저자와 원 수신자가 함께 공유했던 상황과 문화 안에서 그들이 직면했던 실존적 필요에 대한 대처 방안으로 나타났다. 나아가 저자가 직면했던 지리적, 지정학적, 그리고 정치적 요소 등 모든 영역이 서신서를 구성하고 있는 역사적 맥락의 범주에 속한다. 서신서의 저자들을 포함하여 성경의 모든 저자들은 이러한 환경 안에서 그들의 메시지를 남겼다.

문학적 맥락

서신서의 문학적 맥락 파악을 위한 가장 첫 번째 관점은 이 책이 서신 장르임을 확인하는 것이다. 그렇다고 한다면, 위에서 밝혔듯이 서신서의 문학적 특징의 이해 바탕위에서 해석은 시작된다. 문학적 맥락의 가장 근본은 사용된 단어의 의미이다. 하나의 단어는 문맥 상황에 따라 여러 의미를 가질 수 있기 때문에, 낱말의 뜻은 반드시 그 단어가 사용된 그 문맥에서 정확한 의미를 가진다. 서신서의 설교 본문은 따라서,

선행 구절과 후속 구절의 문맥 안에서 그 의미가 결정된다.[21]

문학적 맥락을 염두하고, 해석자의 질문은 저자가 여기에서 무엇을 말하고 있으며, 왜 그렇게 말하고 있는가이다. 이 질문은 '저자의 사고 흐름'을 파악하기 위함이다. 이러한 문맥적 흐름의 관찰은 해당 구절의 앞과 뒤에서 어떻게 저자의 메시지를 형성 발전시켜 나가는지를 이해하는데 크게 기여한다.[22] 서신서는 앞서 밝힌 것처럼 어떤 정황에 따라 기록되었기 때문에 저자의 저술 목적과 관점하에서 문학적 문맥을 고려하여 해석하여야 한다.

정확한 내용 파악을 위한 질문

내용이란, 문법에 의하여 규칙적으로 연결된 단어의 구성, 즉 구와 절이 제시하는 의미이다. 물론 이 내용 파악을 위한 질문은 앞서 언급한 맥락적 의미를 찾기 위한 것과 연관된다.[23] 본문이 정확하게 무엇을 말하고 있는지를 파악하는 것은 설교자에게 있어 생명처럼 중요하다. 왜냐하면 그것이 곧 하나님의 말씀이기 때문이다. 또한 본문이 말하고 있는 바가 곧 설교자의 설교 주제가 되어야 한다. 왜냐하면 본문에서 하나님이 그것을 말씀하시기 때문이다.

서신서 본문을 설교하고자 하는 설교자의 경우, 본문을 반복해서 읽어도 그 의미가 손쉽게 다가오지 않을 때가 있다. 가령, 고린도후서 5:16에서 "그러므로 우리가 이제부터는 어떤 사람도 육신을 따라 알지 아니하노라. 비록 우리가 그리스도도 육신을 따라 알았으나 이제부터

---

21) Ibid., 16.
22) Denis Lane, 「데니스 레인 강해설교」, 김영련 역 (서울: 도서출판 두란노, 1995), 38-40.
23) 이상훈, 「해석학적 성서 이해」, 17.

는 그같이 알지 아니하노라"라는 내용이 무엇을 의미하는 것인가? 이러한 상황에 직면했을 때, 설교자는 원문 연구와 주해 도구들을 활용하여 정확한 의미를 파악하는 것이 필요하다. 때때로, 해석상 난해한 부분을 피해 가는 방식이나 섣부른 판단을 가해 부정확한 해석을 내리는 것은 말씀의 전령자로서 설교자가 취해서는 안 될 자세이다.[24] 설교자가 자신의 본문을 해석하지 않는 것은 신실성의 문제이다. 그러나 잘 못 해석하는 것은 설교자에게 직무 유기이다.[25]

문단적 사고

서신서의 내용을 정확하게 파악하기 위한 하나의 방법은 문단적으로 사고하는 것이다. 여기서 말하는 문단적이란 하나의 사상이 분명히 드러나는 범위를 가리키는 것으로 이것은 그 안에 흐르는 중심 사상이나 정확한 의미를 파악하기 위함이다.

고린도전서 3:10-15의 경우, 서간문 해석에서 문단으로 생각하지 않을 때 해석학적 오류를 발생시키는 좋은 예이다. 두 가지 측면을 고려할 필요가 있다. 하나는, 9절에서 바울이 농사의 비유에서 건축의 비유로 전환하고 있는데, 이 건축의 메타포는 이 문단의 끝까지 계속해서 나온다는 점이다. 즉, 10-15절의 내용은 하나님의 사역자들의 역할에

---

24) NASB(1960년 본)는, "Even though we have known Christ according to the flesh, yet now we know Him thus no longer"의 "according to flesh"로는 알기 어렵다. 그러나 바울의 의도는 예수의 지상 생활이 아니라, 그리스도를 '세상적인 관점으로'(from a worldly point of vies) 봐야 한다는 것으로 해석이 되어야 한다. 그러므로 정확한 번역이 필수적 조건이다. 이상훈, 「해석학적 성서이해」, 18.

25) 설교자는 하나님의 말씀을 받아 정확하게 전달하는 전령자(kerux)이다. 정확한 전달은 설교자에게 생명과 같은 것이다. 자신의 생각을 전하거나 잘못된 주해 결과를 전하는 것은 직무 유기이다. 문상기, 「케리그마와 현대설교」, 64, 104, 110을 보라.

대하여 말하고 있는 5절에서 혹은 더 나아가 3장 처음부터 시작된 개념이다. 다른 하나는, 이 두 가지 비유가 제시하는 강조는 동일하다는 점이다. 즉, 바울은 "심거나 기초를 닦거나" 하였다면, 아볼로는 "물을 주거나 세우거나"를 하였고, 고린도교회는 "밭이며 건축물"을 가리키지만, 하나님은 모든 것을 소유하신다.

그런데 여기에서, 문단적 사고가 아니면 빠지기 쉬운 유혹이 있다. 여기에서 공을 들여 세워야 할 건물은 교회이며 개인의 인격이 아니다. 결과적 상황을 불같은 시험이라고 했기 때문에 개인의 도덕적 생활로 비약하기 쉬우나 이 문단에서 바울은 교회만을 언급하고 있다. 바울이 여기에서 "세우려고" 해산의 수고를 하는 것은 교회이다. 오히려 바울이 암시하는 바는 교회 지도자에 대한 경고이다. 십자가를 대신한 인간의 지혜와 웅변의 저항은 나무나, 풀이나, 짚으로 하나님의 교회를 세우는 부실한 지도자이다.[26]

다음에 이어지는 16-17절도 해석상 착오를 일으키는 부분인데, 그 이유는 6장에서, "너의 몸은 너희가 하나님께로부터 받은 바 너희 가운데 계신 성령의 전"(6:19)이라고 한 말 때문이다. 여기서 부주의한 해석자들은 이 말씀을 즉시 개인화하여 '너희 몸을 죄악으로 타락시키거나 영성의 생활을 등한히 해서는 안 된다는 명령'으로 착오를 일으킨다. 그러나 바울은 그의 서신서에서 교회가 하나님의 전임을 반복적으로 강조하여 말하고 있듯이(고후6:16; 엡2:19-22), 여기에서도 '교회'로 해석하여야 한다.[27]

---

26) 이상훈, 「해석학적 성서 이해」, 56-7.
27) Ibid., 57. 이상훈은 이점을 설명하면서 NIV 번역본은 성령의 전이 무엇인지를 보다 구체적으로 밝히기 위하여 "you yourselves are God's people"이라고 집체화한 표현을 하였다고 설명한다.

본문에서 설교까지 목사님 성경을 설교해 주세요!

문학적 해석

문학적 컨텍스트

문학적 해석을 위해 설교자는 문학적 컨텍스트 안에서 중요 단어들의 뜻을 찾는 것이 필요하다. 나아가, 그는 문법이나, 구문론, 비유적 표현, 등을 파악할 뿐 아니라 서신 전반에 걸친 내용을 살펴볼 것이다. 편지란 일반적으로 한자리에서 읽도록 쓰여지는 것이라면 성경의 서신문 또한 크게 다르지 않을 것이다. 서신문을 설교하기 원하는 설교자가 해당 책의 전체를 읽음으로써 서신의 전반적인 내용을 파악하는 것은 매우 중요하다. 이렇게 서신서의 전체적 구도를 파악한 다음 설교자는 다양한 내용들의 위치 또는 내용상의 특이 사항들을 꼼꼼하게 살펴보는 것이 필요하다.[28]

서신서의 서론은 서신서 해석을 위한 중요한 정보를 제공한다. 해석자는 서론에서 저자의 저술 목적과 그가 전개하고자 하는 주요 주제 등을 파악할 수 있다.[29] 특히 저자가 서두에서 어떤 방식으로 누구에게 어떤 이유로 감사를 표하고 있는지에 대한 관찰은 수신자들에 대한 저자의 심정과 정서를 파악하는 데 도움을 준다.[30] 갈라디아서에서 바울이 다른 서신서에서 보여주는 감사 인사를 생략하고 있는 것은 교회 안에 은혜의 복음을 왜곡시키는 당시 일부 성도들에 대한 엄중한 책망이

---

28) Smith는 문학적 컨텍스트 파악을 위해 거시적 구조에서 미시적 구조로 움직이라고 조언한다. 본문에 대한 거시적 접근이 본문의 문학적 문맥을 파악하는 것이라 한다면, 미시적 접근은 문맥적 이해를 바탕으로 문장과 절 단위의 세부적 의미, 나아가 중요 단어의 뜻을 파악하는 것이라고 설명한다. Smith, 「본문의 이끄는 장르별 설교」, 337.

29) Smith, 「본문이 이끄는 장르별 설교」, 325.

30) Ibid.

저자의 저술 목적과 연관됨을 보여준다. 그런가 하면, 데살로니가전서 서론에서 저자 바울이 하나님께 감사하고 있는 이유는 데살로니가 교회와 성도들의 아름다운 믿음의 모습 때문임을 파악하는 것은 서신의 주요 내용 해석에 한 줄기 빛을 비추어 준다.

형식

현대인들이 편지를 쓸 때, 일정한 형식을 따르듯이 고대 헬라 문화 안에서도 서신의 일정한 형식이 활용되었다. 일반적으로 신약성서 시대 그리스, 로마 문화권의 서신문학에서 보여주는 기본 형식은 세 가지 측면으로 설명된다. 첫째, 서신을 보내는 사람과 수신자들의 이름, 그리고 인사말이나 건강과 평안을 비는 바람 등을 포함하는 서론이다. 둘째, 편지의 본체 또는 본문으로서 특징적인 형식으로 전개된다. 셋째, 결론으로서 수신자들 외에 다른 사람들에 대한 인사말과 기도문, 때로는 날짜 등을 포함시킨다.

바울은 당시 일반적인 서신 형식에 두 개의 형식을 더하고 있는데, 서신의 서론 다음 감사의 형식을 갖추었고, 본론 이후에 권면의 단계를 거친 다음 결론으로 나아간다. 따라서 신약성경의 편지 문학 형식은 다음과 같은 다섯 단계를 취한다.

1. 서론과 여는 말
2. 감사의 말
3. 본 론
4. 권면과 훈계
5. 마무리와 결론[31]

---

31) Greidanus, *The Modern Preacher and the Ancient Text*, 315-6.

문학적 주해 필요성은 설교자가 문학적 상황을 고려하여 본문의 정확한 의미를 찾기 위함이다. 이때 설교자는, 문법, 구문, 비유법 등을 살펴봄과 동시에 서신의 전반적인 구도와 목적을 고려하여야 한다. 만일 강단에서 서신문 전체를 다 설교할 수 없다면, 설교자는 서신 전체를 먼저 읽고 연구함으로써 서신 안에서 저자가 전하고자 하는 전체적인 메시지의 구도와 저술 목적을 살펴볼 필요가 있다. 이는 서신 전체를 통하여 흐르고 있는 중심 사상을 파악함으로써 설교자가 그중 한 단위를 통하여 설교 함에 있어 그 범주 안에서 성서적 의미를 떠나지 않도록 돕는다. 서신서 앞부분 감사의 말은 빈번히 서신의 목적을 드러낸다. 감사의 언급이 없는 갈라디아서 경우에도 서신 앞부분에서 바울은 갈라디아교회 성도들이 은혜의 복음을 속히 떠나가도 있음을 힘주어 말함으로써 갈라디아서의 전체 목적을 암시하고 있다.[32]

역사적 해석

위의 본보기들은 역사적 해석과 문학적 해석은 분리해서 생각할 수 없음을 보여주었다. 역사적 해석은 각 서신을 그 역사적-문화적 컨텍스트 안에서의 이해를 추구한다. 여기서 중요한 질문은 저술의 정황(occasion), 저자의 저술 목적, 그리고 역사적-문학적 조건 등이다.

저술의 정황(occasion)

역사적 상황에 대한 이해를 떠난 서신문 읽기는 전화 통화에서 한쪽 편 대화만 듣는 것과 같은 일이다. 이는 마치 답변은 들으면서 구체

---

32) Ibid., 325.

적인 질문은 모르는 경우와 같다. 서신서의 포괄적인 이해를 위해 해석
자는 본문이 답변하고 있는 내용에 입각한 질문을 알아야 할 필요가 있
다.[33) 서신서 내용에 대한 정확한 해석은 저자가 대상으로 쓰고 있는
공동체에 관한 충분한 배경을 파악하지 않고서는 가능할 수 없다.[34) 서
신서는 발신자와 수신자 간의 대화이다. 발신자의 정황과 수신자의 정
황을 파악하는 것은 서신의 내용이 왜 그렇게 구성되었고 무엇을 말하
고자 함인지를 파악하는데 도움을 준다.[35)

신약성서 서신서는, 많은 경우 해석자에게 당시의 역사적 상황 파
악을 위해 필요한 정보를 제공한다. 고린도전서에서 바울은 자신이
다루고자 하는 이슈가 무엇에 관한 것인지에 대하여 암시함으로써
현대 독자들로 하여금 사전에 제기되었던 문제가 무엇이었는지를 파
악하게 해준다. 이를테면 고린도전서 7:1에서 바울은, "너희가 쓴 문
제에 대하여 말하면"이라고 운을 뗀 후에 "남자가 여자를 가까이 아
니함이 좋으나"라고 말한 다음 남편과 아내의 바람직한 부부관계에
대하여 말하고 있다. 여기에서 해석자는 사전에 저자 바울과 고린도
교회 성도들이 공유했던 컨텍스트를 파악할 수 있다. 그 외에도, 그레
이다누스는 8:1의, "우상의 제물에 대하여는 우리가 다 지식이 있는
줄을 아나"; 또는 12:1의, "신령한 것에 대하여는" 등도 이미 사전에
제기되었던 문제점에 대하여 말하고 있음을 보여주는 예가 된다고
말한다.[36)

그러나, 서신서가 현대 독자들을 위해 당시 상황 파악을 위한 필요한

---

33) Ibid., 327.
34) Doty, *Letters, 37; Roetzel, Letters of Paul*, 50.
35) 신인철, 「신약성경 주해와 설교」, 63.
36) Greidanus, *The Modern Peacher and the Ancient Text*, 327.

모든 정보를 제공하는 것은 아니다. 서신서의 특정 본문 해석에 있어 현대 독자들은 더 많은 경우, 당시 저자와 수신자가 공유했던 상황에 대하여 손쉽게 파악할 수 없는 문제에 직면한다. 노먼 에릭슨(Norman Ericson)은 서신서의 수신자들에게 매우 친숙한 정치적 상황, 사회적 문제, 경제 상황, 수신자의 교회적 상황 및 이슈에 대해서는 저자의 입장에서 굳이 어떤 암시를 할 필요를 느끼지 않았을 것이라고 언급하면서 이럴 때 현대 독자들은 당시의 상황 파악이 어려워질 수밖에 없다고 말한다.[37] 따라서 해석자는, 주어진 본문 해석을 위한 일반적 상황 파악을 위한 노력이 필요하다. 무엇보다도 본문이 들어있는 해당 책에 대한 전반적인 이해를 위해 문맥을 포함한 본문 관찰, 나아가 저자의 저술 목적과 주요 관점 등에 대하여 충분히 파악하는 것은 필수이다.

저자의 저술 목적

서신서는 앞서 밝혔듯이 정황적이다. 즉 수신자들의 특정한 상황에 대한 저자의 반응으로 기록되었다. 브라이언 채플(Bryan Chapell)은 'FCF'란 용어를 들어 성경의 모든 말씀은 인간의 허물과, 죄악된 상황에 대한 하나님의 책망, 경고, 사랑, 그리고 권면의 말씀이라고 했다. 그는 이 세상은 타락하여 불완전한 상태에 있기 때문에 인간은 하나님의 도움이 절실히 필요하다. 그리고 이런 필요에 대한 하나님의 응답으로서 하나님의 말씀이 주어졌다고 설명한다.[38] 서신서는 당시 교회

---

37) Norman Ericson, "Interpreting Petrine Literature," 249.
38) Bryan Chapell, [그리스도 중심의 설교], 김기제 역 (서울: 도서출판 은성, 1999), 53. FCF는 Fallen(타락), Condition(상태), Focus(초점)로서, 채플은, 성서에서 하나님은 인간의 죄악과 잘못을 비롯하여 하나님 앞에 합당하지 못한 인간의 모든 연약함에 대하여 말씀하셨다고 설명한다.

와 성도들의 신앙과 삶의 불완전함에 대하여 잘못된 것은 바로잡고(고전1:11), 격려하며(엡1:3-4), 때로는 교리를 가르치기 위한 것이다(빌2:5-11).[39] 곧 서신서는 그리스도인의 삶과 신앙을 위한 실천적 교훈과 강령이다.

저자의 저술 목적과 계제는 저자가 어떤 특정한 사실과 이슈에 대하여 수신자들에게 실천적 지침을 내려주는 형식과 연관된다. 해석자의 목적은 저자의 저술 목적을 보다 더 명확하게 찾아내기 위하여 본문 안에 드러난 역사적 상황을 파악하는 것이다. 베드로전서는 격렬한 핍박에 직면한 신자들을 격려하기 위해 기록되었는가 하면 베드로후서는 교묘히 교회에 스며들어 온 거짓 교사들을 탄핵하기 위해 쓰여졌다.[40] 이러한 사전 이해는 설교자로 하여금 저자의 주 저술 목적이 격려하기 위한 것인지, 책망하기 위한 것인지, 아니면 더 충만한 믿음으로 인도하기 위한 것인지를 상세히 파악하는 데 도움을 준다.

서신서는 전체 목적을 가지고 기록되었지만, 거기에는 다수의 작은 목적들이 있을 수 있다. 예를 들어, 데살로니가전서의 주목적은 그리스도의 재림에 관한 것이기는 하지만, 바울은 이 계제를 이용하여 자신의 행위에 대하여 방어하고, 그의 수신자들의 고난에 대해서는 격려하고, 새신자들로 하여금 거룩한 삶을 살도록 교훈하며, 부지런히 일할 것을 아울러 교훈하고자 하였다. 그리고 주님이 다시 오시기 전에 죽은 성도들에 관하여 그들을 확신시켜 주기 위한 목적도 있었다. 이러한 작은 목적들의 대부분은 파루시아(parousia), 곧 주님의 다시 오심과 연관되어 있었다. 그러므로 저자의 저술 목적에 입각하여 설교하고자 하는 설

---

39) Steven W. Smith. 「본문이 이끄는 장르별 설교」, 김대혁 · 임도균 역 (서울: 아가페북스, 2016), 324.

40) Ericson, "Interpreting Petrine Literature," 249.

교자는 본문이 큰 목적을 향하여 가는 과정에서 드러나는 작은 목적들을 고려하여 탄력성있는 설교 주제를 활용할 필요가 있다.[41]

문화적 상황 고려

역사적 해석은 각 서신서가 문화적으로 어떻게 상황화 되었는지에 대한 단초를 제공한다. 이 점에서 한가지 견고하게 이해하여야 할 것은 서신서는 문화적으로 갇혀있다는 것과 문화적인 요소들을 내포하고 있다는 것과의 차이를 분명히 하는 것이다. 서신서의 내용은 당시 저자와 수신자가 놓여있었던 문화를 비롯한 사회, 정치, 경제 등의 이해를 바탕으로 해석하여야 할 부분이 있지만, 당시 문화의 틀에 갇혀있는 것은 아니다.

고린도전서는 이에 대한 요점을 보여주는데: "지식 있는 네가 우상의 집에 앉아 먹는 것을 누구든지 보면...... 양심이 담력을 얻어 우상의 제물을 먹게 되지 않겠느냐(8:10)"; "그런즉 내 사랑하는 자들아 우상 숭배하는 일을 피하라"(10:14); "무릇 여자로서 머리에 쓴 것을 벗고 기도나 예언을 하는 자는 그 머리로 욕되게 하는 것이요...... 남자에게 긴 머리가 있으면 자기에게 부끄러움이 되는 것을 본성이 가르치지 아니하느냐, 만일 여자에게 긴 머리가 있으면 자기에게 영광이 되나니......"(11:5, 14-15); "... 너희는 거룩하게 입맞춤으로 서로 문안하라"(16:20).

이와 같이 문화적으로 상황화된 내용을 해석하는 현대 설교자는 이러한 문화적 차이를 인식하되 가르침의 본질을 무시하지 않는 적용점

---

41) Greidanus, *The Modern Preacher and the Ancient Text*, 328.

을 찾아야 한다. 이때, 설교자는 해당 메시지를 우주적 진리(universal truth)로 볼 것인지 아니면 특정 문화에서만 적용되는 진리(particular truth)로 볼 것인지를 진지하게 고려하여야 한다.[42]

신학적 해석

사도들은 예수 그리스도의 죽음과 부활의 목격자들이었지만, 바울을 비롯하여 어떤 신약성서 서신문의 저자들도 복음을 전함에 있어 예수 그리스도의 역사에 대하여 구체적으로 밝히고 있지 않는 것은 특이한 점이다.[43] 그러나, 칼빈 로첼(Calvin Roetzel)은 바울이 그의 설교의 내용이라든가 예수 그리스도의 사역에 대해서는 크게 침묵하는 듯하지만, 예수 그리스도의 십자가, 부활, 그리고 그의 임박한 재림 등에 대해서는 특별히 강조하고 있다고 지적하였다.[44] 실제로 바울은 그의 모든 설교에서 예수 그리스도의 죽음과 부활을 핵심으로 하는 십자가 복음에 집중하였다(고전2:2; 15:1-4). 따라서 그의 서신서의 신학적 특징은 예수 그리스도의 십자가 복음을 통한 인간 구속이다.

그리스도 중심적 해석

"내가 너희 중에서 예수 그리스도와 그가 십자가에 못 박힌 것 외에는 아무 것도 알지 아니하기로 작정하였음이라"라는 고린도전서 2:2

---

42) 문상기, 「케리그마와 현대설교」, 134-5.

43) Greidanus, *The Modern Preacher and the Ancient Text*, 331.

44) Calvin Roetzel, *The Letters of Paul: Conversation in Context* (Atlanta: John Knox, 1975), 45.

의 말씀은 골로새서 1장에서 왕국의 역사는 예수 그리스도의 십자가가 핵심이라고 하는 그의 선포에서 확증된다. 마치 이 말은, 바울이 그리스도의 십자가 외에는 그 어느 것도 말하지 않았다는 것처럼 들린다. 이에 대하여, 벌코버(G. C. Berkouwer)는, 바울의 설교들을(딤전1:15; 딤후 2:8) 볼 때, 바울은 그리스도의 십자가로 복음을 축소한 것이 아니라 모든 복음을 그리스도의 십자가 구속의 은혜로 집약하여 전하였음이 분명하다고 말한다.[45] 다만, 바울은 그 외의 진리는 마치 양 날개에 위치하여 균형을 유지하면서 그의 모든 복음 선포는 예수 그리스도와 그의 십자가 복음에 집중하면서 전념하고 있음을 보여준다(롬15:18).

바울의 말, "예수 그리스도와 그가 십자가에 못 박힌 것"은 모든 것을 포함하는 하나님의 왕국 역사의 핵심이요 심장부로서 십자가를 가리킨다. 고린도후서 15:1-4에서도 바울은 이전에 고린도 성도들에게 전한 그의 메시지 핵심은 예수 그리스도의 죽음과 부활이었으며, 그 말씀을 믿음에 변함이 없으면 구원을 받을 것이라 확증하고 있다. 그러므로 그가 서신서에서 무엇을 어떤 신학적 주제를 언급하든지 아니면 어떤 권면이나 가르침을 내리든지 그 모든것은 예수 그리스도의 죽음과 부활에 직접적으로 연관되어 있는 것이다. 따라서 그가 전하고 있는 메시지는 그리스도 중심의 불빛 아래서 해석되어야 한다.

정경(canon) 상황

신학적 해석은 단순한 문학적 및 신학적 해석을 넘어 서신서의 메시지를 하나님의 궁극적인 목적의 불빛 아래서 해석해야 할 것을 요

---

45) Ibid., 45.

청한다. 즉 정경(canon) 전체의 범주 안에서 일치된 진리를 드러내야 한다.[46] 왜냐하면 인류의 타락 이후 하나님의 인간 구속의 역사는 시작되었고 인간 구속의 실체는 예수 그리스도의 십자가에서 완성되었음이 신약성경의 서신서를 포함한 성경의 신학적인 기저가 되었기 때문이다. 따라서 서신서의 정경의 범주 안에서 일치된 방향하에 해석되어야 한다. 그레이다누스는 성경의 진리를 다른 성서와의 비교를 통하여 정경의 컨텍스트는 확인된다고 말하면서 다음과 같이 설명한다;

> [설교자] 에베소서와 골로새서, 또는 베드로전서와 야고보서의 병행 구들을 비교 함으로써 특정한 메시지를 보다 더 명료하게 파악할 수 있다. 나아가, 바울과 야고보가 주님의 말씀을 인용하거나 암시할 때마다, 설교자는 그것들이 주님께서 복음서 안에서 말씀하신 내용들과 유사한 것임을 비교 관찰할 수 있다(롬12:1-15:7과 마5:7; 고전7:10-11과 막10:11-12; 야고보서와 마5-7).[47]

성경을 성경과 비교하는 것은 설교의 균형을 제공할 뿐 아니라 정경적인 깊이와 지원을 받을 수 있다. 설교자는 자신의 설교 본문의 개념을 소극적으로 축소 해석하면 안 되지만, 정경의 컨텍스트 안에서 자신의 설교 본문을 비교 평가해야 할 책임이 있음을 고려해야 한다. 일례로, 바울이 로마서 13:1에서, "각 사람은 위에 있는 권세들에게 복종하라 권세는 하나님으로부터 나지 않음이 없나니……" 라고 한 말은 하나님의 백성들로서 역사적으로 로마 정부에 복종해야 한다고 마땅히

---

46) Greidanus, *The Modern Preacher and the Ancient Text,* 332.
47) Ibid.

해석해야 한다. 그러나 이 말은 계13:1-10의, 마귀의 권세에 복종해서는 안된다는 경고와, 사도행전 5:29에서 사도들이, "사람보다 하나님께 순종하는 것이 마땅하니라"라는 말씀과 반드시 비교함으로써 정경이 말하고 있는 정확한 의미를 따라야 한다.[48] 중요한 것은 주어진 본문에서 파악된 하나의 진리는 성경 전체의 일치된 가르침 안에서 확증된 후 선포되어야 한다. 설교자는 주어진 본문의 해석을 위하여 보다 성서신학적 관점에서 일차적으로 본문을 해석하는 것이 요청된다면, 조직신학적 관점에서는 주어진 본문이 정경의 컨텍스트 안에서 일치하는지를 확인하는 것이 필요하다.

서신서 설교 실제

본문 선택

본문 선정을 위해서는 역시 단일 중심 주제로 이루어지는 페리코피를 고려하여야 한다. 하나의 설교 본문을 저자가 수신자와 더불어 공유했던 컨텍스트 안에서 특정한 메시지를 전하고 있는 것이라고 한다면 서신서 설교의 본문 선정에서 하나의 개념이 내포되어 있는지의 여부는 매우 중요하다.[49] 이것은 서신서가 어떤 계제(occasion), 즉 특정한 필요에 의해 쓰여졌다는 사실과 연관된다.

교리적 설교에 치중하는 설교자들의 경우, 본문 선정에 있어 하나의 페리코피를 택하기보다 그 안에 들어있는 지엽적인 한 부분에 얽매이

---

48) Ibid., 333.
49) Bryan Chapell의 FCF 관점

기 쉬운 경향을 보인다.[50] 한 예로, 빌립보서 2장의 경우, 높임 받으시기에 합당하신 그리스도를 염두하고 그리스도의 겸손과 영광 받으심을 설교 주제로 삼는 것은 적절해 보인다. 하지만, 여기서 바울이 말하는 '그리스도의 겸손과 영광 받으심'이란 의미는 5절에서 말하는, "너희 안에 이 마음을 품으라 곧 그리스도 예수의 마음이니"라는 말, 그리고 2절, "마음을 같이하여 같은 사랑을 가지고 뜻을 합하여 한마음을 품어"라는 내용과 연관성을 가진다. 그리고 이것은 앞서 '한마음으로 서서 한뜻으로 복음의 신앙을 위하여 협력하는 것'(1:27)과도 무관하지 않다. 그러므로 단순히 그리스도 예수의 겸손이나 그의 영광 받으심에 초점을 두면 문맥을 잃어버린 단편적 이해에 그치는 결과를 가져온다.

따라서 빌립보서 2장은 세 개의 설교 본문으로 나누는 것이 적절한데, 그 첫 번째 페리코피는 1-11로서, '그리스도 안에서 하나(한마음) 되는 성도'가 그 주제이다. 바울은 여기에서 빌립보 성도들이 신앙으로 하나가 되어 비신앙적인 것(이단 사상과, 불신앙, 세속화)에 대하여는 적극 대처하고, 그리스도를 위한 고난(영적 싸움)에는 승리함으로써 하나님께 영광을 돌려야 함을 강조하고 있다. 그리고 그 하나됨을 위하여 성도들은 그리스도께서 자신을 낮추고 겸손한 모습을 보이신 것처럼 서로에게 겸손히 행할 것을 강조하였다(2:3).[51]

---

50) Greidanus, 325-6.
51) 빌립보서 2장을 위한 두 번째 페리코피는 12-18로서, 주제는 "믿음의 실천을 통해 구원의 완성을 이룸"이다. 여기에서 바울은 그리스도인들이 교회 내에서는 불평과 다툼을 피하고 세상에서는 빛 된 삶을 삶으로써 마지막 주님의 날에 온전한 구원을 이룰 수 있다고 강조하였다. 특히 12절, "…… 항상 복종하여 두렵고 떨림으로 너희 구원을 이루라"고 말하면서 그리스도인들이 믿음을 실천함으로써 교회를 세우고 세상에서는 복음을 드러내는 삶을 통하여 자신의 신앙을 입증할 수 있다고 성도들의 경각심을 불러일으키고 있다. 세 번째 페리코피는 19-30로 이루어진다. 주제는 "목회자(영적 지도자)와 성도의 관계는

지엽적인 개념으로 설교 주제를 선택하거나 본문을 정하는 문제는 서신서를 설교하는 설교자들에게서 흔히 발견되는 현상이다. 그레이다누스는 에베소서 1:3-14의 예를 들어, 만일 한 설교자가 4절 상반의, "곧 창세 전에 그리스도 안에서 우리를 택하사"에 근거하여 "예정"의 주제(교리)로 설교하는 것은 본문을 하나의 설교 페리코피로 보지 못하는 것이라고 지적하였다. 왜냐하면 4절 하반 절에서 바울은, "우리로 사랑 안에서 그 앞에 거룩하고 흠이 없게 하시려고"라는 말과 6절에, "…… 그의 은혜의 영광을 찬송하게 하려는 것이라"라고 말하고 있기 때문이라고 말했다.[52] 오히려 '예정'은 하나님이 주시는 신령한 은혜 안에 포함되면서, 본문은 하나님의 은혜와 복을 받은 자들은 하나님의 영광을 찬송하는 뜻을 따르는 것임을 말하고 있다.

설교의 형식

설교 형식은 본문의 메시지를 보다 견고하게 드러내는 방식이 필요하다. 서신서의 말씀은 감사에서부터 논쟁 그리고 교리와 윤리에 이르기까지 다양한 폭으로 전개되기 때문에 설교자는 어느 한 특정 형식에 얽매이지 않아야 한다. 특히 멀티미디어에 익숙한 포스트모더니티 시대의 청중에게 성경적 메시지를 원활히 소통하기 원하는 설교자라면 고정된 설교 틀에 얽매이지 말고 설교 형식에 변화를 추

사랑과 존경(신뢰)의 관계"이다. 여기에서 바울은, 사역자는 진실한 사랑의 마음으로 양 무리를 돌보며 성도는 지도자에 대하여 신뢰와 존경함으로 따라야 함을 가르친다. 이렇게 하여 빌립보서 2장은 그리스도의 복음으로 말미암은 기쁨이라는 빌립보서의 대주제 안에서 그리스도인들이 하나되고 지도자와 성도들이 아름다운 관계를 형성해야 할 것을 보여준다.

52) Greidanus, *The Modern Preacher and the Ancient Text*, 324.

구하는 것이 요청된다.[53] 다음은 서신서 설교를 위한 설교 형식의 몇 가지 예이다.

연역적 방식과 귀납적 방식

본문의 내용이 만일 어떤 잘못된 주장이나 가르침 혹은 특정한 교리적 관점에서 논쟁을 벌이는 입장이라면 연역적 방식이 적절하다. 왜냐하면 연역적 논증 방식은 특정한 이슈에 대하여 논리적이며 조직적으로 청중을 가르치며 확신을 심어주기 위해 좋은 설득력을 발휘하기 때문이다. 서신서의 내용이, 어떤 정황적인 상황에서 저자가 당시 수신자들에게 제기된 이슈에 대한 해명이나, 권고(방향 제시)나, 명령을 하고 있다면, 연역적 방식이 적절하다.[54] 이때 설교는 명료한 단일 주제를 가져야 하며 각 개요는 구분된 개념을 가지지만 앞서 제시된 주제를 설명하고, 입증하며, 완성해 나가는 방식이 되어야 한다.[55]

그러나 청중이 설교자의 설교적 명제나 중심 사상에 대하여 의구심을 가지거나 소극적으로 반응하는 상황이라면 연역적인 논증은 설득력을 발휘하기 어렵게 된다. 오순절 베드로의 설교는 당시 예수 그리스도에 대하여 적대적이었던 사회적 상황을 고려하여 귀납적으로 설교함으로써 오천 명이 회개하는 역사를 일으켰다.[56] 바울 역시 아레오바

---

53) 문상기, 「케리그마와 현대설교」, 491-536.

54) Ibid., 496-8; Smith, 「본문이 이끄는 장르별 설교」, 338.

55) Haddon Robinson, *Biblical Preaching: The Development and Delivery of Expository Messages* (Grand Rapids: Baker Book House, 1980), 128-31.

56) Ibid., 127. 베드로는 오순절 설교에서 자신을 포함한 사도들이 방언으로 말하고 있음은 술이 취해서가 아니라 성령에 의한 예언을 행하는 것임을 밝히면서 마지막 때가 임하였고, 주의 이름을 부르는 자에게 구원이 임한다고 선포하였다. 베드로는 이 모든 것이 이미 선지자 요엘에 의해 성경(욜 2:28 이하)에 예언된 것이라고 밝혔다. 베드로는 이어서 예수는 하나님의 뜻대로 오셔서 십자가를 지셨는데, 이것은 이미 다윗이 자기 자손 가운데 메시야가 오실 것과 그가 하나님의 우편에 앉을 것이라고 예언한 것이 이루어졌음을

고에서 설교할 때, 당시 유일신 사상에 적의를 가지고 있던 아덴 사람들에게 귀납적 접근 방식으로 그리스도를 전하였다.[57]

설교자는 자신의 설교 방식을 하나의 틀에 고정시키기보다는 다양한 형식을 시도함으로써 청중과의 커뮤니케이션에 보다 더 활력을 불어넣을 수 있다. 연역적 구성이, 설교자가 파악한 성서적 진리에서 논증이 시작된다고 한다면, 귀납적 구성은 청중으로하여금 설교자가 발견한 진리에 이르도록 이끌어가는 방식을 취한다. 설교자는 증거, 본보기, 예증, 혹은 질문 등을 통하여 청중으로 하여금 본문의 주제적 진리, 즉 설교자가 이끌어가는 설교의 중심 개념과 만나게 된다.[58]

서신서 본문에 대한 설교 형식은 연역적 혹은 귀납적 형태가 유일한 방식은 아니다. 때로는 어떤 논점에 대한 결론을 추출해내는 보다 적절한 방식으로 이야기 형식을 시도할 수 있다. 그 외 이야기 형식은 물론 창의적인 방식으로 서신서 설교 형식을 다양화시키는 것이 좋다. 제임스 콕스(James Cox)는 많은 서신서의 본문들의 경우 표면적으로 들어난 내용의 수면 아래에는 수많은 이야기가 들어있다고 관찰한 바가 있다.[59]

당시 청중이 친숙한 이스라엘의 역사를 들어 입증함으로써 그들의 마음을 열었다. 그리고 베드로가 결정적으로 "너희가 십자가에 못 박은 이 예수를 하나님이 주와 그리스도가 되게 하셨느니라"고 선포했을 때, 당시 청중은 마음에 찔려 마음을 열어 예수 그리스도를 받아들이게 되었다.

57) 바울은 아덴 사람들이 각종 이방신을 섬기는 것에 대하여 심히 비탄해 하였지만, 그런 속내는 들어내지 아니하고, "아덴 사람들아 너희를 보니 범사에 종교심이 많도다....... 알지 못하는 신에게라고 새긴 단도 보았으니......너희가 알지 못하고 위하는 그것을 내가 너희에게 알게 하리라"라고 말하면서 일반적인 그들의 종교적 상황에서 유일하신 하나님, 그리스도를 소개하는 방식을 보여주었다(행17:22-23).

58) 문상기, 「케리그마와 현대설교」, 507-8.

59) James W. Cox, *Preaching* (San Francisco: Harper & Row, 1985), 155.

설교 구성의 실례

〈연역적 개요설교 1〉

본   문: 디모데전서 6:11-21

제   목: 역동적 목회자(영적 지도자)를 위한 전략

주제문: 역동적인 목회자(영적 지도자)는:

      1) 거짓 교훈과 돈을 사랑함으로부터 피하며;

      2) 의, 경건, 믿음, 사랑, 인내와 온유를 쫓으며;

      3) 믿음의 선한 싸움을 싸우며;

      4) 위하여 부르심을 입은 대로 영생을 취하며;

      5) 위임받은 것을 지킨다.

서론: 바울은 디모데에게 자기 생애의 마지막 지침을 준다. 그리고 디모데를 통하여 좋은 영적 지도자들이 되기를 바라는 모든 사람에게 역시 교훈을 하고 있다. 바울은 역동적 그리스도인 지도자들을 위한 다섯 가지 전략을 제공하고 있다. 그것들은:

I. 피하라(Flee)

    거짓 교훈들과 돈을 사랑함으로부터 피하라(6:3-10 내용)

    우상숭배를 피하라(고전10:14)

    청년의 정욕을 피하라(딤후2:22; 고전6:18)

II. 쫓으라(Pursue)

    의와, 경건과, 믿음과, 사랑과, 인내와 온유를 쫓으라(딤전6:11)

    의와, 믿음과, 사랑과, 평화를 쫓으라(딤후2:22)

    화평의 일과 서로 덕을 세우는 일을 쫓으라(롬14:19)

III. 싸우라(Fight)

　　믿음의 선한 싸움을 싸우라(딤전6:12)

　　내가 네게 이 경계로써 명하노니… 선한 싸움을 싸우라(딤전1:18)

　　내가 선한 싸움을 싸우고 나의 달려갈 길을 마치고 믿음을 지켰
　　으니(딤후4:7)

IV. 취하라(Take hold)

　　위하여 네가 부르심을 입은 대로 영생을 취하라(딤전6:12)

　　내가 그리스도 예수께 잡힌 바 된 그것을 잡으려고 좇아가노라(빌
　　3:12)

V. 지키라(Guard)

　　네가 부탁받은 것을 지키라(딤전6:20)

　　내가 믿는 자를 내가 알고 또한 나의 의탁한 것을 그날까지
　　그가 능히 지키실 줄을 확신함이라(딤후1:12)

　　우리 안에 거하시는 성령으로 말미암아 네게 부탁한 아름다운
　　것을 지키라(딤후1:14)

결론: 그러나 너, 하나님의 사람아;

　　거짓 교훈과 돈을 사랑함으로부터 피하라;

　　의와, 경건과, 믿음과, 사랑과, 인내와, 온유를 좇으라;

　　믿음의 선한 싸움을 싸우라;

　　네가 위하여 부름받은 영생을 취하라;

　　그리고 네가 부탁받은 것을 지키라[60]

---

60) 문상기, 「케리그마와 현대설교」, 378-81.

〈본문 해석과 설교 착안 사항〉

디모데전서는 목회서신서 중 하나이다. 당시 에베소 교회에서 사역했던 젊은 목회자 디모데는 교회내의 교리적 문제를 비롯하여 다양한 목회적 문제에 직면하고 있었다. 목회서신서의 특성상, 본 서신은 개인적인 성격을 띠고 있다. 바울은 아들과 같이 여겼던 제자 디모데에게, 영적 지도자로서 자신의 삶과 신앙을 지키고 나아가 선한 청지기로서 거짓 가르침으로부터 교회와 복음을 지켜야 할 것을 권면하였다.

디모데전서는 하나님께 부름을 받고 교회를 섬기는 목회자가 어떻게 온전한 사역을 수행할 것인지에 대한 실천적인 지침을 내려주는 책이다. 거짓 율법 선생들에 대한 경고와(1:3-11); 기도와 예배에 관한 교훈(기도는 모든것 보다 우선이며, 예배는 질서를 따라 드려야 함, 2:1-15); 목회자들의 영적이며 개인적인 자질(3:1-16) 등 매우 실제적인 교훈을 당부하던 바울은 서신 마지막 부분에 와서 다시 한번 서신 전체의 내용을 환기시키며 목회자로서 디모데가 수행해야 할 실천적 강령을 내리고 있다. 본문은 이 강령 다섯 개의 명령형 동사 중심으로 이루어진다.

디모데를 향한 마지막 권면(명령):

←———— 피하라(11) •

　　　　　• 쫓으라(11) ————→

　　　　　• 싸우라(12) ————→←——

　　　　　• 취하라(12) ————→

　　　　　• 지키라(20) ————→

1. (이것들을) 피하고(현재, 능동, 명령): 피하다, 달아나다(딤후2:22)
   - 현재: 반복적으로 계속하여 하는 행동
   - 능동: 의지적으로 적극적인 행동
   - 명령: 선택적인 것이 아니라 반드시 하여야 하는 행동

2. 쫓으라(현재, 능동, 명령): 추구하라, 따라가라, 뒤를 쫓으라, 찾으라, 바울은 디모데에게 여섯 가지 덕목을 구체적으로 추구할 것을 강조하고 있다:
   - 의(righteousness): 사람들 앞에서의 올바른 행동
   - 경건(godliness): 하나님 앞에서 하나의 자유롭고 순종적인 관계(딤전2:2)
   - 믿음(faith, 딛2:1)
   - 사랑(love, 딛2:1)
   - 인내(endurance): 어려운 사역 여건 속에서 참는 능력
   - 온유(gentleness): 이단자들이나 믿음이 흔들리는 신자들을 다룰 때 필요

3. 싸우라(현재, 중간, 명령): 계속하여 항쟁하다

여기에 나타난 은유적 표현은 전쟁에서의 싸움을 뜻하기보다는 스포츠, 즉 달리기, 복싱 또는 레슬링 등을 가리켜 하는 말에 가깝다. 이것은 모든 그리스도인에게 있어 악에 대한 계속적이고 반복적인 개인적 노력과 투쟁을 말한다. 믿음을 위한 싸움은 최소한 복음의 진리를 위한 투쟁과 싸움을 포함한다. 그러나 보다 폭넓은 관점에서 이것은 그의 훈련과 목적을 요구하는 위대한 싸움으로서 전적인 그리스도적 삶을 말하는 것일 수 있다.

4. (영생을) 취하라(제1과거, 중간, 명령): 붙잡다, 붙들다.

영생: 영생은 마지막 때에 알 수 있는 축복(롬6:22; 갈6:8)과 동시에 현재적 실제(롬6:4; 고후4:10-12; 골3:3)이다. 영생은 이미 디모데에게 임한 것임과 동시에 또한 아직 완전하게 주어진 것은 아님을 의미함.

5. (네게 부탁한 것을) 지키라(제1과거, 능동, 명령): 복종하라, 네가 돌보도록 부여받은 일들을 잘 행하라.[61]

〈연역적 개요설교 2〉

본 문: 살전 1:2-10
제 목: 칭찬받는 성도: 예수를 입소문 내는 성도의 삶
주 제: 소문난 교회와 하나님을 기쁘게 하는 성도

서론: 오늘날 교회들이 세상 속에서 빛 된 모습을 보이지 못함으로 인하여 종종 비난의 대상이 된다. 그것은, 그리스도인들의 삶의 모습이 사람들에게 아름답게 비추어지지 않음의 결과이다. 지금은 어느 때보다도 참된 교회, 칭찬받는 그리스도인들이 요청되는 시대이다. 본문은 데살로니가 교회의 모습을 통해서 이 시대의 바람직한 교회와 하나님을 기쁘시게 하는 성도의 모습을 보여주신다. 소문난 교회와 하나님을 기쁘게 하는 성도가 되기 위해 성도들은 어떤 믿음을 소유하여야 하는가?

I. 확고한 믿음 위에 서서 주의 말씀을 실천하는 교회와 성도가 되자(6)

---

61) Ibid., 372-8.

본문에서 설교까지 목사님 성경을 설교해 주세요!

1. 믿음으로 이기는 역사를 나타내자(1:3)

  - 환난을 극복하며 말씀을 의지하여 사는 성도가 되자

  - 환난을 극복하는 힘은 구원의 확신으로부터 나온다

2. 서로를 돌봐주고 사랑으로 섬기면서 교회를 세워나가자(5:11)

3. 부활 신앙으로 인내하면서 현실적 삶의 아픔과 고난을 극복하자(4:13, 18)

II. 믿음의 본보기가 되는 교회와 성도가 되자(1:6-8)

1. 주의 말씀을 따라 살자

  - 주의 종의 가르침을 받으며 그들의 삶을 본보기로 삼자(5-6)

  - 주님의 말씀을 열심히 배우며 그 가르침을 실천하자

2. (지역과 온 나라에) 아름다운 믿음의 소문이 나게 하자(7-8)

  - 주의 말씀을 기쁨으로 받아들이며 교회의 사역에 적극 참여하자

  - 세속 문화와 사상을 멀리하고 깨끗한 영적 삶의 모습을 실천하자

  - 하나님만이 참 신이시며 살아계신 하나님이심을 믿고 간증하자

III. 믿음의 삶을 통해 복음을 전하는 교회와 성도가 되자(7-8)

1. 믿음이 살아있는 교회를 세워 다른 교회에 본이 되자(8)

2. 믿음을 실천하는 그리스도인이 되어 삶으로 복음을 전하자(12)

  - 아름다운 믿음의 삶을 통하여 세상에 하나님이 살아계심을 증거하자

  - 참된 신앙의 실천은 곧 복음이다(10-12)

결론: 그렇게 함으로써, 아름다운 입소문을 일으키는 교회가 되어 하나님께 기쁨을 드리며 칭찬받는 성도가 되자.

〈본문 해석과 설교 착안 사항〉

서신서는 서론, 곧 저자의 인사말과 연관하여 저자의 저술 목적을 파악할 수 있음을 앞서 밝힌 바와 같이, 위 본문은 데살로니가전서의 서두로서 저자 바울의 저술 목적과 서신의 성격을 보여준다. 따라서 본 서신서의 저술 배경을 충분히 살펴보는 것은 전체 서신서의 내용 파악을 물론 본문의 내용을 이해함에 도움을 받을 수 있다. 물론 저술 배경을 살펴보기 위해 본 서신서의 전체를 주의 깊게 읽으면서 관찰하는 것은 매우 중요하다. 데살로니가 교회가 세워질 때의 상세한 상황을 사도행전 17장을 통해 참고하는 것 역시 필요하다.

데살로니가 교회를 세우고 바울은 고린도로 이동했지만 남겨두고 온 초신자들에 대하여 깊이 염려하였다. 데살로니가는 지역적으로 복음에 적대적이었기 때문에 믿음이 약한 성도들이 불신자들로부터 경멸과 조롱을 받고 신앙을 포기하지는 않을까 하는 염려가 있었다. 특히 신앙생활을 갓 시작한 헬라인 부인들을 비롯하여 당시 아직 믿음이 연약했던 성도들이 그 많은 어려움을 어떻게 이겨 나갈까? 하는 염려였다. 바울은 디모데를 보내어 데살로니가의 사정을 알아오게 했다. 디모데가 가져온 소식은 바울에게 큰 기쁨과 힘을 주었다. 디모데가 가져온 소식은: 1) 데살로니가 성도들이 여전히 바울을 사모하고(3:6-10); 2) 바울이 전해준 가르침을 잘 지키며(2:13); 3) 그리스도를 믿는 이유로 고통을 당하면서도 기쁨을 가지고 신앙을 지키고 있다는 것이었다.

이러한 배경하에서 바울은 데살로니가 성도들의 믿음 생활과, 그들의 사랑 어린(교회와 성도 상호 간의) 수고('copos,' 'labor'), 그리고 주님의 다시 오심을 바라보며 인내하는 모습에 대하여 크게 감사하며 그들을 위하여 더욱 기도하고 있음을 밝히고 있다(2-3). 여기서 바울은 주님의 심정으로 데살로니가 교회와 성도들을 칭찬하면서 격려하고 있다. 이러한 배경 이해는 본문을 이해하는 하나의 열쇠를 제공한다.

본문은 이러한 데살로니가 교회 성도들의 믿음이 마게도냐와 아가야 지방에 걸쳐 모든 교회의 본이 되었다고 밝히고 있다. 당시 지역적 상황으로 볼 때, 마게도냐와 아가야는 에게해를 끼고 있는 빌립보, 아덴, 고린도 등을 비롯한 중요 도시들을 폭넓게 포함하고 있음으로써 당시 데살로니가 교회가 얼마나 바울의 복음 증거에 크게 기여했는가 하는 것을 충분히 짐작하게 한다. 이러한 내용은 현대교회를 향한 생생한 적용점을 제시한다. 복음에 의한 확고한 신앙은 당시나 지금이나 교회를 세우고 복음을 증거하는 원동력이다.

〈이야기(드라마)설교 1〉

제임스 콕스(James Cox)는 에베소서 2:8-10[62]을 예로 들어 드라마 형식의 설교를 구성하였다.

I. 우리는 선한 행위를 통하여 하나님으로부터 칭찬을 받으려고 한다(상황)
II. 그러나 행실은 우리를 의롭게 하지 못한다(복잡성)
III. 우리의 연약함, 실패, 죄에도 불구하고 하나님은 예수 그리스도를 통한 그의 은혜를 믿을 때 우리를 구원하심으로써 우리로 하여금 선한 일을 하게 하신다(결과)

---

62) 엡 2:8, "너희는 그 은혜에 의하여 믿음으로 말미암아 구원을 받았으니 이것은 너희에게서 난 것이 아니요 하나님의 선물이라."

이것은 바울 사도의 이야기이면서, 또한 우리의 이야기이다. 물론 모든 그리스도인들에게 해당되는 이야기며 나아가, 그리스도 밖에 있는 많은 사람의 이야기이다. 콕스는 이 설교를 듣는 청중이 최소한 첫 번째 단계에서 자신의 모습을 인정하게 되는데, 대체로 그리스도인들은 하나님의 기쁨이 되기 위한 자신들의 노력에 대하여 어떤 보상 심리를 가지기 때문이라고 말한다. 그리고 어떤 사람들은 두 번째 단계에서 이것이 자신의 모습임을 확인하게 되는데, 사람들은 자신에게 최선의 것이 하나님 앞에서 보잘것없으며 자신의 수많은 종교적 노력으로 하나님의 은혜를 대신할 수 없음을 깨닫게 된다고 말한다. 결과적으로 사람들은. 마지막 단계로서, 인생의 길고 어두운 터널의 마지막에 이르러 구원의 불빛 되시는 하나님의 말씀 앞에 나가야 함을 깨닫게 된다고 설명한다.[63] 이 설교 개요는 논리 전개가 귀납적이다. 설교자의 중심 아이디어는 마지막 개요에서 드러난다. 콕스는 다분히 교리적인 서신서 내용을 이야기화시켜 드라마 형식으로 펼칠 수 있음을 보여준다.

〈이야기 설교 2〉

본문: 히브리서 12:1-11
주제: 믿음의 경주에서 승리하려면:
　　　1. 죄악을 버리자
　　　2. 예수를 바라보면서 믿음의 선한 싸움을 싸우자
　　　3. 고난(징계)을 받는 것은 아버지 하나님의 사랑의 증거이다

---

63) Cox, *Preaching*, 155.

서론: 여러분들 혹시 올림픽 마라톤 경기에서 금메달을 따는 꿈을 꾸어본 적이 있는가? 우리가 시상대에서 금메달을 목에 거는 장면을 한번 상상해 보자. 우리 모두는 그리스도인으로서 일생을 통하여 믿음의 경주를 하는 마라톤 선수들이다. 비록 우리가 올림픽에서 금메달은 못 딴다 하더라도 믿음의 경주에서만큼은 반드시 금메달을 목에 걸 수 있다. 이 금메달은 성공적으로 마라톤을 완주하는 모든 사람에게 주어지기 때문이다. 우리가 전 구간을 완주하고 하나님 나라에 임할 때, 우리 하나님께서 말씀하실 것이다: '내 사랑하는 종이여, 참 잘했도다!' 그리고 우리 목에 금메달을 걸어 주실 것이다. 그 순간 수많은 천사가 여러분들을 바라보고 박수치며 환영할 것이다. 다같이 히브리서 12장에 나타난 말씀을 통해 어떻게 성공적으로 믿음의 경주를 완주할 수 있는지 생각해 보자.

첫째 장면: 인생은 장거리 달리기 선수들처럼 출발선을 떠나 인생의 종착지를 향해 달려가는 것 → 이것은 마치 예수 그리스도를 만난 성도들이 주님이 기다리시는 천국을 향하여 신앙의 여정을 시작하는 것과 같다.

1. 장거리 달리기 경주에서 완주하기 위해 달려가기 ― 예수님을 바라보고 하나님의 나라를 향해 가는 것(1)
2. 이미 결승점을 통과한 사람들 생각하면서 ― 앞서 천국에 들어간 성도들과 그들의 격려를 생각하면서 나아감(1)

둘째 장면: 전 구간을 완주하기 위해서는 자신의 한계를 넘어서는 극도의 고난을 극복해야 함 ― 세상의 불신이나 죄악과의 싸움을 이기는 것

1. 경주를 완주해야만 자격이 인정됨 — 인내하면서 끝까지 신앙의 길을 향해 가야 하는 것(2-3)
2. 힘들고 고통스러운 순간을 극복함 — 피 흘리는 싸움을 싸우듯 죄와 더불어 싸워 이기는 것(4)

셋째 장면: 경주를 마치기까지 쓰러지는 순간이 있었고 잠시 머뭇거림이 있었더라도 다시금 일어나서 달리면 군중들의 격려 박수를 받음 — 연약하여 주님의 책망과 징계를 받더라도 다시금 회개하고 일어나 주님을 바라보고 나가면 주님께서 새 힘을 주심(5,10-11)

1. 주님의 책망은 사랑의 동기(7-10)
2. 아버지의 징계를 받은 자녀는 더 성숙하여 아버지의 기쁨이 됨(11-13)

넷째 장면: 경주를 완주한 그리스도인들에게 장차 빛난 면류관이 주어짐(고후2:14)[64]

1. 선한 싸움과 믿음을 지킨 성도에게 의의 면류관이 주어짐 (딤후4:7-8)
2. 그리스도인들은 천국 시민권자(빌3:20) → 승리의 개선식을 받음

결론: 한 위대한 장군이 전쟁에서 대승리를 거두고 수많은 전쟁 포로

---

64) 고린도후서 2:14, "항상 우리를 그리스도 안에서 이기게 하시고"의 "이기게 하시고"에 사용된 헬라어 "θριαμβε οντι"는 "이기는 과정"을 가리키는 것으로서 고대 전쟁에서 승리한 장군의 개선식에서 그가 황제와 백성들로부터 환영받는 모습을 나타내는 것을 묘사한다. NIV 번역본은 이것을 반영하여, "leads us in triumphal procession"으로 번역하였다.

본문에서 설교까지 목사님 성경을 설교해 주세요!

와 전리품과 함께 도성에 도달했다. 드넓은 광장에 수많은 인파가 모였고 드디어 개선장군 환영식이 시작된다. 트럼펫 팡파르가 울려 퍼지자 수많은 군중이 함성과 함께 장군의 이름을 부르며 환호한다. 승리한 장군은 화려한 마차를 타고 사열대 최선두에서 자신을 기다리는 황제를 향하여 행진한다. 거리에는 개선장군을 위해 향료를 태워 향기가 진동한다. 개선장군은 드디어 황제를 접견하고 승리를 보고한다. 황제는 자리에서 일어나 위대한 장군의 오른팔을 들어 백성들을 향한다. 개선장군의 환영식은 절정에 이르고 백성들의 환호 소리에 온 나라가 진동한다. 승리의 개선장군이 나라의 영웅으로 추대되는 순간이다.

오늘 본문 히12:1-2절은 마치 우리 그리스도인들이 이 땅에서 믿음의 경주를 이기고 천국에 입성했을 때 우리를 기다리고 있던 앞서간 성도들과 우리 주님 예수께서 우리를 환영해 주시는 모습을 연상케 한다. "인내로써 우리 앞에 당한 경주를 하며……" 우리 모두 승리의 주인공이 되자!

정리

성경의 문학 장르를 고려하는 궁극적인 목적은 성경적 설교를 추구하기 위함이다. 단순히 성경에 대해 말하거나, 성경으로 교리 논쟁을 벌이거나, 성경에서 삶의 교훈만을 찾아내는 것은 성경적 설교라고 말할 수 없다. 토마스 롱(Thomas Long)은 설교자가 본문 안에서 하나님의 음성을 듣고 그것을 정확히 전할 때 성경적 설교는 이루어진다고 말하면서 중요한 것은 얼마나 많은 성경을 인용하느냐가 아니라 얼마나 성경을 신실하게 해석하느냐 하는 것이라고 강조 했다.[65] 이런 이유로 성경을 해석하는 설교자는 저자가 전하고자 했던 메시지의 원래적 의미를 찾는다. 이것은 설교자가 하나님 앞에 부름받은 전령자(kerux)로서[66] 먼저 하나님의 말씀을 받고자 함이다.

서신서를 설교하는 설교자는, 1세기 사도들을 통하여 원 수신자에게 증거된 하나님의 말씀을 오늘 이 시대의 청중으로 하여금 듣게 하는 것이다. 서신서의 말씀을 장르적 특성을 고려하여 해석하는 것은 설교자의 과제이다. 왜냐하면 그는 말씀의 전령자로 부름을 받았으며, 전령자의 사명은 먼저 말씀을 받아야 하기 때문이다.

성경 저자가 특정한 장르를 빌어 하나님의 말씀을 전하고 있다면, 그 장르는 메시지의 일부이다. 설교자는 저자가 그의 심정과 정서를 포함한 전 인격 안에서 하나님의 뜻을 전하고 있음을 파악하여야 한다. 특히, 서신서를 해석할 때, 설교자는 사도들이 "신학적 매듭을 명료함과 은혜로 풀어가면서 보여주는 엄한 질책, 온화한 격려, 수사적 열정을 느껴야 한다. 이 모든 것을 청중이 느끼게 해야 한다."[67]

본문 안에 녹아있는 저자의 심정을 헤아리는 것이 가능한가? 저자와 원 수신자가 공유하였던 컨텍스트 안에서 저자는 무엇을 전하고자 이렇게 쓰고 있는지 저자의 심정이 다가올 때까지 본문의 정황속으로 깊이 들어가면 가능하다.[68] 서신서는 저자의 심정이 담겨있는 편지글이기 때문에 더욱 그렇다. 결과적으로, 서신서의 문학 장르적 특성을 고려한 주해의 목적은 서신서 본문의 표피층이 아니라 그 내부층까지 파

---

65) Thomas G. Long, 「증언하는 설교」, 이우제·황의무 역 (서울: 기독교문서선교회, 2006), 83-4.
66) 문상기, 「케리그마와 현대설교」, 64-5.
67) Smith, 「본문이 이끄는 장르별 설교」, 328.
68) 문상기, 「케리그마와 현대설교」, 352-3.

악하여 그 안에 담겨있는 하나님의 세미한 음성을 듣는 것이다.

필자가 서신서 설교의 실제로 제시한 설교 구성안은 해당 본문에 대한 표준 설교 안이 아니다. 서신서 장르의 특성을 고려한 하나의 설교 안을 제시했을 뿐이다. 독자들에게 요청하는 것은 각자의 목회적 상황에서 본문에 충실한 서신서 설교를 하기 위하여 이것을 참고 해달라는 것이다. 나아가 보다 더 하나님의 마음을 헤아리는 설교, 세상의 모든 가치를 뛰어넘는 하늘 아버지의 진리의 말씀을 선포하는 말씀의 전령자로 사명을 다해 달라는 것이다.

III. ———————— 예언서의 문학적 특성과
설교 실제

구약의 예언서는 성경 전체 사분의 일에 가까운 넓은 영역을 차지하지만, 실제로 설교되는 비율은 현저하게 저조하다. 한국 구약학 연구소 소장 차준희는 2009년 1월부터 2011년 10월까지 각 교단별로 영향력 있는 27개 교회를 연구 표본으로 선정하여 주일 오전 예배에서 구약 본문을 설교한 경우를 조사하였는데, 전체 설교의 35%를 차지하였고 그중 예언서는 5.1%임을 보여주고 있다.[1] 일반적으로 설교자들은 예언서 설교를 어려워하는 경향이 있다. 그러나 예언서의 문학적 이해와 본문 해석을 위한 주요 관점 등을 살펴보고 이를 충분히 고려한다면 예언서 설교에 대한 관심은 보다 높아질 것이다.

예언자들과 그들의 메시지

구약성경의 예언서는 대예언서로 불려지는 이사야서, 예레미야서,

---

1) 차준희, 「최근 한국 교회의 예언서 설교」 (서울: 대한기독교서회, 2013), 19.

에스겔서와 호세아에서부터 말라기까지 12권의 소예언서로 구성되어 있다. 성서 신학자들은 예언자들이 하나님으로부터 받은 메시지를 전달하는 하나님의 사자(使者), 또는 전령이라는 사실에 동의한다. 그들은 언제나 '여호와의 이름으로'(렘26:16) 말씀을 증거했다. 그들은 저술가가 아니라 말로 하나님의 뜻을 대언한 자들이다. 그들은 기록하기 위한 목적보다는 말씀을 구두적으로 선포하는 설교자였다.[2] 그들은 '예언자(선지자)'를 지칭하는 히브리어 'nabi'가 뜻하듯이 하나님의 말씀을 증거하기 위해 하나님께 부름받은 '대변자'(spokesman)요 메신저였다.[3]

하나님 중심 메시지

예언자의 메시지는 하나님으로부터 나온 말씀일 뿐만 아니라 하나님의 언약, 하나님의 뜻, 하나님의 심판, 하나님의 구속, 장차 임할 하나님의 왕국 등 하나님에 관한 메시지이기도 하였다. 예언자들은 그들이 과거, 현재, 그리고 미래에 관하여 말할 때, 언제나 하나님의 참된 실체를 사람들이 알고 경험하게 하려 하였다.[4] 이처럼 성경적 예언의 중요한 관점은 하나님 중심이라는 특징에 있다.

성경의 모든 위대한 예언자들은 자신들이 백성에게 선포해야 할 말씀과 메시지들을 야웨 하나님으로부터 받았다고 확신했다. "그러므로

2) Aaron Chalmers, *Interpreting the Prophets* (Downers Grove, IL: InterVarsity Press, 2015), 23.

3) Dan G. Kent, "Preaching the Prophets," George Klein ed. *Proclaiming the Prophetic Mantle: Preaching The Old Testament Faithfully* (Nashville: Broadman, 1992), 95.

4) Berkeley A. Mickelsen, *Interpreting the Bible* (Grand Rapids: Eerdmans, 1963), 287.

야웨께서 말씀하시기를..."(혹은 문자적으로 표현하면, '야웨의 신탁이라...') 이라는 표현은 예언자들의 메시지가 시작되는 일반적인 공식이다. 예언자들이 받았던 메시지들은 그들 당대에 벌어지고 있던 상황들로서 백성들에게 벌어진 일과 그에 따르는 결과, 그리고 어떻게 하면 재앙을 피할 수 있는가 등에 대한 분석이었다.[5] 예언자들은 이스라엘 백성들로 하여금 그들의 메시지에 집중하도록 창의적인 언어와 선포 방식을 시도 하였지만 그 목적은 하나님의 계시의 말씀을 전하기 위한 것이었으며, 자신의 말과 주장을 드러내기 위함이 아니었다.[6]

심판과 희망의 메시지

예언서 설교에 있어, 목회자에게 다가오는 어려움 중 하나는 예언자들의 메시지가 대체로 심판과 연관되어 있다는 점이다. 그러나 심판은 그 어떤 예언자에게도 최종적인 메시지가 아니었다. 그들은 심판 너머의 세상을 내다보고 구원을 선포함으로써 소망과 함께 그들의 메시지를 종결지었다. 그렇다고 한다면 스티븐 스미스(Steven W. Smith)가 말했듯이, 예언자들이 선포한 심판은 하나님의 구원을 위한 예비 과정이었다. 심판은 원점 상황으로 돌아가기 위한 필요 조치였고 궁극적으로는 다시금 구원의 길을 향한 새 출발의 메시지였다. 하나님이 원하시는 구원의 시대는 당시 그들의 죄악된 모습으로는 맞이할 수 없었기 때문이었다(사1:21-28).[7]

---

5) Marshall D. Johnson, 「문학 장르로 본 구약신학: 성서와의 만남」, 차준희 역 (서울: 프리칭 아카데미, 2008), 97.
6) 이상훈, 「해석학적 성서 이해」 (서울: 대한기독교서회, 1992), 139.
7) Smith, 「본문이 이끄는 장르별 설교」, 239-40.

결과적으로 심판의 예언은 구원의 메시지와 한 쌍을 이루어 나타난다. 구원의 예언에서 예언자는 백성들이 처한 상황을 진술하고, 그들의 구원을 예언하며, 약속을 이루시는 하나님의 능력을 확언하는 것으로 끝맺는다. 예를 들면, 예레미야 32:26-44에서 보듯이 선지자는 먼저, 하나님 앞에서 악을 행하고 불순종한 이스라엘 백성들에게 임할 심판, 즉 갈대아인과 바벨론에 의해 멸망당 할 것을 증거 한 후 36절 이하에서 구원의 메시지로서, 포로에서의 귀환과 용서, 그리고 영원한 안식과 평화에 대한 약속을 선포하고 있다.[8]

예언서를 포함하여 성경의 모든 말씀은 죄악을 비롯한 인간의 모든 그릇됨에 대한 하나님의 책망, 경고, 그리고 사랑과 권면의 말씀이다. 하나님께서는 인간이 타락하여 불완전한 상태에 있었기 때문에 말씀을 통해서 계시하셨다. 어느 시대에나 인간은 하나님의 도움이 절실하다. 이런 필요에 대한 하나님의 응답이 곧 하나님의 말씀이다.[9] 하나님의 말씀은 모든 죄 가운데 있는 인간들에게 결국은 소망과 구원에 관한 메시지이다. 그렇다면 예언자들은 '희망의 메신저'였다. 그들은 영원한 구원을 바라보며 일시적인 심판을 선포한 자들이었다(렘29:11). 예언자들의 이러한 심중을 헤아릴 수 있다면, 설교자들은 예언서에서 이 시대의 청중을 향하여 구원을 위한 심판을 당당히 선포할 수 있을 것이다.

구속의 메시지

예언자들은 모세 언약의 정신과 말씀을 반영하면서 이스라엘이 언약에 다시 충성하도록 요구했다. 그리고 그들은 나아가 새로운 언약으

---

8) Willem VanGemeren, 「예언서 연구」 (서울: 도서출판 솔로몬, 2012), 615.
9) Bryan Chapell, 「그리스도 중심의 설교」, 김기제 역 (서울: 도서출판 은성, 1999), 53.

로서 그리스도의 구속을 증거했다. 이스라엘 백성에게 주어진 옛 언약에 충실함은 새 언약 속에서 그리스도에게 신실할 것에 대한 요구이면서 그리스도의 구속의 은혜와 깊이 연관된다.[10] 예언자들은 기본적으로 세 가지를 선포하였는데, 그들의 메시지는 그들이 예견했던 예수 그리스도의 메시지와 깊은 연관성을 가진다. 이에 대하여 스미스는 다음과 같이 설명한다.

예언자들의 첫 번째 메시지는 회개였다. 그들은 하나님의 백성이 그들의 죄에 대해 회개할 것을 촉구했다. 왜냐하면 그들이 하나님의 법을 어기고, 약속의 땅을 잃어버릴 위기에 처했기 때문이었다. 그런가 하면, 예수님의 주요 메시지 역시 하나님의 나라가 도래하였음과 그 나라에 임하기 위해 회개할 것에 대한 요청이었다. 예수 그리스도의 첫 메시지가 "회개하라 천국이 가까이 왔느니라"(마4:17) 였음은 이를 증명한다.[11]

예언자들의 두 번째 메시지는 심판이었다. 예수님은 하나님의 나라가 여기에 임했음과 함께 그 왕국의 심판이 오고 있다고 선포하셨다. 어떤 이에게 그 왕국은 생명을 주지만, 다른 이들에게는 심판과 멸망으로 다가온다. 예수님은 회개하지 않는 도시들을 향해 심판과 저주가 임할 것이라 예언하셨다(마11:20-24).[12]

셋째, 예언자들의 궁극적인 메시지는 소망이었다. 심판에 관한 그들의 예언적 선포는 백성들로 하여금 다가올 멸망을 피하게 하기 위함이었다. 그들은 심판을 선포하였지만 동시에 구원이 도래할 것을 암시하였다. 예수 그리스도는 인생에게 소망이 되신다. 예수님은 심판의 메시지와 함께 치유와 구속의 메시지를 가지고 오셨으며, 이방인들 일지라

---

10) Smith, 「본문이 이끄는 장르별 설교」, 291.
11) Ibid., 292.
12) Ibid., 293.

도 그 이름을 소망하게 될 것임을 증거하셨다(마12:15-21). 모든 성경이 그리스도에 관한 것이 분명한 것처럼, 예수 그리스도는 선지자로 이 땅에 오셔서 구원의 말씀을 증거하셨다(눅13:31-35).[13]

예언서의 문학적 특징

예언서의 메시지가 설교자들에게 주의 깊은 관찰을 요구하는 이유 가운데 하나는 예언자들의 메시지는 그들이 살았던 문화를 배경으로 하는 독특한 문학적 상황을 내포하고 있기 때문이다. 설교자가 예언서의 문학 양식을 신중히 고려하여야 할 이유와 목적은 단순히 본문의 문학적 특징을 소개한다던가 아니면 해당 양식을 흉내 내고자 함이 아니다. 중요한 것은 문학 장르적인 특성을 이해함으로 예언서에 담긴 정확한 메시지의 의미를 파악하는 것이다.

히브리 시와 평행법

히브리 내러티브가 거의 산문체인 반면 예언서는 문학적으로 대부분 시이다. 특히 예레미야서는 대부분이 시다. 그 외에 이사야, 아모스, 호세아 등도 많은 부분이 시로 기록되어 있다. 폰 라드(Von Rad)는, 예언서들은 약간의 예외가 있기는 하지만 대부분 시로 이루어져 있다고 말하면서, 예언자들은 마치 규칙을 따르듯이 특징적으로 리듬과 평행법 등을 사용하고 있다고 말했다.[14]

---

13) Ibid.
14) Von Gerhard Rad, *Old Testament Theology II,* trans., D. M. G. Stalker (New York:

예언자들의 메시지는 강하고 자극적이었다. 경고와 심판으로 얼룩진 거친 예언적 메시지가 시로 전달되었다는 것은 언뜻 부적절하게 보일 수 있다. 그러나 이러한 시적인 표현이 수신자들에게 자극을 주기에 충분하였음을 생각한다면, 예언자들이 그들이 문학적으로 시를 이용하여 그들의 메시지를 전하였음은 우연이라 할 수 없을 것이다. 오히려 시는 평행법과 함께 은유, 과정, 반복 같은 문학적 용법을 사용함으로써, 예언자들은 백성들에게 자신의 메시지를 보다 더 집중하게 하며 잘 기억하게 할 수 있었을 것이다. 히브리 시의 평행법의 특징을 설명하면서 스미스는 다음과 같이 말한다:

> 평행법은 시편과 성경의 다른 시적인 책의 히브리 시를 규정짓는 특징이다. 이런 식으로 생각해 보라. 즉, 시인은 하나의 생각을 먼저 제시한 다음 그에 대한 주석을 달아준다. 첫째 행은 무언가를 말하고, 둘째 행은 그에 대한 의견을 덧붙이는 것이다. 이것은 매우 이상한 문학적 수단인 것처럼 보이지만, 일단 그 방법을 잘 파악하면, 시편의 주요 문학적 장치를 이해하게 된다. 이 평행법 속에 의미가 담겨 있다...... 즉, 시편 기자는 평행법을 통해 어떤 생각을 보강하거나, 설명하며, 대조한다.[15]

설교자들이 추구하는 바가 예언자들의 전달 방식을 단순히 모방하

Harper & Row, 1965), 33. 예언서 가운데 산문으로 기록된 부분은 예언자 자신들이 주제가 되는 경우 즉, 그들의 전기나 자서전적 내러티브 혹은 역사적인 상황 묘사 등에 관한 영역이며 예언자들이 선포자로서 메시지를 전하는 경우 대부분은 시로 나타난다. 오바댜, 미가, 나훔, 하박국, 그리고 스가랴 등은 전체가 시이다. 즉, 내러티브가 산문이라면, 예언적 메시지는 시로 구성된 것이 일반적이다. Greidanus, *The Modern Preacher and the Ancient Text,* 240.

15) Smith, 「본문이 이끄는 장르별 설교」, 228-9.

고자 함이 아니라 그들의 메시지를 재생시킴으로 이 시대의 청중으로 하여금 그 메시지를 통해 하나님의 말씀을 듣게하는 것이 목적이라면 시의 구조가 본문의 뜻에 어떤 영향을 미치고 있는가를 파악하는 것이 필요하다. 반복과 평행법은 그 시가 드러내고자 하는 의미에 큰 영향을 미친다. 만일 시가 그 의미를 잘 드러내고 있다면, 운율, 리듬, 가사 등 모든 것은 그 기자가 전하고자 하는 내용을 강조한다. 설교자는 이러한 히브리 시의 구조를 이해함으로써 해당 예언자가 그의 핵심 주제를 어떻게 드러내고자 했는가를 파악하는 것은 매우 중요하다.

비유와 상징적 표현

평행법과 더불어 예언서 해석에서 고려해야 할 다른 요소는 비유(metaphor)와 상징적 표현이다. 예언서 문학 안에는 다양한 비유들이 내포되어 있다. 메타포는 색다르며 놀랄만한 차원의 새로운 방식으로 어떤 실체를 보여준다. 예를 들어, 호세아는 다양한 메타포를 사용하고 있는데, 야훼 하나님을 이스라엘의 남편, 연인, 약혼자, 아버지, 의사, 목자, 사냥꾼, 또는 사자, 곰, 이슬, 과실나무 등으로 묘사하였다.[16] 따라서 예언서에서 발견되는 시적 비유들을 문자적으로 해석하는 것은 옳지 않다. 버나드 램(Bernard Ramm)은 '비유적 문자'라는 용어를 들어 문자적 진술을 비유적으로 풀이하는 것도 문제이지만, 비유적인 말을 문자적으로 해석하는 것 역시 잘못된 것임을 강조한다.[17]

예언서는 또한 다른 문학 장르에 비해 상징적 표현이 많이 등장하는

---

16) Ibid., 252.
17) Bernard Ramm, *Protestant Biblical Interpretation*, 3rd ed. (Grand Rapids: Baker, 1970), 49.

특징을 가진다. 물론 예언서의 메시지가 대부분 문자적 의미가 아닌 상징적 의미를 가진다는 말은 아니다.[18] 오히려 전체적으로 본다면 예언서는 대체로 문자적 의미를 가지지만, 때로는 상징적으로 메시지가 표현되기 때문에 설교자의 주의가 요청된다.

예언서의 주해적 관점

구약 예언서를 본문으로 설교하고자 할 때, 설교자는 본문 주해를 위한 몇 가지 관점을 고려할 필요가 있다. 이것은 앞서 살펴보았던 예언자들의 메시지적 특성과 깊은연관성을 가진다.

역사적 정황 고려

예언자들은 특정 시대 특정 장소에서 특정 사람들에게 하나님이 주신 말씀을 전한 사람들이다. 대부분의 예언서들은 어느 시대, 어느 나라에서, 어떤 예언자에게 주신 말씀이라는 표제를 달고 나온다. 따라서 각각의 예언자들이 활동한 역사적 시기와 상황을 고려하지 않는다면 그들이 전한 메시지의 본래의 뜻은 제대로 드러나지 않을 것이다.[19] 스미스는 다음과 같이 말했다:

> 하나님의 계시는 그 말씀을 받았던 예언자에게 당시대적인 것이었

---

18) 장두만, 「예언서 주해 원리」 (서울: 요단출판사, 1992), 32.
19) 차준희, 「최근 한국 교회의 예언서 설교」, 95.

다. 그것은 당시 백성들의 필요와 연관하여 그들이 살았던 상황 가운데 그들의 언어와 사고방식 체계를 통하여 전달되었다. 이점이 주어진 메시지를 그것이 전달되었던 역사적 정황의 배경을 고려하는 것이 반드시 필요한 이유를 제공한다. 어떤 예언의 메시지이든 그것이 가지는 원래적 상황을 연구함으로써 설교자는 정확하게 해석을 내리고 현대 청중의 상황 가운데 적절한 적용점을 제시할 수 있게 된다.[20]

그러므로 예언서를 설교하기 원하는 설교자는 당시 백성들의 허물과 죄악은 어떤 상황 가운데 구체적으로 무엇이었으며, 거기에 대한 하나님의 말씀은 어떤 반응과 행동을 요청하였는지, 그리고 백성들은 어떻게 반응함으로써 어떤 결과를 초래하였는지 등을 파악하고 그 안에서 본문의 말씀이 주는 현재적 메시지를 발견할 필요가 있다. 이의 중요성에 대하여 존 브라이트(John Bright)는 다음과 같이 말한다: "모든 성경적인 설교는 본문의 문법적이고 역사적인 주해와 그것에 수반되는 모든 것과 함께 시작되어야 한다....... 그것이 오늘의 청중에게 어떤 메시지를 전하든지 그것은 정당하게 본문의 원래적 의미에서 나와야 하고 원래의 의미에 충실해야 하는 이유가 된다."[21]

성경 주해의 일반적인 관점 가운데 하나로서, 본문을 기록한 인간 저자의 심정과 정서를 고려하는 것이 필요하듯이, 예언자들의 개인적인 성향을 파악하는 것 또한 그들의 메시지 이해에 도움을 준다. 켄트는 이것을 예언자의 인간적 흔적(imprint)이라고 말했다.[22] 설교자는 예언

---

20) Smith, 「본문이 이끄는 장르별 설교」, 255.

21) John Bright, "An Exercise in Hermeneutics," *Int* 20 (1966), 189, Sidney Greidanus, 「구약의 그리스도, 어떻게 설교할 것인가: 하나의 현대적 해석학 방법론」, 김진섭 외 역 (서울: 이레서원, 2002), 336에서 재인용.

22) Dan G. Kent, "Preaching the Prophets," George Klein ed. *Proclaiming the*

서의 역사성 안에 살아있는 예언자의 인간적 흔적, 곧 그들이 남긴 글에 나타난 그 자신만의 언어와 개인적 성향을 살펴봄으로써 그 메시지의 원래적 의미에 다가갈 수 있을 것이다.

현재적 메시지

예언자들은 주님의 뜻을 드러내기 위해 일차적으로 거기에서 당대의 백성들에게 말씀을 증거했다. 예를 들어 하나님께서는 에스겔에게: "인자야 내가 너를 이스라엘 족속의 파수꾼으로 세웠으니 너는 내 입의 말을 듣고 나를 대신하여 그들을 깨우치라"(겔3:17)고 명하셨다. 당시의 상황에서 말씀을 전하는 예언자들은 하나님의 말씀을 백성들에게 상기시키는 역할을 하였다. 그렇다면 그들은 단순히 앞의 일을 말하는 예언자(foreteller)라기보다는 현재를 포함하여 이후의 일을 말하는 사람들(forth-teller) 이었다.[23]

예언서의 전체 내용 가운데 실제로 미래적 예언으로 구분되는 범위는 제한적이다. 구체적으로 구약의 예언 중 2% 이하만이 메시아 예언이며, 5% 이하만이 새 계약시대의 거래와 상관되고, 앞날에 일어날 일의 예고는 1%가 안 된다.[24] 그렇다고 한다면, 예언서의 8%가량만이 예수 그리스도로부터 현재까지 관계된 내용이며 92%에 해당하는 대부분 예언자들의 메시지는 이스라엘 민족의 당시적(즉시적) 이거나 임박한 상황에 관계하여 선포된 것이었음을 알 수 있다.

Prophetic Mantle: Preaching The Old Testament Faithfully (Nashville: Broadman, 1992), 97-8.

23) Greidanus, *The Modern Preacher and the Ancient Text*, 230.

24) Gordon Fee and Douglas Stuart, *How to Read the Bible For All Its Worth,* 3rd. ed. (Grand Rapids: Zondervan, 2003), 182.

본문에서 설교까지 목사님 성경을 설교해 주세요!

예언자들은 장차 일어날 일들에 관하여 말했지만, 백성들의 현재적 반응으로서 즉시적으로 하나님께 돌아설 것을 요청하였고 현재적 관점에서 그들을 권면하고 지도하였다.[25] 만일 이 시대의 설교자들이 예언자의 메시지를 당시 수신자들의 시각으로 이해하지 못한다면 그 안에 내포되어 있는 하나님의 말씀을 듣는 데 실패하게 될 것이다. 예언자의 메시지가 심판에 관한 것이었던지 아니면 구원에 관한 것이었든지에 관계없이 당시 백성들의 현재적 결단을 촉구하였듯이, 설교자들의 과제는 현대 청중의 즉시적인 행동 변화를 이끌어내는 것이 되어야 한다.

목적을 가진 메시지

하나님의 심판에 관한 예언적 메시지의 정확한 해석과 이해를 추구하는 설교자는 메시지의 내용과 그 목적을 구별시킴으로써 혼선을 피할 수 있다. 예언자들의 메시지는 빈번히 그 내용과 목적에서 차이점을 보이는 경우가 있다. 예를 들어, 하나님의 심판을 예고하는 메시지는 절박한 파멸을 말하고 있지만, 그 목적은 이스라엘로 하여금 회개하게 함으로써 메시지의 내용, 곧 심판을 피하게 하는 것이기 때문이다(겔 18:23). 본질적으로 사랑이신 하나님이 심판을 예고하시는 목적은 그의 백성으로 하여금 다시금 그에게 돌아오게 하는 것이다.[26]

예언자들의 메시지가 백성들을 위협하는 것은 그들을 죄로부터 돌이키게 하는 것이 목적이 아니라 장차 임할 심판을 선포하는 것이었으며 그 메시지는 다시 번복될 수 있는 것이 아니라 최종적인 것이었다고 주장하는 학자들도 있다.[27] 그러나, 그레이다누스는 예언자들의 메

25) Greidanus, *The Modern Preacher and the Ancient Text*, 232.
26) Ibid., 235.
27) Donald E. Gowan, *Reclaiming the Old Testament for the Christian* Pulpit (Atlanta:

시지가 최종적이며 개선의 여지가 보장되지 않는 일방적 선언이었다고 한다면, 왜 하나님은 구태여 그들을 백성들에게 보냈으며, 그들은 왜 고난과 핍박을 감수하며 그 메시지를 전하였는가에 대하여 의문을 던진다. 특히 예레미야나 아모스의 메시지는 백성들의 즉각적인 회개를 통하여 하나님의 구원이 임할 것을 기대하는 것임을 보여주고 있음을(렘7:5-7; 암5:1-17) 강조하였다. 따라서, 비록 예언자들의 메시지가 꼭 그것을 언급하고 있지 않아도, 그들의 메시지는 백성들이 죄악에서 돌이킨다면 하나님의 심판은 임하지 않을 것을 내포하고 있다고 역설하였다.[28]

그렇다고 한다면, 예언자들의 메시는 다분히 조건적이었지 운명적인 것은 아니었다. 이와 같은 예언자들의 메시지 성격을 설명하면서 아브라함 헤스첼(Abraham Heschel)은 이렇게 말했다: "전능하시며 모든 지혜에 뛰어나신 하나님은 자신이 선포하신 말씀을 바꾸실 수 있다. 사람은 하나님의 의도를 수정할 수 있는 힘을 가지고 있다."[29] 만일 예언자들의 메시지가 운명적으로 피할 수 없는 심판을 예고하는 것이었다

John Knox, 1980), 125.

28) H. L. Ellison, "Jonah" in *The Expositor's Bible Commentary* (Grand Rapids: Zondervan, 1985), 385; Greidanus, The Modern Preacher and the Ancient Text, 232-3. 예언자들의 메시지는 조건적이었음을 언급하면서, 켄트는 요나의 니느웨 성에 대한 예언을 예로 들었다. "사십일이 지나면 니느웨가 무너지리라"는 요나의 예언은 니느웨 왕과 백성들이 전적으로 그들의 죄를 회개함으로써 이루어지지 않았기 때문이다. 요나의 메시지는 어떤 조건을 제시하지 않았지만, 그의 메시지 안에는 그들이 회개하면 멸망을 피할 수 있다고 하는 조건이 포함되어 있었다. Kent, "Preaching the Prophets," 99. 예레미야 18:7-10의 말씀 역시 예언자를 통하여 선포된 하나님의 말씀은 조건적임을 보여 준다: "내가 어느 민족이나 국가를 뽑거나 부수거나 멸하려 할 때에 만일 내가 말한 그 민족이 그의 악에서 돌이키면 내가 그에게 내리기로 생각하였던 재앙에 대하여 뜻을 돌이키겠고 내가 어느 민족이나 국가를 건설하거나 심으려 할 때에 만일 그들이 나 보기에 악한 것을 행하여 내 목소리를 청종하지 아니하면 내가 그에게 유익하게 하리라고 한 복에 대하여 뜻을 돌이키리라."

29) Abraham Heschel, *The Prophets,* vol. 2 (New York: Harper & Row, 1975), 66.

본문에서 설교까지 목사님 성경을 설교해 주세요!

고 한다면 그들의 메시지는 오늘의 청중에게 공허하게 다가올 수밖에 없을 것이다.

그러므로 예언서 설교에서, 설교자는 본문 안에서 선지자가 의도했던 목적이 오늘날 그리스도인들에게 어떤 의미를 지니는지를 제시함으로써 그것이 현재적 메시지가 되게 하여야 한다. 곧, 그 말씀의 의미가 우주적 진리로서, 이 시대에 다시금 계시(re-revelation)하시는 하나님의 말씀임을 선포하는 것이다.

신학적 해석

예언서를 본문으로 도덕성이나 윤리적 행위 등을 강조하는 형태의 설교는 예언서를 표면적으로 다루는 것이다. 아론 찰머스(Aaron Chalmers)는 이런 설교는 두 가지 문제점을 가진다고 지적하였다. 첫째, 변화시키는 힘의 부족이다. 그는 오늘날의 청중은 지식에서 부족함이 없을 뿐만 아니라 그리스도인으로서 그들이 무엇을 해야 하며 무엇을 하지 말아야 할 것인지에 대한 충분한 지식을 이미 가지고 있기 때문에 단순히 도덕이나 윤리를 강조하는 메시지는 그들을 변화시키기에 충분하지 못하다고 말한다. 이어 그는, 보다 중요한 것은 왜 그러한 행위가 그들에게 필요한지를 자극시키는 새로운 시각이라고 강조하였다.

둘째로, 그는 예언서에서 발견되는 도덕적인 이슈가 이차적인 것임에도 불구하고 우선적으로 고려해야 할 신학적인 관점을 대체하는 것을 지적한다. 예언자들의 일차적인 메시지는 하나님의 말씀과 그의 백성들을 향하신 뜻을 증거하는 것이었다. 예언자들은 하나님의 품성과 행하심 등에 언제나 집중하면서 주어진 시대와 주어진 상황 가운데 있는 백성들의 과거, 현재, 그리고 미래의 삶에 도전하고 촉구하는 역할을 수행 했다. 따라서 이러한 예언서의 계시적 관점을 설교자는 주목할 필요가 있다.[30]

따라서 예언서를 설교하기 원하는 설교자는 본문에 대한 신학적 관찰 및 해석에 주의를 기울여야 한다. 예언서에서 직접적인 도덕적 적용을 꾀하는 것은 신학적인 측면을 간과하는 위험성이 있으나, 이 말은 예언서가 도덕이나 윤리인 조명을 도외시 하고 있다는 것을 의미하는 것은 아니다. 왜냐하면, 찰머스의 말과 같이, 도덕은 신학으로부터 분리되지 않으며 예언서의 신학은 상황적 신학이기 때문이다.[31]

신학적 해석은 설교자로 하여금 성경에 대한 가장 우선적인 관점을 하나님의 말씀과 그분의 뜻, 그리고 그분의 행동하심에 고정시키도록 돕는다. 예언서 문학에서 하나님 중심(theocentric) 사고는 명백한 것이기 때문에 이에서 벗어나는 것은 오히려 부자연스럽다. 그럼에도 불구하고, 목회적 상황이나 청중의 체감적 필요에 밀착되는 경우 설교자는 종종 이런 측면을 무시하게 되는 경우가 있다.[32] 따라서 예언서를 설교하는 설교자에게 예언자가 선포한 메시지의 중심이 하나님의 뜻과 행동을 어떻게 조명하고 있으며 궁극적으로 하나님은 역사 가운데 인간 구속과 그분의 왕국을 세우시기 위해 무엇을 계시하셨는지를 파악하는 것은 매우 중요하다.

예언서의 신학적 해석에서 설교자가 주의해야 할 또 다른 측면은, 하나님 중심에서 벗어나 예언자의 인물됨이나 성격 나아가 그의 신앙과

---

30) Aaron Chalmers, *Interpreting the Prophets* (Downers Grove, IL: InterVarsity Press, 2015), 150.
31) Ibid.
32) Smith, 「본문이 이끄는 장르별 설교」, 256.

본문에서 **설교까지** 목사님 성경을 설교해 주세요!

경험 등에 무게를 두는 문제이다. 혹, 역사적 내러티브를 근거로 인물 설교를 하는 경우라면 예외가 될 수 있겠으나, 예언적 메시지를 본문으로 하는 경우 그 안에 드러난 하나님의 뜻과 행동, 나아가 궁극적 계시를 벗어나 예언자의 인간 됨에 집중하는 것은 위험하다. 예언자들은 하나님의 말씀을 계시하는 역할, 즉 말씀의 전령자로서의 공적인 임무를 수행한다. 예레미야가 선포한 예언의 말씀을 설교하면서, 그의 눈물과 고난으로 그 중심이 이동한다거나, 호세아의 경우 그의 불행한 결혼생활에 집중하는 것은 예언자들의 의도와 목적을 벗어나는 결과를 가져온다.[33] 그들이 반복적으로, "여호와께서 말씀하시기를," 혹은 "여호와께서 이같이 말씀하시되"[34] 라고 말하는 것을 기억할 필요가 있다.

예언서에 대한 신학적 시각은 자연히 예수 그리스도의 출현과 그의 구속 사역과 깊이 연관된다. 구약 예언의 메시지가 신약의 상황 안에 나타나는 경우는 대부분 예수 그리스도 안에서 성취되는 것을 보여준다. 그레이다누스에 의하면, 신약성경에 나타나는 예수의 인성과 활동들은 구약 예언의 성취이다. 베드로는, 예언자들을 일깨워 준 것은 그리스도의 영 자신이었다고 기록하였다: "자기 속에 계신 그리스도의 영이 그 받으실 고난과 후에 받으실 영광을 미리 증언하여 누구를 또는 어떠한 때를 지시하시는지 상고하니라"(벧전1:11).[35]

메시아적(messianic) 예언들은 그리스도 안에서 성취됨을 보여준다. 모든 구약의 예언이 그리스도에 관한 것은 아니지만 대부분의 예언들

---

33) Ibid.
34) 이와 같은 표현은 예언서에서 350번 이상 나타난다. Bill Arnold and Bryan Beyer, 『예언서개론』, 류군상 · 성주진 역 (서울: 크리스찬출판사, 2011), 86.
35) Smith, 『본문이 이끄는 장르별 설교』, 257.

은 명백히 메시아에 관한 것 또는 그와 연관된 것이다. 이는 성경 전체가 예수 그리스도에 대하여 증거한 것이 분명한 만큼 사실이다. 부활 이후 엠마오로 내려가던 두 제자에게 하셨던 주님의 말씀은 이를 뒷받침해 준다: "이에 모세와 모든 선지자의 글로 시작하여 모든 성경에 쓴 바 자기에 관한 것을 자세히 설명 하시니라." 또한 예수의 탄생에 대하여 마태는 이사야 7:14의 말씀이 성취되었다고 선언했다. 예수가 태어나실 장소에 대하여 마태는 미가 5:2에 예언된 유대 베들레헴에서 그 예언이 성취되었다고 밝혔다. 또한 이사야에 나오는 종에 관한 예언들 역시도 예수 그리스도의 탄생, 생애, 죽음과 부활 등과 직접적으로 연관된다. 이처럼 성경은 메시아에 관한 예언들이 예수 안에서 성취되었음을 보여주기 때문에 현대설교는 이런 측면을 반드시 고려하여야 한다.

예언서 설교 실제

예언서의 문학적 특성을 비롯하여 주해적 관점 등을 앞서 살펴본 이유는 어떻게 예언서를 성경적으로 설교할 수 있느냐에 목적을 두었기 때문이다. 구약의 예언자가 하나님으로부터 계시받은 말씀을 당시 백성들에게 증거 한 것처럼, 이 시대의 설교자는 과거에 선포된 말씀을 지금 여기서, 현대 청중에게 증거하는 것이다.

성경적인 설교를 위하여, 본문에서 발견한 하나님의 말씀을 마땅히 같은 문학 장르 형식을 따라 설교하여야 한다고 생각하는 설교자가 있을 수 있다. 즉, 본문이 이야기라고 한다면 이야기 방식으로 설교하고, 본문이 시문학에 속한다면 그의 설교 또한 시적으로 설교하는 것을 말한다. 그러나 설교자에게 주어진 설교적 과제는 본문의 복제품을 만들어 내는 것이 아니라 본문이 가지고 있는 원래적 의미 (original meaning)를 잃지 않고 현대 청중의 상황 가운데 적용점과 함께 전하는 것이다. 물론, 본문의 문학 형식이 현대 설교자에게 설교 구성을 위한 하나의 모델이 되기에 전혀 부족함이 없지만, 다른 시대와 다른 상황 속에서 특정한 청중에게 메시지를 들고 나아가는 설교자는 과거에 묶이기보다는 동시대적 상황을 고려한 설교방식을 선택하는 것이 필요하다.[36]

설교 작성에 따르는 일반적인 절차와 원리는 어느 경우에나 크게 다르지 않다. 다만, 앞서 살펴본 바와 같이, 예언서 본문이 가지는 문학적 특성과 주해적 관점 등은 설교자로 하여금 보다 주의하여 예언서 설교에 임하도록 도움을 줄 것이다. 다음은 예언서 본문 설교를 위한 신학적 해석과 설교 구성의 예 들이다.

예언서 본문의 신학적 해석(배경 이해)의 예-호세아 1:1-8

호세아서를 설교할 때, 가장 중요한 관점은 호세아 선지자가 하나님이 이스라엘 백성과 맺은 언약의 컨텍스트 안에서 말하고 있다는 사실이다. 그 언약의 컨텍스트 안에서 이스라엘에 대한 하나님의 관계는 아버지 또는 남편의 관계로서 깊은 애정의 관계임을 보여준다. 다음은 엘리자베스 악트마이어(Elizabeth Achtemeier)가 시도한 호세아 1:1-8에 대한 신학적 주해의 한 부분이다.

이스라엘 백성을 이집트에서부터 구출했을 때, 하나님은 이스라엘을 새롭게 창조하셨다. 하나님은 그들을 구속하여 한 민족이 되게 하

---

36) Thomas G. Long, *Preaching and the Literary Forms of the Bible* (Philadelphia: Fortress, 1989), 33-4.

였다. 동시에, 하나님은 이스라엘을 사랑하는 아들로 양자 삼으셨다(호 11:1; 출4:22-23; 렘31:9 등). 무엇보다도 호세아에서 가장 두드러진 점은 하나님이 이스라엘의 남편이라는 사상이다. 하나님은 그들이 광야에서 방황할 때, 그들에게 구애하였고(호2:14-15), 그들과 결혼하였고(2:16; 2:2), 그들의 필요를 공급하였으며, 온 마음으로 그들을 소중히 여기고 사랑하였다(호11:8; 사54:5-6; 렘31:32). 그러나 그들이 하나님을 향하여 등을 돌리고 하나님의 사랑을 저버리고 바알을 좇음으로 영적 간음을 행하였을 때, 하나님은 그들과의 언약을 파기하고 그들은 더 이상 하나님의 백성이 아님을 선언하였다(1:9). 하나님은 이 메시지를 전하기 위해 극적인 방법을 택하셨는데, 호세아가 고멜로부터 낳은 셋째 자녀의 이름을 "로암미"라 칭하게 한 것이다. 그 이름의 뜻은 "너희는 내 백성이 아니다"로서 하나님은 더 이상 이스라엘 백성의 하나님이 되지 아니할 것이라는 메시지를 전하였던 것이다.

호세아는 이스라엘 백성 앞에서 그들이 앗시리아로부터 멸망당 할 것을 선포하였으나 이 역시도 조건적이었다. 호세아는 또한 이스라엘 민족이 멸망으로부터 구원받기 위해서는 어떤 일이 일어나야 하는지에 대하여 전하였다. 만일 이스라엘이 그들의 길을 돌이킨다면, 오직 하나님만이 그 관계를 수정할 수 있다. 그리고 만일 이스라엘이 멸망으로부터 구원받을 수 있다면, 오직 하나님께서 만이 그 구원을 성취하실 수 있다.[37]

---

37) Elizabeth Achtemeier, *Preaching from the Minor Prophets* (Grand Rapids: Eerdmans, 1998), 7. 악트마이어는 호세아 1:1-8의 신학적 해석을 전제로 하나의 설교 개요를 제시하였다: 1) 즉시적인 순종; 2) 하나님의 충격적인 명령; 3) 하나님은 우리를 거부하실 것인가?; 4) 하나님이 부재 상황일 때.

본문에서 설교까지 목사님 성경을 설교해 주세요!

설교 구성의 실례[38)]

〈실례 1, 이사야 6:1-8〉

설교 개요

본문은 이사야가 하나님을 개인적으로 만났던 사건을 들어, 사람이 하나님을 만날 때 나타나는 현상을 변화에 초점을 맞추어 전개하였다. 하나님을 진정으로 예배할 때, 어떤 일이 일어나며, 어떤 일이 반드시 일어나야 하는지를 보여준다.

설교 주제: 사람이 주님을 만날 때 어떤 일이 일어나는가?

I. 주님은 그분을 만나는 사람에게 확신을 주신다(6:5)

　개인적 죄성을 확신하게 한다(5a)

　사람들의 죄성을 확신하게 한다(5b)

II. 주님은 주님을 만나는 사람을 깨끗게 하신다(6:6-7)

　부정한 상태(죄악) 제거

　죄악된 행위는 속함 받음

III. 주님은 그를 만난 사람에게 임무를 맡기신다(6:8a)

　주님의 메시지를 들을 수 있는 새로운 능력

---

38) 해밀턴은, 예언서는 문학적으로 매우 다양함을 내포하기 때문에 합리적이라면 어떤 설교 방법이든지 다양하게 활용할 수 있음을 전제하면서 무작위적인 본문 선택이나 연속 씨리즈 형태의 설교에 있어 설교자는 본문의 문학 형식에 따라 다양한 설교 방법론을 시도할 수 있다고 말한다. 그는 예언서 설교를 위한 방법론으로서, 키워드(Keyword) 방식, 분석적(Analytical) 방식, 본문(Textual) 방식, 문제해결(Problem-solving) 방식, 비교(Comparative) 방식, 삼단논법(Syllogistic) 방식, 귀납적(Inductive) 방식, 그리고 내러티브(Narrative) 방식 등을 소개하였다. Donald Hamilton, *Homiletical Handbook* (Nashville: Broadman, 1992).

사명에 대한 새로운 비전

IV. 주님을 만난 사람은 헌신을 다짐한다(6:8b)
즉시적인 응답
자발적인 응답[39]

〈본문 해석과 설교 착안 사항〉

이 메시지에 대해서는 여러 설명과 견해를 고려할 필요가 있다. 아마도 설교자는 성전의 설계, 혹은 배치도와 번제 제단에 대한 이해가 필요할 것이다. 물론 스랍이 무엇인지 파악해야 한다. 그리고 설교자는 웃시야 왕의 존재와 그의 죽음이 왜 중요한지에 대한 역사적 배경을 알아야 할 필요가 있다.

성전에 충만히 임한 하나님을 스랍들이 찬양하는 장면을 목격한 이사야는 가장 먼저 자신의 죄에 대하여 자각하였으나 주께서 그것을 온전히 사하여 주셨다. 그리고 죄로부터 사함 받았음을 승인받았을 때 이사야가 그랬듯이, 죄인 된 사람이 주님을 만나 죄 사함을 받을 때, 하나님 앞에 온전히 설 수 있으며 그에게 주어진 사명(영적 과제)에 임할 수 있음을 깨닫는다.

본문은 또한 주님으로부터 오는 비전은 철저한 헌신을 통해서 이루어짐을 보여준다. 주님을 만나 죄악을 사함 받고 정결해진 이사야가 일꾼을 부르시는 주님의 말씀 앞에 즉각적으로 응답한 것은 주님으로부터 죄 사람의 은혜를 입은 성도가 자신을 자발적으로 드려 주님께 헌신하는 모습을 보여준다.[40]

---

39) Kent, "Preaching the Prophets," 100.
40) Ibid., 100-1.

〈실례 2, 이사야 6:1-13〉

설교 개요

본문은 이사야가 하나님을 개인적으로 만났던 사건을 들어 하나님께 부름을 받은 이사야의 사명은 남왕국 유다의 심판 이후 다시금 소망과 구원을 약속하시는 하나님의 뜻을 선포하는 것이었음을 보여준다. 흥미로운 것은 앞서 예시했던 본문 이사야 6:1-8과 비교하여 이 설교는 같은 본문을 13절까지 확대하여 설교 구성안을 보여주고 있다는 점이다. 본문 8절은 이사야가 하나님의 부르심에 응답하는 장면을 보여주고 있는데, 문맥상 그 부르심의 목적까지 살펴보려면, 이사야서 6장 전체, 즉 13절까지 확대해서 보아야 한다. 본문 9절부터 13절, 특히 13절은 이사야의 부르심의 목적을 구체적으로 조명함으로써 심판 이후 남은 자들을 중심으로 하나님은 이스라엘을 세우신다는 당신의 언약을 신실히 지키면서 동시에 새 언약으로서 그리스도를 통한 구속의 은혜를 보여준다.

설교 주제: 하나님의 부르심과 말씀 증거의 사명

I. 하나님으로부터 부르심을 받음
- 위기적 상황에서 부름을 받음
    웃시야 왕이 죽던 해-국가적 위기
    위기의 때에 하나님의 역사적 개입(자신의 죄를 깨달음)
    하나님의 영광을 목도함
    자신의 죄를 깨닫고 두려워함
- 하나님의 의로우신 은혜로 정하다 인정을 받음

II. 말씀 선포의 사명을 받음
  - 시대적 위기 상황에서(이사야의 시대와 마찬가지로) 부름을 받음:
    전폭적으로 자신을 주 앞에 드림
    내가 여기 있나이다
    나를 보내소서
  - 구체적으로 전해야 할 메시지를 부여 받음
    죄에 대한 심판
    구원의 메시지[41]

〈본문 해석과 설교 착안 사항〉

이 설교 개요는 심판과 멸망 이후 새롭게 언약을 성취해 나가시는 하나님의 계획을 그리스도 중심적으로 해석하는 실례를 보여준다. 남왕국 유다는 하나님을 거역하고 그 죄악으로 말미암아 나라는 멸망하고 백성들은 포로로 잡혀가는 등 심판을 받았으나, 예언자를 통하여 다시금 구원의 기쁜 소식을 접했다. 본문은 지금도 죄악 가운데 있는 모든 사람이 예수 그리스도의 구속의 은혜로 장차 임할 심판과 멸망으로부터 구원 받을 수 있음을 증거한다.

앞서 논한 바와 같이, 예언서 본문에 대한 신학적 해석은 예언자가 선포한 메시지의 중심이 하나님의 뜻과 행동을 어떻게 조명하고 있으며, 궁극적으로 하나님은 역사 가운데 인간 구속과 그분의 왕국을 세우시기 위해 무엇을 계시하셨는지를 파악하는 것이다. 위 설교 개요에서, 설교자는 이사야가 하나님을 대면했을 때, 자신이 죄 가운데 있음을 자

---

41) 문상기, 「케리그마와 현대설교」(대전: 침례신학대학교 출판부, 2006), 383-4.

각했던 것처럼, 모든 사람은 하나님 앞에서 죄인임을 보여준다. 그리고 뜨겁게 핀 숯을 이용하여 이사야의 죄를 용서하시는 하나님은 예수 그리스도의 십자가 보혈을 통하여 죄 가운데 있는 모든 사람을 구원하신다는 것을 보여준다. 그리고 이사야를 부르셔서 희망과 구원의 메시지를 전하게 하신 것은, 이 시대의 말씀 증거자로 부름을 받은 설교자에게 예수 그리스도 구속의 메시지를 전하여야 할 중대한 사명이 부여되었음을 말하고 있다.

이 설교 계획안은 헤밀톤이 분류한 방식에 의하면 분석적 방법이다. 분석적 방법은 키워드 방식과 유사한 면을 가지는데 주로 본문의 중심 사상을 찾아 주제를 설정하는 강해 설교에 적합하다.

〈실례 3, 예레미야 18:1-11〉

설교 개요

본문은 매우 친숙한 내용이면서 동시에 깊고 복잡한 내용을 담고 있다. 그러나 설교 개요는 비교적 단순하다.

설교 주제: 주님은 어떤 분이신가?

I. 주님은 완전한 주권자이시다(1-3, 6)

II. 주님은 때때로 실망하신다(4, 7-10)

III. 주님은 언제나 자유하신다(4, 7-11)

IV. 주님은 언제나 인내하신다(4, 11)[42]

---

42) Kent, "Preaching the Prophets," 102.

〈본문 해석과 설교 착안 사항〉

이 본문 해석을 위한 역사적 배경 연구는 비교적 큰 비중을 차지하지 않는다. 따라서 보편적인 범위 내에서 본문의 내용을 살펴볼 필요가 있다. 유다는 죄 가운데 있었고 하나님께로 돌이키지 않으면 머지않아 주님의 심판에 직면할 수밖에 없는 처지였다. 예레미야는 하나님의 말씀대로 토기장이의 집에 이르렀고 하나님은 어떤 분이신지에 대하여 보여주셨다.

먼저 본문에서 하나님은 토기장이요 우리는 그의 손에 있는 진흙임을 말씀하고 계신다. 평범한 내용이지만 명백한 내용을 담고 있다. 이 말씀은 또한 하나님에 대한 다른 면모를 보여주고 있는데, 주님은 때로 실망하기도 하신다는 점이다(4, 7-10). 주님은 완전한 주권자이시지만 모든 일이 언제나 그분의 뜻대로 이루어지는 것은 아니다. 당시 백성들에게 일어난 일은 하나님 자신이 원하시는 일은 아니었지만 현실적으로 벌어졌고 이것은 세상의 죄악으로 인하여 그분의 백성들 가운데 발생한 일이었다.

4절에 의하면, 진흙으로 만든 그릇이 토기장이의 손에서 터지는 모습에서 하나님은 때때로 자기 백성들의 일과 연관하여 자신이 원하는 대로 되지 않는 것에 대하여 실망하심을 보여준다. 동시에 하나님은 얼마든지 자유로우신 분이심을 보여준다. 토기장이는 그릇이 자신이 원하는 대로 나오지 않으면 얼마든지 다른 모양의 그릇을 만들듯이 하나님은 자유롭게 주권을 행하심을 보여주는 것이다.

이스라엘 백성이 하나님의 뜻을 계속하여 어기면 하나님은 얼마든지 다른 방식으로 그들을 다스리실 수가 있다. 이에 대하여 4절과 7-11절 사이에서 말씀하고 계신다. 여기에서도 예언자들의 메시지는

본문에서 설교까지 목사님 성경을 설교해 주세요!

언제나 조건적임을 보여준다. 진흙이 토기장이의 손에 있듯이 이스라엘 백성들은 하나님의 손에 잡혀 있다는 것은(7-8), 백성들이 죄악에서 돌이키면 하나님은 그 마음과 뜻을 얼마든지 돌이킬 수 있으심을 보여준다(9-10).

본문에서 가장 중요한 메시지는 주님께서는 언제나 인내하신다는 사실이다(4, 11). 자기 손에서 깨진 그릇을 토기장이는 버리지 않고 그것으로 또 다른 유용한 그릇을 만들 듯이 하나님은 죄악된 백성을 버리지 않으시고 다시금 그분의 뜻을 행하여 나가신다. 주님은 은혜의 하나님이시다. 하나님은 우리를 포기하지 않으신다. 이것이 결국은 복음이다. 포기하지 않으시는 하나님의 사랑, 인내하고 기다리시며 용서하고 구원을 베풀어 주기를 원하시는 하나님의 사랑의 속성을 설교자는 신학적으로 바라볼 필요가 있다.[43)]

정리

설교는 그때(then) 성령으로 영감된 하나님의 말씀을 지금(now) 성령의 인도하심으로 열어젖혀 이 시대의 백성들로 하여금 하나님의 살아계신 말씀을 듣게 하는 것이다. 존 스토트(John Stott)는 이것을, 그때와 지금의 간격에 다리를 놓는 것이라고 말했다.[44)] 설교자는 하늘과 땅, 하나님과 세상이라는 '두 세계 사이'에 서 있으면서 두 세계를 이어주는 중보자의 역할을 수행한다. 따라서 설교자는 두 방향으로 눈이 열려

---

43) Kent, "Preaching the Prophets," 103.
44) John R. W. Stott, *Between Two Worlds: The Art of Preaching in the Twentieth Century* (Grand Rapids: Eerdmans, 1982), 164.

있어야 한다. '하나님의 말씀을 이해하는 눈'과 '현재의 상황을 꿰뚫어 보는 눈'이다.[45]

설교자에게 필요한 이 두 가지 시각은 'What'와 'How'로 표현된다. 'What'이 설교의 내용으로서 신학적인 측면을 말한다면, 'How'는 전달에 입각한 설교 방법론을 의미한다. 설교는 본질상 구두적 선포이며 동시에 커뮤니케이션이다. 마땅히 청중에게 잘 전달이 되어야 한다. 현대설교가 전달에 높은 관심을 두고 다양한 방법론을 연구하여 내놓는 것은 전혀 잘못된 일이 아니다. 그러나 설교의 전달이 그 내용에 앞설 수는 없다. 아무리 파격적인 방법론이 있다 하더라도 말씀의 진정성을 넘어설 수는 없는 것이다. 다시 말해서 'What'는 'How'보다 우선한다. 설교자는 본문의 표면이 아니라 그 내부 깊숙한 곳까지 파고들어 본문 안에 숨겨있는 세미한 하나님의 음성을 들을 수 있어야 한다. 그리고 그 말씀을 진술하고 충실하게 전하는 것이 그의 과제이다.

설교자는 강단의 사유화 위험과 유혹에서 벗어나기 위해 구약의 예언자들이 자신을 하나님 말씀의 전령이라 의식하고, "여호와께서 이와 같이 말씀하시니라"고 외쳤던 사실을 깊이 유념할 필요가 있다. 오늘날 기독교회 강단은 하나님 말씀의 진정성을 흐리고 화려한 방법론이나 실용주의적 욕심을 앞세움으로써 오히려 무력함을 드러내고 있다. 이는 한국교회와 설교자들이 보다 깊은 말씀의 묵상과 견고한 성서 해석이 절실히 필요함을 명백히 반증하고 있다.

예언자들의 메시지는 그들이 하나님의 말씀을 전하였기 때문에 신적 권위를 인정받을 수 있었다. 한국교회 강단은 그 어느 때보다도 진실한 하나님의 말씀이 필요하다. 필자는, 공의를 마르지 않는 강 같이

---

45) 차준희, 「최근 한국교회의 예언서 설교」, 92.

본문에서 설교까지 목사님 성경을 설교해 주세요!

흐르게 하라고 외쳤던 예언자의 심정으로 강단에서 하나님의 말씀을 강같이 폭포수와 같이 넘치게 하라고 외치고 싶은 심정이다. 지금은, 한국교회 설교자들이, 강단에 오르기 전에 자신의 생각이나 입장, 자신의 필요와 목적을 내려놓고 오직 밀실에서 들은 하나님의 말씀을 대언하겠다는 예언자적인 헌신을 하나님 앞에 드려야 할 때이다.

IV. ─────── 시가서의 문학적 특성과 설교 실제

앞서 반복하여 강조하였듯이 성경적 설교를 위하여 성경의 문학 장르 특성에 따른 본문 해석은 매우 중요한 영역이다. 이번 장에서 다루고자 하는 구약 시편의 내용은 인간이 하나님께 드리는 기도와 찬양이며 하나님을 향한 신뢰와 확신이다. 동시에 인간은 어떤 자세와 내용으로 하나님께 나아가야 하는지를 가르쳐주는 하나님의 말씀이다. 일반적으로, 구약성경의 시가는 문학적으로 지혜 전승의 영향을 받았다고 알려진다.[1] 지혜문학의 핵심이 당시 수신자들에게 훈계와 교훈을 주기 위함이었다면, 현대설교는 시가서의 메시지가 이 시대에 주시는 살아있는 하나님의 말씀으로 선포해야 하는 사명을 가진다.

우리는 이번 장에서 히브리 시의 특징과 해석적 관점을 고려하여 시편에 대한 설교 실제를 제시하기 위함이다. 궁극적인 목적은 시편 본문 안에 담겨있는 진리의 말씀을 정확하고 올바르게 증거하는 것이다. 따라서 히브리 시가 이해 및 주해의 원리, 나아가 설교 구성을 위한 특징 등은 이번 장의 중요한 관점이다.

---

1) C. John Collins, *Introduction to the Hebrew Bible* (Minneapolis: Fortress, 2004), 468-9.

히브리 시문학 이해

'시편'을 가리키는 영어, 'Psalms'는 라틴어 'psalmi'에서 유래하였고, 'psalmi'는 '시'를 뜻하는 헬라어 'psalmos'에서 왔는데 이 말은 현악기로 연주되는 음악이나 현악기에 맞추어 부르는 노래를 의미한다.[2] 용어적 의미가 말해주듯이 구약의 시편은 히브리 사람들의 신앙이 담긴 기도이며 찬송이다. 시편의 시들은 하나님께서 이스라엘 민족 가운데 행하신 일에 대한 예배자들의 제의적 응답이었다. 이러한 전통은 교회 예배의 역사 속에서 자연히 수용 되어왔다. 바울 사도는 "……시와 찬송과 신령한 노래를 부르며 감사하는 마음으로 하나님을 찬양하고"(골3:16)라고 말했다. 히브리 시의 성격과 기록 목적은 다음과 같다.

히브리 시의 성격

이스라엘의 신앙은 음악으로 표현되기도 하였는데, 그것은 성경의 찬양집이라 할 수 있는 시편에 잘 나타나 있다. 시편 안에 담긴 150편의 시가는 찬양, 기도, 예배의 원천이다. 하나님의 백성들은 이 시가들을 통해 삶과 신앙의 모든 감정을 하나님께 표현하였기 때문에 시편에는 인간의 기쁨과 슬픔(축가와 애가), 승리와 좌절, 그리고 절절한 신앙과 죄악의 고뇌 등이 고스란히 담겨있다. 그래서 혹자는 시편은 분석을 가해야 할 책이기보다는 하나님께 나아갈 때 읽고, 암송하고, 기도하며, 노래하는 책이라고 말했다.[3]

---

2) John Hargreaves, 「시편의 새 해석」, 엄현섭 역 (서울: 컨콜디아사, 1989), 9.
3) 이상훈, 「해석학적 성서이해」, 160-1.

신약성경 저자들은 시편이 예수에 관하여 증거하고 있음에 대하여 확신하고 있었다. 이것은 구약성경 가운데 시편이 신약의 저자들에 의해 가장 많이 인용되고 있다는 사실에서 드러난다.[4] 시편이 신약성경에 빈번히 언급되었다면 초대교회 성도들이 예배에서 시편을 낭독하고 노래하면서 하나님의 말씀을 생생하게 음미하였을 것이라는 사실은 충분히 짐작된다.[5] 그뿐만 아니라 교회 역사 가운데 기독교회의 예배에서 시편의 말씀을 암송하고 낭독하는 일은 교회력의 활용과 성구집의[6] 말씀이 낭독되는 형식으로 자연스럽게 교회 전통으로 자리 잡게 되었을 것이다. 물론, 시편은 현대교회 예배 순서에서도 빈번히 인용되고 읽히고 있다.

시편의 많은 시는 원래 공중 예배에 사용하기 위하여 지은 것이지만 동시에 인간이 어떻게 기도하고 찬양할 것인지를 가르쳐주는 하나님의 말씀이다.[7] 시편은 신앙 안에서 인간이 경험하는 희로애락을 진지하고 거침없이 드러낸다. 하나님의 백성들이 시편의 노래들을 통하여 그들의 삶과 신앙의 모든 감정을 진솔하게 하나님께 표현하였다는

---

4) Patrick Miller Jr., *Interpreting the Psalms* (Philadelphia: Fortress Press, 1986), 27-8, Clinton McCann, *A Theological Introduction to the Book of Psalms: the Psalms as Torah* (Nashville, TN: Abingdon Press, 1993), 163에서 재인용.

5) Hans-Joachim Kraus, *Theology of the Psalms,* trans. Keith Crim (Minneapolis: Augsburg, 1986), 194.

6) '성구집'(Lectionary)이란 라틴어의 '읽다'(to read)에서 온 것으로 설교, 가르침, 헌신 등에 대한 묵상의 기초로서 조직적으로 묶여진 성경 구절의 집합체이다. 성구집(또는 성서일과)은 교회력과 밀접하게 연관된다. 초대교회는 교회력에 따른 예배를 위해 정해진 성구집의 말씀을 낭독하였다. 교회 역사는 로마교회 예식에서도 성구집의 낭독이 있었음을 보여준다. 종교개혁 이후 개신교회는 교회력에 따른 예배와 성구집 낭독을 실천하지 않았다가 1970년대에 들어서 교회력과 성구집(성서일과)을 예배에 활용하기 위한 노력이 이루어졌다. 그 결과 1992년에 개정된 "공동성서일과"가 만들어졌다. 문상기, "교회력과 성구집을 활용한 설교," 「복음과 실천」, 50집 (2012년 가을호): 330-4.

7) J. Clinton McCann, *A Theological Introduction to the Book of Psalms: The Psalms as Torah* (Nashville: Abingdon, 1993), 49.

본문에서 설교까지 목사님 성경을 설교해 주세요!

것은 '분노와 저주의 시'에서 잘 드러난다. 저주의 시 안에서 독자들은, "원수의 뺨을 치시며 악인의 이를 꺾으셨나이다"(시3:7), "악인의 팔을 꺾으소서"(시10:15), "네 어린 것들을 바위에 메어치는 자는 복이 있으리로다" 등과 같은 저자의 저주 어린 말들을 접하게 된다. 이와 같은 부정적인 표현을 이해하는 것은 시편 해석에서 주의해야 할 것 중에 포함된다. 왜냐하면, 그러한 저주 어린 표현 안에는 하나님을 향한 저자의 깊은 심중, 즉 그들의 간구와 신뢰가 들어있기 때문이다.

시편 5편에서, 다윗이, "여호와여 나의 말에 귀를 기울이사 나의 심정을 헤아려 주소서"라고 악기에 맞추어 노래했을 때, 그의 깊은 심중을 본문 안에서 깊이 느끼고 공감(empathy)하는 것은 매우 중요하다. 다윗은 여기에서, 하나님께서 자기의 원수들을 정죄하고 멸망시켜 줄 것과 자신은 하나님의 풍성한 사랑을 힘입어 주님을 예배하기를 원한다는 신앙을 고백하고 있다. 자기를 거짓으로 송사하고 모함하는 무리들을 미워하는 심정으로 그들을 고발하는 다윗의 마음과, 그럼에도 불구하고 자신은 의인에게 복을 주시고 은혜로 지켜주시는 하나님을 간절한 심정으로 구하고 있음을 공감하는 것은 이 시의 생명력을 드러나게 한다.

결과적으로 시편은 악인과 죄인을 고발하는 것을 목적하지 않는다. 이상훈은 시편에 나타난 포악한 언어 사용에 대하여, 타자를 향하여 표출된 저자의 분노는 사람에게 파괴적으로 나타나지 않고 하나님을 향한 호소와 간구로 승화된다고 말한다. 나아가 시편 저자는 주의 말씀과 법도를 따르는 의인이 되기를 소망하면서 그의 독자들 역시 악인들의 소행을 버리고 하나님의 말씀을 따름으로 하나님이 주시는 복과 은혜를 누려야 할 것을 보여준다.[8] 그러므로 분노와 저주의 시는 결국 하나

---

8) 이상훈, 「해석학적 성서이해」, 173-5.

님께 드리는 또 다른 형태의 간구이다. 시 안에서 독자들은 인간이 느끼는 슬픔과 분노, 좌절과 절망감 등에 압도되기보다는 오히려 경건한 기도의 말로 그것을 영적으로 승화시키고자 하는 저자들의 신앙의 모습을 파악할 필요가 있다.[9]

시편 기록의 목적

사람들이 부르는 노래 가운데는 가사의 내용 안에 삶의 교훈이나 가르침이 녹아있는 경우가 있다. 성경의 진리 가운데에도 하나님 말씀의 가르침을 운율에 맞추어 노래하듯이 하나님의 진리를 전하는 문학 장르가 있다면 그것은 시이다. 마치 흥겨운 노랫가락이 사람들의 마음을 열어 그 가사 말의 의미와 가치를 각인시켜 주듯이 구약의 시편 저자들은 히브리 시문학의 구조를 활용하여 하나님의 백성들에게 어떻게 하나님을 찬양하고, 감사하며, 나아가 기도해야 하는지에 대하여 소중한 교훈을 남겨주었다. 따라서 히브리 시를 해석하기 위해서는 노래의 기능과 역할이 무엇인지를 먼저 고려하는 것이 필요하다.[10]

일반적으로 '시'라는 특성으로 인하여 시편의 말씀은 독자에게 깊은 감흥으로 다가오지만 오해되거나 해석상 잘못되는 경우도 있다. 시

---

9) Charles H. Cosgrove and Dow Edgerton, *In Other Words: Incarnational Translation for Preaching* (Grand Rapids: Eerdmans Publishing Company, 2007), 67-8.

10) Steven W. Smith, 「본문이 이끄는 장르별 설교」, 김대혁 · 임도균 역 (서울: 아가페북스, 2016), 189. 시편들은 다섯 권의 책으로 수집이 되었다(제1권, 시편 1-41. 제2권, 시편 42-72. 제3권, 시편 73-89. 제4권, 시편 90-106. 제5권, 시편 107-150). 원래 원저자의 영감의 글이라고 보기 어려우나 시편마다 부착이 되어있는 제목이 있고, 모세가 한편(90편)을, 솔로몬이 두 편(72, 127편)을, 아삽의 아들과 고라의 아들이 수 편을 저술했다. 이상훈, 「해석학적 성서 이해」, 165.

편의 이해가 잘 이루어지지 않는 이유 가운데 하나는 기본적으로 시편의 특성 때문인데, 성경이 하나님의 말씀이기 때문에 시편 역시 하나님이 인간을 향하여 말씀하시는 일관된 문서라고 하는 선입관에서 기인한다. 왜냐하면 시편 안에는 하나님을 향한 수없이 많은 인간의 말들이 기록되어 있기 때문이다.[11]

시의 목적은 신학적 개념을 자세히 규명하고자 함이 아니다. 시편 해석에 있어 지나치게 교리적 및 신학적 접근을 시도하게 되면 저자의 의도와는 거리가 먼 결과를 얻을 것이다. 그렇다고 시편이 신학에서 제외된 책이라는 의미는 아니다. 시편만큼 하나님과 그리스도를 드러내는 책도 없기 때문이다. 특히 시편 안에 예수 그리스도를 통한 하나님의 인간 구속의 메시지가 살아 숨 쉬고 있음을 발견할 때마다 독자들은 놀라게 된다. 빈번히 시편을 설교하는 설교자가 주의해야 할 것 중의 하나는 엄격한 신학적 잣대로 본문을 해석하기 전에 그 시를 쓴 저자의 하나님을 향한 간절한 마음의 고백이 무엇인지를 느끼는 것이다. 물론 신학을 떠난 성경 본문은 있을 수 없다. 그러나 인간 실존의 상황 속에서 시를 통해 마음의 간절함을 하나님께 노래하듯 올려드리는 저자의 개인적인 기쁨과 좌절, 승리와 낙심, 감사와 회개 등에 먼저 집중할 필요가 있다.

시가서의 해석적 관점

숙련된 히브리 시인이 기록한 시편의 아름다운 시를 명확하게 해석하기 위해서는 적어도 히브리 시에 담긴 독특한 시적 요소에 대한

---

11) 이상훈, 「해석학적 성서이해」, 158.

기초적인 지식이 필요하다. 히브리 시는 평행(parallelism)과 이미지(imagery)의 반복을 통해 압축된 문장으로 의미를 전달하는 문학의 한 형태이다. 히브리 산문에도 평행과 이미지가 없지 않지만, 히브리 시는 그것을 더욱 지속적이고 반복적으로 사용한다는 점이 특징이자 산문과의 차이점이다.[12]

평행법(Parallelism)

히브리 시에는 운과 율이 두드러지게 나타나지 않는 반면, 평행법을 이용하여 시적인 특성을 드러낸다. 평행법은 히브리시의 가장 두드러진 특징으로서 앞의 행에서 밝힌 사상이 다음 행에서 동일하거나 연관된 내용으로 표현되는 문학적 기교이다.[13] 시의 행에 포함된 각 소절 사이에는 특별한 관계, 즉 소절에서 소절로 이어지는 일정한 사상의 흐름이 있는데 이러한 사상의 흐름이나 관계성이 평행이며, 이 관계성의 특징은 상응(correspondence)이다.[14] 아딜레 베를린(Adele Berlin)은 이러한 상응성이 평행의 본질이라고 말한다.[15] 따라서 평행은 히브리 시의 소절들 안에서 상응적 관계를 드러내기 위해 사용된 일종의 문학적 특징이다.[16]

---

12) Mark D. Futato, 「시편을 어떻게 해석할 것인가?」, 유근상 · 유호준 역 (서울: 크리스찬 출판사, 2008), 19.
13) James Cox, ed. 「성서적인 설교」, 이형원 역 (대전: 침례신학대학교출판부, 1992), 159.
14) Futato, 「시편을 어떻게 해석할 것인가?」, 30.
15) Adele Berlin, *The Dynamics of Biblical Hebrew Parallelism* (Bloomington: Indiana University, 1985), 2-3, Futato, 「시편을 어떻게 해석할 것인가?」, 30에서 재인용.
16) Mark D. Futato, *Transformed by Praise: The Purpose and Message of the Psalms* (Phillipsburg, NJ: P & R Publishing, 2002), 35-6, Futato, 「시편을 어떻게 해석할 것인가?」, 30에서 재인용.

평행법의 기본적인 형식은 하나의 명제가 제시된 후 두 번째 명제는 그것을 동의하거나 대조시키면서 평행을 이루는 것이다. 때로는 통합적 평행의 특징을 보인다. 통합적 평행은 두 번째 소절이 첫 번째 소절과 다른 단어나 상반되는 단어로 반복하지 않고 단순히 새로운 정보를 접붙인 경우이다. 이것을 설명하면서 마크 후타토(Mark Futato)는 "평행이란 양 소절 사이의 유사점을 표현하는 동시에 두 번째 소절에서 새로운 사실을 추가로 제시하는 기법이라고 말한다."[17] 존 하그레이브스(John Hargreaves)는 평행법을 좀 더 세분화하여, 같은 사상이 다른 행에서 다른 단어나 동의어로 반복되는 경우를 가리켜 동의적 평행법이라 칭한 반면, 평행을 이루는 두 행 가운데 반대나 대조되는 사상이 나타나는 경우는 반의적 평행법이라고 칭했다. 그 외, 직유나 은유를 사용하여 첫 행의 내용을 두 번째 행의 내용과 비교하는 상징적 평행법과, 동의적 평행법의 형식을 직접 말하는 것을 역평행법 혹은 교차평행법 이라고 분류한다. 이때, 역평행법은 두 번째 행에서 용어를 바꾸어 쓰는 경우라고 설명하였다.[18] 다음은 평행법의 한 예이다.

사람들이 당하는 고난이
　　그들에게는 없고
사람들이 당하는 재앙도
　　그들에게는 없나니(시 73:5)

또 악인들의 뿔을 다 베고
　　의인의 뿔은 높이 들리로다(시 75:10)

---

17) Futato, *Transformed by Praise*, 36.
18) Hargreaves, 「시편의 새 해석」, 28.

여기서 두 번째 행은 앞선 행을 확장하고 더 구체화시킨다. 때로는, 논리적인 이유나 설명을 보여준다. 히브리 시의 분석은 행과 행이 이렇게 다양한 관계성 안에서 진행됨을 보여주지만, 세부적으로 그것을 구분해 내기는 쉽지 않다. 보다 체감적인(incarnational) 히브리 시 해석을 위해 중요한 것 중 하나는, 하나의 시는 두 행, 혹은 세 행이나 그 이상의 행 안에서 다양한 연관성을 가지고 지어졌다는 점에 착안하는 것이다. 히브리 시의 아름다움과 힘은 이렇게 다양한 구성 방식 안에서 함께 리듬과, 소리, 그리고 상상력을 불러일으킨다는 점이다.[19]

이미지

시편은 다양한 이미지를 통하여 그 뜻과 의미를 깊고 풍성하게 전달한다. 히브리 시에서 "이미지는 시의 본질이고 영광이며 가장 매력적인 상상력의 세계이자 영원히 살아 움직이는 무한한 우주이다."[20] 윌리엄 브라운(William Brown)은, 이미지는 "히브리 시의 가장 기본적인 초석"이라고 말한다.[21] 시는 이미지를 실어 나르는 언어이다. 물론, 산문이나 그 외 다른 문학 형식에도 이미지와 상상력을 동반한 깊은 감동이 없는 것은 아니지만, 시는 로렌스 페린(Laurence Perrine)의 말처럼 더 농축되고 집약된 언어를 사용하여 더 높은 전압으로 이미지와 상상력의 폭과 깊이를 더하여 준다.[22] 일례로 시편 저자의 다음의 말은 그리스도인

---

19) Cosgrove and Edgerton, *In Other Words*, 65.
20) L. Alonso Schokel, *A Manual of Hebrew Poetics,* Subsidia Biblica Series 11 (Rome: Pontifical Biblical Institute, 1988), 95.
21) William P. Brown, *Seeing the Psalms: A Theology of Metaphor* (Louisville: Westminster/John Knox, 1984), 89, Futato, 「시편을 어떻게 해석할 것인가?」, 38에서 재인용.
22) Laurence Perrine, *Sound and Sense: An Introduction to Poetry,* 2nd ed. (New York: Harcourt, Brace & World, 1963), 20-1, Thomas G. Long, *Preaching and the*

의 하나님과의 근본적인 관계가 무엇인지 이미지와 함께 강렬하게 다가오게 한다.

> 사슴이 시냇물을 찾기에 갈급함같이 내 영혼이 주를 찾기에 갈급하니이다(시42:1)[23]

이 말은 신학적인 어떤 명제보다도 더 강렬하게 신앙의 본질이 무엇인지를 보여준다. 시편이 오랜 세월 동안 사람의 감정을 자극하고 하나님의 백성들 마음속에 사모함을 불러일으킨 이유 가운데 하나는 시에 담긴 풍성한 이미지 때문이다. 이미지는 의미를 파악하기 전에 그것을 느끼게 하고, 이성을 사로잡기 전에 감정을 자극한다.[24] 브라이언 게르쉬(Brian Gerrish)의 "이미지는 마음을 흔들어 놓은 후 지성에 호소한다."[25]라는 말은 매우 적절한 표현이다.

한편 시가 제공하는 이미지에 대한 이해는 단지 상식이나 상상력으로만 가능한 것은 아니다. 다양한 이미지에 담긴 의도된 의미를 이해하기 위해서는 설교자의 지성적 노력이 뒤따라야 한다. 그리스도인들에게 친숙한 시편 23에 묘사된 이미지를 생각해보자.

> 1   여호와는 나의 목자시니
>   내게 부족함이 없으리로다
> 2   그가 나를 푸른 풀밭에 누이시며
>   쉴만한 물가로 인도하시는도다.

Literary Forms of the Bible (Philadelphia: Fortress Press, 1989), 45에서 재인용.

23) Long, Preaching and the Literary Forms of the Bible, 45.

24) Futato, 「시편을 어떻게 해석할 것인가?」, 39.

25) Brian Gerrish, The Pilgrim Road: Sermon on Christian Life (Louisville: Westminster/John Knox, 1999), 1, Futato, 「시편을 어떻게 해석할 것인가?」, 39에서 재인용.

이 시구를 읽으면서 목자가 양에게 필요한 물과 꼴을 제공하는 목가적 풍경을 떠올리지 못하는 사람은 거의 없을 것이다. 그러나 양이 본질적으로 가지고 있는 수많은 약점, 이를테면, 자기를 방어할 만한 능력이 부재한 점이라든가, 단순하고 시력이 약하여 무리에서 이탈하여 쉽게 위험에 처한다거나 하는 이해가 없이는 양과 목자의 관계성 안에서 1절, "내게 부족함이 없다"라는 말을 충분히 이해하기는 어렵다. 또한 건기가 막바지에 이른 때에, 아직 시내에 물이 흐르게 하고 새싹을 돋게 할 비가 시작되지 않아 마실 물도, 꼴도 없는 때에 목자를 무한히 신뢰하는 양의 정서를 알지 못하면 2절, "푸른 풀밭과 쉴만한 물가의" 이미지는 제한적으로 이해될 것이다. 고대 시인들의 문학적 지평은 시간적으로나 공간적으로 현대와는 상이한 세계로부터 비롯된 것이기 때문에 그들이 표현하는 이미지는 현대인의 문화적 범주 안에서 손쉽게 파악되거나 이해되기란 쉽지 않다.[26] 따라서 당시 성경 시대의 문화적 배경에서 파생된 이미지를 잘 이해하기 위해서는 설교자의 지성적 노력이 겸비되어야 한다.

신학적 관점

시편에 담겨있는 신학은 추상적이거나 철학적이지 않다. 오히려 공동의 예배에서 발생한 "대중적인 신학"이라 할 수 있다. 즉 신학자들에 의해 조직된 고도의 신학이기보다는 평범한 사람들의 삶에서 묻어나오는 신학이다. 시편은 다섯 부분으로 나누어져 있어 마치 모세 오경을 방불케 한다. 그리고 각 부분은 송영으로 끝을 맺는다(41:13; 72:18-19;

---

26) Ibid., 46.

본문에서 **설교까지** 목사님 성경을 설교해 주세요!

89:52; 106:48; 150).[27]

히브리 시를 해석하는 설교자는 신학적 관점으로 접근하기보다는 히브리 시적인 특징과 구조 안에서 저자의 마음과 감정을 느끼는 것이 필요하다. 시인이 자신의 원수에 대한 복수를 구하는 절규 안에 담긴 애절함과 자신의 죄과를 고백하며 용서를 구하는 절규를 먼저 경험하는 것이다.[28] 스미스는 이렇게 쓰고 있다:

> 시편을 효과적으로 설교하기 원한다면 그것을 있는 그대로 설교해야 한다. 시편 그대로 이해하기 전에 신약의 신학을 주입해 읽음으로 시편을 엉망으로 만들지 말라. 우리는 신학적 구조물로 설교함과 동시에, 청중을 그 신학으로 인도하기 위한 시간을 가져야 한다. 그들로 먼저 앞문을 통과해 걷게 하라. 그다음 그들에게 기초를 보여주라. 청중으로 시편을 경험하게 하라. 그들이 원수에 대한 하나님의 분노를 느끼고, 다윗의 혼란과 근심을 경험하며, 하나님의 신실하심을 열거하며 부르는 이스라엘 백성의 노래를 듣게 하라.[29]

그러나 스미스의 말은 시편의 시들이 신학과 무관함을 말하는 것은 아니다. 시의 감흥을 먼저 존중하라는 것이며 시의 무게감을 잃지 말라는 것이다. 계속해서 스미스는 다음과 같이 말한다: "그것들을 기독교 신학의 틀 속에 두라. 목표는 거기에 수반된 신학을 멀리서 넓게 보기 전에 본문 안으로 가까이 들어가게 하는 것이다."[30] 히브리 시는 독자들을 보다 편하게 그리고 가까이 하나님의 말씀으로 인도한다. 그리고

---

27) 편역위원회, 「디사이플 주석성경」 (서울: 요단출판사, 1992), 634.
28) Smith, 「본문이 이끄는 장르별 설교」, 221.
29) Ibid.
30) Ibid.

동시에 시 안에서 하나님을 노래하고 구원자를 찬양하며 그에게 간구하는 그들의 고백 안에서 독자들이 그리스도를 만나고 경험하게 한다. 이처럼 히브리 시는 하나님의 말씀으로서 성경 전체가 그리스도의 구속의 역사를 웅변적으로 증거하듯이 그리스도를 드러내고 있다. 일례로 시편 23편에서 저자는 여호와에 집중하면서 그가 자신을 지키고 돌보시는 목자임을 노래한다. 그리고 그 목자는 자연히 생명의 목자 되시는 주 예수 그리스도로 연결된다(요10:10).

그리스도 중심 해석

시편의 신학적 내용은 신약의 메시지와 긴밀한 연관성을 가진다. 시편은 궁극적으로 그리스도를 드러낸다. 실제로 시편 저자들의 신학적 핵심은 필연적으로 '주께서 다스리신다'라는 근본적인 선포와 다름이 없다. 그 외에도, 신약성경 저자들은 시편이 예수 그리스도를 증언하고 있음을 확신하고 있었다. 일례로, 누가는, 부활 이후 제자들에게 나타나신 주님께서 제자들에게, "내가 너희와 함께 있을 때에 너희에게 말한 바, 곧 모세의 율법과 선지자의 글과 시편에 나를 가리켜 기록된 모든 것이 이루어져야 하리라 한 말이 이것이라 하시고"(눅24:44) 라고 말씀하셨음을 증언한다. 누가의 증언이 성취되었다는 것은 독자들에게 하나님의 인간들을 향한 구속의 은혜가 시편 저자들에 의해 궁극적으로 계시 되었음을 말해준다.[31]

---

31) Clinton McCann, *A Theological Introduction to the Book of Psalms: the Psalms as Torah*, 163, McCann은 위의 책에서, 신약성경의 저자들이 그들의 글 안에서 시편이 예수 그리스도를 신학적으로 드러내고 있음에 대하여, 예수 그리스도의 탄생, 침례(세례) 받으심과 시험받음, 예수의 가르침과 사역, 예수의 예루살렘 입성, 예수의 고난 등으로 구분하여 설명하고 있다.

시편 가운데는 메시아 시편과 같이 자연스럽게 그리스도와 직결되는 경우가 있다. 시편 110편은 다윗의 메시아 예언 시로서, 만왕의 왕이시며 영원한 대제사장이신 메시아가 장차 이 땅에 오셔서 악한 세력을 멸하고 메시아 왕국을 세우실 것을 예언하고 있다. 다윗은 예수 그리스도가 자신의 후손으로 오실 메시아, 즉 하나님의 아들이시며 이 땅을 다스릴 주님 되심을 고백하고 있다. 시편 110편은 시편 가운데 메시아를 가장 직접적으로 예언한 것으로서 신약에서 자주 인용되었다.[32] 또한 시편 2편은 재림하시는 메시아가 지상의 마지막 전쟁에서 위대한 승리를 이루시는 모습을 보여준다.

그러나 그 외의 다른 시편들은 어떠한가? 패트릭 밀러(Patrick Miller)에 의하면, 신약성경 저자들은 시편이 전적으로 혹은 부분적으로 예수 그리스도를 증거하고 있음을 확신하였고, 그런 관점에서 빈번히 시편의 글을 인용하였다.[33] 시편 118편은 하나님을 찬양하는 시이며 고난을 극복하게 하시는 하나님께 감사하는 시이다. 1-4절은 노래하는 사람이 예배자들에게 하나님께 찬양을 드리라고 요청하는 내용이다. 5-18절은 노래하는 사람(왕)이 그 백성을 대적으로부터 구출해 주신 하나님께 감사를 올려드린다. 19-22절은 성전 문들로 행렬을 지어 통과하면서 버려진 것 같았던 그 민족을 구원해 주신 하나님께 감사를 드린다. 그리고 23-29절은 여호와의 이름으로 오는 자가 복이 있음과 그분이 구원자이심을 고백하며 하나님께 찬양과 감사를 올려드린다.

---

32) NIV 한영해설성경 편찬위원회, 「NIV 한영해설성경」 (서울: 아가페출판사, 1997), 884. 시 110:1, "여호와께서 내 주에게 말씀하시기를 내가 네 원수들로 네 발판이 되게 하기까지 너는 내 오른쪽에 앉아있으라 하셨도다"라는 말씀은 마태복음 22:44, 마가복음 12:36, 누가복음 20:42, 사도행전 2:34-35, 고린도전서 15:25, 히브리서 1:13 등에서 인용되었다.

33) Miller, *Interpreting the Psalms,* 27-8.

결국 시편 118편은 예수 그리스도께서 이스라엘 백성들이 하나님께 구하였던 모든 것을 인류 가운데 행하셨음을 드러낸다. 즉 주 예수님은 구원자로 세상에 들어오셨고(시118:26) 모든 인류를 구원하셨음을 증거한다.[34]

시편 78편에서, 저자는 과거 이스라엘 역사 가운데 하나님께서 그들에게 베풀어 주신 은혜와 사랑을 말하고 있다. 특히 출애굽 여정 가운데 홍해를 가르고 그들을 구원해 주셨고, 광야에서 물을 내어 그들을 구출하셨으며, 만나와 메추라기를 하늘로부터 내려 먹여주신 것을 상기시키면서 그들의 구원자 하나님을 기억할 것을 촉구한다. 그리고 저자는 가나안 정착 이후 이스라엘 민족이 하나님의 은혜를 저버리고 하나님의 말씀을 떠나 우상을 숭배함으로 하나님의 진노를 받아 고난 가운데 처하게 되었다는 쓰라린 과거를 밝히고 있다. 그러나, 이스라엘을 끝까지 사랑하시는 하나님께서 그의 종 다윗을 들어 하나님의 백성 이스라엘을 마치 어린양을 목자가 지키듯이 구원해 내신다고 증언하고 있다. 결국, 이 시의 저자는 구원자 하나님으로서, 다윗의 후손 예수 그리스도께서 그의 백성을 구원해 내심을 나타내고 있다. 이처럼 시편 기자들은 그들의 신앙 고백을 통하여 예수 그리스도를 통한 하나님의 구속의 역사를 증거한다.

시가서 설교 실제

히브리 시는 본질상 노래 형식으로 하나님을 향한 믿음을 고백하기

---

34) Hargreaves, 「시편의 새 해석」, 57-9.

위해 지어졌지만, 인간을 향해 계시하시는 하나님의 말씀이다. 이 신앙 고백이 담긴 노래를 적절한 적용점과 함께 현대 청중에게 전하는 것이 설교자에게 주어진 과제이다. 설교자에게 가장 중요한 것은 저자가 그 노래 안에서 말하고자 하는 그 의미를 찾아내는 것이다. 그 의미를 찾기 위해서 히브리 시의 특성을 이해하고 주해 원리를 따라야 함은 설교자에게는 생명과도 같은 일이다. 이와 같은 설교자의 역할에 대하여 스미스는 다음과 같이 조언한다:

> 우리[설교자]는 본문의 의미를 찾고자 한다. 그리고 단순한 모방이 아닌 재생을 추구한다. 즉 시편의 구조가 본문의 의미에 어떤 영향을 미치고 있는가 하는 것이다. 반복과 평행법은 그 시가 취하는 방향에 큰 영향을 미친다. 만일 그 노래가 효과적이라면, 운율, 리듬, 가사, 모두가 그 기자가 전달하고자 하는 내용을 강조한다. 우리는 시편의 구조가 드러내고 강조하는 의미를 찾아야 한다.[35]

스미스의 조언과 같이 시편 설교에 있어 가장 필수적인 요소는 명확성, 곧 본문의 정확한 이해와 해석이다. 시편 저자는 왜 그렇게 말했고, 기도했고(때로는 분노와 저주로), 찬양하였는지 그 의미를 찾는 것이다. 이것이 설교자가 본문에 대한 사상의 흐름을 파악하는 것이라면, 이것은 다음 단계에서 어떻게 그 파악된 의미를 전달할 것이냐의 문제와 깊이 연관된다. 왜냐하면 정확한 의미는 청중에게 정확하게 전달됨으로써 설교의 사명을 다하기 때문이다. 따라서 설교 구성을 위한 방법론은 시편을 설교하고자 하는 설교자에게 중요한 연구 과제가 아닐 수 없다.

---

35) Smith, 「본문이 이끄는 장르별 설교」, 225.

설교방식과 커뮤니케이션

시편 본문의 분석과 해석을 기초로 설교를 구성하는 방식에 대하여 후타토는 분석적 접근방식(analytical approach)과 주제적 접근방식(topical approach)을 소개하였다. 이러한 방식은 일반적으로 모든 본문에 적용될 수 있지만 특히 시편 설교를 위해 유익하다. 분석적 접근방식이 본문의 내용을 흐름의 순서를 따라 진행하는 방식이라면, 주제적 접근방식은 본문의 핵심 개념을 중심으로 본문의 의미를 재조직하는 것이다.[36] 분석적 접근방식은, 설교자가 본문의 흐름을 따라 내용을 설명하면서 진행하기 때문에 본문 전개식 설교 구성법과 유사하다. 주제적 접근방식은 시편 안에 담겨있는 저자의 핵심 의도를 파악하여 그것을 설교 주제로 설정하고 그 주제를 개요화 하여 본문이 말하고 있는 것을 청중에게 적용점과 함께 제시하는 것으로서 일반적인 강해설교와 흡사한 면이 있다.

설교 방식과 연관하여, 본문의 문학 장르를 고려한 효율적인 전달 방식을 연구하는 것은 언제나 설교자에게 연구 과제이다. 가장 중요한 것은 본문에 계시된 하나님의 말씀이 손상되지 아니하고 여전히 살아 있는 말씀으로 청중의 귀와 가슴에 들리게 하는 것이다. 이는 설교자로 하여금 청중은 어떤 방식으로 전할 때 잘 들을 수 있는지에 대하여 세심한 주의를 기울이게 한다. 전달 방식과 연관하여 설교자가 언제나 유념할 것은 어떤 틀에 고정되지 아니하고 유연성 있게 변화를 주면서 전달 방식을 다양화시키는 것이다. 현대 문화의 특성상, 오늘날의 청중은 어떤 특정한 방식과 틀에 얽매이기보다는 다양성을 추구

---

36) Futato, 「시편을 어떻게 해석할 것인가?」, 210.

하는 경향을 보인다. 설교자가 이점을 고려한다면 전달 방식의 문제는 매우 중요하다.

설교 구성의 실례

〈설교 1, 시편 13〉

1 여호와여 어느 때까지니이까 나를 영원히 잊으시나이까
    주의 얼굴을 나에게서 어느 때까지 숨기시겠나이까
2 나의 영혼이 번민하고 종일토록 마음에 근심하기를 어느 때까지 하오며
    내 원수가 나를 치며 자랑하기를 어느 때까지 하리이까
3 여호와 내 하나님이여 나를 생각하사 응답하시고 나의 눈을 밝히소서
    두렵건대 내가 사망의 잠을 잘까 하오며
4 두렵건대 나의 원수가 이르기를 내가 그를 이겼다 할까 하오며
    내가 흔들릴 때에 나의 대적들이 기뻐할까 하나이다
5 나는 오직 주의 사랑을 의지하였사오니
    나의 마음은 주의 구원을 기뻐하리이다
6 내가 여호와를 찬송하리니
    이는 주께서 내게 은덕을 베푸심이로다

〈설교 착안 사항〉

애가에 속하는 시편 13편은 세 연으로 구성된다. 1-2절은 의문문이고, 3-4절은 명령형이며, 5-6절은 직설법 및 의지를 나타낸다. 이 시에서 다윗은 자신을 고통스럽게 하는 질문(1-2)으로부터 시작해서 구체

적인 간구(3-4)로 진행하다가 변함없는 신앙에 대한 확신(5-6)으로 흐름을 이어간다. 이와 같은 다윗의 사고의 흐름을 명확히 이해하고 나면 그의 사상을, 질문, 간구, 그리고 확신 세 가지 관점으로 파악할 수 있다.[37] 이 내용을 '다윗의 번민과 신앙적 승리'라는 중심 개념 아래 분석적 접근방식 혹은 전개식 방법으로 본문을 개요화 한다면 다음과 같이 정리될 수 있다:

다윗의 번민과 신앙적 승리

I. 다윗의 질문(1-3)

    1. 하나님에 대해(1-2)

    2. 자신에 대해(2a-3a)

    3. 다른 사람들에 대해(2b-3b)

II. 다윗의 간구(3-5)

    1. 하나님과 관련하여(3a-4a)

    2. 자신과 관련하여(3b-4b)

    3. 다른 사람들과 관련하여(4-5)

III. 다윗의 확신(5-6)

    1. 여호와를 의지하겠다는 결심(5-6a)

    2. 여호와를 찬양하겠다는 결심(6)[38]

위의 개요는 본문에서 저자가 말하고자 한 내용을 분석하여 정리한

---

37) Ibid.
38) Ibid., 214.

주해 개요이다. 이 개요는 다음 단계에서 현대 청중을 향한 설교적 개요로 발전될 필요가 있다. 왜냐하면 주해적 개요는 저자가 당시적 상황에서 말하고 있는 내용을 밝혀 분석한 것이기 때문이다. 위의 개요는 현대 청중의 상황과 필요에 적절히 상황화 시킴으로 다음과 같은 설교 개요로 구성될 수 있다.

〈설교개요〉

주 제: 영적 번민과 신앙의 승리: 성도들은 어떻게 절망의 순간에서
　　　 승리할 수 있나?
목 적: 삶의 갈등과 고난의 자리에서 하나님의 은혜에 대하여 확신
　　　 을 잃어버린 성도들에게 다시금 하나님의 사랑을 믿음으로
　　　 확신하며 하나님을 찬양하는 자리로 나아가도록 격려한다.

I. (삶의 갈등의 자리에서) 성도들이 하나님께 드리는 질문(1-2)
　　 - 우리의 기도를 들으시는지에 대하여(1)
　　 - 우리의 삶에 일어나는 갈등과 고난에 대하여(2)

II. (삶의 갈등의 자리에서) 성도들이 하나님께 드리는 기도(3-4)
　　 - 우리의 삶의 갈등과 고난을 제거해 주시기를
　　 - 우리의 삶 속에 하나님이 함께하심이 밝히 드러나기를

III. (삶의 갈등의 자리에서) 성도들의 믿음의 결단
　　 - 하나님의 사랑을 끝까지 신뢰하겠다는
　　 - 하나님을 끝까지 찬양하겠다는

분석적 접근방식이 본문의 분석에 머무를 때, 현대 청중에게 시편 저자의 메시지는 경이롭고 신비로운 대상 혹은 이해 가능한 말씀은 될 수 있지만, 청중의 삶에 여전히 계시하시는 하나님의 말씀으로 다가오기는 어렵다. 왜 그런가? 엘리자베스 악트마이어(Elizabeth Achtemeier)의 말이 그것을 설명해 준다:

> 설교자는 시에 대한 주석이 끝난 후 본문의 원래적 의미에 대한 명확한 개념을 가질 수 있지만 다음과 같은 질문에 대답할 수 있어야 한다. 본문은 회중에게 무슨 의미를 가지는가? 이것은 그들의 삶에 어떻게 반영되어야 하는가? 본문의 내용 가운데 그들이 선 곳은 어디이며 어떻게 그것을 보여줄 수 있는가? 어떻게 하면 그들로 하여금 시인이 경험한 모든 것을 경험하고 하나님에 대한 신앙과 지식을 더욱 풍성하게 할 수 있는가?[39]

설교자의 메시지는 현시점에서 동시대 청중의 실존적 삶의 자리에서 여전히 계시하시는 하나님의 말씀이 되어야 한다. 이것은 이 시대의 설교자가 직면한 가장 중대한 과제이며 사명이다. 위에 제시한 설교 개요는 본문 분석을 상황화시켜 본문에서 저자가 하나님께 드렸던 질문과, 그의 간구, 그리고 그가 확신하고 있는 내용을 현대 청중을 위한 현재적 메시지로 적용한 것이다. 물론 이 설교 개요는 특정한 청중을 고려한 것이 아니기 때문에 적용점을 충분히 반영했다고 말하기는 어렵다.

---

39) Elizabeth Achtemeier, *Preaching from the Old Testament* (Louisville: Westminster/John Knox, 1989), 149, Futato, 「시편을 어떻게 해석할 것인가?」, 218에서 재인용.

〈설교 2, 시편 126〉

1   여호와께서 시온의 포로를 돌려 보내실 때에
    우리는 꿈꾸는 것 같았도다
2   그때에 우리 입에는 웃음이 가득하고
    우리 혀에는 찬양이 찼었도다
    그때에 뭇 나라 가운데에서 말하기를
    여호와께서 그들을 위하여 큰일을 행하셨다 하였도다
3   여호와께서 우리를 위하여 큰일을 행하셨으니
    우리는 기쁘도다
4   여호와여 우리의 포로를
    남방 시내들 같이 돌려 보내소서
5   눈물을 흘리며 씨를 뿌리는 자는
    기쁨으로 거두리로다
6   울며 씨를 뿌리러 나가는 자는
    반드시 기쁨으로 그 곡식 단을 가지고 돌아오리로다

〈설교 착안 사항〉

인간은 과거나 현재를 불문하고 이득과 손실, 승리와 패배, 평안과 고통이 교차하는 세상에 살고 있다. 모든 사람이, 개인이든 공동체이든 평안의 길을 걸을 때가 있는가 하면 고난의 길을 가게 될 때가 있다. 이것은 자연스러운 삶의 현상이다. 이러한 삶의 실존에 직면하는 사람들, 이러한 고통의 순간을 극복하고 평안의 길을 향해하는 사람들은 희망으로 가득찬 인생을 경험하게 될 것이다. 시편 126편은 과거 이스라엘 백성들이 민족적으로 겪었던 고난에 대하여 어떻게 반응하였었는지를 보여주면서 현재를 살아가고 있는 그리스도인들에게 실질적인 교훈을 제시한다.[40]

본문은 과거와 현재를 대비하여 보여준다. 1-3절은 과거적 상황을 말하고 있다. 하나님이 포로였던 백성들을 다시금 돌려보내 주셨던 일, 그래서 그들이 기쁨의 탄성을 질렀던 일 등은 과거적으로 묘사하고 있다. 반면에, 현재적으로는 4-6이 보여주는 것과 같이, 눈물을 흘리며 씨를 뿌리러 나가는 자는 기쁨으로 단을 거둘 것이라는 고백이다. 즉, 황폐한 땅을 다시금 일으키고 무너진 도시를 회복하여 번영을 이룬 것을 보여준다. 4절은 아직도 하나님의 은혜가 필요함을 보여준다. 메마른 남방의 시냇물이 우기 철을 맞아 다시금 큰물로 넘쳐나듯이(남방이라고 하는 곳은 일 년 대부분 건조하다. 말랐던 시내는 겨울이 되어 우기가 돌아오면, 큰 물줄기로 넘쳐난다) 포로된 상태가 온전히 회복되기를 구하는 현재적 간구이다. 그 간구의 구체적인 모습은 "눈물을 흘리며 씨를 뿌리는 것"이란 말에 잘 나타나 있다. 여기에는 현재적 희망이 들어있다. 그리고 반드시 기쁨의 단을 거둘 것이라고 하는 믿음이 녹아있다. 결과적으로 그들을 다시금 회복시키고 일으키시는 것은 하나님이라는 믿음이다.[41]

〈설교개요〉

주제: 믿음과 소망과 회복: 믿음의 기도는 희망의 열매가 된다
제목: 희망과 기쁨의 노래: 믿음의 눈물은 새 희망의 씨앗

---

40) Leann Snow Flesher, "Between Text & Sermon; Psalm 126," *Interpretation: A Journal of Bible and Theology* vol. 60, no. 4 (2006, October), 434-6.
41) Ibid.

I. 실패의 눈물을 흘려본 적이 있습니까?:

이스라엘 민족은 하나님의 택한 백성이었지만, 믿음의 실패를 경험하였다

- 사람들은 본질상 누구나(번영의 자리에서) 자만의 늪에 빠질 가능성을 가지고 있다
- (예화) 1912년 영국의 초호화 여객선 '타이타닉'의 좌초 사건: 가라앉지 않는(unsinkable) 배라는 자만심의 결과는?

II. 실패와 절망의 돌파구: 살길은 무엇인가?

- 겸손의 옷을 입고 기본으로 돌아가는 것
- 이스라엘 민족은(불순종과 교만의 옷을 벗고) 잃어버린 믿음의 옷을 다시 입고 하나님 신앙으로 돌아옴

III. 회복의 과정은 진실과 성실의 회복: 소망의 본질은 무엇일까요?

- 진실과, 성실과, 기쁨의 회복
  - 진실: 나는 한계성을 가진 연약한 존재일 뿐이라는 자각
  - 성실: 하나님을 신뢰하면서 나 자신을 사랑하고 인정하며 최선을 다하는 것
  - 소망: 고난과 상실의 환경을 소망으로 승화시켜 나가는 것
- 이스라엘 민족은 자신의 죄악을 깨닫고 그들을 회복시키는 하나님 경험
  - 아직도 고난은 있지만 신앙으로 회복시켜 주시는 하나님을 확신함
- 진정한 소망은 인생의 목표를 하나님께 두는 것
  - 믿음의 씨를 뿌리는 영적인 삶: 하나님께 소망을 두는 것
  - 하나님을 경험하는 것: 주님께 기쁨을 드리는 삶

- 주님의 뜻을 이루어 가는 삶: 말씀에 순종하는 삶

〈설교 착안 사항〉

위의 설교 개요는 귀납적 방식 혹은 이야기식 설교를 위한 하나의 설교 계획안이다. 귀납적으로 설교를 전개할 때는 설교 전반부에서, 특히 "실패의 눈물을 흘려본 적이 있습니까?"에서 풍부한 에피소드(예증)가 제시될 필요가 있다. 이것은 본문에서 이스라엘 민족이 역사적으로 겪었던 민족적이며 개인적인 고난과 실패가 성서 속의 사건에 머물지 않고 청중 각자에게 실존적으로 다가오게 하는 중요한 역할을 하기 때문이다. 이점은, 이후 전개되는 설교에 청중으로 설교에 집중케 하며 설교자가 이끌어가는 설교 무대에 적극적으로 참여하게 하는 원동력을 제공한다.

〈설교 3, 시편 23〉

1 여호와는 나의 목자시니
  내게 부족함이 없으리로다
2 그가 나를 푸른 풀밭에 누이시며
  쉴 만한 물 가로 인도하시는도다
3 내 영혼을 소생시키시고
  자기 이름을 위하여 의의 길로 인도하시는도다
4 내가 사망의 음침한 골짜기로 다닐지라도 해를 두려워하지 않을 것은
  주께서 나와 함께 하심이라
  주의 지팡이와 막대기가 나를 안위하시나이다
5 주께서 내 원수의 목전에서 내게 상을 차려주시고
  기름을 내 머리에 부으셨으니 내 잔이 넘치나이다

본문에서 설교까지 목사님 성경을 설교해 주세요!

6　내 평생에 선하심과 인자하심이 반드시 나를 따르리니
　　내가 여호와의 집에 영원히 살리로다.

〈설교 착안 사항〉

시편 23은 시편의 다른 어떤 시들보다 풍성한 이미지를 상상하게 한다. 푸른 풀밭과 시냇물이 흐르는 평화로운 목가적 전경이 읽는 이들의 머릿속을 스쳐 지나가게 하기에 충분하다. 그런가 하면 "사망의 음침한 골짜기를 다닐지라도"에서는 그 이미지가 즉시에 떠오르지 않더라도 그것이 얼마나 힘들고 어려운 상황을 말하는 것인지를 충분히 짐작하게 한다. 실제로 이스라엘을 방문한 사람이라면, 수많은 언덕과 계곡이 있는 것을 보았을 것이다. 무엇보다도 여기에서 시의 저자는 자기 인생의 가장 아프고 괴로웠던 삶의 경험을 회상하며 말하고 있음에는 의심의 여지가 없다. 다윗이 자기 목숨을 노리는 사울 왕의 추적을 피해 헤매고 다녔을 광야의 삶이 충분히 상상이 된다. 물론 이 시의 배경이 꼭 그것을 말한다는 확신은 없다. 다윗은 그 외에도 수많은 인생의 역경을 경험하였기 때문이다. 그렇다면, 이 시의 저자는 무엇을 말하고자 이렇게 노래하고 있는가? 1절에서 다윗은 자신에게 부족함이 없다고 말하면서 그것은 하나님이 자신의 목자가 되시기 때문이라고 밝힌다. 4-5절에서 그는 말할 수 없는 삶의 고난 앞에서도 목자 되시는 하나님이 자신의 삶을 풍요롭고 안전하게 인도하신다고 고백한다. 그리고 시의 마지막에서는 하나님의 선하심과 인자하심 안에서 영원히 거할 것이라고 확신한다. 목자 되시는 하나님은 신약에서는 목자와 구원자로(요10:10; 21:15-17) 오신 예수 그리스도와 연결된다. 목자이신 하나님께서 다윗에게 구원자이셨듯이 하나님에게서 떨어져 나

간 길 잃은 양과 같은 모든 인생에 생명을 주시는 분은 바로 예수 그리스도이시다.

아래의 설교 개요는 주제적 접근방식 또는 강해설교 방식으로 구성되었다. 주제는 "예수 안에서 누리는 평안과 안식"으로서 모든 사람은 예수 그리스도를 인생의 목자로 모심으로써 구원을 받고(비그리스도인), 삶의 평안을 회복(그리스도인)할 수 있다는 점을 강조한다. 시편의 특성 중의 하나가 그렇듯이 이 시는 하나님과 구원자 예수 그리스도를 드러내고 있다. 구성 방식은 탄력성 있게 연역적 접근과 귀납적 접근 두 가지 방식으로 제시하였다.

〈설교 개요〉

제목: 주님의 품 안에서 쉬라
주제: 예수 안에서 누리는 평안과 안식
목적: 신앙생활을 하면서도 여전히 영적으로는 참된 평안과 안식을 누리지 못하는 성도들에게 참된 평안은 주 예수님에게 삶의 주권을 내어드리고 목자 되신 주님을 따름으로서 누릴 수 있음을 알게 한다. 특히, 아직 예수 그리스도를 믿고 구원받지 못한 사람들에게 인생의 목자 되신 예수를 믿고 영접하여 구원받도록 도전한다.

〈연역적 논증〉

서론: 이 땅에 살고 있는 사람들은 누구나 할 것 없이 평안한 삶을 추구한다. 그런데 놀랍게도 대부분의 사람은 물질적인 풍요 속에서도 평안을 잃어버리고 살아간다. 심리학자 아브라함 마슬로우(Abraham

Maslow)는 인간의 가장 기본적인 욕구는 먹는 것, 잠자는 것, 그리고 성적인 것 등을 포함하는 생물학적인 욕구라고 하였다. 그런데 인간은 생물학적인 욕구가 충족되었을 때, 곧바로 다른 욕구를 가지게 되는데, 곧 안전해지고 싶은 욕구와 평안해지고 싶은 욕구이다. 그러면 어떻게 평안과 안식을 누릴 수 있는가? 본문은 한 가지 비결을 말하여 주고 있는데, 그것은 하나님을 내 삶의 주님(목자)으로 모셔 들이는 것이다. 오늘 본문은 평안한 삶을 추구하는 이 시대의 모든 사람에게 하나님과 인간의 바람직한 관계는 양과 목자의 관계라고 설명하고 있다.

I. 하나님과 성도는 목자와 양의 관계(1-2)
　　목자-양 관계의 친밀성: 하나님과 성도의 관계
　　양의 기질과 인간의 연약함

II. 목자와 양의 관계를 통해서 누리는 축복
　　영적으로 강건케 하심(3)
　　환난과 역경을 이기게 하심(4)
　　풍성한 것을 공급하심(4)

III. 목자와 양의 관계를 형성하는 방법(1)
　　예수님을 구주와 주님으로 영접함
　　삶의 주권을 주 예수님께 의뢰함

〈귀납적 논증〉

서론: 세상의 모든 사람은 누구나 할 것 없이 평안한 삶을 살고자 한다. 심리학자 아브라함 마슬로우(Abraham Maslow)는 인간의 가장 기본적

인 욕구는 먹는 것, 잠자는 것, 성적인 것 등을 포함하는 생물학적 욕구라고 하였다. 그리고 생물학적 욕구가 충족될 때, 인간은 곧바로 또 다른 욕구를 가지는데, 곧 안전해지고 싶고 평안해지고 싶은 욕구이다. 사람들은 누구나 평안과 안식을 찾는다. 그런데 대체적으로 사람들은 자신이 원하는 만큼 평안과 안식을 누리지 못하는 것이 사실이다. 왜 그럴까?

(실례 1) 미국 여행 이야기

1) Florida: 미국 최고의 휴양지이지만 그곳 사람들은 늘 이사 가고 싶어 함

2) Memphis, TN: 흑인들로 인한 범죄-한인들은 허리에 권총을 차고 사업을 하면서 늘 평안과 안식을 목말라 함

3) Seattle, WA: 미국 서부의 해양성 기후로 인구밀도가 높은 곳, 하지만 동성연애자와 AIDS 환자가 많은 곳으로서 한인들은 불안감을 가지고 삶

(실례 2) 구약성경의 인물 야곱

야곱은 자기가 원하는 것들을 성취하기 위하여 간교한 방법으로 아버지와 형을 속여 장자권과 장자의 축복을 가로챘다. 훗날에는 외삼촌 라반을 기발한 방법으로 속이고 많은 부와 재물을 얻었다. 야곱은 많은 것을 소유했다. 적어도:

- 네 명의 아내가 있었고,
- 열두 아들을 두었으며,
- 풍부한 재산을 소유했다.

그럼에도 불구하고 야곱에게는 평안과 안식이 없었다. 자기가 목표하던 것을 성취하고 나면 평안과 안식은 나의 것이 될 것이라고 믿는

현대인들에게 그것은 사실이 아니라고 하는 실증을 보여주고 있다.

(실례 3) 그런데 놀랍게도 오늘 우리가 보았던 시편 23편에서 우리는 한없는 평안과 안식을 노래하고 있는 한 사람을 만나볼 수 있다. 그는 말하기를:

- 여호와는 나의 목자시니

  내게 부족함이 없으리로다
- 그가 나를 푸른 풀밭에 누이시며

  쉴만한 물 가로 인도하시는도다

이것이 얼마나 풍요로운 삶의 모습을 말하고 있는지 좀 더 실감하기 위해서는 양의 특성을 살펴보는 것이 필요하다.

- 양의 기질(특성):

1) 단순함(외고집): 유혹과 위험에 잘 빠짐-죄악에 쉽게 빠져드는 인간:

  "우리는 다 양 같아서 그릇 행하여 각기 제 길로 갔거늘"(사53:6)

2) 온순하고 겁약함: 양은 자기보호 능력이 없음-유한한 존재로 한

  없이 연약한 인간이 실체

  - 시냇물 소리가 무서워서 쉽게 접근하지 못하는 양

  - 누군가의 도움이 필요한 존재로 태어난 양-하나님의 사랑과

    은혜를 받고 사는 존재로 지어진 인간

3) 위기가 닥치면 계속적으로 울어댐-위기 상황에서 한없이 약해지

  는 인생

4) 배고픈 양은 안식을 취하지 못함-생물학적인 욕구는 인간의 가장

  기본적 필요

5) 근시안-한 치 앞을 모르는 인생

• 목자의 품에 있을 때 양이 누리는 축복: 하나님을 모시고 사는 사람의 축복

1) 주의 지팡이와 막대기가 나를 안위하시나이다(4):

   "사망의 음침한 골짜기를 다닐지라도 해를 두려워하지 아니함"

2) 주께서 내게 상을 베푸시고(5): 인간의 필요를 채워주심

3) 기름으로 내 머리에 바르심(5): 위험에서 지키시고 존귀히 여기심

4) 내 잔이 넘치나이다(5): 삶을 넘치는 은혜로 채우심

결론:

1) 양이 목자의 보호 아래 있을 때 안전한 생명을 보존 받듯이, 인생을 멸망으로 이끄는 죄를 회개하고 예수 그리스도를 구주와 주님으로 믿으라.

2) 양이 목자의 음성을 듣고 따를 때 안전하듯이 주님의 말씀을 따라 순종하자.

3) 양이 목자에게 자신의 삶을 맡길 때 가장 평안하듯이 주님께 우리 삶을 맡겨 드리자.

정리

시편은 부주의하게 읽거나 표면적으로 해석해서는 안 되는 까다로운 책이다. 그러나 그 안에 녹아있는 하나님의 백성들의 삶의 면면을 진지하게 살피는 설교자라면, 오늘 그의 청중을 향한 보석 같은 진리의 말씀을 만나게 될 것이다. 시편 안으로 뚜벅뚜벅 들어가서 시인의 당시 심정을 살피고, 한 편의 시 안에서 당시 시인과 그와 함께한 공동체가

하나님께 진정 드리고 싶었던 기도와 탄식이 무엇이었는지, 그리고 그들의 믿음의 고백이 무엇인지에 귀를 기울이는 설교자는 자신이 무엇을 전하여야 하는지에 대한 하나님의 음성을 듣게 될 것이다. 본문 안에서 하나님의 말씀을 듣는 설교자는 자신의 사명에 충실한 자이다. 윌리엄 템플(William Temple)은 설교 본문에서 하나님이 말씀하신 원래적 의미를 찾는 일의 중요성에 대하여 이렇게 말한 바가 있다: "만일 당신이 하나님에 대하여 거짓된 생각을 하고 있다면, 만일 당신이 더 종교적이 된다면, 그것은 당신을 더 악화시키는 것이다...... 차라리 무신론자가 되는 것이 낫다."[42]

시편은 하나님께 대한 인간의 소리이자 인간을 향한 하나님의 말씀이다. 수많은 기도와 찬양, 그리고 고난의 상황에도 끝까지 하나님을 신뢰하면서 하나님의 더 큰 은혜를 사모하는 하나님 백성들의 진지한 모습을 통하여 하나님은 인간을 향하여 말씀을 계시하신다. 이것은 히브리 시가만이 가지고 있는 독특한 문학 양식이다. 아마도 이것은 하나님의 백성들이 과거나 현재나 변함없이 시편을 사랑하는 이유일 것이다. 하나님의 말씀을 전하려고 날마다 자신을 헌신하는 자, 이것이 지금 교회가 목말라하고 세상이 필요로 하는 설교자의 모습이자 역할이다. 하나님 말씀의 표피층이 아니라 그 내부층까지 파악하여 그 안에 담겨있는 하나님의 세미한 음성을 듣고자 하는 설교자의 모습, 그가 진정한 설교자이다. 곧 진실된 말씀의 전령자(kerux, 딤후1:11)로서 설교에 전적으로 헌신하는 설교자의 모습이다(딤후4:1-2).

---

42) William Temple, "One that Matters," *Christian Century*, L. G. Jones ed. (May 20-27, 1998): 544, Ronald Byars, "Psalm 95," *Interpretation: A Journal of Bible and Theology* vol . 68, no. 1 (January, 2002), 77에서 재인용.

V. ——————— 구약 내러티브의 문학적 특성과 설교 실제

어떤 설교자들은 의도적이거나 습관적으로 구약 내러티브 설교를 회피하려는 입장을 취한다. 그 이유는 아마도 자신이 이야기 본문을 설교하기에는 충분히 훈련되지 않았거나 이야기꾼다운 재능이 부족하다는 생각 때문일 것이다. 물론 하나님의 말씀을 전하도록 부름을 받은 설교자에게 이러한 자세는 바람직하지 않다. 그렇다고 내러티브 본문을 지엽적으로 이해한 결과에 의존하여 사소한 윤리적 교훈을 끌어내려는 방식으로 설교하는 것은 더더욱 경계해야 할 일이다. 중요한 것은 구약의 수많은 진리를 담고 있는 내러티브를 보다 잘 설교하기 위한 관심과 노력은 매우 가치 있는 사실임을 주지하는 것이다. 해돈 라빈슨(Haddon Robinson)은 모든 설교자들이 구약의 내러티브 설교에 보다 많은 관심을 기울일 필요가 있음을 강조하면서, "성경을 사랑하는 사람이라면 [구약의]이야기를 소중히 여겨야 한다. 왜냐하면 성경은 무엇보다 이야기책이기 때문이다"라고 말했다.[1]

---

1) Haddon Robinson, *Biblical Preaching: The Development and Delivery of Expository Messages,* 2nd ed. (Grand Rapids: Baker, 2001), 130. 물론 설교자들이 이야기 설교를 기피하는 데에는 이외에도 여러 가지 복합적인 이유가 있을 수 있다. Steven

일반적으로 이야기는 부분적인 진리를 함축하고 있는 것으로 인식되는 경향이 있다. 그러나 성경 저자들에게 내러티브는 하나님의 진리의 말씀을 전하기 위한 하나의 문학 형식이었다. 구약 내러티브는 특정한 관점과 목적으로 기록되었지만 동시에 성경 저자들에게는 성령으로 감동된 진리의 말씀을 전달하는 그들만의 독특한 문학 형식이었다. 이번 장에서 우리는 구약 내러티브의 문학적 특성과 해석 원리를 살펴보고 이를 기초로 어떻게 설교를 구성할 것인지에 대하여 살펴볼 것이다.

구약 내러티브의 문학적 특징

그동안 성경 해석과 연관하여 성경 문학 장르는 본문이 가지는 의미의 일부분이라는 인식이 많이 향상되었다.[2] 내러티브는 이야기이다. 구약 성경은 곧 하나님이 인간 구속의 역사 속에 써 내려간 이야기이다.[3] 구약성경 저자들은 관찰자 혹은 증언자의 입장에서 내러티브를 통해 수많은 하나님의 말씀을 들려준다. 토마스 롱(Thomas Long)은 성경 내러티브는 두 가지의 어색함(odd)을 보여준다고 말하면서, 하나는, 성경은 전쟁 이야기를 비롯하여, 모험, 배신과 유혹, 치유, 폭력, 죽음과 부활 등의 이야기로 넘쳐나는 것이고, 다른 하나는, 수많은 이야기를

Mathewson은, 이야기를 사소한 것으로 경시하는 문제, 성경에서 이야기의 역할을 최소화하려는 경향, 즉 성경 내 이야기의 역할에 대한 잘못된 인식, 구약에 비해 신약의 언어나 내용들을 다루기 쉽다고 생각하는 문제, 그리고 설교자들이 자신만의 특정한 설교 방식에 얽매여 있어 이야기 설교에 관심을 기울이지 않는 문제 등을 지적하였다. *Steven D. Mathewson, The Art of Preaching Old Testament Narrative* (Grand Rapids: Baker, 2002), 23-7.

2) Dennis Cahill, 「최신 설교 디자인」, 이홍길 · 김대혁 역 (서울: 기독교문서선교회, 2010), 176.

3) 이연길, 「이야기 설교학」 (서울: 쿰란출판사, 2003), 20.

들려주고 있지만 정작 '이야기'라는 말은 하지 않는 것이라고 말했다.[4] 신적 가르침이나 신학적 개념을 보여주는 보다 적절한 문학적 양식이 얼마든지 있음에도 성경이 이야기를 통해서 심오한 종교적 계시를 드러내고 있음은 자칫하면 그 진지함이나 절대적 가치를 스스로 훼손시키는 것이 아닌가 하는 의구심을 가지게 하는 것이 사실이다.

그러나 구약성경의 내러티브는 성경 저자의 신학적 관점과 문학적 자유의 지평이 빚어낸 논리적 결정체요 필요충분한 전달 방식이다. 그것이 논리적인 것은 저자는 자신이 선택한 문학 양식 안에서 하나님의 무오한 진리를 드러내고 있기 때문이며 또한 그것이 필요충분한 전달 방식인 것은 저자는 가장 효율적인 방식으로 그의 독자들과 커뮤니케이션을 하고 있기 때문이다. 결과적으로 구약의 내러티브는 역사 가운데 하나님의 뜻과 목적을 드러내기 원했던 저자들의 독특한 저술 방식이었다. 내러티브는 나레이터, 등장인물, 그리고 플롯 등의 기본적인 구성으로 이루어진다.

나레이터

히브리 내러티브에 등장하는 가장 중요한 요소 가운데 하나는 스토리를 기록하면서 하나님의 말씀을 전달하는 화자, 곧 나레이터이다. 독자는 나레이터를 통해 등장인물들을 소개받고 그들의 말과 행동을 파악하며 나아가, 스토리가 전개하는 사건 안에서 나레이터의 해석에 귀를 기울인다.[5] 나레이터는 언제나 전지(全知)하며 무소 부재한 존재로 등

---

4) Thomas G. Long, *Preaching and the Literary Forms of the Bible* (Philadelphia: Fortress Press, 1989), 66.
5) 나레이터의 이와 같은 역할은 다음과 같이 드러난다: "에서가 또 본즉 가나안 사람의 딸들

장한다. 나레이터는 등장인물들의 가장 은밀한 사생활까지 침투해 들어간다. 반항하는 다말을 폭행하는 암논의 행동을 목격하기도 하고, 늙은 다윗이 아리따운 아비삭과 동침하지 않은 사실도 알고 있다. 때때로 그는 주요 인물들의 깊은 내면세계와 생각, 또는 감정과 의도를 알려주기도 한다.[6]

때로 나레이터는 자신의 독자들에게 하나님의 뜻을 직접적으로 드러내기도 한다: "아브람이 여호와를 믿으니 여호와께서 이를 그의 의로 여기시고"(창15:6). 그런가 하면, 그는 한 등장인물을 들어 하나님의 뜻을 보여준다: "당신들은 나를 해하려 하였으나 하나님은 그것을 선으로 바꾸사 오늘과 같이 많은 백성의 생명을 구원하게 하시려 하셨나니"(창50:20). 그러나 나레이터는 자신의 개인적인 평가를 내리거나 독자가 궁금하게 여길만한 것에 대하여 자세한 답변을 제공하지는 않는다. 왜냐하면 내러티브는 저자, 즉 나레이터의 개인적인 관점이나 평가를 따라 역사를 기술하는 것이 아니라 하나님의 관점에서 하나님의 선하신 뜻을 나레이터 자신의 이야기 안에서 계시하기 때문이다.

등장인물

구약 내러티브에서 등장인물들은 그렇게 상세히 묘사되지 않는다. 사울은 키가 컸고 다윗은 준수하였다는 정도가 독자가 들을 수 있는 직접적인 묘사의 전부이다. 나레이터는 등장인물들의 시각적 이미지를 제공하기보다는 그들의 위치나 상황에 주목한다. 이를테면 신분(과부,

---

이 그의 아버지 이삭을 기쁘게 하지 못하는지라"(창28:8). "그때에 이스라엘에 왕이 없으므로 사람이 각기 자기의 소견에 옳은대로 행하였더라"(삿21:25), "다윗이 행한 그 일이 여호와 보시기에 악하였더라"(삼하11:27).

6) Gordon Fee and Douglas Stuart, 「성경을 어떻게 읽을 것인가」, 오광만 · 박대영 역 (서울: 한국성서유니온선교회, 2016), 121.

현명한 사람, 술 맡은자와 떡 굽는자 등)이나 직업(선지자, 창녀, 목자 등), 또는 출신(헷 족속, 아말렉 족속)으로 소개되는 경우이다. 등장인물의 성격 묘사는 나레이터 자신이 직접 하기보다는 그들의 말과 행동 등에서 드러난다. 만일 에서의 거친 행동과 털이 많음, 라헬의 아름다움, 에글론 왕의 비만 등과 같이 등장인물에 대한 신체적인 상세한 묘사가 있을 때는 중요한 의미가 내포되어 있을 수 있다.[7] 신체적 특징이 아닌 다른 방식의 인물 묘사도 있다. 이와 같은 인물 묘사는 저자의 입장에서 등장인물의 사회적 위치와 그의 독특한 상황, 또는 두드러진 특징의 시각에서 그 인물을 바라보도록 하려는 데 있다.[8]

구약 내러티브에 나타나는 또 다른 인물 묘사 방식은 한 인물을 다른 사람과 대조하는 것이다. 이를테면 요셉과 그의 형제들(창42-45), 아브라함과 롯, 사라와 하갈, 야곱과 에서, 라헬과 레아, 룻과 오르바 등을 대조적으로 묘사하는 것이다. 이런 경우 등장인물들의 상호 연관성을 고려하여 본문을 해석하는 것이 필요하다. 때로 나레이터는 어느 한 인물의 정당성이나 옳음을 드러내기 위해 다른 사람을 대조시킴으로써 조명하고자 하는 인물을 드러내거나 내세우기도 한다.[9]

플롯

내러티브는 플롯, 곧 줄거리를 따라 움직인다. 플롯은 갈등이나 위기 국면의 해결 과정을 거치면서 독자의 관심과 흥미를 사로잡는다. 이

---

7) Robert Alert, *Art of Biblical Narrative* (New York: Basic Books, 1981), 180, Sidney Greidanus, 「성경 해석과 성경적 설교(중)」, 김영철 역 (서울: 여수룬, 1995), 381에서 재인용.

8) Adele Berlin, *Poetics and Interpretation of Biblical Narrative* (Sheffield: Almond, 1983), 35-6, Greidanus, 「성경 해석과 성경적 설교(중)」, 381에서 재인용.

9) Ibid., 382.

본문에서 설교까지 목사님 성경을 설교해 주세요!

때 반전의 과정을 거쳐 갈등과 위기 국면이 해소됨으로써 청중은 복음, 곧 하나님의 말씀을 접하게 된다. 나레이터는 플롯을 통해서 진리를 드러낸다. 나레이터는, "독자들로 하여금 이야기가 진행되는 동안 개념들을 추론하도록 유도함으로써 귀납적인 방법으로 자신의 메시지를 전달한다."[10] 시드니 그레이다누스(Sidney Greidanus)는 성경 내러티브의 구조를 배경, 갈등 유발 사건, 갈등 해결, 결과와 결론의 흐름으로 설명했고,[11] 스티븐 메튜슨 (Steven Mathewson)은 서술적 설명(exposition), 위기(crisis), 해결(resolution), 결말 또는 대단원(conclusion or denouement)으로 보았다.[12] 해결이나 절정은 갈등 해소 직전 반전의 과정을 보여준다.[13]

구약 내러티브의 플롯은 대체로 빠르게 진행된다. 그것은 나레이터가 행간에 깔려 있는 주변 상황과 사건의 배경에 대한 자세한 묘사를 생략하고 사건의 시작과 전개 그리고 해결 과정을 요점 중심으로 묘사하고 있기 때문이다. 따라서 설교자는 청중을 이야기 무대로 이끌고 가기 위해 사건의 배경을 비롯하여 해당 인물과 연관된 자세한 설명을 제공할 필요가 있다. 이때 설교자는 당시의 시대적 상황이나 문화, 생활 관습, 나아가 당시 사람들의 사고방식 등에 대하여 이해의 폭을 넓힐수록 내러티브 안에 녹아있는 행간을 파악함이 용이해진다.

---

10) Scott Gibson, [구약을 설교하기], 김현회 역 (서울: 도서출판모데, 2009), 96.
11) Greidanus, 「성경 해석과 성경적 설교(중)」, 387.
12) Mathewson, *The Art of Preaching Old Testament Narrative,* 44.
13) 내러티브의 플롯 진행 구도에 대해서는 학자들 간에 다른 용어를 사용하거나 네 단계보다는 다섯 단계 진행을 보여주는 등의 다소 차이점을 보여주지만 큰 차이는 없다.

구약 내러티브의 해석적 관점

구약 내러티브 장르의 가장 두드러진 특징은 하나님께서 역사 가운데 행동하신다는 성경의 핵심 메시지와 연관된다. 구약 성경은 하나님께서 인간을 창조하시고 민족을 형성하시며 죄악 가운데 있는 인간을 구원하시기 위한 놀라운 계획을 역사 속에서 이루어가심을 기록하고 있으며 그 기록 형식은 대부분 내러티브이다. 구약 내러티브는 다음과 같은 해석적 관점을 가진다.

문학적 해석

오늘날 성경의 독자들은 과거에 비해 구약 내러티브가 히브리 이야기 문학의 산물이라는 인식의 폭을 넓혀가고 있다. 내러티브를 삼단논법적 구도로 파악하려고 하기보다는 이야기 문학의 특징을 고려하여 저자가 드러내고자 하는 성경적 개념을 이해하려고 시도하는 것이 바로 그것이다. 그럼에도 불구하고, 그레이다누스는 서구의 문학적 관례에 익숙한 현대 독자들은 내러티브 본문에 대한 이해 부족과 왜곡 현상을 드러낸다고 말한다. 일례로 이야기를 기록함에 있어 현대 문학 양식이 삼단논법을 따르거나 사상의 흐름을 연속적으로 기록하는 반면 히브리 이야기는 대부분의 문맥에서 반복과 우회 현상이 보편적이기 때문이다.[14] 따라서 구약 내러티브를 해석하는 설교자는 히브리 이야기 문학의 용례와 관례들을 이해하거나 고대 히브리인들의 의사 전달과 소통의 관습들을 먼저 알아야 할 필요가 있다.

---

14) Greidanus, 「성경 해석과 성경적 설교(중)」, 376-7.

전체 문맥의 파악

히브리 내러티브는 독특한 문학 장르이므로 이를 위한 해석 접근 방법이 필요하다. 라빈슨은 이야기체 해석과 다른 문학 장르들의 해석상의 주요 차이를 이렇게 설명한다: "이야기체 작품을 다룰 때는 석의(주해)자가 복잡한 문법적 관계의 미로를 헤매며 작업할 일은 좀처럼 없을 것이다. 그러나 그 대신 수많은 문단 들을 폭 넓게 연구하여 그 저자의 의도를 찾아낼 수 있어야만 한다."[15] 특별히 이야기가 일련의 장면들로 이루어져 있을 때는, 각 장면의 의미는 전체 줄거리의 문맥 안에서 결정되어야 한다. 문맥적 이해는 모든 문학 장르에 다 중요하겠지만, 내러티브의 경우에는 그것의 문학적 문맥 안에서 이해하는 것이 다른 문학 장르의 경우보다 더욱더 중요하다.[16] 연역적 설교에 익숙한 설교자는 내러티브 본문을 해석 함에 있어, 빈번히 이야기를 문학적 문맥에서 격리시키는 오류를 범하는 경우가 있다. 내러티브 본문을 해석하는 설교자는 이야기가 담겨있는 책의 문맥 안에서 본문을 파악하고 해석해야 한다는 점을 유념할 필요가 있다.

내러티브는 성경 전체의 일부분

구약 내러티브는 성경 전체의 일부분이다. 구약의 내러티브는 성경의 전체 틀 안에서 계시하시는 하나님 말씀의 주제적 통일성 안에서 한 부분을 차지한다. 만일, 개별적 이야기가 성경 전체의 흐름과 주제에 일치하지 않는다면 그것은 잘못된 해석이 될 것이다. 일반적으로 신약

---

15) Robinson, *Biblical Preaching*, 69.
16) Greidanus, 「성경 해석과 성경적 설교(중)」, 403.

책의 해석에 있어, 성서 신학적으로 파악된 내용이 조직신학적 관점에서 일치하지 않으면 잘못 해석된 것이듯이, 구약 내러티브의 각 저자들은 어떤 동기나 목적으로 특정한 사건이나 이야기를 전개 시키고 있지만, 그 모든 이야기는 성경 전체의 주제적 흐름과 목적 안에서 일치한다.

이야기체에 대한 질문들

구약 내러티브의 문학적 특성을 고려하는 설교자는 내러티브 본문의 의미를 찾음에 있어 다음과 같은 질문을 던질 필요가 있다: 이 막(stage)에는 얼마나 많은 장면들이 있으며 어떻게 각 장면이 그 막에 들어맞는가? 그 이야기 안에 어떤 다른 구조들이 들어 있으며, 그 구조들의 경계는 어디인가?, 그 초점은 무엇이고, 주요 등장인물은 누구이며 그들은 어떻게 묘사되고 있는가? 이야기의 구성은 어떠하며 해소되어야 할 긴장은 무엇인가? 나레이터는 어디에 등장하며 그의 관점은 무엇인가? 이 이야기의 독특한 점은 무엇이며, 어떻게 그 점이 그 책 전체의 주제에 들어맞는가?[17] 이와 같은 질문들을 통해 연관된 내용을 파악하는 것은 그 이야기의 뜻과 의미를 해석하기 위함이다.

역사적 해석

모든 구약의 내러티브는 특정한 시대적 상황에서 비롯된 산물이다. 당시 저자와 그의 수신자들이 공유했던 문화적 및 상황적 이해는 내러티브 안에 녹아있는 세미한 의미를 파악 함에 있어 매우 유용한 관점이 된다.

---

17) Greidanus, 「성경 해석과 성경적 설교(중)」, 405.

최초의 상황 되살리기

내러티브의 역사적 해석은 본문의 의미를 역사-문학적 문맥에서 찾아내려는 것이다. 이야기에 담겨있는 저자(나레이터)의 메시지, 곧 하나님 말씀의 원래적 의미를 찾기 위해서 저자, 원 독자, 시대적 배경, 그리고 기록 목적에 관하여 역사적 질문을 던지는 것은 매우 중요하다. 모든 구약의 내러티브는 특정한 상황 속에서 주어졌기 때문에 이와 같은 질문들은 저자의 관점과 본문의 목적, 그리고 본문의 의미 파악에 더 많은 단서를 제공하기 때문이다.

여기에서 내러티브 해석자의 역할은 매우 중요하다. 내러티브 안에 녹아있는 주요 개념을 파악하기 위해 해석자는 원 독자가 그 이야기를 들었던 것과 동일한 방법으로 그것을 듣는 노력을 기울여야 한다. 특히 불연속성의 요소들로서 내러티브 표면에 떠오르는 당시의 관습, 습관, 법률 등을 잘 파악하고 이해할 필요가 있다.[18] 이를 위해 설교자에게 본문 주해를 위한 역사-문화적 연구는 필수적이다. 성경 사전이나 백과사전, 배경 주석, 성경 지도, 고고학 관련 서적들은 이를 위한 좋은 참고 자료들이다.[19]

메타내러티브 문맥 고려

성경의 역사 이야기들은 일반적으로 인물 중심의 설교에서 드러나는 것처럼 큰 맥락에서 따로 떼어낸 인물 전기와 같이 취급되어서는

---

18) Greidanus, *The Modern Preacher and the Ancient Text* (Grand Rapids: Eerdmans, 1988), 214-5.
19) Mathewson. *The Art of Preaching Old Testament Narrative,* 77-8.

안 된다. 왜냐하면 이야기들의 역사적 대상물은 그 성격상 더 큰 범위의 역사에 속한 한 부분이기 때문이다. 그레이다누스는 구약 성경 내러티브에 녹아있는 큰 흐름을 '하나님 나라'로 파악한다. 장차 도래할 하나님 나라에 대한 궁극적인 이야기는 구약 성경과 신약성경을 넘어 미래에 있을 새 창조에 이르기까지 미치는 거대 담론을 담고 있기 때문이다.[20] 이것은 또한 아담 이후 타락한 전 인류를 구원하기 위한 하나님의 궁극적인 목적으로서 성경 전체를 꿰뚫고 흐르는 장엄한 스토리요 거대 담론이다. 이것은 성경 전체를 하나의 맥으로 파악하고 이해하는 관점으로서 메타내러티브(metanarrative)이다.

피와 스튜아트(Fee and Stuart)는 내러티브 해석을 위한 세 차원의 원리를 설명하면서 가장 높은 차원을 메타내러티브 단계라고 했다. 메타내러티브는 성경 전체 안에서 하나님이 움직이고 계시는 거대한 역사의 물줄기이다. 그들은 이렇게 쓰고 있다:

> [메타내러티브는] 하나님이 창조 세계 전체를 통해 역사하시는 전 우주적인 계획과 관련이 있으며, 하나님이 선택하신 백성에 주로 초점을 맞춘다. 이 상위 차원에서 볼 수 있는 플롯의 핵심 측면에는, 첫 창조, 인류의 타락, 죄의 권세와 편재, 구속의 필요성, 그리스도의 성육신과 희생 등이 있다. 때로 이 상위 차원은 "구속 이야기"나 "구속사"라고도 부른다.[21]

피와 스튜아트는, 둘째 차원으로, 하나님이 자기 의를 위하여 백성을 구속하시는 이야기라고 했고, 마지막 차원은, 가장 낮은 단계이며 동시

---

20) Greidanus. *The Modern Preacher and the Ancient Text*, 215.
21) Fee and Stuart, 「성경을 어떻게 읽을 것인가」, 117.

에 내러티브의 일차적 해석을 위한 것으로써 수많은 개별 내러티브들이 이에 속한다고 말한다. 이를테면 아브라함, 이삭, 야곱, 요셉의 이야기를 포함해서 크고 작은 단위들의 내러티브들이 이에 속한다. 설교자는 이 세 번째 차원의 내러티브를 본문으로 설교를 준비한다. 이때 설교자에게 요청되는 주문 하나는 내러티브를 해석할 때 상위 차원의 관점과 맥락을 놓치지 말고 일치시키라는 것이다.[22]

피와 스튜어트가 제시한 내러티브 해석을 위한 세 차원의 관점은 구약 내러티브를 설교하는 현대 설교자에게 매우 중요한 통찰을 제공한다. 이것은 내러티브의 설교를 위한 실질적인 지침으로서 두 지평의 해석 원리를 설교 준비에 적용하는 것이다. 하나의 지평은 특정 내러티브에서 현대 청중의 삶을 위한 교훈과 적용점을 찾는 것이고, 또 하나의 지평은 그 이야기를 통해서 궁극적으로 하나님이 이루어가고자 하시는 메타내러티브로서 하나님의 궁극적인 뜻을 찾는 것이다. 가장 높은 차원으로서 하나님의 뜻은 인간 구속과 연관된다. 그것은 요한복음 5:39에서, 예수께서 "너희가 성경을 연구하거니와 이 성경이 곧 내게 대하여 증언하는 것이니라"라고 하신 말씀에 잘 나타나 있다.

신학적 해석

다른 어느 장르보다 구약 내러티브 설교에서 물어보아야 할 중요한 질문은 '이 이야기에서 하나님은 자신에 대하여 무엇을 계시하시는가?'라는 것이다. 이 질문이 구약 내러티브에서 중요한 이유는 간단하다. 내러티브는 다른 어느 성경 문학 장르에서보다도 하나님 중심적인

---

22) Ibid., 117-8.

초점이 인간에게로 손쉽게 옮겨갈 수 있는 위험성을 지니고 있기 때문이다.[23]

인본주의적 설교의 위험성

구약 내러티브 본문의 설교에서, 설교자가 내러티브 안에 등장하는 인물들을 중심으로 본문을 보면서 그 인물들의 삶과 행동을 통해 특정한 교훈점 만을 찾으려고 시도한다면 인본주의적 한계를 벗어나기 어렵다. 성경 인물들의 삶을 조명하면서 신앙적 교훈을 찾아오는 것은 비교적 어렵지 않은 방식이기 때문에 설교자들은 이런 방법을 애용하는 것이 사실이다. 이점에 있어 피와 스튜아트는 윤리적 관점으로 내러티브를 해석하는 것에 대하여 주의를 기울여야 한다고 말한다. 이를테면 이스라엘 백성이 애굽에서 수백 년 종살이를 견디고 출애굽 한 것을 근거로 현대 청중이 삶의 역경 앞에서 신앙으로 헤쳐나가야 할 교훈을 찾으려고 하는 시각은 위험한 발상이라는 지적이다. 왜냐하면 이런 접근의 심각성은 구약 내러티브를 해석 함에 있어 하나님의 구속사의 원대한 의미를 사장 시키기 때문이다.[24]

내러티브를 설교할 때 가장 어려운 작업은 본문의 신학적인 진리, 즉 저자가 원래 의도한 영적 차원의 요점을 결정하는 일이다. 구약의 내러티브는 단순한 이야기가 아니라 그 자체로 신학이기 때문이다. 반면, 설교자들은 너무나 쉽게 본문의 이야기만을 전하고 나서 "그리스도인을 위한 네 가지 실천적 교훈"은 무엇인가 와 같은 질문을 던진다고 도

---

23) Greidanus, 「성경 해석과 성경적 설교(중)」, 408.
24) Fee and Stuart, 「성경을 어떻게 읽을 것인가」, 134.

날드 스누키안(Donald Sunukjian)은 지적한다.[25] 설교자들이 흔히 내러티브 본문에서 *끄*집어내는 도덕적 교훈들은 대개의 경우 성경 저자가 의도한 영속적(timeless) 진리라기보다는 작고 지엽적인 내용으로부터 파생된 것들이 대부분이다.[26] 이런 설교에서는 메타내러티브와 연관되는 견고한 성경적 일관성을 찾아볼 수 없다.

하나님 중심적 목적

구약 내러티브의 핵심 개념은 등장하는 인물들에 있는 것이 아니라 그 스토리를 통해서 하나님의 선하신 뜻을 드러내는 하나님 자신 혹은 하나님의 대리인으로서 그 이야기를 하나님의 관점에서 들려주고 있는 나레이터이다. 등장인물은 하나님의 약속과 하나님의 능력 주심, 그리고 언약의 백성들을 향한 하나님의 선하신 뜻을 밝혀 드러내기 위한 이야기 장면에서 배역을 감당하고 있는 하나님의 도구이다. 인물 중심적으로 내러티브를 바라볼 때, 요셉의 인생 스토리는 수많은 설교 소재를 제공한다. 어린 시절, 형제들의 시기와 미움을 받고 인생의 밑바닥에서 겪었던 고난과 역경을 성공과 승리로 승화시킨 요셉의 신앙은 실로 이 시대의 모든 그리스도인에게 역할 모델이 되기에 부족함이 없다.

그러나 요셉의 스토리를 전체적인 맥락 안에서 본다면 그의 이야기는 인본주의적으로 해석할 수 없는 중대한 메시지를 가지고 있다. 폰 라드(Von Rad)는 요셉의 스토리 전말을 풀어내는 요셉의 담화 두 개를 들어 이를 잘 설명하였다: "...... 당신들이 나를 이곳에 팔았다고 해서 근

---

25) Donald Sunukjian, "The Cripple's Story," in *The Art of Preaching Old Testament Narrative*, by Mathewson, 185.
26) Ibid.

심하지 마소서 한탄하지 마소서 하나님이 생명을 구원하시려고 나를 당신들보다 먼저 보내셨나이다……. 그런즉 나를 이리로 보낸 이는 당신들이 아니요 하나님이시라,"당신들은 나를 해하려 하였으나 하나님은 그것을 선으로 바꾸사 오늘과 같이 많은 백성의 생명을 구원하게 하시려 하셨나니"(창45:4-8; 50:20). 라드는 결과적으로 인간의 죄로 인한 모든 혼돈을 은혜로운 목적으로 바꾸시는 하나님의 역사하심이 이 스토리의 근본적인 주제임을 강조한다.[27] 구약의 내러티브는 궁극적으로 하나님을 영화롭게 하는 것이며 이 시대의 독자인 그리스도인들에게 하나님의 선하신 뜻을 깨우쳐 주시는 것이다.

그리스도 중심적 해석

구약의 내러티브에서 하나님 중심적인 목적을 발견하는 설교자는 억지로 그리스도를 드러내려고 하는 불필요한 노력을 하지 않을 것이다. 왜냐하면 하나님께서 인간의 역사 속에서 보여준 불변의 핵심 개념이 예수 그리스도를 통한 인간 구속이기 때문이다. 데니스 카힐(Dennis Cahill)은, 성경은 하나님의 구속사의 이야기이기 때문에 내러티브는 성경의 문학 장르로서 적합하다고 말한다.[28] 과거 구약 내러티브 안에 등장하는 인물들이 그들의 삶의 구체적 현장 속에서 그려낸 갖가지 에피소드를 통해 궁극적으로 하나님의 선하신 뜻을 드러내고 있다면, 그 하나님의 선하신 뜻의 핵심은 복음, 곧 예수 그리스도를 통한 인간 구원의 메시지를 드러내는 것이다.

---

27) Von Rad, *God at Work in Israel, translated by John H. Marks* (Nashville: Abingdon, 1980), 31-2, Greidanus, 「성경 해석과 성경적 설교(중)」, 412에서 재인용.
28) Dennis Cahill, 「최신 설교 디자인」, 177.

예수 그리스도의 복음과 실천의 균형 잡힌 해석

　모든 그리스도인의 삶, 즉 그들의 삶의 스토리는 예수 그리스도를 통한 구원의 은혜로부터 시작된다. 구약 내러티브를 통해서 설교자는 일차적으로 복음, 곧 하나님의 선하신 뜻으로서 그리스도의 구원의 은혜를 드러내야 한다. 그리고 그리스도인의 신분으로 살아가는 청중의 삶을 위한 적용의 자리로 이끌어 가야 한다. 따라서, 구약 내러티브를 설교하는 설교자는 복음의 제시와 그리스도인의 삶을 위한 균형 잡힌 성경 해석을 지향할 필요가 있다.

　내러티브 등장인물들의 삶과 그들이 겪는 사건들 속에서 과거 그들이 하나님의 선하신 뜻을 향하여 나아갔던 믿음의 자세는 오늘을 살아가고 있는 그리스도인들에게 하나의 역할 모델을 하는 것이 사실이다. 당시 성경의 인물들이 그들의 삶과 신앙의 실존 상황에서 겪었던 갖가지 에피소드 등은 오늘을 살아가는 성도들과 무관한 내용이라 할 수 없다. 히브리서 기자는 11장에서 믿음의 영웅적 인물들의 신앙적 삶을 소개하면서 현대 독자들을 신앙으로 권면한다. 그리고 마지막 13장 히브리서의 결론 부분에서 기자는 그의 독자들에게 영적인 삶의 실천을 권면하고 있다.

　설교자는 피와 스튜어트가 제시한 두 차원의 해석 원리를 설교에 적용하는 것이 필요하다. 곧 특정 내러티브에서 현대 청중의 삶을 위한 교훈과 적용점을 찾으면서 동시에 그 이야기를 통해서 궁극적으로 하나님이 이루어가고자 하시는 메타내러티브로서 하나님의 가장 높은 뜻, 곧 인간 구속의 메시지를 찾는 것이다.

내러티브의 문학적 특성을 고려한 설교 실제

설교자가 구약 내러티브의 문학적 특성에 대한 충분한 이해와 지식을 갖추어야 할 이유는 본문에 근거한 성경적 설교를 추구하기 위함이다. 내러티브 본문의 표면적 해석에 의존하여 이미 설정된 설교자의 목적을 달성하기 위한 설교 구성은 설교자 스스로 하나님 말씀의 전령자(kerux)[29]로서 자신의 정체성을 훼손시키는 것이다. 그러면, 앞서 논의한 내러티브의 문학적 특성을 고려한 설교 구성안은 어떻게 이루어지는지 함께 생각해 보기로 하겠다.

본문 선정

설교에서 반드시 본문이 있어야 한다면 그것은 설교자가 전하고자 하는 설교적 개념이 본문을 충실히 해석한 결과로 드러나야 하기 때문이다. 설교 본문은 하나의 성경적 개념이 포함된 단위로 선택되어야 한다. 같은 맥락에서 내러티브 설교의 본문 선정 기준은 무엇인가? 그것은 내러티브 문학적 특징을 고려하여 하나의 주제적 개념을 내포한 완전한 단위여야 한다는 점이다. 내러티브의 문학적 특징을 고려해야 한다는 것은 내러티브 본문을 완전체가 아닌 부분적 단위로 분리해서 특정 성서적 개념을 제시하는 것을 경계하는 것이다.

본문 해석

본문이 선정되면, 문학적, 역사적, 나아가 신학적 영역들 안에서 그 본문의 해석이 요청된다. 그리고 해석된 말씀에 근거하여 설교자는 과

---

29) 전령자(kerux)로서 설교자의 정체성에 관한 보다 자세한 설명은 다음을 보라. 문상기, 「케리그마와 현대설교」, 24-5.

거에 선포된 해당 본문을 현재적 하나님의 말씀으로 재선포한다. 이때 설교자가 내러티브 본문의 문학적 특징을 훼손시키지 않기를 원한다면 내러티브 전개 방식으로 설교를 구성하는 것이다. 그레이다누스는 현대 청중으로 하여금 과거 해당 본문의 스토리가 최초로 증거되었을 때 당시의 청중이 들었던 방식으로 들을 수 있도록 해야 한다고 강조하였다.[30] 그리고 내러티브 해석에서 설교자가 반드시 고려해야 할 것은 본문을 통해서 성경은 무엇을 말하고자 하는지를 파악하는 것이다. 따라서 설교자는 '이 이야기 안에 담긴 하나님의 뜻과 목적은 무엇인가?' 혹은 '저자는 이 메시지를 전하면서 무엇을 성취하려고 했는가?'와 같은 질문을 던져보는 것이 필요하다.

설교 전개 형식

연역적 설교 구성에 익숙한 설교자들은 성서 내러티브 본문을 위한 설교 형식에 있어서 3개요 형식을 취하려고 하는 경향이 있다. 최근 북미 남침례교 설교학자들을 통해 소개되고 있는 「본문이 이끄는 설교」[31]는 기존의 강해 설교 개념 위에 성서 문학 장르적 특성을 설교 형식에 반영해야 할 것을 주문한다. 성경에 널리 분포되어 있는 내러티브 본문을 설교함에 있어 내러티브의 특징을 살려 설교할 필요성에 대해서는 한국 사회가 포스트모더니티 문화를 체감하기 훨씬 이전 1950년대 북미 설교학자 그레디 데이비스(Grady Davis)에 의해 이미 소개된 바가 있다.[32] 1980년대 들어서면서부터 프레드 크레독(Fred Craddock)을 비롯하여 리차드 젠슨(Richard Jenson), 엘리자베스 악트마이어(Elizabeth

---

30) Greidanus, [성경 해석과 성경적 설교」, 421.
31) David Allen and others, 「본문이 이끄는 설교」, 김대혁 · 임도균 역 (서울: 아가페출판사, 2020).
32) Grady Davis, *Design for Preaching* (Philadelphia: Fortress, 1958).

Achtemeier)와 같은 설교학자들을 통하여 성경 문학 형식을 고려한 설교 구성 방식의 필요성이 요청되어 왔다.[33] 다음에 소개되는 내러티브 설교의 실례들은 구약 내러티브 설교의 다양한 구성 방식을 보여준다. 특히 연역적이나 귀납적 개요설교로 구성되었을 때와 이야기 설교로 구성되었을 때의 차이점을 잘 보여준다.

구약 내러티브 설교 실제

앞서 소개한 바와 같이 매튜슨은 내러티브 설교 전개 방식으로 서술적 설명(exposition), 위기(crisis), 해결(resolution), 결말 또는 대단원(conclusion or denouement)으로 이루어지는 네 단계 방식을 따른다.[34] 그러나 반드시 이런 명시된 틀을 따라야 할 필요는 없다. 때로는 마치 연극이 무대(stage)를 바꾸어가며 진행되듯이 이야기를 장면의 흐름을 따라 진행하는 것도 좋은 방식이 될 수 있다.

〈설교 1〉 스티븐 메튜슨의 설교[35]

본문: 창 22:1-19

---

33) Fred Craddock, *As One Without Authority* (Enid, Oklahoma: Phillips University, 1971); Richard Jenson, Telling the Story: Variety and Imagination in Preaching (Minneapolis: Augsburg, 1980); Elizabeth Achtemeier, Creative Preaching: Finding the Words (Nashville: Abingdon, 1980).

34) 각주 20을 보라. Eugene Lowry는 그의 초기 저술에서, '평형 뒤집기'(사건 발생), '모순 분석하기'(심화), '해결의 실마리 드러내기'(반전), '복음 경험하기'(절정), '결과 기대하기'(결말) 다섯 단계의 플롯 진행 방식을 소개하였다. Eugene Lowry, *The Homiletical Plot: The Sermon as Narrative Art Form* (Atlanta: John Knox, 1980).

35) Mathewson, 「청중을 사로잡는 구약의 내러티브 설교」, 88-9, 298-9.

제목: 자녀를 위해서 해줄 수 있는 최선책

주제(중심 사상): 자녀를 위해서 부모가 할 수 있는 최선의 일은 자녀가 아니라 하나님을 예배하는(섬기는) 일이다.

4단계 내러티브 설교

- 서술적 설명: 나레이터가 아브라함을 시험하시려는 하나님의 의도를 설명한다(1)

    - 하나님은 아브라함에게 그의 아들 이삭을 희생 제물로 바칠 것을 명하신다.(2)

(적용): 만일 여러분이 예수를 구주로 믿는 아빠나 엄마라면, 그리고 여러분의 삶이 여러분의 자녀를 중심으로 돌아가고 있다면 여러분은 여기에서 궁지에 빠져있는 자신을 발견하게 될 것이다.

하나님께서는 자기 백성들이 하나님을 섬기는지 하나님께서 주신 자녀를 섬기는지 둘 중 하나를 택일하도록 하시면서 자기 백성들을 시험하신다. ← 귀납적으로 발전시킴

- **위기(고조되는 긴장)**

- 아브라함은 말씀에 순종하여 하나님께 제사드릴 산으로 이삭과 함께 떠난다(3-6)

- 아브라함은 아들의 질문에 번제 할 어린 양은 하나님께서 준비하실 것이라 확신을 가지고 답변한다(7-8)

- 아브라함은 아들 이삭을 번제 제물로 잡으려고 시도한다(9-10)

(적용): 자녀를 위해서 부모가 할 수 있는 최선의 일은 자녀가 아니라 하나님을 예배하는 일이다.

- 해결: 하나님은 이삭을 번제물로 잡아 죽이려고 하는 아브라함의
  행동을 중단시키고 번제 할 어린 양을 공급하신다.
  - 여호와의 사자는 이삭에게 손을 대지 말라고 아브라함에
    게 명했고 아브라함이 진심으로 하나님을 경외하였음에
    대하여 칭찬한다(11-12)
  - 아브라함은 하나님께서 준비해주신 번제 할 어린 양을 발
    견한다(13-14)
(적용): 자녀가 아니라 오직 하나님만을 예배하기 위해서는 "하나님
  께서 책임지신다"라는 확신이 필요하다(8, 14).

- 결말: 여호와의 사자가 아브라함에 대한 하나님의 축복과 장차 약
  속을 지키겠다는 하나님 자신의 뜻을 확인시켜 주었다(15-19).
  (아브라함아! 너의 순종 때문에, 그리고 네가 나를 경배하는
  데 전념하였기 때문에, 너의 아들은 복을 받게 되리라. 이
  일로 나는 정녕코 너의 자손에게 복을 베풀리라.)

(적용): 아버지 여러분, 여러분이 자녀를 위해서 해줄 수 있는 최선
  의 것은 여러분의 자녀가 아니라 바로 하나님을 섬기는 일
  이다.

〈설교 작성 착안 사항〉

내러티브 설교는 자연스럽게 귀납적 논증 형식을 취하기는 하지만
설교자는 자신이 핵심적으로 전하고자 하는 주제적 메시지를 미리 암
시하지 않도록 주의를 기울여야 한다. 왜냐하면, 설교의 전반부에 제기
되는 갈등과 위기 상황에서 확보된 청중의 관심과 기대감을 완하시키

본문에서 **설교까지** 목사님 성경을 설교해 주세요!

면 내러티브의 생명력을 약화시키기 때문이다. 이 설교에서 메튜슨은 '그리스도 중심적'인 성경 해석이나 복음적 제시를 직접적으로 하지는 않는다. 다만 하나님 중심적 본문 해석을 통하여 '하나님의 주권과 영광'에 집중하여 설교를 전개하였다.

〈설교 2〉 도날드 스누키안의 설교[36]

본　문: 사무엘하 9
제　목: 한 절뚝발이의 이야기
주제문: 죄악으로 잃어버린 인간의 영원한 생명을 회복시켜주실 분은 위대한 왕 예수 그리스도이시다.

1인칭 내러티브 설교

서론: 목발을 짚고 강단에 등장한 므비보셋(설교자)은 청중을 향하여 질문을 던진다: "왜 내가 여기에서 살고 있을까요?"

1막: 므비보셋은 그가 어떻게 절뚝발이가 되었는지 그 사연을 밝힌다.
　　A. 그는 멀리 도망쳐야만 했던 비극적인 전투에 관해 들려준다
　　B. 그는 유모가 어떻게 해서 자신이 불구가 되었는지를 말한다
　　C. 그는 어떻게 해서 마길의 집에 무사히 당도할 수 있었는지를 말한다
2막: 므비보셋은 자신의 정체를 드러낸다.
　　A. 그는 자기의 부친은 요나단 왕자이고 조부는 사울 왕이었음을 밝힌다

---

36) Mathewson, 「청중을 사로잡는 구약의 내러티브 설교」, 307-26.

B. 그는 왕권이 어떻게 사울의 가문에서 다윗의 궁전에 자리를 잡게 되었는지 그 사연을 밝힌다

므비보셋(설교자)은 다윗이 왕이 된 것은 하나님의 뜻이었고, 하나님은 다윗의 후손들이 나라를 통치할 것이라고 약속하셨음을 밝힌다. 그리고 다윗의 후손 가운데 한 위대한 왕이 오시는데, 그는 죄로 인해 자신과 같이 가치 없는 인생을 받아주시고, 자녀 삼아 주실 것이라는 사실을 암시한다. 그는 "혹시 여러분들은 다윗의 후손 중에 한 위대한 왕이 오실 것이라는 사실에 관하여 들어보셨나요?"라는 말로 예수 그리스도를 청중에게 소개한다.

3막: 므비보셋은 그가 어떻게 다윗의 궁전에 자리를 잡게 되었는지 사연을 밝힌다.
   A. 그는 초기에 다윗에 대하여 적개심을 품었던 것을 인정한다
   B. 그는 다윗이 자기를 만나려고 했던 이야기를 들려준다
   C. 그는 다윗과 만난 자리에서 다윗이 자신에게 진실된 은총을 확인시켜 준 것을 언급한다

결론: 므비보셋은 다윗처럼 대적자를 찾아서 그의 지위를 회복 시켜주고 잃어버린 모든 것을 다시 돌려줄 다윗의 후손의 영광스러운 통치를 예견한다.
   (설교의 결론에서: 설교자는 일어나서 몇 차례 걸음을 멈추고 다음의 내용을 하나씩 말한 후 서서히 퇴장한다.)
   "여러분은 혹시 다윗 가문에 한 위대한 아들이 태어날 때까지 그 후손들이 계속해서 나라를 통치하리라는 다윗의 꿈에 관

하여 들어보신 적이 있나요?”

“정말로 그의 조상 다윗처럼 은혜로운 왕이 나타날지 궁금하
군요.”

“여러분은 원수를 찾아내서 그의 지위를 회복 시켜주며 잃어
버린 모든 것을 다시 돌려줄 다윗의 후손이 정말로 존재하리
라고 생각하십니까?”

“여러분은 과연 그가 절뚝발이라도 데려다가 왕의 아들로 삼
아 줄 거라고 보십니까? 정말 그렇다면 여러분도 그분을 꼭
만나보기를 바랍니다.”

〈설교 작성 착안 사항〉

이 설교는 1인칭 내러티브 설교이다. 므비보셋으로 등장한 설교자
는 “왜 므비보셋이 왕궁에 살고 있는가?”라는 질문에 답하고 있다. 이
질문이 설교 전체의 주어라면 이에 대한 보어는 “다윗이 은혜를 베풀
어 그의 대적자를 찾아내서 그의 지위를 회복시켜주고 잃어버린 모든
것을 다시 돌려주었기 때문이다”가 된다. 물론 스누키안의 의도는 그의
대적자를 찾아서 모든 지위와 잃어버린 모든 것을 다시 회복 시켜주신
궁극적인 은혜의 시행자 다윗의 자손 예수 그리스도를 청중에게 제시
하는 것이다. 그러나 스누키안은 “예수께서 여러분을 위해서 행하신 일
이 무엇입니까?”라는 식의 직설적인 질문을 던지지 않는다. 다만 이야
기를 들려줌으로써 그는 우회적으로 이 질문에 대한 답변을 던진다.

〈설교 3〉

창 35:1-15

제목: 위기는 새로운 헌신의 기회: 위기 탈출과 은혜 회복

주제: 위기 상황에서 함께하시는(믿음의 길로 인도하시는) 하나님:

연역적 설교

I. 삶의 위기(실패) 한복판에서 믿음의 길로 인도하시는 하나님(1)

- 우리는 뜻하지 않은 삶의 위기(실패)에 직면한다(34장)
- 우리는 믿음의 사람이지만 때로는 하나님의 말씀을 잊고 살 때가 있다(이것은 종종 우리에게 실패(위기)를 직면하게 한다)
- (그러나) 하나님은 우리로 하여금 위기를 극복하고 회복의 기회를 주신다

II. 영적 회복은 죄를 회개함으로 이루어진다(2-4)

- 하나님보다 더 신뢰하고 의지하는 것들을 내려놓고 회개하자
- 다시금 삶의 주권을 하나님께 내어드리자

III. 하나님은 성도를 향한 사랑과 은혜를 다시금 확신시켜 주신다(10-15)

- 하나님은 회개하는 자에게 새로운 복과 은혜를 내려주신다
- 새로운 헌신과 결단으로 나아가자
- 예수 그리스도의 구원의 은혜를 나누어 주는 축복의 통로가 되자

귀납적 설교

I. 사람은 누구나 위기의 한복판에 설 때가 있다(창 34)

- 야곱은 딸 디나의 뜻하지 않은 일로 생명의 위협을 느끼는 처지가 되었다:

(여러분은 이처럼 뜻밖의 일로 위기 상황에 직면한 적이 없었는가?)

본문에서 설교까지 목사님 성경을 설교해 주세요!

- 야곱은 하나님의 은혜를 따라 사는 하나님의 사람이었지만 위기 상황에 직면했다. 그리스도 안에 거하는 우리도 삶의 위기 상황을 비켜 갈 수 없다
- (예증: 실례 제시)

II. 위기 앞에서 당황하는 인생을 찾아오시는 하나님(창 34:30; 35:1)
- 하나님은 위기 상황에서 은혜의 손길을 내미신다(1): 야곱은 절망스러운 상황에서 하나님의 음성을 들었다
- 삶의 위기는 새로운 은혜의 기회이다(9-15): 야곱은 삶의 위기를 믿음으로 극복하고 새로운 은혜를 경험했다.

III. 새로운 은혜를 누리기 위해서는
- 회개의 자리로 나아가야 한다
- 새로운 헌신과 결단의 자세가 있어야 한다
- 그리스도와 동행하는 삶은 그리스도의 향기를 드러내고 그리스도를 증거하는 삶이다

내러티브 설교

- 배경: 창 25:27-34; 27:1-45; 28:1-22; 34:1-31
- 야곱은 형 에서의 장자의 명분을 빼앗고, 아버지 이삭으로부터 장자의 축복권을 가로챈 것으로 인해 원치 않았던 도피 여행을 떠났다
- 야곱은 외롭고 쓸쓸한 여행 중 벧엘에서 하나님을 극적으로 만나는 체험을 하였고 하나님께 서원을 드렸다
- 하나님의 은혜로 열두 아들과 많은 재산을 소유하게 된 야곱은 다시금 고향으로 돌아오는 여정 가운데 있었다

(장면 1: 서술적 설명): 밧단 아람에서 20년을 보낸 후 야곱은 고향 길에 올랐다.
　　　　　(배경 설명: 창25:27-34; 27:1-45; 28:1-22; 34:1-31)

(장면 2: 위기): 야곱은 뜻밖의 사건을 당해 인생의 위기에 직면한다 (34:1-31; 35:1).
　- 야곱은 딸 디나의 뜻하지 않은 일로 생명의 위협을 느끼는 처지가 되었다
　(질문: 여러분은 이처럼 뜻밖의 일로 위기 상황에 직면한 적이 없었는가?)
　- 야곱은 하나님의 은혜를 따라 사는 하나님의 사람이었지만 위기 상황에 직면했다(그리스도 안에 거하는 우리도 삶의 위기 상황을 비켜갈 수 없다)
　- 하나님은 위기 상황에서 은혜의 손길을 내미신다: 야곱은 절망스러운 상황에서 하나님의 음성을 들었다
　- 이때 하나님의 음성은 야곱의 신앙(헌신)을 촉구하는 음성이었다

(장면 3: 해결): 야곱은 자신과 온 식구들의 죄와 허물을 회개하고 하나님의 말씀에 순종하여 벧엘로 이동하였다(2-4).
　- 이방 신상들을 버렸다: 하나님만을 온전히 신뢰하지 못했음을 인정함(2)
　- 정결하게 하였다: 정결 의식을 통해서 회개를 나타냄(2)
　- 의복을 바꿔 입었다: 하나님께 나가기 위한 외적 믿음을 보여줌

(장면 4: 결말): 하나님은 야곱을 향한 하나님의 뜻(복: 큰 민족, 구속의 은혜)을 재확인시켜 주셨다(10-12).

- 하나님은 야곱의 이름을 이스라엘로 바꿔주셨다: 야곱의 이름이 '발꿈치를 잡은자(훔치는자)'의 뜻을 가진 야곱에서 '하나님과 겨루어 이김'의 뜻을 가진 이스라엘로 바뀜
- 생육하고 번성하라: 야곱이 큰 민족을 이룰 것임(백성들의 총회, 왕들이 나옴)
- "생육하고 번성하라"라는 하나님께서 아브라함과 맺은 언약으로서 아브라함이 장차 모든 믿음의 조상이 될 것을 포함하는 의미
  ⟶ 그렇다면 하나님은 야곱을 통해서 그 약속을 이루어가실 것을 야곱에게 재확인하신 것
  (구속사적으로⟶ 다윗 왕조와 다윗의 후손으로 오실 예수 그리스도를 암시)

(적용)

1. 오늘 우리의 삶 속에 위기(혼란, 고난, 실패, 무질서 등등) 상황은 무엇인가?
2. 하나님 앞에 모든 것을 내려놓고 (구체적으로)회개하자.
3. 여러분의 결단과 헌신은 무엇인가? 그것을 하나님께 드리자.
4. 여러분의 삶 속에 그리스도의 향기가 나타나고 있는가?
   - 하나님은 죄 가운데서 나를 구원하기를 원하실 뿐만 아니라 죄 가운데 있는 다른 사람들을 구원하기를 원하신다.
   - 오늘 나는 그리스도의 복음을 드러내는 삶을 살고 있는가?
**궁극적으로 야곱은 자신을 향하신 하나님의 뜻(구속사적 관점 고

려할 필요 있음)을 이루어 가는 삶을 살 수 있었다.

**왜 본문을 구속사적 관점으로 봐야 하나?→ 의문점을 떠올려 보자:
- 왜 하나님은 훔치는 자, 야심으로 똘똘 뭉쳐 아버지와 형을 속인
  야곱을 축복하셨는가?
- 왜 창세기 저자는 야곱의 허물(죄)을 지적하기보다는 그의 입장을
  정당화하여 스토리를 전개시키고 있는가?
- 그것은 하나님께서 구속의 역사를 써 내려가는 과정 가운데 야곱
  을 통하여 당신의 뜻(인간 구속)을 이루어가고 계심을 보여 준다.

**구속사와 연관된 본문의 배경
1. 야곱의 출생에 얽힌 사연: (창25:23, 26)
   (23, 이 족속이 저 족속보다 강하겠고 큰 자가 어린 자를 섬기리라)
2. 아버지 이삭이 야곱에게 장자의 축복을 내림(창 27)
3. 하나님이 아브라함과 맺은 계보가 야곱으로 이어져 내려감
   (창28:3-4, 전능하신 하나님이 네게 복을 주시어 네가 생육하고
   번성하게 하여 네가 여러 족속을 이루게 하시고 아브라함에게
   허락하신 복을 네게 주시되 너와 함께 네 자손에게도 주사...)

〈설교 작성 착안 사항〉

같은 본문으로 연역적 설교, 귀납적 설교, 그리고 내러티브(이야기) 설
교 등 세 가지 방식으로 설교 구성을 시도하였다. 내러티브 본문이라도
연역적 설교 구성이 가능하다. 그러나 본문이 내러티브 본문이기 때문
에 3개요 연역적 설교는 설교 구성이 자연스럽지 않은 것이 사실이다.
이 본문의 저자(나레이터)는 세 가지 주요 개념을 전하려고 시도하지 않
았다. 다만, 이야기 안에 녹아있는 중심 개념, '인생 위기의 한복판에서

믿음의 길로 인도하시는 하나님'을 드러내고 있다. 귀납적 설교는 어떠한가? 내러티브가 논증 방식상 귀납적 성격을 가지고 있기 때문에 귀납적 설교는 연역적 설교에 비해서 훨씬 자연스러운 흐름을 가지며 전개 방식이 청중을 배려한 느낌을 받는다. 그러나 이 본문을 위한 가장 적절한 방식은 내러티브 설교 방식이다.

정리

앞서 밝힌 바와 같이 현대 청중은 느낌과 감성으로 소통하기를 좋아한다. 모더니티의 정신세계가 과학과 기술문명을 기저로 한 합리적이며 이성적인 사고체계를 추구하였다면 포스트모더니티의 정신은 합리성과 이성적 사고체계를 거부하면서 과거의 방식이나 가치로부터 탈피하고자 하는 강한 성향을 보인다. 특히 21세기 포스트모더니티 문화에 젖어있는 현대인들은 전통적인 가치와 방식을 꺼려하면서 파격적인 변화와 새로운 트랜드를 향해서는 열린 자세를 취한다. 그 변화를 추구하는 정신세계는 곧 감성과 다양성이다. 합리적인 논리와 이성적 사고는 더 이상 현대인들에게 매력을 주지 못한다. 이러한 현상이 가장 두드러지는 영역이 광고 분야이다. 일례로 자동차 광고 현장을 생각해보자. 자동차의 엔진파워, 그리고 기계적 시스템의 새로운 방식이나 그 우수성을 이성적으로 설명하면서 소비자의 구매 욕구를 끌어내는 것은 과거 모더니티의 접근방식이었다. 오늘날 텔레비전 자동차 광고 장면을 자세히 들여다보면 자동차의 제원을 비롯한 기계 방식의 특징을 들어 소비자에게 어필하는 장면은 거의 없다. 반면에 시선을 사로잡는 자동차의 디자인과 최첨단 내부 옵션이 장착된 자동차가 화려한 색감을 자랑하며 미끄러지듯이 달려가는 모습이 강하게 어필된다. 물론 좌석에는 행복한 웃음을 짓고 있는 남녀 한 커플의 모습이 시청자의 시선을 사로잡는다. 짧은 순간, 동시적으로 그 장면을 바라보는 사람들은 그 차를 타고 싶은 강한 의지를 느낀다. 현대인들의 감성적 소통과 커뮤니케이션의 특징을 잘 보여주는 장면이다.

그런가 하면 현대인들은 전통이나 획일성을 꺼려하고 다양성을 추구한다. 이런 현상 역시 우리 사회 전반에 녹아있다. 음식 문화도 그중 하나이다. 얼마 전 나는 아내와 함께 손님을 대접하기 위해 한정식 식당에 다녀왔다. 외국에서 오신 손님에게 한국 전통 음식을 소개하고 싶었다. 그런데 우리가 찾은 그 식당은 퓨전(fusion) 한정식집이었다. 나는 크게 놀라지 않았다. 왜냐하면 이런 현상은 오늘 우리 음식 문화에서 더 이상 특이한 일이 아니기 때문이다. 이 역시 전통 방식을 이탈해서 다양성을 추구하는 현대인들의 정서를 보여주는 대목이다. 문제는 오늘 우리의 설교는 이러한 세계를 살고 있는 우리의 청중을 향하여 어떤 접근방식이 필요하냐는 것이다.

전통적인 설교 논증형식은 3개요 연역적 방식일 것이다. 다분히 논리적이고 이성적인 접근이기 때문에 현대 청중의 적극적인 관심을 받을 가능성이 높다고 할 수 없다. 물론 이런 방식의 설교는 더 이상 유효하지 않다고 나는 생각하지 않는다. 다만 우리 청중의 정서를 고려할 때 설교자들에게 무언가 다양한 접근방식이 필요하다는 나의 생각을 독자들과 함께 공유하고 싶은 것이다. 필요성을 인정한다고 하더라도, 실제로 설교 방식의 변화와 다양성을 추구하고 실천하는 일에 대하여 우리는 어려움을 느끼는 것이 사실이다. 이것은 설교자들이 직면한 일종의 딜레마이다. 왜냐하면, 설교의 변화 폭은 그렇게 파격적이지 않을 것을 우리는 이미 알고 있기 때문이다.

본문에서 설교까지 목사님 성경을 설교해 주세요!

나는 강단에서 파격적인 방식의 설교가 반드시 등장해야 한다고 생각하지 않는다. 이를테면, 영화설교나 독서설교, 또는 동영상 설교와 같은 방식 말이다. 오히려 우리에게는 하나님의 말씀을 어떻게 더 충실하게 전할 수 있을까 하는 것이 더 중요한 과제라고 믿는다. 그렇다고 우리의 강단을 여전히 고정된 틀에 가두거나, 우리의 설교 방식을 고수하면서 청중의 일방적인 이해를 구하고 그들의 수용적인 태도를 요청할 수만은 없다. 그래도 변화는 필요하기 때문이다. 제2부에서 성경의 문학 장르의 특성을 살펴본 것은 바로 이런 이유 때문이다. 성경의 인간 저자들도 다양한 글의 형태를 우리에게 남겼다. 오늘 다시금 이 말씀을 계시의 현장에서 증거하는 우리에게도 최소한의 다양성은 필요하다. 이번 장에서 필자는 구약 내러티브를 위한 가장 바람직한 설교 형식은 내러티브 설교임을 밝혔다. 하지만 필자가 원하는 보다 더 중요한 관점은 우리의 설교를 고정된 틀로부터 해방시키고 다양성을 추구함으로써 우리의 강단이 더욱더 활력이 넘치는 현장이 되기를 바라는 것이다.

한국교회에 가해지는 부정적인 평가 가운데 하나는 강단에서 선포되는 말씀이 인본주의적이며 비성경적으로 경도되어 있다고 하는 지적이다. 이것은 사실상, 외부적인 비판이라기보다는 한국교회 내부적인 자성의 소리라고 하는 것이 좋을 것이다. 강단에 하나님은 간데없고 설교자의 목소리만 왕성하다고 하는 지적이다. 전 장로회신학대학교 설교학 교수 정장복은 한국교회의 비성경적 설교의 실상을 지적하면서, 한국교회의 설교자들이 자신의 생각이나 주장을 하나님의 거대한 계시인 것처럼 확대하는 것을 비도덕적이라고 간주하였다. 그리고 이것은 설교자 스스로 자신의 정체성을 상실한 심각한 현상이라고 일침을 가했다.[1] 이것은 한국교회 강단이 생명의 말씀을 전하는 거룩한 장소가 되기를 염원하는 한 설교학자의 진실한 말이라고 나는 생각한다.

성도들은 강단에서 하나님의 말씀이 증거되기를 갈망하고 있다. 그

─────────────

1) 정장복, "성언운반 일념으로서의 설교사역 이해," 「현대사회와 예배, 설교 사역」 (서울: 예배와 설교 아카데미, 2002), 102-3, 120.

들은 세상에 난무하는 사람의 소리를 듣기 위해 찾아 나온 것이 아니라 영원하시며 살아계신 하나님의 말씀을 듣기 위해 예배의 자리에 나온 것이다. 그들은 강단에 서 있는 설교자를 향하여 소리 없이 외친다: "목사님, 성경을 설교해 주세요! 목사님이 깊은 묵상과 성경 해석을 통해서 먼저 만나보고 깨달은 그 말씀을 들려주세요." 나는 한국교회 성도들이 삶에 유익한 정보나 감성적으로 다가오는 설교를 더 이상 일방적으로 선호하지 않는다고 생각한다. 이제 설교자는 강단에서 진실된 하나님의 말씀을 전하고 청중은 강단을 향하여 하나님의 말씀을 전해달라고 요청하는 때가 되었다고 믿는다.

수년 전 나는 개인적으로 친분을 가지고 있는 치과의사 한 사람과 자주 만나 테니스를 치며 교제한 적이 있었다. 그는 어린 시절부터 교회를 다녔고, 내가 보기에 그는 하나님을 사랑하는 믿음의 사람이었다. 물론, 교회에서는 충성스런 일꾼이었다. 어느 날 그는 내게 다소 심각한 어조로 말했다, "교수님, 저 곧 교회를 옮겨야 할 것 같아요." "어떤 어려운 일이라도 있나요?"라고 나는 물었다. 그때 그는 다소 침울한 표정으로, 현재 자기가 다니는 교회 목사님의 설교가 성경의 묵상은 없고 너무 시사성으로 넘쳐나는 이야기 위주라고 하면서 오랫동안 그런 설교를 듣다 보니 이제는 영적으로 지치는 것 같다는 것이었다. 나는 그의 말을 듣고 깜짝 놀랐다. 두 가지 면에서 나는 놀라움을 금할 수 없었다. 하나는, 평신도의 입에서 '묵상'이라는 말이 나왔기 때문이었다. 그 날 나는 그에게 물었다, "묵상이란 무엇을 말하는 것인가요?" 그는, "본문을 깊이 생각하고 해석해서 나오는 것"이 묵상이라 생각한다고 말했다. 그 말은 정말 나에게 충격적으로 다가왔다. 또 하나 나를 놀라게 한 것은, 그 목사님의 시사성 있는 설교 내용을 오랫동안 듣다 보니 이제는 자신이 영적으로 허약해지는 것 같다고 하는 그의 말이었다. 나는 그때까지 재미있는 이야기로 넘치는 설교는 말씀의 생명력은 없을지라도 성도들은 좋아할 것이라고 생각하고 있었기에 더더욱 놀라지 않을 수 없었다. 나는 또 재차 물었다, "시사성 있는 이야기들이란 어떤거죠?" 그는, "인터넷에 들어가면 다 나와 있는 뉴스나 유익한 생활 정보들이죠"라고 말했다. 나는 그날 그와의 대화 이후 성경적 설교에 대한 더 큰 확신을 얻었다. 말씀이 아닌 것으로 사람들의 시선을 끌고 흥미를 느끼게 하는 설교는 생명력을 발휘하거나 그것을 유지할 수가 없다. 생명력은 하나님의 말씀에서 나온다. 말씀의 표피층에서 나오는 것이 아니라 깊은 내부층에서 생명력은 비로소 확보된다. 마치 긴 줄로 두레박을 내려 깊은 샘물을 길어내듯이 말이다.

나는 이런 생각도 해본다: "성경을 강해하는 설교는 아직 대부분의 한국교회 성도들이 익숙하지 않아 어려워하지는 않을까?" 마치 즉석식품(fast food)에 익숙한 아이가 엄마가 준비한 과일과 야채 중심의 식단을 거부하는 것처럼 말이다. 그러나 진정 자녀를 사랑하는 부모라면 자녀를 위해 건강식을 준비하고 자녀가 익숙하게 먹고 튼튼해질 때까지 노력해야 한다는 것을 우리는 모르지 않는다. 이 말은 우리 설교자들에게 시사하는 바가 있지 않은가? 이제 우리의 성도들을 "성경을 설교해 주세요!"라고 당당히 요청하는 건강하고 튼튼한 믿음의 사람들로 만드는 것도 우리 설교자들의 몫이다. 20세기 초, 피터 포싸이트(Peter T. Forsyth)는 "기독교는 설교와 함께 흥하기도 하고 망하기도 한다"라고 천명하였다.[2] 21세기 기독교회는 세속 문화와 반 기독교사상의 도전에 휩싸여 있다. 교회를 지키고 세상을 이기는 힘은 진실된 하나님의 말씀에 달려 있다. 어리고 연약했던 데살로니가 교회가 "믿음의 역사

---

2) Peter T. Forsyth, *Positive Preaching and the Modern Mind* (New York: George H. Doran, 1970), 5.

와, 사랑의 수고와, 우리 주 예수 그리스도에 대한 소망의 인내를"(살전 1:3) 품고 마게도냐와 아가야 전 지역에 믿음의 소문을 냈던 것을 기억하자. 그래서 데살로니가 성도들이 사도바울의 칭찬을 들었듯이, 한국 교회는 물론 이 땅의 모든 교회 강단이 하나님 말씀으로 충만해져 하나님께 칭찬받는 새로운 믿음의 역사가 일어나기를 소망한다. 끝으로 이 책에서 밝힌 나의 짧은 소견이 자신의 설교 세계를 넓혀가기를 원하는 독자들에게 조그마한 동기부여와 새로운 시도를 열어가는 입문이 된다면 나는 매우 행복할 것이다.

[참고자료]

권성수. 「성령설교」. 서울: 국제제자훈련원, 2009.

문상기. 「케리그마와 현대설교」. 대전: 침례신학대학교출판부, 2006.

박형용. 「성경해석의 원리」. 수원: 합동신학대학교출판부, 2014.

양귀자. 「모순」. 서울: 살림, 1998.

이상훈. 「해석학적 성서이해」. 서울: 대한기독교서회, 1992.

이연길. 「이야기 설교학」. 서울: 쿰란출판사, 2003.

이종욱. 「현대 강해설교」. 서울: 기독교문서선교회, 2019.

신인철. 「신약성서 주해와 설교」. 대전: 엘도론, 2008.

장두만. 「예언서 주해 원리」. 서울: 요단출판사, 1992.

정용섭. 「설교란 무엇인가」. 서울: 홍성사, 2011.

정장복. 「한국교회 설교학개론」. 서울: 엠마오 1992.

_____. "성언운반일념으로서의 설교사역 이해." 「현대사회와 예배, 설교 사역」.
정장복 박사 화갑 기념 논문출판위원회 편. 서울: 예배와 설교 아카데미,
2002.

차준희. 「최근 한국교회의 예언서 설교」. 서울: 대한기독교서회, 2013.

편역위원회. 「디사이플 주석성경」. 서울: 요단출판사, 1992.

Achtemeier, Elizabeth. *Creative Preaching: Finding the Words*. Nashville:
Abingdon, 1980.

_____. *Preaching from the Minor Prophets*. Grand Rapids: Eerdmans, 1998.

Akin, Daniel. and Others. 「하나님의 명령-본문이 이끄는 설교」. 김대혁 · 임
도균 역. 서울: 베다니, 2012.

_____. 「본문이 이끄는 설교」. 김대혁 · 임도균 역. 서울: 베다니출판사, 2016.

Allen, David. and Others. 「본문이 이끄는 설교」. 김대혁 · 임도균 역. 서울:
아가페출판사, 2020.

Alert, Robert. *Art of Biblical Narrative*. New York: Basic Books, 1981.

Arnold, Bill and Bryan Beyer. 「예언서개론」. 류군상 · 성주진 역. 서울: 크리스찬출판사, 2011.

Aristotle. *Rhetoric*. New York: Fordham Univ. Press, 1980.

Bailey, E. K. and Warren Wiersbe. *Preaching in Black and White.* Grand Rapids: Zondervan, 2003.

Barth, Karl. The *Word of God & The Word of Man.* trans. Douglas Horton. New York: Harper & Brothers Publishers, 1957.

_____. Homiletics. trans. Geoffrey W. Bromiley and Donals E. Daniels. Louisville, KY: Westerminster/John Knox, 1991.

Berlin, Adele. *Poetics and Interpretation of Biblical Narrative*. Sheffield: Almond, 1983.

_____. *The Dynamics of Biblical Hebrew Parallelism*. Bloomington: Indiana University, 1985.

Blackwood, Andrew. 「설교학: 설교는 예술이다」. 박광철 역. 서울: 생명의말씀사, 1983.

Blomberg, Craig L. 「예수와 복음서」. 김경식 역. 서울: 기독교문서선교회, 2008.

Brooks, Philips. *On Preaching.* New York: E. P. Dutton, 1877.

_____. 「설교론 특강」 서문강 역. 경기 고양: 크리스챤 다이제스트, 1995.

Brown, William P. *Seeing the Psalms: A Theology of Metaphor.* Louisville: Westminster/John Knox, 1984.

Cahill, Dennis. 「최신 설교 디자인」. 이홍길 · 김대혁 역. 서울: 기독교문서선교회, 2010.

Chalmers, Aaron. *Interpreting the Prophets*. Downers Grove, IL: InterVarsity Press, 2015.

Chapell, Bryan. *Christ Centered Preaching: Redeeming the Expository Sermon.* Grand Rapids: Baker Book House, 1994.

_____. 「그리스도 중심의 설교」. 김기제 역. 서울: 도서출판 은성, 1999.

Chisholm, Robert Jr. B. and David M. Howard Jr. 「역사서를 어떻게 해석

할 것인가?」. 류근상 · 한정건 역. 경기도 고양: 크리스찬출판사, 2007.

Collins, C. John. *Introduction to the Hebrew Bible*. Minneapolis: Fortress, 2004.

Cosgrove, Charles H. and Dow Edgerton. *In Other Words: Incarnational Translation for Preaching*. Grand Rapids: Eedrmans Publishing Company, 2007.

Cox, James. *Preaching*. San Francisco: Harper & Row, 1985.

_____. 「성서적인 설교」. 이형원 역. 대전: 침례신학대학교출판부, 1992.

Craddock, Fred. *As One Without Authority*. Enid, OK: Phillips University, 1971.

Crotts, Jeffrey. 「성령의 조명을 받는 설교: 설교자의 준비에서 회중의 들음까지」. 이승진 역. 서울: 한국성서유니온선교회, 2011.

Davis, Grady. *Design for Preaching*. Philadelphia: Fortress, 1958.

Davies, W. D. *Invitation to the New Testament*. Garden City: New York, 1969.

Dockery, David S. "Sturdy and Interpretation of the Bible." *Foundation for Biblical Interpretation: A Complete Library of Tools and Resources*. Eds. David W. Dockery, Kenneth A. Mathews, and Robert B. Sloan. Nashville: Broadman, 1994.

Dodd, Charles H. *The Apostolic Preaching and Its Development*. London: Hodder and Stoughton, 1936.

Ebling, Gerhard. *Theology and Proclamation*. trans. John Riches London: Fortress Press, 1966.

Ellison, H. L. "Jonah" in *The Expositor's Bible Commentary*. Grand Rapids: Zondervan, 1985.

Ericson, Norman R. "Interpreting Literature." *The Literature and Meaning of Scripture*. Eds. Morris A. Inch and Hassell Bullock. Grand Rapids: Baker, 1981.

Fee, Gordon D. and Douglas Stuart. *How to Read the Bible for All*

Its Worth: A Guide to Understanding the Bible. Grand Rapids: Zondervan, 1982.

_____. 「성경을 어떻게 읽을 것인가」. 오광만 · 박대영 역. 서울: 한국성서유니온 선교회, 2016.

Crotts, Jeffrey. 「성령의 조명을 받는 설교: 설교자의 준비에서 회중의 들음까지」. 이승진 역. 서울: 한국성서유니온선교회, 2011.

Ford, D. W. Cleverley. *The Ministry of the Word.* Grand Rapids: Eerdman, 1979.

Heisler, Greg. 「성령이 이끄는 설교」. 홍성철 · 오태용 역. 서울: 베다니출판사, 2008.

_____. *New Testament Exegesis: A Hand Book for Students and Pastors.* Louisville: Westerminster, 1983.

Ferguson, Sinclair B. 외 11인. 「내 양을 먹이라 : 성경적 설교의 본질, 기초, 능력, 그 열매」. 장호준 역. 서울: 복있는 사람, 2010.

Forsyth, P. T. *Positive Preaching and the Modern Mind.* Grand Rapids,: Eerdmans Publishing Company, 1964.

Futato, Mark D. 「시편을 어떻게 해석할 것인가?」. 유근상 · 유호준 역. 서울: 크리스찬출판사, 2008.

_____. *Transformed by Praise: The Purpose and Message of the Psalms.* Phillipsburg, NJ: P & R Publishing, 2002.

Gerrish, Brian. *The Pilgrim Road: Sermon on Christian Life.* Louisville: Westminster/John Knox, 1999.

Gibson, Scott. 「구약을 설교하기」. 김현회 역. 서울: 도서출판디모데, 2009.

Gowan, Donald E. *Reclaiming the Old Testament for the Christian Pulpit.* Atlanta: John Knox, 1980.

Graves, Mike. *The Sermon as Symphony: Preaching the Literary Forms of the New Testament.* Valley Forge, PA: Judson Press, 1997.

Greidanus, Sidney. *The Modern Preacher and the Ancient Text.* Grand Rapids: Eerdmans, 1988.

_____. 「구약의 그리스도, 어떻게 설교할 것인가: 하나의 현대적 해석학 방법론」. 김진섭 역. 서울: 도서출판 이레서원, 2002.

Hamilton, Donald L. *Homiletical Handbook*. Nashville: Broadman, 1992.

Hargreaves, John. 「시편의 새 해석」. 엄현섭 역. 서울: 컨콜디아사, 1989.

Hayes, John H. and Carl R. Holladay. *Biblical Exegesis: A Beginner's Handbook*. Atlanta: John Knox Press, 1982.

Heschel, Abraham. *The Prophets*. Vol. 2. New York: Harper & Row, 1975.

Jenson, Richard. *Telling the Story: Variety and Imagination in Preaching*. Minneapolis: Augsburg, 1980.

Johnson, Marshall D. 「문학 장르로 본 구약신학: 성서와의 만남」. 차준희 역. 서울: 프리칭 아카데미, 2008.

Kaiser, Walter. *Toward an Exegetical Theology*. Grand Rapids: Baker, 1981.

Keller, Timothy. 「팀 켈러의 설교」. 채경락 역. 서울: 두란노서원, 2016.

Kent, Dan G. "Preaching the Prophets." Ed. George Klein. *Proclaiming the Prophetic Mantle: Preaching The Old Testament Faithfully*. Nashville: Broadman, 1992.

Klein, William W. et al. 「성경해석학총론」. 류호영 역. 서울: 생명의말씀사, 2015.

Kostenberger, Andreas J. and Richard D. Patterson. *Invitation to Biblical Interpretation: Exploring the Hermeneutical Triad of History, Literature, and Theology*. Grand Rapids: Kregel, 2011.

Kraus, Hans-Joachim. *Theology of the Psalms*. Trans. Keith Crim. Minnea-polis: Augsburg, 1986.

Kuruvilla, Abraham. 「설교의 비전: 목회 사역의 심장을 이해하기」. 곽철호 · 김석근 역. 경기 이천: 성서침례대학원대학교 출판부, 2018.

Lane, Danis J. *Preach the Word*. Manila: Overseas Missionary Fellowship, 1976.

_____.「데니스 레인 강해설교」. 김영련 역. 서울: 도서출판 두란노, 1995.

Lawson, LeRoy. *Matthew*. Cincinnati: Standard, 1986.

_____.「성경 해석과 성경적 설교(중)」. 김영철 역. 서울: 여수룬, 1995.

Leech, G. N. and M. H. Short. *Style in Fiction*. London: Longman, 1981.

Lischer, Richard. *A Theology of Preaching: The Dynamics of the Gospel*. Durham, NC: Labyrinth Press, 1992.

Lloyd-Jones, Martyn.「설교와 설교자」. 정근두 역. 서울: 도서출판 복있는 사람, 2005.

Long, G. Thomas. *Preaching and the Literary Forms of the Bible*. Philadelphia: Fortress Press, 1989.

Long, Thomas.「성경의 문학 유형과 설교」. 박영미 역. 서울: 대한기독교서회, 1995.

Longman, Tremper. *Literary Approaches to Biblical Interpretation*. Grand Rapids: Zondervan Publishing House, 1987.

_____.「구약성경의 이해: 세 가지 중요한 질문」. 김은호 역. 서울: 기독교문 서선교회, 2004.

Lowry, Eugene. *The Homiletical Plot: The Sermon as Narrative Art Form*. Atlanta: John Knox, 1980.

_____. *How To Preach A Parable: Designs for Narrative Sermons*. Nashville: Abingdon Press, 1989.

_____.「신비의 가장자리에서 춤추는 설교」. 주승중 역. 서울: 예배와 설교 아카데미, 2008.

Mawhinney, Bruce.「목사님 설교가 아주 신선해졌어요」. 오태용 · 김광점 역. 서울: 베다니출판사, 1995.

McCann, J. Clinton. *A Theological Introduction to the Book of Psalms: The Psalms as Torah*. Nashville: Abingdon, 1993.

Mackintosh, H. R. Types of Modern Theology. London: Nisbet and Co., 1937.

Martin, Ralph, P. "Approaches to New Testament Exegesis." *New Testament interpretation: Essays on Principles and Methods.* Ed. Howard Marshall, 220-51. Grand Rapids: Eerdmans, 1977.

Mathewson, D. Steven. *The Art of Preaching Old Testament Narrative.* Grand Rapids: Baker, 2002.

Mickelsen, Berkeley A. *Interpreting the Bible.* Grand Rapids: Eerdmans, 1963.

Miller, Patrick Jr. *Interpreting the Psalms.* Philadelphia: Fortress Press, 1986.

Mohler, Albert R. Jr., "A Theology of Preaching." *Handbook of Contemporary Preaching.* Ed. Michael Duduit. Nashville: Broadman, 1992.

Motyer, Stephen. 「열려라 성서」. 서원교 역. 서울: 성서유니온 선교회, 1998.

Olford, Stephen. *Anointed Expository Preaching.* Nashville: Broadman & Holman Publishers, 1998.

Oliphant, Hughes. *The Reading and Preaching of the Scripture in the Worship of the Christian Church Volume2 The Patristic Age.* Michigan: Wm. B. Eerdmans Publishing Co., 1998.

Origen. 「원리론」. 이성효 외 3인 역. 서울: 아카넷, 2014.

Packer, James I. 「복음전도란 무엇인가」. 조계광 역. 서울: 생명의 말씀사, 2012.

Perrine, Laurence. *Sound and Sense: An Introduction to Poetry.* 2nd Ed. New York: Harcourt, Brace & World, 1963.

Quintilian. *Institutio of Oratoria,* Book I-III. trans. H. E. Butler. Cambridge, MA: Harvard University Press, 1996.

Rad, Von. *God at Work in Israel.* trans. John H. Marks. Nashville: Abingdon, 1980.

_____. *Old Testament Theology II.* trans. D. M. G. Stalker. New York: Harper & Row, 1965.

Ramm, Bernard. *Protestant Biblical Interpretation*. 3rd ed. Grand Rapids: Baker, 1970.

_____. "Biblical Interpretation." *Hermeneutics*. Ed. Bernard L. Ramm. Grand Rapids: Baker, 1974.

Ritschl, Dietrich. *A Theology of Proclamation.* Richmond: John Knox, 1960.

Robertson, A. T. 「신약원어 대해설」. 서울: 요단출판사, 1984.

Robinson, Haddon. *Biblical Preaching: The Development and Delivery of Expository Messages.* 2nd Ed. Grand Rapids: Baker, 2001.

_____. 「강해설교: 강해설교의 원리와 실제」. 박영호 역. 서울: 기독교문서선교회, 1980.

_____. 「강해설교」. 박영호 역. 서울: 기독교문서선교회, 2011.

Roetzel, Calvin. *The Letters of Paul: Conversation in Context*. Atlanta: John Knox, 1975.

Robertson, A. T. *World Picture in the New Testament.* Concise Edition, Holman: Reference, 2000.

Scherer, Paul. *For We Have This Treasure*. New York and London: Harper & Brothers Publishers, 1944.

Schokel, L. Alonso. *A Manual of Hebrew Poetics*. Subsidia Biblica Series 11. Rome: Pontifical Biblical Institute, 1988.

Schwartz, Regina M. *The Book and the Text : The Bilble and Liter theory*. Cambridge: Basil Blackwell, 1990.

Simpson, Mathew *Lectures on Preaching.* New York: Phillips & Hunt, 1879.

Smith, Steven W. 「본문이 이끄는 장르별 설교」. 김대혁 · 임도균 역. 서울: 아가페북스, 2016.

Spurgeon, Charles H. 「스펄전의 설교학교」. 김지혁 역. 서울: 새물결플러스, 2013.

_____. 「스펄전의 설교학」. 김병로 역. 서울: 신망애 출판사, 1979.

_____. 「목회자 후보생들에게」. 2권. 이종태 역. 서울: 생명의말씀사, 1982.

Stott, John. R. W. *Between Two Worlds: The Art of Preaching in the Twentieth Century*. Grand Rapids: Eerdmans, 1982.

_____. 「현대교회와 설교」. 정성구 역. 서울: 풍만출판사, 1985.

_____. 「비교할 수 없는 그리스도」. 정옥배 역. 서울: 한국기독학생회출판부, 2002.

Sunukijjan, Donald. *Invitation to Biblical Preaching*. Grand Rapids: Kregel Publication, 2007.

Thiselton, Anthony C. 「해석의 새로운 지평」. 최승락 역. 서울: SFC출판부, 2015.

VanGemeren, Willem. 「예언서 연구」. 서울: 도서출판 솔로몬, 2012.

Virkler, Henry A. 「성경해석학」. 김승 역. 서울: 도서출판 연합, 1994.

Whittaker, Thomas. *Saint Chrysostom and Saint Augustin*. New York: 2 and 3 Bible House, 1891.

Zuck, Roy B. *Basic Biblical Interpretation*. Wheaton: Victor Books, 1991.

김경진. "네 복음서의 본문을 충분히 비교 분석하라." 「목회와 신학」. 20017년 5월호 (통권 335호): 154-60.

김운용. "새롭게 됨의 추구로서의 설교: 회개를 통한 치유와 회복의 설교." 「헤르 메니아 투데이」. 39 (2007년 여름): 54-72.

류응렬. "구속사적 설교," 「신학지남」. 75집 (2008년 가을): 60-91.

문상기. "설교를 위한 성령의 사역." 「복음과 실천」. 48집 (2011년 가을): 293-317.

_____. "교회력과 성구집을 활용한 설교." 「복음과 실천」. 50집 (2012년 가을): 323-46.

_____. "신설교학 이후에 나타난 현대설교의 동향과 과제." 「복음과 실천」. 53 집 (2014년 봄): 213-41.

_____. "성서적 관점에서 본 신설교학 주요 방법론에 대한 비평적 평가." 「복음 과 실천」. 54집 (2015년 가을): 301-31.

_____. "서신서의 문학적 특성을 고려한 설교실제." 「복음과 실천」. 62집 (2018년 가을): 251-81.

박형용. "문법적-역사적 해석방법의 우월성." 「성경과 신학」. 2권 (1984): 28-42.

변종길. "복음서 상호간의 차이점을 어떻게 이해할 것인가?" 「목회와 신학」.

2001년 8월호 (통권 146호): 82-97.

양용의. "공간복음서 해석과 설교자." 「목회와 신학」. 2001년 8월호 (통권 146
호): 46-63.

이동환. "사복음서의 다양성을 주목하십시오." 「목회와 신학」. 2017년 6월호
(통권 335호): 136-39.

정종성. "비유 해석과 설교: 복음서의 겨자씨 비유를 중심으로." 「성서와 신학」.
67 (2013): 323-64.

Bar-Efrat, Shimon. "Literary Modes and Methods in the Biblical
Narrative in View of 2 Samuel 10-20 and 1 King 1-2."
Immanuel 8 (1978): 19-31.

_____. "Some Observations on the Analysis of Structure in Biblical
Narrative." *VT* 30 (1980): 154-73.

Breck, John. "Biblical Chiasmus: Exploring Structure for Meaning."
BTB 17/2 (1987): 70-74.

Byars, Ronald. "Psalm 95." *Interpretation: A Journal of Bible and Theology*.
V. 68 N. 1. (January, 2002): 77-79.

Chapell, Bryan. "When Narrative Is Not Enough." *Presbyterion*. 22 No.
1. 1996.

Flesher, Leann Snow. "Between Text & Sermon: Psalm 126."
Interpretation: A Journal of Bible and Theology. V. 60. N. 4 (2006,
October): 434-36.

Kingsbury, Dean J. "The Gospel in Four Editions." *Interpretation*. 33
(1979): 363-75.

MacArthur, John F. Jr., "The Mandate of Biblical Inerrancy:
Expository Preaching." *The Master's Seminary Journal* 1 (Spring,
1990), 3-17.

Osborne, Grant R. "Preaching the Gospels: Methodology and
Contextualization." *Journal of the Evangelical Theological Society* 27
(March 1984): 27-42.

Pfitzer, V. C. "The Hermeneutical Problem and Preaching" *Concordia Theological Monthly* 38 (1967): 347-62.

Sleeth, Ronald E. "Role of Preaching: The Centrality of the Word of God." Encounter 19 (Spring 1958): 123-30.

Stanley, David M. "The Fonts of Preaching." *Worship* 3 (February, 1963): 164-72.

Temple, William. "One that Matters." *Christian Century.* L. G. Jones Ed. (May 20-27, 1998): 544-49.

White, Richard E. "Preaching the New Hermeneutic," *Lexington Theological Quarterly* 9 (July 1974): 99-110.

정장복 외 8인.「설교학 사전」. 서울: 예배와 설교 아카데미, 2008.

Kittel, Gerhard and Gerhard Friedrich. Eds. *Theological Dictionary of the New Testament.* Grand Rapids: Eerdmans, 1965.

Webster's New World Dictionary of the American Language. "grammar."

[온라인자료] http://www.newsnnet.com/news/articleView.html? idxno=3251. 2015년 6월 23일 접속.